“十四五”高等职业教育公共课程系列教材

大学体育与健康

李德辉　黄宝刚　王梓媛◎主编

中国铁道出版社有限公司
CHINA RAILWAY PUBLISHING HOUSE CO., LTD.

内 容 简 介

本书根据《全国普通高等学校体育课程教学指导纲要》和《国家学生体质健康标准》以及大学生身体和心理发展特点编写，集知识、健身、娱乐、科学、实用为一体。本书内容丰富、文笔流畅、图文并茂，具有观念新、技能性强、易于掌握、易于操作等特点。

本书包括体育基本理论、体育运动与健康、大学生体质健康测定与评价、发展学生身体素质、体育锻炼安全与卫生、体育锻炼的营养与保健、体育比赛欣赏、田径、篮球、足球、排球、乒乓球、羽毛球、网球、轮滑、台球、瑜伽、武术、健美与健身、健美操、体育舞蹈及冰雪运动等内容。

本书适合作为高等职业院校体育课程的教材，也可作为体育爱好者的参考读物。

图书在版编目（CIP）数据

大学体育与健康 / 李德辉，黄宝刚，王梓媛主编．—北京：中国铁道出版社有限公司，2023. 8（2025. 8 重印）
“十四五”高等职业教育公共课程系列教材
ISBN 978-7-113-30384-6

Ⅰ. ①大… Ⅱ. ①李…②黄…③王… Ⅲ. ①体育－高等职业教育－教材②健康教育－高等职业教育－教材 Ⅳ. ① G807.4 ② G647.9

中国国家版本馆 CIP 数据核字（2023）第 130308 号

书　　名：大学体育与健康
作　　者：李德辉　黄宝刚　王梓媛

策　　划：祁　云　　　　**编辑部电话：**（010）63549458
责任编辑：祁　云　包　宁
封面设计：崔丽芳
封面制作：刘　颖
责任校对：刘　畅
责任印制：赵星辰

出版发行：中国铁道出版社有限公司（100054，北京市西城区右安门西街 8 号）
网　　址：https://www.tdpress.com/51eds
印　　刷：北京联兴盛业印刷股份有限公司
版　　次：2023 年 8 月第 1 版　2025 年 8 月第 3 次印刷
开　　本：850 mm×1 168 mm 1/16　**印张：**18.75　**字数：**452 千
书　　号：ISBN 978-7-113-30384-6
定　　价：59.80 元

前言

《中共中央国务院关于深化教育改革，全面推进素质教育的决定》指出，学校教育要树立健康第一的指导思想，结合《全民健身指导纲要》精神，切实加强学校体育工作，确保提高体育教学质量，保证学生的课外活动时间，加强心理健康教育，促进学生身心健康、体质强健、意志坚强，提出“大力开展阳光体育运动”，保证学生每天锻炼一小时，不断提高学生的体质健康水平。高职院校教育工作不仅要全面落实立德树人根本任务，增强大学生的责任感，培养大学生创新精神和社会实践能力，而且要促进大学生德智体美劳有机结合，提高当代大学生的综合素养，最终使之成为国家栋梁之材，为全面建设社会主义现代化国家贡献青春和力量。

本书的编写以国家颁布的《全国普通高等学校体育课程教学指导纲要》和《国家学生体质健康标准》实施办法为指导思想，选编了与体育和健康相关的生物学与社会学领域的理论知识，吸纳了深受学生喜爱的体育运动项目，突显了锻炼身体的实效性，以便更好地发挥体育课程的教育教学功能。

本书内容分为体育理论和体育实践两篇，体育理论篇重点培养学生对身体健康的认知，培养学生的体育意识，养成自觉锻炼身体的体育习惯，提升体育能力以及良好的道德情操;体育实践篇介绍田径、篮球、足球、排球、乒乓球、羽毛球、网球、轮滑、台球、瑜伽、武术、健美与健身、健美操、体育舞蹈、冰雪运动等运动项目内容，重点介绍各运动项目的基本技术，以使学生掌握正确的运动技能和科学的锻炼方法，更好地指导学生从事体育运动。

本书图文并茂，动作技术简明扼要，是一本集理论与实践于一体的高等职业院校体育类教材，对做好学校体育教学工作具有参考和指导作用。

本书由李德辉、黄宝刚、王梓媛任主编。具体编写分工如下：李德辉负责编写第 1 至第 7 章、第 22 章及附录，黄宝刚负责编写第 8 至第 12 章、第 14 章及第 16 章，王梓媛负责编写第 13 章、第 15 章及第 17 至 21 章。

本书编者力求编写一部高质量的高等职业院校体育类教材，但由于时间仓促、水平有限，难免存在疏漏与不足之处，恳请广大读者批评指正。

编 者

2023 年 4 月

目 录

上篇 体育理论

下篇 体育实践

上　篇

体育理论

通过对本篇的学习，重点培养学生对身体健康的认识，通过情感行为与技能并行的课程学习，培养学生的体育意识、体育习惯，使学生增强自信心，具有高尚的道德情操。

第1章 体育基本理论

本章主要介绍体育的起源与发展、体育的概念与分类、体育的功能、现代社会与体育，以及高校体育相关内容。

学习目标

1. 懂得“生命在于运动”的原理，热爱体育运动。
2. 运用生理、心理、智能结构特点及其发展规律，选择适合自身的运动项目。
3. 热爱体育运动，全面树立“为国家健康工作50年”的理想并付诸行动。

1.1 体育概述

1.1.1 体育的起源与发展

体育是社会文化的重要组成部分，作为一种社会现象，它是有目的、有意识的社会活动，这种社会活动是伴随着人类社会的产生和发展而逐渐形成和发展起来的。人类社会生产和生活的需要是体育产生的根本原因。早在原始社会，人类为了生存而从事生产劳动，并在生产劳动过程中学会了走、跑、跳跃、投掷、攀登、爬越等一些最基本的行为活动和日常生活的技能和本领，这就是人类体育的萌芽。随着人类社会的不断发展，体育在各个历史阶段也不断发展，并与教育、军事、科学技术的发展以及人们的休闲娱乐等活动有着密切的关系。随着人类社会漫长的发展，体育也经历了从原始体育、古代体育、近代体育到现代体育的发展过程，并逐步形成了现代的体育体系。

1.1.2 体育的概念与分类

1. 体育的概念

体育的广义概念（亦称体育运动）是指以身体练习为基本手段，遵循人体身心的发展规律，以增强人的体质，促进身体的全面发展，丰富社会文化生活和促进精神文明为目的的一种有意识、有组织的社会活动。

2. 体育的分类

体育是由学校体育（亦称狭义体育）、竞技体育、社会体育（亦称群众体育、大众体育）3部分组成。

（1）学校体育

学校体育是有目的、有组织、有计划地对学生传授锻炼身体的知识和技能，促进学生身体全面发展，增强体质，培养高尚的道德品质和坚强意志品质的教育过程；是我国体育体系的主要组成部分；是实现我国体育目的、任务的重要手段和途径；是开展全民健身运动的战略重点和基础。同时，学校体育与德育、智育、美育、劳动教育等都是整体教育的组成部分，为培养全面发展的新时代人才发挥着重要的作用。

（2）竞技体育

竞技体育指为了最大限度地发展和不断提高个人、集体在体格、体能、心理及运动能力等方面的潜力，以取得优异运动成绩而进行的科学的、系统的训练和竞赛。

① 竞技体育的目标：最大限度地发挥人的运动能力，不断向人类的运动极限挑战。

② 竞技体育的特点：主体之间以竞争为主要手段，通过对某种极限的挑战和对自我的超越而达到精神的满足。人们在竞技体育中挑战自我、超越自我，在胜利中体验征服之美，在失败中感受悲壮之美，在竞争中获取愉悦之美，在发展中追求和谐之美。

（3）社会体育

社会体育亦称群众体育、大众体育，是指人们以健身、健美、娱乐、保健、医疗、康复等为目的而参加的体育活动。它是表现形式最新、趣味娱乐性最强、参与人数最多的一项群众性体育活动，作为学校体育的延伸，是体育终身化的表现，是人们日常文化生活的重要组成部分。

1.1.3　体育的功能

体育的功能取决于体育本身的特点和社会的需要，主要有以下功能。

1. 体育的健身功能

体育以身体练习为基本手段，通过科学的身体锻炼能够达到强身健体的目的。

2. 体育的教育功能

体育的教育功能是体育最基本的社会功能，几乎所有国家都把体育作为教育的内容之一。体育是学校教育的一个重要组成部分，是教育的一个重要方面。体育在培养人们健康、合理的生活方式以及集体主义精神、爱国主义精神、吃苦耐劳、顽强拼搏精神等方面有着重要的作用。

3. 体育的娱乐功能

体育本身就带有游戏、娱乐的成分。一方面，人们通过参加各种体育娱乐与休闲运动来消除疲劳、愉悦身心、陶冶情操，以满足人们的精神享受。另一方面，体育运动是健与美的高度统一，鲜明的节奏、巧妙的配合、和谐的韵律等都给人们带来美的享受，使人们情绪得到调节，精神得到享受。随着现代传媒技术的发展与普及，现今观赏运动竞赛与体育活动已成为人们休闲娱乐的重要内容。

4. 体育的经济功能

随着劳动生产力水平的不断提高，自动化、信息化生产方式的运用，人们的劳动时间与强度减少，闲暇时间不断增多，休闲体育、户外运动、娱乐、健身活动不断发展，从而推动了体育产业化的发展，促进和带动了经济的发展。

5. 体育的文化功能

体育作为一种社会文化现象，具有丰富的文化内涵。体育的文化特征体现在鲜明的象征性、浓郁的艺术性及丰富的内涵性。例如，奥林匹克运动会的五环标志，象征着五大洲的团结；圣火象征着文明之光，代表着生命、热情和朝气。宏伟壮观的体育建筑，丰富多样的体育器材和设施，绚丽多彩的运动装备，既是人类劳动的产物，也是人类物质文化的结晶。在体育运动中，人们展现出的顽强拼搏、超越自我的精神，公平竞争、团结合作的精神以及爱国主义精神等，都是体育文化在精神方面的体现。

1.2 现代社会与体育

1.2.1 现代人面临的挑战与危机

现代社会是政治、经济、科技和文化高度发展的社会。社会现代化进程带来剧烈的社会变革和现代社会科学技术的迅猛发展，给人类社会带来了巨大的进步，同时，也带来许多挑战、危机。例如，人们面临高科技的挑战、精神过度疲劳、道德和情感危机、生态危机、现代化生活方式对人体健康带来的不利影响等。

1. 高科技的挑战

现代社会是信息时代，大众传媒的覆盖面越来越广，计算机被广泛应用，信息的“大爆炸”需要人们不断地获得、挑选和应用诸多信息，才能正确面对崭新的环境。

2. 精神过度疲劳

现代社会中以机械化、自动化为代表的生产方式大大减轻了劳动者身体的“生理负荷”，然而工作节奏加快以及职场竞争压力增大了人们的“心理负荷”。人的精神紧张程度越来越高，精神疲劳大为增强。在城市中，密集的人口、拥挤的交通、噪声，均为易使人疲劳的因素。

3. 道德和情感的困惑

现代社会以互联网用户构成的社区将逐渐成为城市日常生活的主流。这些超越时空的生活方式，使人与人之间的交往、交流变得复杂。办公家庭化、信息个人化的发展趋势，使面对面的直接情感交流机会越来越少。在这种情况下，有些人不可避免地产生道德和情感的困惑。

4. 生态危机

现代社会中，人口的高度集中，人与大自然的距离日渐拉大，生活中不可缺少的水、空气受到污染，生态环境遭受到一定程度的破坏，这些因素都直接危及人们的健康与生命。

5. 现代社会生活方式对人体健康的影响

科学技术的高速发展，使生产的自动化、信息化和智能化的过程加快，繁重的体力劳动大大减少。人体大强度、大幅度、高负荷的劳动操作，被极小强度的小动作所取代。现代生产方式的变化带来的身体肌肉活动机会和强度的减少和下降，会导致人体各大系统、相应器官的机能下降。此外，不合理的饮食导致营养摄入过剩，使人肥胖，随着肥胖程度的加大，体能也会降低。

1.2.2 生命在于运动

“生命在于运动”这句深入人心的名言，不知鼓励了多少人为追求生命质量而加入运动群体中。从我国古代《吕氏春秋·尽数》中“流水不腐，户枢不蠹”，到2500年前古希腊奥林匹亚山峭壁上的名言“你想变得强壮，你就跑步吧！你想变得美丽，你就跑步吧！你想变得聪明，你就跑步吧！”都充分强调了运动可以给人体健康带来效益。世界上没有绝对静止的东西，一切事物都处在运动变化中，人也一样不能够缺少运动，生命的存在本来就是一个动态的过程，其本身也处在运动中，有生命的机体各系统只有经常得到适当的锻炼才能够保证其正常运转，人的生命才能够焕发出勃勃生机。

有一个有趣的故事：据说麋鹿在美国是一种受到保护的动物，由于受到天敌狼的追击捕食，其种群一直得不到发展。面对这种情况有人建议将麋鹿生存环境中的狼全部猎杀以便保护麋鹿的繁衍、生存和发展。但这个建议被采纳了一段时间后，人们却发现麋鹿种群不但没能发展壮大，反而受到了更大的灾难，麋鹿大批衰弱死亡而面临灭绝。人们对这种情况仔细研究后终于找到了不良后果的原因，原来是由于狼被消灭后，麋鹿不必四处奔逃而高枕无忧，整日悠闲进食而其运动量极大减少，出现了高血压、高血脂、高血糖等“三高症状”，因此生命力大幅度下降，无法适应其生存环境中的各种不良因素，导致其整个种群衰亡。于是人们重新将适量的狼群放入麋鹿的生存环境，后来麋鹿群体果真重新获得了生机。通过这个故事我们或许理解了生命在于运动的实际意义，对于人类来说具有同样的道理，只有经常参加运动，使机体各器官系统保持活力，我们的生命质量才能够有所保障。

有计划、有目的、科学地进行运动健身，是增强健康最积极有效的途径。目前认为运动主要是通过下列几方面促进健康的。

1. 生理调节

运动通过科学的身体活动给予人体各器官、系统一种良性刺激，人体各器官、系统又可对运动产生良好的反应，从而促进身体的形态结构、生理机能、运动能力等方面发生一系列适应性变化。体育科学研究表明经常参加运动不仅可以改善运动系统、心血管系统、呼吸系统的功能，提高神经、内分泌和免疫调适能力，使之更加协调统一地工作，而且运动对人体生理健康的调节是从整体—系统—器官—组织—细胞—分子统一协调的，所以运动的健康价值不在于其对机体某一局部的影响，而在于通过主动的运动锻炼使人体各层次之间功能关系得到全面的锻炼。

2. 心理调节

体育锻炼不仅对人体的生理产生影响，而且直接影响人的心理。经常参加运动锻炼可以培养良好的心理素质，使运动者保持乐观的情绪、坚强的意志、较强的抗干扰能力，还可使运动者减轻压力、消除紧张、降低焦虑和抑郁等。当代大学生的文化背景、年龄与心理特征、社会角色决定了他们在激烈的社会竞争和完善自我的奋斗中承受着巨大的心理压力，而运动锻炼对缓解压力，消除精神紧张具有重要意义。

3. 社会调节

在体育运动环境中，大家可以以更直接、生动和集中的方式接触、体验近似于社会环境中所能够遇到的各种情景，如竞争、冲突、分享、合作、避让、包容、突变、赞扬、批评、成功、失败、规范、处罚……从而不断增强自我调控的意识和能力，更重要的是个体在体育运动中的角色扮演，运动规则与现实社会生活中的角色、法规具有一定的相似性，经常参加运动，这种相似性就会迁移到现实生活中，从而有助于促进人际关系的发展，有助于培养规范行为，形成竞争意识，体验不同的社会角色，培养个体对社会节奏的适应性。当前，我国的社会转型进入了一个重要阶段，经济增长速度加快，社会分化程度加大，利益格局差距加深。急剧的社会变迁对于社会成员的适应性提出了严峻的挑战，由于体育运动具有社会调节功能，因此长期坚持参加各种体育活动对提高运动者的整体健康水平具有重要意义。

1.3 高校体育

1.3.1 高校体育的地位

高等院校是培养高级专门人才的基地，健康体魄是高素质人才的物质载体。高校体育是培养高素质人才的重要环节，是培养身心健康发展的高级专门人才的需要，是发展我国体育事业的需要，是学校丰富课余文化生活和建设社会主义精神文明的需要。

1. 高校体育是培养学生身心健康发展的需要

高等院校的根本任务是培养身心全面发展的高级专门人才，以适应社会发展的需要。这就要求高等院校要面向现代化、面向世界、面向未来，认真贯彻德育、智育、体育全面发展的方针，使高校学生身心健康，成为社会主义现代化事业的建设者和接班人。

2. 高校体育是国民体育的基础，是发展我国体育事业的需要

高校体育是国民体育的基础，搞好高校体育不仅是学校教育的需要，也是我国体育事业发展的需要。从生长发育规律及人体发展全过程来讲，大学生身心仍处于不断发展与完善的过程中，高校体育对大学生身心自我完善，以及提高全民族身体素质都有深远的意义。大学生形成良好的体育习惯，掌握体育的知识与技能，提高运动能力，不仅是自身完善和推动学校群众性体育活动的需要，也是毕业后走向社会，终身进行体育运动的需要，有利于推动我国体育事业的发展。

3. 高校体育是丰富学生课余文化生活，建设校园精神文明的需要

体育活动能使校园充满生机与活力，并以其丰富多彩、形式多样的内容，吸引广大学生积极参与和欣赏。高校体育也是思想建设的重要手段，通过学生对体育活动参与和观赏，可以发展学生体能和促进智能发展；可以培养学生勇敢、顽强、坚毅的思想品质以及团结协作的集体主义精神和进取精神；可以培养学生爱国主义思想，树立正确的人生观。

1.3.2 高校体育教学的目的和任务

高等院校的根本任务是培养德智体美劳全面发展的人才，这就要求高等院校的毕业生不仅要具有为祖国社会主义现代化建设而献身的坚定志向，在所学专业领域内有扎实的基础理论知识和技能，

而且还要有强健的体魄。健康的身体不仅是完成学习任务的保证，更是走上工作岗位后能胜任工作的基础。高校体育的目的是:培养学生的体育意识，提高体育能力，养成自觉锻炼的习惯，增强体质，培养良好的道德修养和意志品质，使之成为合格的现代化事业的建设者和接班人。

为了达到高校体育的教学目的，应努力完成 4 项基本任务。

1. 增强体质，增进健康

大学生正处于青年期，通过体育教育，使学生遵守合理的作息制度，参与校园文化活动，重视营养卫生，积极参加体育活动，科学地进行体育锻炼，有效地促进学生身心正常发育，发展身体素质和基本活动能力，提高健康水平和对环境的适应能力，增强对疾病的抵抗能力，从而以强健的体魄和充沛的精力保证当前学习和迎接未来工作。

2. 掌握体育及卫生保健方面的基本知识、技术和技能

大学阶段是学生形成正确体育观念与认识的关键期。通过体育理论知识的学习，使学生掌握体育与健康方面的基本知识，全面提高学生的体育文化素养。从而有利于学生建立正确的体育观念，促进他们科学地、积极主动地参与体育锻炼，为终身体育奠定良好的基础。

3. 培养良好的思想品德和提高道德素养

通过体育运动的具体过程，加强学生的思想品德教育，提高学生的道德素养。

4. 发展学生的体育才能，提高运动技术水平

促进体育进一步普及并对部分体育基础较好的、有一定运动才能的学生进行有计划的课余运动训练，按照教育和体育的固有规律，充分利用学校的有利条件和学生在智能和体能上的优势，重视学生的生理、心理特征，坚持科学训练，提高学生运动技术水平。

1.3.3 高校体育教学的组织形式

1. 体育课程

高校体育课程是培养高级专门人才的现代教学计划的基本组成部分，是高等院校教学计划中的基本课程之一，是高校体育工作的中心环节，是实现体育目的的基本组织形式。

高校体育课程的基本任务：一是增强体质，增进健康，全面提高学生的素质和对环境的适应能力，促进其身心全面发展；二是促使学生掌握体育的基本理论知识，形成良好的体育意识，建立正确的体育观念，在全面学习体育运动技术过程中，掌握基本的技能，为养成终身体育锻炼的良好习惯打下坚实的基础；三是使学生掌握现代健康的理论知识，形成正确的健康观念和意识，并通过掌握和运用科学的体育运动，促进身心全面健康发展；四是培养学生爱国主义和集体主义的思想品德，树立正确的体育观念，形成勇敢顽强、敢于拼搏、开拓创新的精神面貌。

2. 课外体育活动

课外体育活动是体育课程的延续和补充，也是高校体育的基本形式。目的在于增强学生体质，培养学生自觉锻炼身体的习惯，同时可以陶冶学生情操，丰富学生文化活动，发展学生个性，对于完成体育课程教学任务具有潜移默化的作用。开展课外体育活动要从实际出发，因地制宜。

(1) 早操

早操即清晨运动，是学生合理作息制度的重要组成部分，是每天起床后做的室外体育活动。早操要尽量坚持每天进行，一般以 15 ～ 20 min 为宜，运动负荷不宜过大，避免做剧烈运动。早操时出的汗应及时擦干，冬天在室外进行锻炼时应有御寒用品。早操后至早餐应有一定的时间间隔。早操可以迅速消除大脑皮层因一夜睡眠而形成的抑制，兴奋神经系统，活跃各器官系统的功能，促进机体以良好的状态进入一天的学习生活。经常在清新的空气中进行适当的清晨运动，能增强体内的新陈代谢，提高机体的工作能力，对增进健康，增强体质有显著的作用。

(2) 课间操

课间操，一般在上午第二节课后至第三节课前，进行几分钟的轻微躯体活动，是一种积极的休息方式，能消除上课静坐学习过程中产生的疲劳，有助于转移大脑的优势兴奋中枢，为下一堂课注入更充沛的精力。课间操活动时间一般以 8 ～ 10 min 为宜，运动负荷不宜过大，有计划、有组织的集体参与效果更好。

(3) 课后运动

课后运动是结束一天课程学习之后，有目的、有计划、有组织地进行身体练习的具体实践。一般是在每天下午，每次约一小时左右。课后运动是学生课余生活的重要内容，它不仅是高校体育的重要方面，也是丰富校园文化生活，建设校园精神文明的重要手段。

3. 课余体育训练

课余体育训练是指利用课余时间，对部分身体素质较好，并有运动专长的学生进行系统训练的一种专门教育过程，它是学校体育的一种主要组织形式。学生课余运动训练有着目标的双重性、对象的广泛性、时间的课余性、运动项目的专门性与训练手段的多样性相结合等优点。

4. 体育竞赛

体育竞赛是学校课外体育的组成部分，是实现学校体育目的的重要组织形式。学校开展体育竞赛，对于检验体育教学和训练效果，交流经验，互相学习，促进运动技术水平的提高有非常重要的作用。体育竞赛能广泛吸引学生参加体育活动，推动学校群众性体育活动的开展，增强学生体质并可以丰富学生课余文化生活，增强学生体育意识，培养学生勇敢顽强、奋发向上、团结友爱、遵守纪律等优良品质。因此，体育竞赛在培养学生集体主义精神，促进校园精神文明建设等方面发挥着重要作用。

1.3.4 培养大学生终身体育意识

随着时间的推移，几年的大学生活很快就会过去，我们最终要离开学校，走向社会，为自己的大学生活画上一个圆满的句号，但是我们的健康却是终身延续的。因此，树立终身体育的思想是大学生在未来的社会竞争中保持健康活力的前提。

终身体育作为终身教育的重要组成部分，是当代体育的发展方向。终身体育主要包括两方面：一是社会中的每个成员从出生开始到死亡都要不断地学习体育知识和从事体育锻炼活动，使体育活动成为陪伴人一生的重要内容，既面向未来发展又面向社会现实。二是将学校体育、社会体育等不同的锻炼方式、手段、理念有机结合起来，使体育锻炼系统化、规范化、科学化。使人们在不同的生活环境和工作环境中，能够通过自己掌握的体育知识技能获得体育锻炼的机会和条件，以期达到保持人体机能和体能处在最佳状态，以便更好、更持久地为社会的发展贡献出自己的一份力量。

曾经有人说过:培养一种体育爱好，并让它陪伴你一生，这是一种幸福和快乐。的确，许多伟人、名人都有自己的体育爱好，并且终生坚持。

毛泽东一生喜欢体育运动,不但常年坚持游泳、打乒乓球,还写下了著名的《体育之研究》和《水调歌头 · 游泳》等著名文章和诗篇；邓小平特别喜欢游泳和打桥牌，80 多岁的时候，老人家还能坚持在北戴河畅游一个多小时，到 90 多岁时仍然坚持运动，他常说：“我是用游泳锻炼身体，用桥牌来训练脑筋。”邓小平用终身体育实践了“生命在于运动”的道理，为我们做出了榜样。

还有一些著名的科学家，他们也是终身体育的践行者。例如，著名科学家钱伟长年轻时就喜欢上了体育，且成绩优异，并于 1937 年入选中国队，参加了在菲律宾举行的远东奥林匹克运动会。当钱伟长年过古稀之时，仍然坚持每天进行长跑锻炼，有一次参加清华大学的长跑比赛，他居然一口气跑了两万米，让人们为之惊叹；钱伟长年过古稀，还坚持每天进行长跑锻炼，到 90 岁高龄时，长跑已不适合他，他依然不放弃运动，改为每天步行三千步，正是依靠体育锻炼，钱伟长一直保持着健康的体质和头脑。中科院院士钟南山是一位运动健将，从小就喜欢体育，篮球、田径、游泳样样精通，68 岁仍然活跃在篮球场上，70 多岁经常利用业余时间和同事打羽毛球，钟南山对运动的感言是“关键是一个认识问题。假如说身体锻炼和吃饭一样重要，那你怎么也会找到时间。吃饭，再忙，你能找到吧？睡觉，再忙，也能睡吧？运动，再忙，只要你觉得是生活的第一需要，那你也会找到时间”。

因此说，终身体育既是一种生活态度，又是一种生活方式。大学生是国家的栋梁之材，肩负着国家未来发展的重任，必须从现在就树立终身体育观念，养成良好的体育锻炼习惯。

第2章 体育运动与健康

本章主要介绍健康的概念、健康的生活方式、体育运动对健康的影响等内容。

学习目标

1. 理解“健康”的真正含义及其重要性，更新健康观念。
2. 运用体育保健知识，全面提高学习、生活中的保健意识。
3. 运用心理健康知识，调整情绪，保持健康的心理状态。

2.1 健康概述

2.1.1 健康的概念

健康是人类永恒的主题。而健康是什么？看起来这好像是一个简单的问题，但事实上，人们对健康的认识和健康标准是随着社会和医学的发展而不断深化起来的。从生活达不到温饱无法奢望健康，到认为没有疾病就是健康的年代，再到将人的自然属性和社会属性综合在一起来评价健康的年代，以及出现了“三维健康观和多维健康观”的年代，可以看出健康是一个具有强烈时代感的综合概念。特别是1948年世界卫生组织在其宪章中提出的:“健康不仅是没有疾病和虚弱,而是指身体的、心理的和社会的良好状态”的三维健康观，改变了人们长期以来只重视健康的躯体因素，而忽视心理和社会性因素的片面观点，实际上，健康更强调人们在参与社会生活实践中能够最大限度地采取发挥自我潜能的健康行为。中国有句俗话“好死不如赖活着”，但是我们如果思考这句话，可能就会反问自己我们既然要活着，为什么不去追求生命的质量呢？如果我们能够有效地预防疾病，尽可能延长健康寿命，那么生命的质量就可得到提高，而这个过程就是追求健康、保持健康的过程。由此可见生命质量与健康水平几乎可以作为同义语，可以说人类追求生命质量的标准应该是健康。

什么是健康？它包括哪些内容？不同的时代会给出不同的答案。长期以来，人们普遍以为健康就是不生病，认为“无病、无残、无伤”就是健康。20世纪30年代的“心身医学”观点，使人们对健康问题的认识更进了一步，超出了纯医学的范畴，明确地从心理角度向社会方面延伸。1989年，世界卫生组织将健康的概念定义为，生理健康、心理健康、社会适应良好和道德健康四个方面都健全，才算是完全健康的人。由此，人们对健康的认识提高到了一个崭新的水平，以下列举出世界卫生组织对健康的标准代表性的表述。

- 有足够充沛的精力，能从容不迫地应付日常生活和工作压力而不感到过分紧张。
- 处世乐观，态度积极，乐于承担责任，不论事情大小都不挑剔。
- 善于休息，睡眠良好。
- 能适应外界环境的各种变化，应变能力强。
- 能抵抗一般性的感冒和传染病。
- 体重得当，身体匀称，站立时头、肩、臂的位置协调。
- 反应敏锐，眼睛明亮，眼睑不发炎。
- 牙齿清洁，无空洞、痛感、出血现象，牙龈颜色正常。
- 头发有光泽，无头屑。
- 肌肉和皮肤富有弹性，走路轻松、协调。
- 道德高尚，有良好的公德，有道德修养。
- 对自己、对他人的健康负责，工作、生活、娱乐等以不影响、不损害他人利益和健康为前提。

2.1.2　心理健康的标准

人们的心理健康状况是变化发展的，不同的人心理状况是不同的，即使是同一个人，在不同时期，心理状况也不一样。在不同的社会文化中，心理健康的标准也有很大的差异。

美国人文主义心理学家马斯洛和迈特尔曼提出了衡量心理健康的几项标准。

- 充分的安全感，即不会感到有某种危害对自己造成威胁。
- 充分了解自己，并能对自己的能力进行恰当的评估，即人们常说的有“自知之明”。
- 生活目标和理想切合实际，而非有过高的或缺乏明确的生活目标。
- 理想与现实环境保持一致，即知行结合，而非空想与自我封闭。
- 能保持个性的完整和谐，有崇高的个人修养。
- 具有从经验中学习的能力，而非固执，我行我素。
- 能保持良好的人际关系，而非独来独往。
- 有适度的情绪发泄与控制能力，而非任意冲动或苦行僧式的压抑。
- 在不违背集体意志的前提下有限度地发挥个性，而非盲从和随波逐流。
- 在不违背社会道德规范的前提下能适当满足个人基本需要，也就是人们常说的要处理好个人与集体的关系。

中国社会调查事务所提出衡量心理健康的几项标准。

- 情绪是否愉快。
- 智力是否正常。
- 思想与行为是否统一。
- 反应是否适度。
- 生理年龄同心理年龄是否符合。

总之，心理健康是指能进行正常的心智活动，能较好地适应相应的社会生活。心理健康不是绝对的，而是相对的、发展的。永恒的和绝对的心理健康是不存在的，关键是能通过心理卫生与健康教育等方法不断地调节自己的心理，以达到相对的心理平衡状态，从而提高心理健康水平。

2.1.3 亚健康

20 世纪 80 年代中期，苏联学者布赫曼（N.Berckman）教授通过研究发现，除了健康状态和疾病状态外，人体还存在一种非疾病非健康状态，称为“亚健康”状态。当前，我国“亚健康”人群急剧增加最重要的原因来自两个方面：一是身体活动减少；二是能量摄入过多。据有关数据显示在健康定义的统计学筛选下真正健康的人仅有 5%，患有疾病的人占 20%，而“亚健康”的人占到 70% 以上。处于“亚健康”状态的人，机体虽然无明显疾病，但是机体适应能力、抵抗能力均呈现不同程度的衰减，在此状态下，患者只是感觉身体和精神上有各种各样的不适，但到医院去做各种检查和化验却没有任何器质性病变。“亚健康”如果得到重视并处理得当，则身体可向健康方向转化，反之则向疾病方向发展。目前“亚健康”还没有明确的医学指标来诊断，一般来说，如果你没有什么明显的病症，但又长时间处于以下的一种或几种状态中，就需注意“亚健康”可能已向你发出警报了。如失眠、头晕、乏力、食欲不振、易疲劳、记忆力下降、心悸、抵抗力差、易激怒、烦躁、经常性感冒或口腔溃疡、便秘等都是“亚健康”的症状。处在高度紧张学习中的大学生应当特别注意这些症状，相关资料显示，在美国每年有 600 万人被怀疑处于“亚健康”状态，年龄多在 20 ～ 45 岁。由“亚健康”发展引起的慢性疲劳综合征及过劳死等，在美国及日本正日益受到重视。研究还显示我国处于“亚健康”状态的人口已占到全国总人口的 80%，集中发生于 18 ～ 45 岁，以脑力劳动者居多。另外，20 ～ 35 岁患者比例的上升速度惊人，处于“亚健康”状态的人口在许多国家和地区呈上升趋势，“亚健康”已经成为全球亟待解决的问题了。

追溯历史，我国是对“亚健康”关注最早的国家之一，正如《素问 • 回气调神大论》中所述：“是故圣人不治已病治未病，不治已乱治未乱，此之谓也”，明确提出了“亚健康”即“未病”这个概念，提出应以预防为主，事实上运动和医学对健康影响最大的不同就是“运动防病于未然”。那么我们怎样才能预防亚健康呢？专家建议应做好以下几个方面的工作。

① 适量运动：适量的身体活动在消耗掉体内多余的能量的同时，还可以改善物质代谢，增强各系统的机能，直接提高身体健康水平，同学们应该在上好体育课的同时，多利用闲暇时间进行规律运动。

② 睡眠充足：研究显示血压和心率通常在睡眠时间降至最低，而睡眠不足者，很容易出现血压较高的表现。此外，美国芝加哥西北大学睡眠与昼夜生物节律中心副主任菲力斯 • 季说：“睡眠不足，体内的压力激素会升高，炎症反应也会增加，这两者都会导致免疫系统功能的降低”，直接引起“亚健康”，因此，睡眠充足是预防亚健康的重要因素。

③ 调节情绪，善待压力：长期心理压力过大，易引起神经系统症状，同学们在学习和生活中面对压力时既要承认压力存在的客观性，又要培养承受压力的能力，因为压力在人的一生中是客观存在的，没有压力、没有逆境的人生是没有的。只有承认压力存在的客观必然，才能做好抗压的心理准备。

④ 培养多种兴趣：培养广泛的兴趣爱好，会使我们受益终身，因为这不仅可以修身养性，而且

能辅助治疗一些心理性疾病。

⑤ 生活起居规律：人类和地球上的一切生物一样也呈现出一定的生物节律，人的体力、情绪和智力都存在着周期性变化，就像钟表一样循环往复，又被人们称作“人体生物钟”。据研究，人体内部生物钟的运行具有精确的时间。可是目前很多大学生学习熬夜，整夜玩游戏、QQ 聊天，生活毫无规律，易破坏“人体生物钟”，违背人体生物钟原理导致“亚健康”。

⑥ 合理膳食营养：目前由于学生和家长营养学知识的缺乏，学生营养不均衡的现象十分普遍，一方面脂肪和热能摄入过高，另一方面矿物质、维生素缺乏，导致了肥胖症及其相关疾病的流行，因此，为了远离“亚健康”，我们应该高度重视营养素的平衡摄入，控制脂肪摄入，重视微量元素的补充，“亚洲金字塔”膳食结构是目前公认的适合我国人民的膳食结构。

知识拓展

健康自主

每个人的健康与寿命 60% 取决于自己，15% 取决于遗传因素，10% 取决于社会因素，8% 取决于医疗条件，7% 取决于气候影响。

——世界卫生组织

2.1.4　影响健康的因素

人体健康受多种因素的影响，归纳起来主要有环境因素、生物因素、行为和生活方式因素、心理因素及卫生保健服务因素 5 个方面。

1. 环境因素

（1）自然因素

人类的生活和生产活动使自然环境的构成状态发生变化，扰乱和破坏了生态平衡，如酸雨、水土流失、噪声等环境污染和生态环境的严重破坏已严重威胁到人类的健康，人类的部分疾病就是由环境因素引起的，其中环境污染占最主要的因素。由于经济和社会的发展，人们肆意开垦土地、滥用化学药物等导致自然环境的不断恶化，这都严重危害到人类的健康。

（2）社会环境

社会环境包括政治、经济、文化、教育等多方面的组合。不良的社会环境直接或间接地危害着人们的健康。

1986 年第一届国际健康促进大会通过的《渥太华宣言》提出了新大众健康概念，它进一步说明了健康与环境，特别是社会环境的关系，它包括以下几点。

- 健全和完善健康政策。
- 开创有利健康的物质和社会环境。
- 鼓励民众团体积极参与。
- 提高民众的健康知识和技能水平。

- 改革医疗健康服务结构，使其适应人们的健康需求。

这些都集中体现了健康与社会环境的关系。随着经济的发展和科学技术的不断进步，人们的生活质量得到了很大提高，劳动条件、营养状况、医疗卫生条件越来越好，人们的健康状况得到极大改善，但由于社会经济发展不平衡，生活在不同地区和不同发展时期的人会出现不同的健康问题。在经济发展的初级阶段和贫困地区，寄生虫病、肠胃炎、呼吸道疾病、营养不良等疾病流行。在经济发展的后期和经济发达地区，各种心脑血管病、高血压、糖尿病、精神病、癌症等成为主要疾病。另外，受教育程度和文化素养也决定着人的健康观，决定着人是否能做出有益于健康的决策。

2. 生物因素

生物因素是指遗传和各种病原微生物、寄生虫等；遗传是生长发育的先天条件，对个体后天的健康和体质起着决定性作用；遗传因素在影响人类健康时常与环境因素、行为因素共同作用，相互制约。

3. 行为和生活方式因素

行为和生活方式因素的内容较广，对人体的健康有良好影响的生活方式有：科学的体育锻炼、良好的生活习惯和卫生习惯等；不良的行为和生活方式有：不合理的饮食、吸烟、酗酒、吸毒等。由不良的行为和生活方式引起的疾病称为“生活方式病”，如艾滋病、性病、癌症、中风等，这些疾病对人类的健康危害极大。

4. 心理因素

心理因素是影响人体健康的重要因素。大脑是心理活动的物质基础，生理的变化会影响心理活动，同样心理的变化也会引起生理的一系列反应。当人产生积极的情绪时，如高兴、快乐、满足等，大脑内的啡肽分泌增多，大脑的活动处于最佳状态，思维活跃，内分泌功能协调，免疫功能提高，从而增强了机体对疾病的抵抗能力；当人产生消极情绪时，如愤怒、悲伤、恐惧、焦虑等，人体内各器官、系统功能失调，植物神经功能紊乱，内分泌失调，长期处于这种状态，会诱发一系列的器质性疾病。

5. 卫生保健服务因素

卫生保健服务是指卫生机构和卫生专业人员针对个人、群体和社会的健康需要所提供的必要的、可能的服务。良好的卫生服务对健康起促进作用。良好的卫生服务包括健全的医疗卫生机构，完善的服务网络，充足的卫生资源及合理的配置。

2.2 健康的生活方式

2.2.1 合理的生活制度

1. 生活制度

生活制度是指一天内睡眠、饮食、工作或学习、休息和体育锻炼等各项活动的时间安排。人体大脑皮层细胞对各种活动的刺激产生一定的兴奋性，活动过后兴奋转为抑制，每日有节律地循环反复，形成合理的生物钟，使机体的活动“自动化”“规律化”。学校安排的作息时间，要符合学生生长发育特点。合理的生活制度有利于增强机体的各种生理机能，对于增进健康，提高学习和工作效率，提高运动能力都有良好作用。

2. 生活制度的卫生要求

正确的生活制度应根据个人的年龄、健康状况、工作性质等具体情况制定，应注意5个方面。

（1）睡眠

睡眠是一种保护性抑制，能使大脑皮层得到最有效的休息，能保护大脑皮层细胞免于衰竭和破坏，同时也有恢复大脑和人体各器官的功能。当人们入睡时，除少数警戒细胞仍处于兴奋状态外，绝大部分脑神经细胞兴奋活动停止，对声、光、味等外界刺激不再出现反应。神经系统这种全面的、较长时间的休息只有在睡眠时才有可能达到。睡眠不足，首先使大脑皮层细胞机能减弱，时间长了可使其发生衰竭，严重影响健康。睡眠时间是否充足，对学习和工作效率有很大影响，因此，每天应保证充足的睡眠时间，年龄越小，需要的睡眠时间越长。成人一般每天应有8 h睡眠，儿童、少年需8～10 h，此外，中午最好有一定的时间午睡。睡眠不但需要足够的时间，而且应有充分的深度，为此，必须保证良好的睡眠环境，避免各种干扰刺激。为了保证良好的睡眠，晚餐不要吃得过饱和饮过多的水，睡前保持安静，一般在睡前1 h应停止较剧烈的活动，到室外适当散步和轻微活动，用温水洗脸、洗脚等有利于睡眠。睡前应使室内空气保持清洁。

（2）饮食

饮食是健康的基础，良好的饮食习惯，对消化系统进行正常的生理活动具有重要意义。饮食应定时、定量，使胃部的负担适应消化系统的功能形成规律，这样可以增进食欲，有利于食物的消化、吸收和利用。若进食时间和食量经常改变，吃零食或进食时间相隔太长，都会使食欲减退，消化功能减弱。此外，从容进食，细嚼慢咽，进食前后适当休息，各种食物热量合理分配等都是保证消化系统功能的良好因素。

进食时间每次至少15 min，体力活动后休息30 min以后才能进食，餐后休息0.5～1.5 h再开始学习或活动。一般每日三餐，餐间相隔5～6 h，热量分配以早餐30%，午餐40%和晚餐30%为宜。饮食要多样化，这样可以使人体更多地摄取营养物质，以满足人体活动时的能量消耗，保证身体健康，必须做到不挑食、不偏食和不厌食。

（3）工作和学习

这是机体创造财富的时刻，在此期间，大脑皮层根据需要，大部分神经细胞处于兴奋的状态，兴奋都容易扩散，因此工作和学习的时间过长，很容易产生疲劳，使工作和学习效率大大降低，所以，应有间歇的休息和娱乐来调节大脑皮层的兴奋过程。

（4）休息和娱乐

不论在工作和学习之后，还是在劳动与体育锻炼之后，机体都会产生一定程度的疲劳，疲劳会使人体机能下降，工作效率降低，通过适当的休息和娱乐能消除疲劳。休息的形式有两种：一种是消极休息，如睡觉；另一种是积极休息，如轻微的娱乐活动、变换学习或工作内容。

（5）体育活动

在一天的生活中，应当有适当的体育锻炼，以促进身体健康和提高生理机能。早上起床后做早操，可以促进人们更快地由睡眠状态过渡到清醒状态。除了早操，最好还有一定时间的体育活动，活动的时间、内容及运动量的大小，应根据每个人的具体情况确定。要尽可能地在户外活动，每天不少于 1 h。晚上也可以进行体育活动，但不宜进行剧烈运动，以免影响睡眠。

2.2.2 不健康的生活方式及其危害

国内外的社会调查表明，在人类死亡原因中不健康的生活方式占了近 50%。如吸烟、酗酒、睡眠不足、生活无规律、缺乏体育锻炼等都是人类健康的“黑色杀手”。下面列举一些与生活方式有关的数据。

良好的生活方式使得 40 岁左右人的健康程度和 20 岁左右生活方式不良的年轻人的健康状况几乎一样；据世界卫生组织的资料证实，人类的健康寿命问题 40% 在于遗传和生存的环境条件：其中 15% 为遗传因素，10% 为社会因素，8% 为医疗条件，7% 为生活环境和地理气候条件，而 60% 需要靠自己努力，去养成良好健康的生活方式。目前，因“生活方式病”而死亡的比例在中国达到 67%；不良的生活方式不仅使患糖尿病、消化性溃疡、心脑血管疾病和癌症的危险性大大增加，而且 45 岁以后的死亡率显示生活方式不健康的人群比生活方式健康的人群高出数倍。

在我国北京，血脂异常者占 15.1%，高血压者占 11.7%，肥胖者占 10.7%，糖尿病者占 4.4%，冠心病患者占 3.8%，脑溢血患者占 0.8%，肿瘤患者占 0.7%，慢性阻塞性肺气肿患者占 0.4%。每 20 min 就有 1 人死于心脑血管病,有 1/3 的成年人患上了“生活方式病”。据统计,广州市民中的“生活方式病”日益增多。有 60% ~ 80% 的成年人的体育活动量不足以增加健康。

1. 不健康生活方式的危害

① 吸烟致癌已被公认，吸烟者患肺癌的危险性是不吸烟者的 13 倍，同时吸烟者患消化性溃疡、心血管疾病的人数比不吸烟者要增加 4 ~ 5 倍。

② 生活不规律者患消化性溃疡的可能性比生活规律者高出 3 倍以上。

③ 对任何事物都不感兴趣，患肝病的可能性比对生活充满兴趣的人高出 3 倍。

④ 不吃早餐而患糖尿病的危险比按时吃早餐的人要高出 4 倍以上。

⑤ 每天吃的食品过咸可导致患心血管、高血压疾病的概率比正常人高出 4 ~ 5 倍以上（每天盐的摄入量在 30 g 以上者，可能会患高血压病）。

⑥ 心理素质较弱、常受到精神刺激的人，患消化性溃疡的危险比心理素质好的人高出 4 倍，患心血管病比心理素质好的人高出两倍。

2. 吸烟的危害

香烟燃烧时所产生的烟雾中含有 2 000 余种有害成分，吸烟时，香烟烟雾大部分吸入肺部，小部分与唾液一起进入消化道；烟中有害物质部分停留在肺部，部分进入血液循环，流向全身，在致癌物和促癌物协同作用下，损伤正常细胞，可形成癌症。烟草的烟雾中含有 3 种危险的化学物质：焦油、尼古丁和一氧化碳。焦油是由好几种物质混合成的物质，在肺中会浓缩成一种黏性物质；尼古丁是一种会使人成瘾的药物，由肺部吸收，主要是对神经系统发生作用；一氧化碳能降低红血球将氧输送到全身的能力。

一个每天吸 15 ～ 20 支香烟的人，其易患肺癌、口腔癌或喉癌致死的概率，要比不吸烟的人高 14 倍；其易患食道癌致死的概率比不吸烟的人高 4 倍；死于心脏病的概率也比不吸烟的人要高 2 倍。吸烟是导致慢性支气管炎和肺气肿的主要原因，而慢性肺部疾病本身，也增加了得肺炎及心脏病的危险，并且吸烟也增加了高血压的危险。

吸烟能损害人体的各种组织器官，引起癌症、高血压、冠心病、脑中风、消化性溃疡、慢性支气管炎、肺气肿等多种疾病。牛津大学癌症研究所皮托教授指出："经常吸烟的人中 1/3 将死于这一嗜好，其中一半人只能活到中年"。据 WHO（世界卫生组织）统计，全世界每年死于吸烟有关疾病的人高达 400 万，平均每秒就有一个人死于吸烟有关疾病。如果不加控制，到 2030 年，全世界每年死于吸烟有关疾病的人数将达到 1 000 万人，而我国将占 200 万人。

青少年吸烟危害更大，这是由于青少年在生长发育时期，人体各系统器官尚未成熟，对环境中有害因素的抵抗力弱，香烟烟雾中的有害物质微粒容易达到细支气管和肺泡，因而有毒物质容易被吸收，人体组织受损害较严重，影响肺呼吸功能，容易患慢性支气管炎、肺气肿和心脏病。20 ～ 26 岁开始吸烟，肺癌的发生率比非吸烟者高 10 倍，15 ～ 19 岁开始吸烟，则肺癌的发生率比非吸烟者高 15 倍，如果小于 15 岁开始吸烟，肺癌的发生率比非吸烟者高 17 倍，开始吸烟的年龄越早到成年后因吸烟所致疾病的死亡率越高。

3. 酗酒的危害

酒含有酒精（乙醇），而酒精是一种能够刺激和麻痹神经系统、有兴奋作用的物质，进入人体后，通过人体胃、小肠的作用，渗入血液中，由血液带到身体的各个部位。酒精在人体内由消化道吸收，在代谢中诱发自由基的产生，对肝脏等多个器官造成损害。乙醇脂溶性较大，可影响脑细胞。

酒对人体有广泛的药理作用，急性大量饮酒可导致酒精中毒，引起恶心、呕吐、记忆力减退、注意力不集中、精细运动能力受损和情绪不稳定，严重时甚至可因呼吸肌麻痹而导致死亡。长期饮酒可引起精神障碍、胃溃疡以及脂肪肝、酒精性肝炎、肝硬化等疾病。长期饮酒还会使心脏发生脂肪变性，严重影响心脏的正常功能。

酗酒对社会也具有极大危害。酗酒后，大量酒精麻醉了大脑细胞，导致人的思维过程直接受到干扰而变得反应迟钝、神态失控。酗酒是一种病态或异常行为，可构成严重的社会问题。我国每年因酗酒肇事立案的高达 400 万起；全国每年有 10 万人死于车祸，而 1/3 以上的交通事故发生与酗酒及酒后驾车有关。

2.2.3 现代生活方式病

1. 运动不足综合征

所谓运动不足综合征，是指由于人体长时期缺乏运动，导致心、肺、肝、肾等内脏器官功能降低，肌力下降。植物神经功能失调的症候群，多见于生活安逸，缺少运动的人。长期运动不足，还可诱发或加重肥胖病、冠心病、心肌梗死等一系列疾病。

体育运动对于保障身体健康，防止和减少疾病的发生是极其重要的，尤其对于脑力劳动者，更应注意运动。适当的运动可以使大脑机能更加完善，心血管系统、呼吸系统、肌肉骨骼系统、消化系统等的功能都可以得到加强。相反，不常运动的人，必然导致各个系统、器官功能不强，体质薄弱，对外界环境的适应能力和对疾病的抵抗力差。在现代，糖尿病、冠心病的发病率增加，除了营养不合理以外，运动不足也是一个极为重要的原因。

（1）病状表现

运动不足综合征表现为腿部和上肢肌肉瘦弱，腰背部肌肉菲薄，肌力低下，容易发生腰痛、腿软、抽筋等现象。肺活量小，稍事运动即感呼吸急促，心跳加快，常感心跳异常、心慌、胸闷、头昏、恶心，甚至可发生昏厥现象，并可出现脂肪堆积，过度肥胖。

中老年人运动不足，易致肥胖，诱发或加重高血压病、冠心病、心肌梗死、糖尿病，且易发生骨折、软组织损伤。

（2）防治措施

根本措施就是适当加强运动，但运动要科学、符合运动卫生的要求。

2. 都市疲劳症

都市疲劳症是指由于城市人口密集、交通拥挤，生活节奏增快，人们的时间观念和竞争观念增强，废水、废气、废渣、噪声等对城市环境的污染等因素导致城市居民生理上和心理上的疲劳。

在城市，众多的烟囱、火炉和汽车排放出大量烟雾和热量，可以使气温比周围地区高出 2 ～ 3 ℃。晚上热气上升到一定高度，就不再扩散，形成一个大“罩子”，将烟尘、固体颗粒物全罩在里面。被污染物笼罩的城市就像孤岛一样，其气候特征与周围迥异，形成“城市孤岛效应”。人们生活在这种大气受热污染的环境，易产生疲劳。

（1）病状表现

都市疲劳症最常见的表现是经常觉得自己打不起精神，疲乏无力、腰酸背痛、头晕脑胀、但医生检查起来又查不出患了什么病。稍一参加体力劳动，工作稍累一点就感疲劳不堪，而且恢复较慢。都市疲劳症表现为体力疲劳和心理疲劳两个方面。

（2）防治措施

① 加强体育锻炼，至少每天保持 1 h 的悠闲散步或体育锻炼，以适当的运动来增强体质，缓解紧张情绪。

② 保持良好的情绪和心态。

③ 保证必要的休息和充足的睡眠。

3. 网络综合征

网络综合征是人们由于沉迷于网络而引发的各种生理、心理障碍的总称。包括网络成瘾性（又称网络依赖性）、网络人际关系（包括网友、网恋、现实生活中的人际障碍等）、创造毁灭欲和与此有关的抑郁症、躁狂症，还有由于辐射、荧屏闪烁、久坐、注视疲劳等造成的生理和心理疾病等。

（1）主要危害

网络综合征患者，因为网络操作时间失控，随着乐趣的增强，往往欲罢不能，难以自拔。患者初期只是精神上的依赖，后可发展成为躯体的依赖，表现为情绪低落、头昏眼花、双手颤抖、疲乏无力、食欲不振等；主要有以下 4 种危害。

① 计算机工作时，微波对身体有危害。人们较长时间处于这种辐射环境中又没有进行必要的保护，就会引起中枢神经失调。

② 长期操作，产生精神和心理压力。为避免出现差错，在操作计算机过程中注意力高度集中，眼、手指快速频繁运动，使得人的生理、心理负担较重，从而产生失眠多梦、神经衰弱、机体免疫力下降等病症，甚至诱发一些精神方面的疾病。

③ 思维定式错位，造成的心理失衡。与人交流需要协调各种关系、解决各种问题，而与计算机交流只需下达正确的命令，这样容易使长期从事计算机操作的人养成要么坚持、要么放弃的思维定式，并映射到处理人际关系中，从而出现“定式错位”；容易丧失自信，因而加重心理的紧张、烦躁、焦虑和不安，最终导致身心疲惫，出现各种生理、心理症状。

④ 计算机操作不当，也容易对身体产生直接影响。

a. 坐姿。使用计算机时一般都是保持着固定的姿势，时间长了就会出现腰酸颈直、头胀眼干、全身不适等症状。长时间不当的姿势还会引发颈椎病等。

b. 击键。长期击键会对手指和上肢不利。人们在使用鼠标时，总是集中机械地活动一两个手指，长期密集、重复和过度的活动，会逐渐形成手腕关节的麻痹和疼痛。

c. 用眼。在操作计算机时，总是“目不转睛”地盯着显示屏，较长时间后，常感双眼干涩、酸胀，看不清东西，经常犯困等，可是经眼科医生检查，双眼视力、眼球、眼压都没有问题。许多眼科大夫将这一症状称为“网络综合征”的眼科新疾病。

d. 环境。网吧空间小，人员多，在室内抽烟，会受到烟雾的污染，成为“二手烟”的受害者。

（2）网络综合征主要症状

① 无论做什么事都想着上网，上网后精神极度亢奋，长时间使用网络以获得心理满足，上网后行为不能自制，时常出现焦虑、忧郁、人际关系淡漠、烦躁不安等现象。

② 在上网时间上难以自控，甚至整夜地沉浸在虚幻的网络环境中，而到白天则昏昏欲睡，对现实生活无兴趣。

③ 不上网时手指会不停地运动，严重时全身打颤、痉挛、摔东西；不上网就会心慌、心跳加剧、手发冷、发热，烦躁、情绪不稳；学习、工作、生活等能力明显下降。

（3）防治

网络综合征的防治要做到以下几点：

① 要加强自我保健意识。如工作前要适当准备，工作中要适当休息，工作后要适当放松，尽量控制使用计算机的时间和次数。可以根据自己的兴趣爱好，将情绪转移到其他活动上，如运动、听音乐等。

② 平时要加强体育锻炼。体育锻炼的好处是强身健体，正好医治“网络综合征”患者整日上网所带来的腰酸背痛、四肢无力、视力下降、食欲不振等症状；此外，体育运动带来的心理愉悦对于治疗网络综合征患者也有很好的效果。体育运动可以让人感觉到现实的自我价值的实现以及现实生命存在的意义，让人离开虚拟的网络世界。

③ 从营养上进行协调。在饮食上应注意多吃些胡萝卜、豆芽、瘦肉、动物肝脏等富含维生素 A

和蛋白质的食物，经常喝些绿茶等。

④ 注意保护眼睛。操作中经常远眺、眨眼、闭目静休，多进行眼睛训练和做眼保健操等。

2.3 体育运动对健康的影响

2.3.1 体育运动对运动系统的作用

经常参加体育运动，有利于骨骼承受更大的外力作用，提高骨骼的抗弯、抗断和耐压的性能以及促进骨骼的生长并保持骨骼的弹性；经常参加体育锻炼，可以使肌肉在收缩力量、速度、弹性、耐力以及肌肉内的物质储备等方面得到提高和增强；经常参加体育锻炼，可以扩大关节的活动幅度，提高关节的灵活性，增强关节的坚固性和稳定性。

2.3.2 体育运动对心肺功能的影响

1. 体育运动对心脏、血管的影响

经常参加体育运动可以使心脏质量增加，容积增大，心肌增厚，心脏变得更有力；心搏徐缓，心缩有力，每搏输出量增加，血管弹性增加，血流量加速加大（见表 2-1）。

表2-1 经常参加体育锻炼的人与普通人心脏对比

比较内容	经常锻炼者	普 通 人
心脏质量	400～500 g	300 g
心脏横切面	13～15 cm	11～12 cm
心脏容量	1 015～1 027 mL	765～785 mL
每搏血输出量	80～100 mL	50～70 mL
安静脉搏	50～60 次/min	70～80 次/min
每搏血输出量运动时可增加	150～200 mL	100 mL
运动时脉搏可达到	180 次/min	180～200 次/min
安静血压	85～105 mmHg/40～60 mmHg	100～120 mmHg/60～80 mmHg

2. 对呼吸系统的良好影响

经常参加体育运动有利于促进呼吸系统机能的不断提高（见表 2-2）。

表2-2 经常参加体育锻炼的人与普通人呼吸机能的对比

比较内容	经常锻炼者	普 通 人
呼吸系统	呼吸肌发达有力、胸廓范围大、呼吸机能好	呼吸肌不发达、胸廓范围小、呼吸机能一般
安静呼吸频率/（次/mim）	8～12，呼吸深而慢	12～18，呼吸浅而快
肺活量/mL	男子4 000～5 000 女子3 500～4 000	男子3 500～4 000 女子2 500～3 000
摄氧量/（L/min）	4.5～5.5（比安静时大20倍）	2.5～3.0（比安静时大10倍）
肺通气量/（L/min）	80～150	50～90
呼吸差/cm	7～11	5～7

2.3.3　体育运动对心理的调节作用

1. 体育运动可以促进学生情绪和情感的稳定

情绪和情感是客观事物是否符合人的需要与愿望而产生的态度体验。情绪与人的健康、疾病有着极为密切的联系。影响学生情绪的因素主要有适应问题、学习问题、人际关系问题、心理与生理问题等。如新生入学后的环境适应、学习困难、同学之间的关系、疾病、失恋等。体育运动中的比赛以其独特的胜负变化，能使学生在运动中领略各种各样的心理情感体验，直接或间接地稳定了学生由情感引发的波动和冲动，有利于培养情感的稳定性和深刻性。

（1）体育运动可以改变人际关系

体育运动的放松、愉悦功能，能使学生自觉不自觉地参与。集体运动的过程能促进同学之间的沟通，使他们产生亲近、信赖、了解、友好和相互间谦让、谅解的心理感受。体育运动把个人和集体融为一体，不仅缩短了同学之间的距离，让他们体验到集体的温暖，而且在心理上给他们一种归属感和安全感。

（2）体育运动可以缩短学生对环境的适应期

学生入学后主要面临的是陌生的人际关系和环境两大心理问题。体育运动中，不用更多的语言交流就能在最短的时间内加深同学之间的了解，迅速改善陌生的人际关系。对环境的适应，主要取决于对人际关系的改善，当人际关系在体育运动中得到改善时，环境适应问题也会随之改善。

2. 体育运动可以帮助学生形成注意的稳定性

学生在体育运动时，会全心全意投入其中，一方面能使自己得到充分休息，保持身心健康、精神愉快、精力充沛，做到劳逸结合，消除因学习产生过度疲劳而导致注意障碍；另一方面也使大脑得到锻炼，同时，过剩的精力能得以宣泄，从而保持体内能量的平衡，形成注意的稳定性。

3. 体育运动可以强化学生的意志品质

意志是自觉地确定目标，并为实现目标而支配调节自己的行为，克服困难的心理过程。体育运动的过程对培养和强化学生的优秀意志品质有积极的作用。学生在参加体育运动时需要做出一定的意志努力，包括自觉地克服主观和客观上的困难。体育运动容易受气候变化、动作难度和意外障碍等客观因素的影响以及在力量与耐力等项目训练时承受的疼痛等主观因素的影响，体育运动中还充满着失败和挫折，要取得成功就要付出意志努力，意志努力的积极程度愈高，也就愈能培养良好的意志品质，坚韧、顽强的意志品质是在实践中形成的，同时也是在自觉克服困难与挫折的行动中体现出来的。

4. 体育运动对形成积极的自我意识有促进作用

所谓自我意识，是指个体对自己各种身心状况以及自己周围关系的一种认识，包括对自己机体状况和肢体活动能力的认识，对思维、情感、意志等心理活动的意识以及自我概念、自我评价、自我体验、自尊心、自我调节、自我控制等。自我意识的成熟，往往标志着人格的基本形成。

体育运动不仅能直观地反映个体的机能状况、肢体活动能力和反应速度，而且能体现思维方式、情感和意志等心理活动、身体抵抗疾病的能力和健康状况。经常参加体育运动不仅能使个体机能、肢体活动能力等各方面得到改善和提高，而且有助于建立积极肯定的自我意识和自信心。

2.3.4 体育运动与大学生身心发展

1. 大学生的生理特征与体育运动

人体自幼至成人的生长发育是一个连续的、渐进的、缓慢的过程，但不是匀速变化的过程，人体各部位和各器官的生长发育也不是同步的。大学生是指正在接受高等教育的学生，其年龄一般在18 ～ 23 岁，处于人体发育的青年中期。大学生身体的生长，受先天遗传因素的影响，也受后天环境因素的影响。大学生的生理特点是：生理发育已趋成熟，生长发育并未完全停止，神经系统和脑功能发展已达高峰期，大脑皮层的兴奋与抑制过程渐趋稳定；身体形态、机能日趋成熟，但仍需不断完善和提高。体育运动对处于青年中期的大学生来说有特殊的意义，能促进学生身体形态和机能的成熟和提高。

2. 大学生的心理特征与体育运动

处于青年中期的大学生的心理成长逐渐成熟，但仍处于心理未成熟、不稳定、不平衡阶段，认知、感悟、意志、个性等主要心理过程和心理特征处在一个动态调节过程，其心理特征主要通过学习的动机和兴趣、情感、意志和个性与性格表现出来。

体育运动有利于培养大学生的独立性和社会性。通过不断的运动实践可以使他们克服来自主观和客观的各种困难，磨炼意志，增强自信心和自制力，培养自强、自信、自尊、自重、勇敢、顽强拼搏的精神，提高对社会的适应能力；体育运动能起到调节情绪的作用，消除紧张的、单调的、不安的、焦躁的不良情绪，以一种愉快的、轻松的和奔放的良好情绪，为学习创造良好的、适宜的和稳定的轻松气氛；在体育运动中养成健康情感和坚强意志品质，有助于培养大学生的良好性格。

第3章 大学生体质健康测定与评价

本章主要介绍大学生体质与健康以及大学生体质健康的测定与评价等内容。

学习目标

1. 运用健身科学知识指导自己积极主动地进行科学锻炼。
2. 提高体育锻炼负荷的调控能力和心理调节能力。
3. 制订科学的健身锻炼计划，并为自己或他人制定合理的运动处方。
4. 运用平衡健身法、有氧健身法和自然力锻炼法的基本原理进行锻炼。

3.1 体质与健康

3.1.1 体质与健康的关系

体质是指人体质量，是在先天遗传性和后天获得性基础上表现出来的人体形态结构、生理功能、适应能力、心理素质等综合的、相对稳定的特征。体质主要包括身体形态和结构的发育水平、生理功能水平、身体素质和运动能力发展水平、心理素质发展水平、适应能力 5 个方面。

影响人体体质健康的因素是多方面的，主要有遗传、环境、体育锻炼和心理因素等方面。受遗传因素影响相对较大的是身高和寿命。遗传是人的体质发展变化的先天条件，但它对体质的影响只提供了可能性，体质强弱的现实性则有赖于生活环境、营养卫生、身体锻炼等因素，而体育锻炼则是增强体质最积极有效的途径之一。国外科学研究表明，影响体形的 3 个因素所占百分比是：遗传占 33%，营养占 40%，体育锻炼占 27%。

从健康的概念来看，人体的健康不仅包含了体质的范围，还强调了对环境的适应、心理健康、卫生保健以及生活方式的影响等。

3.1.2 体质健康的标准

体质健康通常从以下 4 个方面衡量。

1. 体格健壮

体格是指人体形态和结构的发育水平。人体的生长主要是指形体上的变化，而发育则是指人体各器官系统在形态和机能上的变化。人体生长、发育都受遗传、营养和自然生长的影响，但体育锻炼能够加速这个过程并使之更加完美。据测试，经常参加体育锻炼的青少年要比不参加体育锻炼的青少年身高高出 4 ～ 8 cm。体形的健美主要表现在身体健壮、匀称和谐、比例协调。此外，健壮的体格还是发展体能的基础。

2. 全面发展体能

体能是指机体在身体活动中表现出来的能力，它的发展与提高机体机能的过程是一致的。例如发展了耐力素质，会使机体的心血管系统、呼吸系统和肌肉的工作持久力都得到发展，所以，身体素质好的人，身体的基本活动能力就强。由教育部、国家体育总局颁布的《国家学生体质健康标准》中规定出衡量各项身体素质标准，值得注意的是在锻炼中要注意体能的全面发展，不能偏废。

3. 机体的适应能力强

长期在各种条件下进行锻炼，能改善机体体温调节的机能，提高机体对自然环境的适应能力；同时，由于体育运动能促进血液循环，加速新陈代谢，提高造血机能，因而提高了对疾病的抵抗能力和对“文明病”的预防作用，因此，学生要有意识地在各种条件下进行运动，使身体能较好地适应各种环境。

4. 精力充沛，生命力旺盛

精神健康是衡量体质的一个重要方面。精神状态对身体健康有重要影响。一个人体质好，精力充沛，生命力旺盛，他的精神状态也会很好。

3.2 大学生体质健康的测定与评价

3.2.1 大学生体质健康评价的意义及实施的相关规定

1. 大学生体质健康评价的意义

大学生体质健康评价是学校体育工作中的重要环节，也是学校教育评价体系中的重要组成部分，对促进学校体育和教育工作有着重要的意义。

大学生体质健康测试中选择的测试内容和指标，突出了对发展和改善大学生健康关系密切的身体成分、心血管系统功能、肌肉力量、耐力及柔韧性等要素的基本情况。学生体质健康标准的实施，体现出现代社会对健康的具体要求，满足了社会发展对体质健康评价的要求。

通过学生体质健康测试与评价，能够清晰地反映出学生在某些方面的不足，使学生能够在准确地了解自己体质健康状况的基础上进行体育锻炼，从而达到改善健康状况，促进身体全面发展。通过客观、正确地对大学生进行体质健康评价，能使学校、社会及时了解学生体质的健康状况，为学校及教育部门调整和制定有关学校体育的政策提供了可靠的依据。

2. 大学生体质健康标准实施的相关规定

中华人民共和国成立以来，党和政府十分重视青少年的体质，制定了一系列政策，先后推出了《劳卫制》《国家体育锻炼标准》《大学生体育合格标准》《中学生体育合格标准》《小学生体育合格标准》以及《学生体质健康调研》等政策和措施。国家教育部、国家体育总局于2002年7月4日发布教体艺〔2002〕12号文件规定实施《国家学生体质健康标准（试行方案）》及《〈国家学生体质健康标准（试行方案）〉实施办法》，在实施新的《标准》的同时，停止执行原有的《大学生体育合格标准》。教育部、国家体育总局在认真总结试行工作的基础上，根据新的形势对学生体质健康标准进行了修改和完善，2007年开始执行《国家学生体质健康标准》。2014年7月7日国家教育部发布教体艺〔2014〕5号文件，对《国家学生体质健康标准》进行修订。由此可见，国家对于学生健康评价的重要程度逐渐增加。《国家学生体质健康标准》主要从4个方面来测评：身体形态，包括体格、体型、身体姿态、营养状况及身体成分等；身体机能，包括机体的新陈代谢功能及各系统、器官的工作效能；身体素质，即身体在运动中表现出来的力量、耐力、柔韧、速度和灵敏素质；运动能力是指身体的走、跑、跳、投、攀等能力，是一种综合性质的能力。

《国家学生体质健康标准》可见附录A。

3.2.2　大学生体质健康标准测试结果的评定

使用大学生体质健康标准评分表，对测试结果的评定可分为对个体各项测试结果分别进行评定和对个体的总体进行综合评定两个部分。

1. 对个体各项测试结果分别进行评定

测试者使用评分表可以直接查找测试的成绩或换算的指标，得出评价指标的得分和等级，成绩记入《国家学生体质健康标准登记卡》。对测试者的每一项测试指标进行评定，就可以清楚地反映出测试者在体质健康各个方面的具体情况，以便于测试者根据自身的情况，对不够理想的指标进行有针对性的锻炼，从而不断提高体质健康水平。

2. 对个体的总体进行综合评定

综合评定大学生体质健康标准的成绩和等级，是将各个单项评分指标的百分值乘以权重系数（见表3-1），然后求和。根据总分评定等级，分别是：90分及以上为优秀，75～89分为良好，60～74分为及格，59分及以下为不及格。测试成绩与等级记入《国家学生体质健康标准登记卡》（见表3-2和表3-3）。

表3-1　大学生体质健康标准评价指标与权重系数

评价指标	权重系数
身高标准体重	0.1
肺活量体重指数	0.2
1 000 m跑（男）、800 m跑（女）、台阶试验	0.3
坐位体前屈、掷实心球、仰卧起坐（女）、引体向上（男）、握力体重指数	0.2
50 m跑、立定跳远、跳绳、篮球运球、足球运球、排球垫球	0.2

表3-2 国家学生体质健康标准登记卡（大学）

姓　名					性　别						民　族						
班　号					学　号						出生日期						
一年级				二年级				三年级				四年级				毕业成绩	
指标（项目）	成绩	得分	等级	指标（项目）	成绩	得分	等级	指标（项目）	成绩	得分	等级	指标（项目）	成绩	得分	等级	得分	等级
身高标准体重				身高标准体重				身高标准体重				身高标准体重					
肺活量体重指数				肺活量体重指数				肺活量体重指数				肺活量体重指数					
奖励得分																	
学年总分																	
等级评定																	
体育教师签字																	
辅导员签字																	

注：高等职业学校、高等专科学校参照本样表执行。

学校签章　　　年　　月　　日

表3-3 免予执行《国家学生体质健康标准》申请表

姓　名		性　别		民　族	
班　号		学　号		出生日期	
原　因					
体育教师签字		家长签字			
学校体育部门意见		签章（字）： 年　月　日			

注：高等学校的学生，“家长签字栏”由学生本人签字。

第4章 发展学生身体素质

本章主要介绍身体素质运动应遵循的原则、全面发展身体素质等内容。

学习目标

1. 能够纠正不良行为习惯，养成健康文明的生活方式。
2. 评估自己的锻炼效果。

4.1 身体素质运动应遵循的原则

身体素质是指人们劳动和运动时所反映出来的肌肉工作的基本能力，是通过肌肉活动表现出来的，也是力量、速度、耐力、柔韧、灵敏、协调性的总称。人们维持身体健康需要一定的身体素质，身体素质的高低是衡量一个人体质状况的重要标志之一。一个人在不同生理时期各项身体素质水平有不同的差异，研究表明，人体的各项身体素质指标在25周岁时是最高峰，以后逐年下降。大学阶段是身体各项素质特别是力量和耐力素质走向成熟的关键时期，抓住这一时机进行全面的身体素质运动，对身心的健康发展具有深远的意义。

身体素质运动是提高身体素质最有效的途径，在进行身体素质运动时应遵循以下原则。

(1) 超负荷原则

超负荷原则是指在进行体育运动时，身体或特定的肌肉所受到的刺激强于不运动时。超负荷运动有利于提高体能水平，但并不意味着每次运动时都练习到筋疲力尽，超负荷练习中要注意负荷量应适宜。事实上，即使不进行超负荷的练习，一般性的运动也能提高体能水平。

(2) 循序渐进原则

循序渐进原则是指在实施增强某种体能的运动方案时应逐渐增加负荷。

(3) 专门性原则

专门性原则是指运动时针对身体的某一部位或某一机能进行反复的练习。

(4) 恢复性原则

根据人体的“超量恢复”原理，身体机能的提高是通过负荷—疲劳—恢复—提高这样的循环往复过程而实现的，因此，要从运动中获得最大收益，就必须在下一次运动之前注意休息，让体力得以恢复。

(5) 运动效果的可逆性原则

运动效果可逆性是指由于停止运动引起体能水平的下降。尽管每次运动之间，充分的休息与运动效果的关系至关重要，但休息时间过长（几天或几周）则会降低体能水平。

(6) 大小运动负荷相结合的原则

交叉采用大小运动负荷，不仅能提高运动的效果，而且能减少身体在运动中的损伤。

4.2 全面发展身体素质

全面发展身体素质包括力量、耐力、速度、柔韧、灵敏等素质方面的提高。

4.2.1 力量素质

力量素质是指肌肉收缩克服阻力和对抗阻力的能力，是人体维持健康的基本素质之一，也是发展速度、灵敏等素质的基础。增强力量素质可以使肌纤维变粗壮，肌肉中毛细血管网增多，使肌肉力量增大；可以使神经的调节功能得到改善，动作高度协调。力量素质的增强还有利于学习和掌握各项运动技术和技能，减少运动损伤。

1. 力量素质的分类

力量素质按肌肉力量的收缩形式的不同分为两类。

(1) 静力性力量

肌肉活动时肌肉长度不发生变化所产生的力量称为静力性力量，例如体操运动中的倒立、武术中的马步桩等。

(2) 动力性力量

肌肉活动时肌肉长度发生变化所产生的力量称为动力性力量，例如田径运动中的跑、跳、投等动作。

2. 力量素质练习方法与内容

(1) 上肢力量

上肢力量训练主要是发展手腕、小臂(前臂)、大臂(上臂)等部位的肌肉力量。常用以下练习方法。

① 徒手练习：俯卧撑、立卧撑、指卧撑、俯卧撑推起击掌、靠墙手倒立等练习。

② 持哑铃练习：哑铃推举、哑铃前平举、哑铃扩胸、哑铃侧平举、哑铃臂环绕等练习。

③ 杠铃练习：单手上举、站立推举、颈后推举、前平举等练习。

④ 单杠练习：引体向上。

(2) 下肢力量

下肢力量训练主要是发展髋部（骨盆部）、腿部（大、小腿）、足部（踝关节）等部位的肌肉力量。常用以下练习方法。

① 徒手练习：静力半蹲、单腿蹲起、单足跳、纵跳、立定三级跳、蛙跳、跳起转身、驮人蹲起、

跳人马等练习。

② 杠铃练习：肩负杠铃提踵、肩负杠铃深蹲起、肩负杠铃半蹲起等练习。

(3) 躯干肌肉群（腹、背肌）力量

发展躯干肌肉群（腹、背肌）力量常用以下的练习方法。

① 徒手练习：仰卧起坐、仰卧举腿、仰卧两头起、仰卧起坐转体、俯卧体后屈转体等练习。

② 肋木练习：背悬垂直腿上举、背悬垂屈腿上举等练习。

3. 发展力量素质的注意事项

发展力量素质练习时要注意以下事项。

① 充分做好准备活动。

② 在练习过程中注意力要集中，防止伤害事故的发生。

③ 遵循循序渐进的原则，重量由轻到重，练习速度有所控制。

④ 发展力量素质要持之以恒。

⑤ 重视肌肉的全面发展，在练习后要充分放松，以提高肌肉的弹性和协调性。

4.2.2 耐力素质

耐力素质是指人体长时间进行肌肉活动时抗疲劳的能力，是人体各器官系统机能和心理素质的综合表现，也是反映人体健康水平或体质强弱的重要标志之一。

疲劳是一种生理现象，是机体的一种自我保护。机体经过长时间的活动，必然会产生疲劳，并使工作能力下降，从而限制运动的时间及水平的发挥，同时，疲劳又是提高机体工作能力所必需的，它是机体机能恢复与提高的刺激物，没有疲劳的刺激，机体机能就不会得到提高。

通过增强耐力素质，可以提高人体的呼吸系统、血液循环系统的功能，从而提高抗疲劳的能力。抗疲劳能力越强，机体抵御疾病的能力就越强。通过耐力练习能使机体能量物质的储备增多，生理功能提高，加速消除疲劳的过程。通过耐力素质训练还可对学生的心理素质进行培养，培养学生坚毅、顽强、勇于克服困难的意志品质。

1. 耐力素质的分类

耐力包括有氧耐力和无氧耐力两种。有氧耐力通常又称 一般耐力，指的是人体在氧气供应充足的情况下坚持较长时间工作的能力。长跑是发展人体有氧代谢能力的有效手段。无氧耐力通常又称速度耐力，指的是人体在较长时间供氧不足情况下的工作能力。

2. 发展一般耐力的练习方法

常用的练习方法有长跑，越野跑，10～20 min定时跑，反复变向、变速跑，长时间匀速跳绳等练习。

3. 发展耐力素质的注意事项

发展耐力素质练习中要注意以下事项。

① 根据不同的耐力水平，逐渐增加运动负荷。锻炼的量与强度、重复的次数、快慢的交替、间隔休息时间等方面要合理安排。

② 耐力素质应以发展有氧耐力为基础，提高心脏每搏输出量，为无氧耐力的发展奠定基础。

4.2.3 速度素质

速度素质是指人体快速运动的能力。发展速度素质对于提高大脑皮层的反应能力以及中枢神经系统对身体各部位快速指挥和协调能力，使身体更加灵活、动作更加敏捷具有重要作用。影响速度素质发展的因素主要有神经系统的反应能力、动作的频率和动作幅度的大小。

1. 速度素质的分类

速度素质包括反应速度素质、动作速度素质和位移速度素质。反应速度指从接受刺激信号到做出反应的速度，例如短跑从发令到起动的时间。动作速度指人体快速完成某一动作的速度。位移速度指单位时间内人体快速移动的能力。

2. 速度素质的练习方法

① 反应速度的练习方法：起动追拍、听信号快速起动加速跑、转身起跑等练习。

② 动作速度的练习方法：仰卧高抬腿、高抬腿跑变加速跑、听口令或击掌摆臂等练习。

③ 位移速度的练习方法：快速后蹬跑、后蹬跑变加速跑、连续加速跑、变速跑等练习。

3. 发展速度素质的注意事项

发展速度素质练习中要注意以下事项。

① 速度素质的练习应安排在练习者注意力集中、体力充沛、精神饱满、兴奋性高的情况下进行，这样可以避免伤害事故。

② 速度练习要注意全面性。速度的提高与增强力量、提高灵敏性及完成动作的协调性是紧密相关的，要结合所练习的运动项目进行。

③ 发展速度的练习强度比较大，兴奋性高，因此练习时间不宜过长，次数不应过多，注意间歇及恢复时间。

④ 充分做好练习前的准备活动，避免损伤。

4.2.4 柔韧素质

柔韧素质是指关节活动的幅度及相关肌肉、韧带等软组织的伸展性和弹性。发展柔韧素质有利于正确地掌握各项运动技术，避免在突然用力的情况下损伤肌肉或软组织。柔韧素质包括两个方面的含义：一个是关节活动幅度的大小，关节的活动幅度，主要取决于关节本身的结构；另一个是通过和连接关节的肌肉、肌腱、韧带等软组织的伸展性，主要通过合理的运动锻炼提高。

1. 发展柔韧素质的具体方法

练习要注意采用不同的练习方式，进行全面的身体锻炼。增强柔韧素质的练习方法主要有两种，即主动或被动形式的静力拉伸法和动力拉伸法，具体方法如下。

① 手指手腕柔韧性练习：握拳伸展反复练习、两手五指相触用力内压、手腕伸屈绕环、靠墙倒立等练习。

② 肩关节柔韧性练习：压肩、拉肩、单杠静力悬垂或摆动等练习。

③ 腰腹部柔韧性练习：弓箭步转腰压腿、腰绕环、体前屈、转体等练习。

④ 下肢柔韧性练习：正压腿、侧压腿、踢腿、摆腿、前后劈腿、左右劈腿等练习。

⑤ 踝关节和足背部柔韧性练习：踝绕环及前脚掌着地的走、跑、跳练习。

2. 发展柔韧素质的注意事项

发展柔韧素质练习应注意以下事项。

① 做好充分的准备活动，一般要到身体发热后再进行练习，以使机体有一个适应过程，避免发生拉伤等现象。

② 静力拉伸练习一般停留 8 ～ 10 s，重复 8 ～ 10 次，才能达到良好的效果。动力拉伸练习控制在 15 ～ 25 个，每个练习 10 ～ 20 次为宜。

③ 练习时动作幅度应逐渐加大，肌肉感到酸胀时可加点力量，感到胀痛时再坚持一下，感到麻时应停止练习，练习后要充分放松肌肉；不同部位的柔韧性练习应交替进行，这样才能达到练习效果。

④ 柔韧性素质发展快，消退也快，因此要保持锻炼的持续性。

4.2.5　灵敏素质

灵敏素质是指人在各种环境条件突然变化时能够迅速、准确、协调地改变身体运动的能力。灵敏素质是协调发挥各种身体素质能力、提高技术动作质量的重要条件。发展灵敏素质，对于提高大脑皮层的灵活性，使人在环境条件变化的情况下迅速、准确、协调地做出某些相应动作，对培养良好的观察力、鉴别力和反应速度，促进人体其他各项素质的发展有很好的作用。

1. 发展灵敏素质的方法

（1）提高反应判断的练习

① 按口令做相反的动作。

② 按有效口令做动作。

③ 原地、行进间或跑步中听口令做动作，例如，喊数抱团成组。

④ 听信号或看手势急跑、急停、转身、变换方向的练习。

（2）发展平衡能力练习

① 一对一面向站立，双手直臂相触，虚实结合相互推，使对方失去平衡。

② 头手倒立、肩肘倒立、手倒立停一定时间。

③ 做动作或急跑中听信号完成突停动作。

④ 向上抛球转体两周、三周再接住球。

⑤ 原地跳起转体 180°、360°、720° 落地站稳。

（3）发展协调能力的练习

① 一对一背向互挽臂蹲跳进、跳转。

② 各种徒手操练习。

③ 脚步移动练习，例如，前后、左右、交叉的快速移动，单脚为轴的前后、转体的移动，左右侧滑步、跨跳步的移动。

④ 武术中的“二踢脚”“旋风脚”动作练习。

⑤ 双人跳绳。

(4) 选用体操中的一些动作

① 前滚翻、后滚翻、侧滚翻。

② 连续前滚翻或后滚翻。

③ 连续侧手翻。

④ 鱼跃前滚翻（可越过一定高度的障碍物）。

2. 发展灵敏素质的注意事项

发展灵敏素质要注意以下事项。

① 灵敏协调性的练习手段应该多种多样，经常变化，这样可以提高练习者的兴趣，达到练习目的，取得练习效果。

② 发展灵敏素质应在体力充沛、精神饱满、注意力集中和运动欲望强的状态下进行。

③ 发展灵敏素质要结合掌握技术动作，同时与发展速度、力量等身体素质协调进行，应遵循从易到难、从简到繁的规律。

第5章 体育锻炼安全与卫生

本章主要介绍体育锻炼的基本原则、科学体育锻炼、体育锻炼的注意事项和禁忌、体育锻炼卫生常识以及女子体育运动卫生等内容。

学习目标

1. 能够纠正不良行为习惯，养成健康文明的生活方式。
2. 运用医务监督知识处理体育锻炼中出现的一些问题。

5.1 体育锻炼的基本原则

随着生活水平的提高，余暇增多，人们越来越意识到参加体育锻炼的必要性。按照人体发展的基本规律，科学地进行体育锻炼应遵循以下基本原则：全面性原则、经常性原则、渐进性原则、个别性原则和自觉性原则。

1. 全面性原则

全面性原则是指通过体育锻炼使身体形态、机能、素质和心理品质等都得到全面和谐的发展。一方面尽可能选择对身体有全面影响的锻炼项目；另一方面，以某一项为主，辅以其他锻炼项目。

2. 经常性原则

经常性原则是指体育锻炼必须坚持长期地、不间断地参加。体质的增强是一个不断积累、逐步提高的过程，不可能一劳永逸。人体各种运动素质的发展，运动技能的形成与巩固，依赖于较长时期经常的锻炼，只有坚持长期的锻炼，才能使机体在结构形态、生理机能、生化过程等方面产生一系列适应性的变化。根据“用进废退”的法则，如果长期不锻炼，各器官系统的机能就会慢慢减退，体质就会逐渐下降。

3. 渐进性原则

渐进性原则是指体育锻炼的要求、内容、方法和运动负荷等都要根据每个人的实际情况逐步提高。循序渐进是人体适应环境的基本规律。人体各器官机能的提高，是一个逐步发展，逐步提高的过程。如果违反循序渐进的原则，不但不能有效地增强体质，而且还会损害健康。进行身体锻炼应有目的、有计划、有步骤地实施，在安排运动负荷时应注意由小到大逐步提高，其原则是提高—适应—再提高—再适应。

4. 个别性原则

个别性原则是指每个参加体育锻炼的人，应根据自己的实际情况，选定锻炼目的、内容、方法以及运动负荷。所有参加体育锻炼的人，情况都不尽相同，如年龄、性别、职业、健康状况、体育基础、营养条件、锻炼目的、生活及作息制度等。锻炼者应根据自身情况，从实际出发，选择适合自己的锻炼，以期达到良好的效果。

5. 自觉性原则

自觉性原则是指进行身体锻炼是锻炼者内在的需要和自觉的行动。锻炼在于自觉，锻炼者应把锻炼的目的与动机和树立正确的人生观联系起来，这样，有助于形成或保持对锻炼的兴趣，调动和发挥更大的主动性和积极性，使体育锻炼建立在自觉的基础上。

5.2 科学体育锻炼

5.2.1 体育锻炼的准备

一般来说，人们开始参加体育锻炼，除进行一般的身体检查和必要的咨询外，还要做好以下准备。

1. 培养锻炼兴趣

体育锻炼的经常性是锻炼效果的前提。培养锻炼者有了浓厚体育锻炼的兴趣，就能自觉地投入到体育锻炼之中，从而取得理想的体育锻炼效果。

2. 选择锻炼项目

在进行体育活动时，除根据自己的兴趣选择活动的项目外，还要考虑到自身的条件及周围环境和场地的条件。青少年活泼好动、精力旺盛，可选择强度较大，带有竞争性和游戏性的项目，如打篮球、踢足球、爬山、游泳、健美操等；对于一些为预防或治疗疾病而进行的康复体育运动，则应根据锻炼者的身体状况选择项目，并应在医生或运动保健工作者的指导下进行。同时，锻炼者还要根据不同的季节、气候条件确定体育锻炼项目，如冬季进行长跑、滑雪运动，夏季可进行游泳运动。

3. 确定锻炼强度

体育锻炼是为增强体质，提高人体的健康水平进行的，而不是为了创造运动成绩，所以体育锻炼的运动强度不宜过大。体育锻炼时运动强度较小，运动的持续时间则应相对较长，每天应在半小时以上，对于刚参加体育锻炼的人来讲，开始锻炼时间宜短不宜长，可逐渐增加。

5.2.2 体育锻炼前的准备活动

体育锻炼前进行充分的准备活动对于体育锻炼非常重要。不重视锻炼前的准备活动就容易导致运动损伤，不仅影响锻炼的兴趣，还会对体育运动产生畏惧感。因此，在每次锻炼前都必须做好充分的准备活动。

1. 准备活动主要作用

提高肌肉温度，预防运动损伤。体育锻炼前进行一定的准备活动，可使肌肉内的代谢过程加强，使肌肉温度增高。肌肉温度的增高，一方面可使肌肉的黏滞性下降，提高肌肉的收缩和舒展速度；另一方面还可以增加肌肉、韧带的弹性和伸展性，减少肌肉剧烈收缩造成的运动损伤。

提高内脏器官的机能水平。内脏器官的机能特点之一是生理惰性较大，即当活动开始，肌肉发挥最大功能水平时，内脏器官并不能立即进入“最佳”活动状态。在正式开始体育锻炼前进行适当的准备活动，可以在一定程度上预先动员内脏器官的机能，使内脏器官的活动一开始就达到较高水平。另外，进行适当的准备活动还可以减轻运动时由于内脏器官的不适应所导致的不舒服。

调节心理状态。体育锻炼不仅是身体活动，而且也是心理活动，越来越多的研究认为心理活动在体育锻炼中起着非常重要的作用。体育锻炼前的准备活动可以起到调节作用，接通各运动中枢间的神经联系，使大脑皮层处于最佳的兴奋状态中投身于体育锻炼之中。

2. 怎样进行准备活动

准备活动分为一般活动和专项活动。一般准备活动主要是一些身体性的活动练习，例如，跑步、徒手操等。一般准备活动主要作用是提高机体的代谢水平和大脑皮层的兴奋状态，减少运动损伤的发生；专门准备活动是指与所从事的体育锻炼内容相适应的动作练习。例如，打篮球前先投篮、运球等与专项有关的练习。从事运动竞赛时必须有专门的准备活动。一般人体锻炼时只需进行一般性准备活动。

准备活动的时间与量随体育锻炼的内容和量而定。以健身为目的的体育锻炼量较小，所以准备活动的量也相对小，时间不宜过长，否则，还未进行体育锻炼身体就疲劳了。例如，要进行半小时的锻炼，其准备活动的时间在 10 min 左右。气温低时，时间适当长一些，量可大一些；气温高时，时间可短一些，量可小一些。

与运动员正式参加比赛不同，运动员准备活动后适当休息是为了使身体机能有所恢复，以便在比赛中创造优异成绩，而一般人参加体育活动是为了增强体质，所以准备活动后可立即进行体育锻炼。

5.2.3　体育锻炼时间、地点的选择

体育锻炼的时间主要根据个人的生活习惯，身体状况或工作性质而定。就多数体育锻炼者来说，体育锻炼的时间多安排在清晨、下午和傍晚。不同的锻炼时间有不同的特点，锻炼者可根据自己的实际情况选择。

1. 清晨锻炼

人常说：早晨动一动，少闹一场病。许多人喜欢在清晨进行体育锻炼，这首先是因为清晨的空气新鲜，锻炼有助于体内的二氧化碳排出，吸入较多的氧气，有利于体内新陈代谢加强，提高锻炼效果。其次，清晨起床后大脑皮层处于抑制状态，通过一定时间的锻炼，可适度提高大脑皮层的兴奋性，从而有利于一天的学习和工作。再者，清晨锻炼时，凉爽的空气刺激呼吸道黏膜可增强机体的抵抗力，以适应外界环境的变化，不易发生感冒等疾病。由于清晨锻炼多在空腹情况

下进行，所以运动量不宜太大，时间不宜过长，否则，会造成低血糖，不仅影响效果，而且会使机体产生不适感。

2. 下午锻炼

下午锻炼主要适合有一定空余时间的人进行，特别是学校学生。经过一天紧张的学习工作后，下午进行一定强度的体育锻炼，不仅可增强体质，而且可使身心得到调节。下午锻炼时，运动强度可大一些。

3. 傍晚锻炼

晚饭后也是锻炼的大好时光，特别是那些清晨和白天工作、学习十分忙的人。傍晚进行适当的体育锻炼，既可强身健体，又可帮助机体消化吸收。傍晚运动的主要形式为散步、健身舞蹈等。活动的时间要适宜，一般不可超过 1 h，运动强度控制在心率 120 次 /min 左右。强度过大的运动会影响胃肠道的消化吸收。同时，傍晚锻炼结束与睡觉的间隔时间应在 1 h 以上，否则，会影响晚间休息。

4. 锻炼的地点

进行体育锻炼应该选择运动场地平坦、清凉、绿化较好、空气流畅的地方，或选择在靠近江河或郊外等空气清新的地方。清晨不宜在树林中进行，因为清晨树林中的二氧化碳含量较多。下午锻炼时，不宜在靠近马路的地方，因为马路附近空气污染比较严重，对身体不利。

5.2.4 体育锻炼中负荷的调控

一般来说，运动强度、练习密度和练习时间是体育锻炼负荷的主要影响因素。负荷的增加必须考虑到锻炼者的体能水平。负荷过大或过小都是不利的,负荷过大比负荷过小的害处更大。负荷过小，肌体得不到必要刺激，也达不到理想的锻炼效果。虽然加大负荷能有效地提高人体机能水平，但每个人的适宜负荷总是很难掌握的，需要锻炼者不断地摸索。

实际应用中应注意以下几点。

① 进行适宜负荷的体育锻炼。锻炼者应根据所处的锻炼阶段、体能水平、当前的健康状况和身体所能承受的负荷能力，来恰当地确定锻炼负荷的大小。也就是说，初练者与体能强者、身体健康者与有伤病者，在负荷的安排上应有所不同。

② 注意观察基础心律。观察基础心率：清晨清醒、静卧、起床前的心率或脉搏。运动后第二天清晨心率较平时增加 5 ~ 10 次 /min，视为疲劳。若连续几天持续增加，应调整负荷。

③ 运动负荷过大的身体信号。一般在运动时要求经鼻呼吸。若在体育锻炼时经鼻呼吸改为经口呼吸，常是生理负荷大的信号，也是产生疲劳、呼吸动作减弱、机体氧的需要量增加的表现，此时须多加注意，必要时可减慢速度或暂停前进，就地休息。

④ 准备活动和放松。首先应认真做好准备活动，准备活动内容要具有针对性，如运动中负荷较大和容易伤的部位，应重点做好准备活动。同时准备活动应根据所要进行活动的性质、个体情况以及气候条件而定，一般准备活动与正式运动的间隔时间以 1 ~ 4 min 为宜，一般以达到身体充分活动“开”（即微微出汗）和良好的机能状态进入正式体育锻炼为目的。

⑤ 结束部分是指当运动结束后，要使高负荷的心肺和肢体活动，逐渐安静“冷却”下来，不要突然停止运动。因为此时血流仍大量集中于四肢，若突然停止不动，使回心血量锐减，可能会出现“重力性休克”，即由于搏出量不足，引起脑贫血而发生休克症状，通常这一段时间内的活动包括放松体操、散步或自我按摩等。

知识拓展

准备活动的作用：

① 增加身体温度。

② 增加呼吸频率和心率。

③ 增加柔韧性，减少肌肉受伤概率。

放松的作用：

① 加速新陈代谢废物的清除。

② 有利于阻止抽筋、紧张和疼痛。

5.2.5 体育锻炼合理的心理调节

体育锻炼中的心理调节方法如下。

1. 表情调节法

表情调节法即有意识地改变自己的面部表情和姿态，因为情绪状态与外部表情存在密切而有机的联系，俗话说：情动于中，而形于外。情绪的产生会引起一系列心理过程的变化，并由此引起面部、姿态等外部情态的变化。例如，愉快时兴高采烈，笑容满面，手舞足蹈；愤怒时横眉冷对，咬牙切齿，紧握双拳；情绪低沉时垂头丧气，肌肉松弛，萎靡无力等。既然情绪状态和外部表情存在密切而有机的联系，我们就可以用改变外部表情的方法而相应地改变情绪状态。例如，当情绪紧张而感到焦虑时，可以有意识地放松面部肌肉，不要咬牙，或者用手轻搓面部，使面部肌肉有一种放松感。当心情沉重或情绪低落时，可以有意识地做出笑脸，强迫自己微笑，假使做不到，也可以看看别人的笑脸，或者想想自己过去最高兴的某件事，这些都可以用来调节在体育锻炼过程中产生的不良情绪状态。

2. 放松开发训练

放松开发训练是运用一定的套语进行导引，使肌肉放松，心理平衡，从而调节植物性神经系统的潜能，使其由紧张转化为放松，然后再运用带有一定愿望的套语进行动员，重新振奋精神，进入最佳竞技状态。例如，做完肌肉放松动作，可以使锻炼者的血压下降，达到平静紧张情绪的效果。在激烈的比赛中，随着情绪的激动，血压上升，当血压上升到一定程度时，就容易失去自我控制力，造成技术动作失常。如果学会了放松运动，就能使身体和心理处于适宜的最佳水平。

3. 呼吸技能调节法

利用呼吸调节是体育锻炼者处理情绪波动的一种有效的心理调节方法，即通过深呼吸可以使练习者情绪状态稳定下来。当情绪紧张激动时，呼吸短促，这时采用缓慢的呼气和吸气可以达到放松情绪的目的。当情绪低沉时，可以采用长吸气或有力吸气练习，能提高情绪的兴奋水平。这种方法之所以奏效，就是因为情绪状态与呼吸之间有着必然的联系。例如，情绪紧张时，呼吸快而浅，由于快呼吸，身体内进入大量氧气，呼出大量二氧化碳，问题在于二氧化碳呼出过多，会使体内的二氧化碳失去平衡，时间一长，中枢神经便会做出抑制的保护性反应。这时运动员可以采用加深或放慢呼吸频率的方法来消除紧张，短时间内，使呼吸放慢和加深，就会得到安静的效果，使呼吸功能重新获得控制。

4. 积极性活动调节法

练习者情绪的产生不仅可以引起一系列心理过程的变化，而且由于肌肉活动还能引起生理过程的变化，也会产生相应的情绪兴奋状态。因为大脑活动与肌肉活动的关系是双向传导的，也就是说，神经兴奋不仅可以通过大脑传给肌肉，也可以通过肌肉传给大脑。如果采取积极的肌肉活动，从肌肉传至大脑的神经兴奋就多，大脑的兴奋水平就高，情绪就会高涨。反之，肌肉越放松，从肌肉传给大脑的冲动就越少，大脑的兴奋水平就越低，情绪便会低落。采用不同速度、强度、幅度、方向和节奏的动作练习，也可以调节练习者怯场的状态。例如，当情绪过分紧张时，可采用一些强度小、幅度大、速度和节奏慢的动作练习，通过反复练习，可以降低兴奋性，消除紧张状态。当练习者的情绪低沉时，可采用一些幅度小、强度大、高速度和节奏的动作联系，通过反复联系，可以提高大脑的兴奋水平。

5. 音乐调节法

音乐能够影响人的身体和大脑，这一概念早已为人们所接受。人们可以听着催眠曲进入梦乡，唱着歌曲减轻繁重的体力劳动，如船夫和建筑工人的夯号等。科学研究表明，音乐能使人产生兴奋、镇定和平衡 3 种情绪状态。音乐给予人的声波信息，可以消除大脑工作所带来的紧张，也可以帮助人们集中注意力，使大脑的冥想状态井然有序。因此，人们喜爱的曲子或一种具有特殊节奏的音乐，可以导致人体的放松，使大脑处于机敏状态。体育锻炼前如果有异常的情绪表现（如过分激动或紧张等），听一段有节奏的轻音乐或喜欢的歌曲就能起到适当的调剂作用。

6. 颈、肩部肌肉放松法

人在精神过度紧张时，往往会出现颈部后群肌肉僵硬和双肩耸起等现象。所以，通过轻松地活动一下颈部，使脖子、颈部肌肉放松；或通过按摩和自我放松等方法，使两肩肌肉松弛下来，这些做法也可以有效地减缓情绪紧张度。

7. 轻松散步法

当练习者在运动过程中感到精神过度紧张时，可在适当的地方散散步，再配合轻松的扩胸和腰部放松动作，转移和缓解精神上的过度紧张。

8. 静坐闭目养神法

若体育锻炼的环境较为嘈杂，练习者在休息的间隙，闭目坐在凳子上，把思维引向自己的身体内部，想象自己的呼吸非常畅通、心跳均匀有力等，这样就可以大大减少外界刺激，有效地防止外界干扰，使心情平静下来。

5.3　体育锻炼的注意事项和禁忌

5.3.1　冬夏季锻炼注意事项

冬夏季体育锻炼是坚持常年体育锻炼的重要环节。冬季寒冷，夏季炎热，坚持长期锻炼既能增进健康，又可以改善神经系统对体温的调节机能，提高机体对外界环境的适应能力，锻炼克服困难的坚强毅力。冬季锻炼也是提高身体素质的好时机，尤其是提高力量和耐久力的好时机。但是，在严寒和酷暑的季节，锻炼时必须注重科学的锻炼方法和运动卫生。

1. 冬季体育锻炼注意事项

（1）应避免伤害事故

冬季寒冷，人体的肌肉、关节、韧带的弹性和柔韧性以及身体的协调性差，锻炼时容易发生肌肉拉伤、韧带撕裂、关节扭伤等事故。所以，锻炼前必须充分做好准备活动，使全身发热，以避免或减少伤害事故的发生。

（2）采用正确的呼吸方法

冬季气候寒冷，体育锻炼时呼吸方法不当，会引起上呼吸道感染。

（3）应注意保暖

锻炼过程中应注意保暖，随着准备活动的进展，逐步脱去过多的衣服，轻装上阵；休息时要加上衣服保持肢体温度，休息时间不能过长；运动结束后及时脱掉汗湿衣服，用干毛巾擦干身体，换上干净的衣服。

（4）避开雾天

冬季早晨多雾，雾中除水蒸气外，还凝结着浮游在空气中的煤烟和尘埃，要避开在这样的天气进行锻炼。

2. 夏季体育锻炼注意事项

（1）预防中暑

盛夏在日光直接照射下，闷热的环境中或病后恢复期长时间进行锻炼都容易引起中暑，夏季锻炼最好是在上午 10 时以前和下午 3 时以后，时间不宜太长，中间休息次数要增加，最好选择在阴凉通风好的地方进行锻炼。

（2）防止晒伤

夏季阳光的紫外线强，为了避免强烈的紫外线，锻炼时可带太阳帽。长时间日光照射，皮肤会产生瘙痒、刺痛和烧灼感，严重时会引起水泡，所以日晒时间不能过长，要逐步使皮肤适应日光的刺激。

（3）适当补水

夏季由于天气炎热，运动又使人体能量大量释放，出汗会加速机体内散热的过程，以保持体温恒定。大量排汗会造成体内缺水缺盐，影响人体的正常生理机能，引起口渴，体温升高，脉搏加快，肌力减弱，甚至脱水中暑等。因此，夏季运动要注意补充水分，原则是少量多次，保持补水和失水平衡。

在排汗过多的情况下，可以补充浓度为 0.25% ～ 0.5% 的淡盐水，以补充体内流失的盐分。

5.3.2 体育锻炼的禁忌症

参加体育锻炼时，一定要选择适合自己身体的运动项目。遇下列情况，应暂时停止体育活动：体温升高的急性疾患，如咽喉炎、伤风、感冒等；有出血倾向及有传染性的疾病，如肺结核、咳血、肠胃道出血及各种损伤的急性病；恶性肿瘤；女子月经过多或痛经。

5.4 体育锻炼卫生常识

体育运动卫生主要包含：个人运动装备卫生、运动环境卫生和运动过程卫生 3 个方面，体育运动卫生对运动的效果有较大的影响。

1. 个人运动装备卫生

在体育运动中为了便于活动，使身体轻松自如地伸展，对运动所穿的服装、鞋、袜等运动物品应有一定的卫生要求。例如，在参加运动时应穿运动服，因为运动服是为运动设计的，便于人体运动，运动服要大小合适。夏天运动，所穿的运动服应具有透气、吸汗的作用，而冬天运动服应有较好的保暖性;运动鞋应注意选择与从事运动项目特点相适应的鞋。此外，要注意运动服装、鞋、袜的清洁卫生。

2. 运动环境卫生

运行环境包括自然环境和场馆环境，但无论哪种环境都应符合空气清新、光线适当的卫生条件。此外，水中运动应要求水质的洁净。运动卫生环境还应注意气温对人的影响，选择气温适宜的时间及环境。

3. 运动过程卫生

运动过程卫生是指在运动的过程中要遵循人体的生理卫生。例如，运动前不能吃得太饱，也不能太饿或太疲劳；运动前应做准备活动，运动中不能大量饮水，运动后应适当放松并注意保暖等。

5.5 女子体育运动卫生

5.5.1 女子体育运动的意义

女子经常参加体育运动，不仅可以促进身体的生长发育，增进健康，提高身体各器官、系统的功能水平，而且还可以使人体各部的肌肉得到协调均匀的发展。特别是通过体育运动能使腹肌、腰背肌和盆底肌的肌肉力量得到增强，这对于女子妊娠期的身体健康和顺利分娩都有很大的好处。

5.5.2 女子发育的一般特点

女子一生可分为 6 个时期，即新生儿期，(从出生至 1 岁)、幼女期(2 ～ 9 岁)、青春期(10 ～ 20 岁)、生育期（18 ～ 48 岁）、更年期（45 ～ 55 岁）及老年期（60 岁以上）。

女子进入青春期的时间，一般较男子早两年，结束也早两年。9 ～ 10 岁后，女子身高、体重一般都超过尚未进入青春期的同龄男孩。12 ～ 13 岁以后，男孩开始迅速发育，其身高、体重、肌肉力量和运动能力迅速超过同龄女孩。此后，女子除骨盆较宽，皮下脂肪较多，其重量占身体比例较大外，其余各种形态、机能指标均落后于同龄男子。

体形方面，女子肩部较窄，骨盆较宽，下肢较短，躯干相对较长，这种体型使女子的身体重心比较低，有利于维持平衡，对完成下肢支撑的平衡动作较有利，但对于跳跃和速度的发挥不利。

女子体内的脂肪约占体重的 28%，男子约占 18%，女子皮下脂肪较多，使身体显得丰满，女子虽然脂肪较厚，但下腹部对冷的刺激仍敏感，故在冬季运动及月经期要注意下腹部的保暖。

5.5.3　女子的生理特点

1. 血管系统

女子心脏体积小于男子 10% ～ 15%，女子心容积小于男子 150 ～ 200 mL，血液量占体重的百分比为 7%（男子为 8%），女子脉搏频率快于男子 2 ～ 3 次 /min，女子血压低于男子 5 ～ 10 mmHg。每搏输出量比男子少 10 ～ 15 mL，每分输出量少 0.3 ～ 0.5 L，所以女子靠增加心跳次数来弥补小于男子的每搏输出量。此外女子的红细胞数量与血红蛋白数量均低于男子。这些都是限制女子耐力的因素。

2. 呼吸系统

女子胸廓、胸围、呼吸差均小于男子，呼吸肌弱，以胸式呼吸为主，因此女子的肺通气功能和换气功能都较低。表现为女子的呼吸频率较快，肺通气量、肺活量小于男子。此外，由于女子的心血管系统功能也不及男子，故女子在安静时和最大体力负荷时的吸氧量也小于男子。这些都限制了女子在运动中氧的供给能力，从而使她们的运动能力及耐久力都不及男子。

3. 运动系统

女子的肌肉质量占体重的比例较男子小（女子约为 35%，男子约为 40% 左右），且肌肉所含水分及脂肪较多，含糖量较少，这使得女子的肌肉力量比男子弱（肌肉力量比同龄男子小 20% ～ 25%），容易疲劳。女子肩带部位和前臂肌肉力量较差，加上肩部较窄，所以做悬垂、支撑、负重等动作较为困难。

女子的骨骼较细，骨密质的厚度较薄，骨骼内水分及脂肪的含量相对较多，无机盐含量较少，女子全身骨骼的重量较男子稍轻 20%，女子骨骼的抗压、抗弯能力也仅为男子的 2/3。女子的脊柱椎间盘较厚，各关节的关节囊及各关节的灵活性都较男子好，但随着年龄的增长，柔韧性会逐渐下降，在体育运动中，应注意保持和发展柔韧性。

4. 生殖系统

女子生殖系统分为内生殖器和外生殖器两部分，内生殖器位于盆腔内，包括阴道、子宫、输卵管和卵巢。子宫成倒置的扁梨状，位于小骨盆中，呈前倾位。子宫的正常位置是依靠其韧带、腹壁肌、盆底肌的张力来维持的。若骨盆肌肉不能紧张有力，就会造成子宫位置改变、下移，严重时有可能影响以后的生育。腹壁肌、盆底肌和横膈膜三者对保持一定的腹腔、盆腔内压力有重要的作用。通过体育运动，使女子的盆底肌和腹肌变得强而有力、弹性好、紧张性正常，就可以维持和承受足够的腹压，这对于维持子宫及其他生殖器官的正常位置是很重要的。腹肌、盆底肌简易而有效的运动方法是：仰卧举腿、仰卧起坐、前后踢腿、摆腿等运动。

5.5.4 女子体育卫生要求

青春发育期后，女子的生理解剖特点逐渐明显并开始有月经来潮，因此在体育运动时，必须要考虑到女子身体的生理特点。

1. 女子的一般体育卫生要求

(1) 女子参加体育运动在内容与要求上应与男子有区别

在运动标准、运动成绩（跑的速度、跳的高度、负重的重量等）上的要求要小于男子。女子的心肺功能较差，故运动量要小。女子肩窄，臂力弱，做悬垂、支撑、摆动动作较困难，应注意发展上肢力量。在跑、跳练习中，要注意缓冲落地，以免身体受到剧烈的震动而影响骨盆的正常发育和子宫位置的改变。女子应多做些仰卧起坐、踢腿等练习，以增加腹肌和盆底肌的力量。

(2) 根据女子的体形、心理、生理等特点，选择适当的运动内容

例如，女子肩窄，体内脂肪储存较多，优点是阻力小、浮力好、耐冷、热能供给较充足，故参加游泳运动比较适宜。在适宜的季节上游泳课，对提高女子的心肺功能有很大的促进作用。

2. 女子月经期的体育卫生要求

女子月经属正常的生理现象，应在月经期参加一些力所能及的体育运动，例如，早操、交谊舞、打乒乓球、羽毛球等，体育运动能调节大脑皮层的兴奋和抑制过程，改善盆腔的血液循环，可使腹肌和盆底肌轻度收缩和放松，减轻腹部不适感。

女子月经期子宫内膜脱落、出血，加之生殖器官抗菌力弱易导致感染，全身神经、体液方面也有较大的变化，故应注意下列卫生要求：适当减少运动量和运动时间，特别是月经期的前一两天内；要避免过冷过热的刺激，特别是下腹部不要着凉，以免引起卵巢功能紊乱而导致月经失调和痛经；不宜游泳；不宜从事剧烈运动，尤其是震动强烈，腹压过大的运动；有痛经和月经紊乱的女子，不宜进行体育活动，应积极治疗。

第6章 体育锻炼的营养与保健

本章主要介绍体育锻炼与营养、运动生理反应的防治、运动损伤的预防与处理以及常见慢性病及其体育疗法等内容。

学习目标

1. 运用营养学知识做好日常生活中的养生与保健。
2. 建立正确的营养与饮食习惯，均衡饮食，为强健体魄提供保障。
3. 运用传统的养生知识和方法进行有效的自我养生保健。

6.1 体育锻炼与营养

人体的各种生理活动及体力活动的进行，都依赖于体内的物质代谢过程，体内进行的物质代谢必须不断地从外界摄取一定数量的新物质，获得和利用食物的综合过程，即称为营养。营养是人体赖以生存的物质基础，合理营养应含有人体所需要的足够的能量和必需的营养物质。

6.1.1 营养与健康

人体发育受多种因素影响，其中营养有着举足轻重的作用。例如，在我国，现在青少年在身高和体重上比 20 世纪 80 年代有较大增高，这与人民生活水平的提高、营养的改善密切相关。

营养与健康的关系甚为密切。营养的主要来源是食物，食物中能被机体消化、吸收和利用的营养物质，称为营养素。人体必需的营养素有几十种，按其化学组成和生理作用可分为糖、脂肪、蛋白质、维生素、无机盐、水和纤维素七大类。营养素在体内的功能可以概括为 3 方面：一是作为能源物质，供给人体所需的能量，主要由糖、脂肪、蛋白质来完成；二是构成和修补机体组织的物质，如糖、蛋白质、水、无机盐；三是作为调节物质，维持正常的生理功能，如蛋白质、维生素、水。

合理营养可以增进健康，营养失调可引起疾病，例如，儿童缺乏维生素 D 可患佝偻病。营养过剩或失去平衡也会引起疾病，例如，糖尿病、肥胖病等。

6.1.2 体育锻炼对营养的要求

科学合理的营养是增强机体质量、完善生理机能，提高健康水平的主要物质基础，也是提高工作效率的先决条件之一。营养膳食中必须含有机体所需的一切营养素，而且含量适当，种类互补，全面满足身体的一般需求和特殊需求。此外，营养的合理性还要求食物易消化吸收，不含对机体有害的成分。

1. 营养对体育锻炼的影响

合理营养与体育锻炼是维持和促进健康的两个重要条件。体育锻炼时，体内会发生一系列的生理性变化，这些变化，使机体对各种营养物质的需求量大为增多。营养对锻炼效果有着很大的影响。体育锻炼造成的能量消耗，要在运动结束后通过合理的营养膳食得到补充。如果缺乏合理营养保证，消耗得不到补充，机体处于一种“亏损”状态。久而久之，于机体健康不利，会使锻炼者生理机能及运动能力下降，出现乏力疲劳甚至疾病状态。

2. 体育锻炼对营养和饮食的基本要求

① 食物的数量和质量应满足要求。食物的数量应满足体育运动能量消耗的需要，使体育锻炼能保持适宜的体重和体脂；在质量方面应保证全面营养需要合适的配比。

② 食物应当是营养平衡和多样化。食物应包括谷类食物（包括米、面和适量的粗杂粮和薯类）、蔬菜水果、奶和奶制品、水产品、鱼、肉、禽、蛋、豆和豆制品等高蛋白食品和白糖等纯能量食品。能量不足或过多时，可用主食、油脂或甜食等进行调节。

③ 三餐应符合体育运动的强度。体育锻炼者的早餐应有较高的能量，并含有丰富的蛋白质、无机盐和维生素等食物。午餐应适当加强，但要注意避免胃肠道负担过重。晚餐的能量一般不宜过多，以免影响睡眠。早、午、晚三餐的能量大致为 30%、40%、30% 左右。运动量较大、能量消耗增多时，可考虑加餐。

④ 进食时间符合消化机能规律。运动量较大的体育运动前的一餐，一般应在 3 h 以前完成。运动时，内脏缺血，进食和运动训练的时间间隔过近，既影响消化，又会影响运动。运动结束后，血液主要分布在肢体皮肤血管内，内脏仍处于一时性缺血状态。因此，运动结束后，不宜立即进食，需要至少休息 40 min 以上再进食。

3. 不同锻炼项目的合理营养

体育锻炼活动中，因各个项目代谢特点不同而对营养有着不同的需求特点。

① 跑步的营养特点。短跑是以力量素质为基础的无氧代谢功能为特点，工作时间短，强度大，要求有较好的爆发力。在膳食中要有丰富的动物性蛋白质，以增大肌肉体积，提高肌肉质量；另外，还要求在膳食中增加矿物质如钙、镁、铁及维生素 B_1 的含量，以改善骨肉收缩质量。

长跑虽强度较小但时间较长，体力消耗较大。要求膳食中以较全面的营养成分，增加机体能源物质的储备，在丰富的维生素、矿物质成分中，突出铁、钙、磷、钠、维生素 C、维生素 B_1 和维生素 E 的含量，有利于提高有氧耐力。

② 健美类项目的营养特点。武术、健美操、有氧操和体操等，动作复杂而多样，要求有较强的力量与速度素质以及良好的灵巧与协调性，对神经系统有较高的要求。其营养特点是：高蛋白质、高热量、低脂肪，维生素、矿物质应突出铁、钙、磷的含量及维生素 B_1、维生素 C 的含量。需引起

注意的是，参加该类项目有时为比赛需控制体重，但不能过分控制饮食，避免造成营养不良，特别是不能影响参加锻炼的青少年的生长发育。

③ 球类项目的营养特点。由于长时间对力量、速度、耐力、灵敏、柔韧等素质有较高的要求，食物中要含丰富的蛋白质、糖以及维生素 B_1、维生素 C、维生素 E、维生素 A。球的体积越小，食物中维生素 A 的量应更高些。足球活动时间较长且在室外活动，矿物质、水分丢失较多，应及时补充。

④ 冰雪项目的营养特点。由于长时间在冰雪上活动，加之周围环境温度较低，机体产热过程增强以维持体温，所以蛋白质和脂肪消耗较多，膳食中必须给予保证。同时增加糖类以提供能源，维生素 B 族为主并增加维生素 A 的摄入，保护眼睛，适应冰雪场地的白色环境。

⑤ 游泳项目营养特点。游泳锻炼机体散热较多、较快，冬泳更是如此，要求练习者要有一定的力量和耐力素质。在膳食中要求含有丰富的蛋白质、糖和适量脂肪；水温较低时出于抗寒冷需要，可再增多脂肪摄入；维生素以维生素 B_1、维生素 C、维生素 E 为主。矿物质增加碘的含量，以适应低温环境甲状腺素分泌增多的需要。

4. 不同气候条件下锻炼的合理营养

冬季锻炼的营养需求。冬季气温较低，寒冷的环境使机体代谢加快，散热量增加，所以膳食中应增加蛋白质及脂肪含量。同时，增加热能充足的食物和维生素 A、维生素 B_1、维生素 B、维生素 C、维生素 E。因冬季着装较多，户外活动少，接受日光直接照射的机会、时间较少，还应在膳食中补充维生素 D 和钙、磷、铁、碘的含量。

夏季锻炼的营养需求。夏季气候炎热，此时锻炼应多在通风、树荫处进行。此时机体代谢变化大，大量出汗使能耗增加，并使钙、钠、钾及维生素大量消耗和丢失。所以，及时合理地补充水与电解质及维生素比补充蛋白质、糖、脂肪更加重要，同时必须增加散热过程防止中暑。蛋白质的补充应较平日增多，减少脂肪成分，膳食搭配应清淡可口，以增加食欲，并多吃一些蔬菜与水果，以增加矿物质、维生素的摄入。

6.1.3 不同锻炼项目的营养特点

1. 跑步的营养特点

短跑是群众体育竞赛活动经常设立的一个项目。它是以力量素质为基础的无氧代谢供能为特点，工作时间短、强度大，要求有较好的爆发力。在膳食中要有丰富的动物蛋白质，以增大肌肉体积，提高肌肉质量，蛋白质的摄入量每日每千克体重 30 g 左右。另外，要求在膳食中增加磷和糖的含量，为脑组织提供营养，改善神经控制和增强神经传递，动员更多的运动单位参加收缩。还要求在膳食中增加矿物质如钙、镁、铁及维生素 B_1 的含量，以改善肌肉收缩质量。

长跑是以有氧耐力素质为基础，以有氧代谢供能为特点，要求有较高的心肺功能及全身的抗疲劳工作能力。长跑强度虽较小但时间较长，体力消耗较大，要求膳食中有全面的营养成分，增加机体能源物质的储备，在丰富的维生素、矿物质成分中，突出铁、钙、磷、钠、维生素 C、维生素 B_1、维生素 E 的含量，有利于提高有氧耐力。

2. 球类项目的营养特点

球类项目对力量、速度、耐力、灵敏、柔韧等素质有较高的要求。食物中要含丰富的蛋白质、糖以及维生素 B_1、维生素 C、维生素 E、维生素 A。球的体积越小，需要的视觉反应越灵敏，所以在食物中摄取的维生素 A 的量应更高些。足球活动时间较长且在室外活动，矿物质、水分丢失较多，应及时补充。

3. 棋牌类对营养的需求特点

棋牌类是以脑力活动为主的项目。脑细胞的能源物质完全依赖血糖提供，当血糖降低时，脑耗氧量下降，工作能力下降，所以棋牌类项目对糖类有着特殊的需求，也可在下棋、打牌时随时补充。此外，膳食中应增加蛋白质和维生素 B_1、维生素 C、维生素 E、维生素 A 的供给，提高卵磷脂、钙磷铁的含量。膳食中应减少脂肪摄入，以降低机体耗氧，保证脑组织的氧供应。

6.1.4 不同季节锻炼的营养特点

1. 冬季锻炼的营养特点

冬季气温较低，寒冷的环境使机体代谢加快，散热量增加，所以膳食中应增加蛋白质及脂肪含量。同时，增加热能充足的食物和维生素 A、维生素 B_1、维生素 B_2、维生素 C、维生素 E。因冬季着装较多，户外活动少，接受日光直接照射的机会、时间较少，还应在膳食中补充维生素 D 和钙、磷、铁、碘的含量。

2. 夏季锻炼的营养特点

夏季气候炎热，锻炼应多在通风，树荫处进行。此时体内物质代谢变化很大，大量出汗使能耗增加，并使钙、钠、钾及维生素大量消耗和丢失。所以，夏季运动时的膳食有其特殊要求，及时合理地补充水、电解质、维生素比补充蛋白质、糖、脂肪更加重要。在电解质中，氯化钠的摄入，常温下每人每天为 10 ～ 15 g，夏季高温再增加 10 g 左右。须补充维生素包括维生素 B_1、维生素 B_2、维生素 C、维生素 B_6、胆碱、泛酸、叶酸等。蛋白质的补充应较平日增多，减少脂肪成分，膳食搭配应清淡可口，以增加食欲，并多吃一些蔬菜与水果，以增加矿物质、维生素的摄入。

6.2 运动生理反应的防治

由于运动而造成的人体生理活动过程的有序性受到暂时破坏而出现的反应称为“运动生理反应”。常见的运动生理反应有运动性昏厥、运动性贫血、运动性腹痛、肌肉痉挛等。

6.2.1 极点和第二次呼吸

极点：人体在剧烈运动时，特别是中长跑中，由于内脏器官的活动能力落后于运动器官的需要，从而产生一种机能障碍，氧债不断增加，酸性物质积累在血中，达到一定程度时，引起呼吸和循环系统活动失调，出现如呼吸困难、胸闷难忍、下肢沉重、动作迟缓，并伴有恶心等现象，这种运动生理反应称为“极点”。

第二次呼吸：极点出现后，适当减慢运动速度、加深呼吸，再继续坚持运动，随着机能的调节及内脏器官机能的改善，氧供应增加，极点逐渐消失，运动能力又将恢复或提高，动作变得协调有力，生理现象出现新的平衡，这种现象称为“第二次呼吸”。

“极点”与“第二次呼吸”是长跑运动中的正常生理反应，坚持锻炼和准备活动充分，“极点”现象可以延缓和减轻。

6.2.2 运动性晕厥

在运动中或运动后一次性失去知觉称为运动性晕厥。

原因：由于剧烈运动或长时间运动使大量血液聚在下肢，回心血量减少，脑供血量不足所致。长时间站立不动、久蹲后突然起立，由于植物性神经功能失调，体内血液重新分布的反应能力下降，引起直立位血压显著下降，使脑部供血不足。另外，不吃早饭，空腹运动，血糖含量低，造成能量供应不足而引起头晕，由于重力引起的乏力性休克。

表现：晕倒前全身柔软、头晕、耳鸣、眼前发黑、出虚汗、面色苍白，接着突然晕倒在地，出现手足发凉、脉搏慢而弱、血压下降、呼吸缓慢、瞳孔缩小等症状。

处理：应使患者平卧或头部稍低位，安静、保暖、松解衣领腰带，用热毛巾擦脸，自小腿向大腿做重推摩和全身揉捏。掐或针刺人中、百会、合谷、涌泉等穴位。若有呕吐，宜将患者头偏向一侧，如呼吸停止，做人工呼吸进行急救。

预防:坚持体育锻炼，提高心血管机能水平。久蹲后不可突然起立，久站时要经常交替活动下肢，疾跑后不要马上站立不动，应继续慢跑，调整呼吸，逐渐停止下来。当有晕厥征象时，应立即俯身低头或躺下休息片刻。

6.2.3 运动性低血糖

正常人在早晨空腹时血糖浓度一般在 80 ～ 120 mg/100 mL 之间，当血糖低于 55 mg/100 mL 时，就会出现一系列症状称为低血糖症。

① 发生原因与临床表现。运动中发生低血糖症，主要是由于长时间的剧烈运动使体内消耗大量血糖；其次是运动时饥饿，体内糖原储备不足，而又没有及时补充糖类物质，这是学生体育课中发生低血糖的主要原因。此外，赛前精神过于紧张、赛后强烈的失望情绪或患病等，都有可能导致低血糖症。

当出现低血糖症时，轻者有强烈的饥饿感、疲乏无力、心慌、头晕、皮肤苍白及出冷汗等。重者神志模糊、语言不清或精神错乱、手足颤抖、步态不稳，最后甚至昏倒。检查时脉搏浅快，呼吸急促，瞳孔扩大。

② 预防与处理。发生低血糖症时，首先让患者平卧、保暖，神志清醒者可供给糖水或进食少量流质食物，一般短时间后症状消失。昏迷者可指掐人中、合谷等穴位。此外，还可进行下肢按摩，以促进血液循环，加速乳酸转变为糖原。

对平时缺乏锻炼、患病未愈及饥饿者，不容许他们参加长时间的剧烈运动；进行长时间的耐力运动前和运动中要适量补充糖饮料。

6.2.4 肌肉痉挛

肌肉痉挛（抽筋）：是肌肉不自主的强直收缩。常发部位是小腿腓肠肌、屈趾和屈拇肌。

① 病因与症状。寒冷刺激使肌肉兴奋性增高，运动时大量出汗使体内电解质大量丢失，肌肉舒缩失调或肌肉微细损失是造成肌肉痉挛的主要原因。痉挛的肌肉僵硬、疼痛难忍，局部不能活动。

② 预防和处理。预防的措施一般有：加强锻炼，提高机体的适应能力；剧烈运动前做好准备活动；游泳前用水刺激头、颈、背等部位，做好冷适应；夏季运动时及时补充水、电解质和维生素；疲劳或饥饿时，不宜进行剧烈运动，特别是游泳。处理：缓慢牵伸痉挛肌肉，并配以局部按摩，如重压痛点、揉捏等。

6.2.5 肌肉酸痛

运动引起的肌肉酸痛可分为急性肌肉酸痛和慢性（延迟性）肌肉酸痛两种。急性肌肉酸痛现象，只有肌肉做剧烈或长期的活动才发生，肌肉活动停止即消失。延迟性肌肉酸痛一般在运动后 24 h 后出现，5 ～ 7 天疼痛基本消失。

原因：运动时肌肉活动量大，引起局部肌纤维及结缔组织的细微损伤，以及部分肌纤维的痉挛所致。

表现：局部肌肉痛、发胀、发硬。

处理：热敷、按摩、进行静力牵张练习、口服维生素 C。

预防：合理安排运动量负荷，避免肌肉负担过重。准备活动中，注意练习即将负荷重的局部肌肉。除进行一般性放松练习外，还应重视肌肉的伸展性练习。

6.2.6 运动过度疲劳

疲劳是指机体运动到一定程度，引起组织器官甚至整个机体工作能力暂时下降的身体疲劳，在休息后能够得到恢复。

原因：运动不当，休息、睡眠不足，疲劳未清除。

表现：肌肉僵硬、肿胀和疼痛，肌力下降等。

处理：早期发现可调整计划，减轻身体负担，注意休息。有症状阶段要暂停运动，并进行必要的治疗，如药物、按摩、医疗体育等。

预防：根据自己的体质全面锻炼，最好多项体育运动交替锻炼，使身体各个部位能够均衡发展，合理安排锻炼的运动量，当身体出现疲劳症状时，注意休息和饮食。

6.2.7 中暑

中暑是指在高温或热辐射的长期作用下、机体体温调节障碍，水、电解质代谢紊乱及神经系统功能损害的症状的总称。

原因：日光曝晒，通风不良，在高温环境下时间长久，缺乏饮水或大量出汗引起失水。

表现：轻者头晕头痛、全身乏力，烦躁、恶心呕吐、口舌干渴；重者会发生昏厥不醒、面色苍白、皮肤灼热无汗、体温在 40 ℃以上、脉细弱、血压下降、呼吸表浅、瞳孔扩大等现象，甚至出现生命危险。

处理：若有中暑前兆，应到阴凉处休息，喝些凉开水或服些药物（十滴水、人丹），症状就会消失。严重者宜平卧身体，头部稍高，冷敷前额，刺激人中、合谷穴并送医院治疗。

预防：夏季进行体育锻炼时应穿浅淡色吸汗性较好的服装，运动量不宜太大，时间不宜过长，场地要注意通风和降温。

6.2.8 运动性贫血

运动性贫血，指运动后人体血液中的红细胞和血红蛋白均减少到正常值以下（血液中血红蛋白量的正常值男性为 12 g/100 mL，女性为 10.5 g/100 mL）。

原因：一是运动量过大，当乳酸浓度增大时，血液 pH 值下降，结果造成红细胞破坏，血红蛋白被分解；二是因剧烈运动出汗过量，使造血原料铁元素大量流失，又不能得到及时补充，引起缺铁性贫血。

表现：头晕、恶心、呕吐、气喘、体力下降，运动后心悸，心率加快，面色苍白。

处理：运动中若出现运动性贫血的症状，应及时减少运动量，并补充蛋白质和适量的铁剂、叶酸和维生素 B_{12} 等造血原料，症状会减轻或消失。

预防：根据自身的体质选择相适应的锻炼项目，合理安排运动量和运动强度，饮食要保证足够的蛋白质和铁质供给，比较饥饿的情况下不要进行长时间的大运动量的运动，运动后应补充富含蛋白质和铁等营养丰富的物质。

6.2.9 运动性腹痛

① 症状和特点。发生部位多在上腹部，呈钝痛、胀痛，有的还出现在左上腹部或下腹部疼痛，有以下特点：多数安静时不痛，运动时痛。疼痛程度与负荷量大小和运动强度成正比，一般运动量小或慢速度运动时疼痛不明显；随着负荷量加大，运动速度加快和强度的增加，疼痛逐渐加剧。一般有以下几种情况：第一，胃肠道痉挛引起的腹痛，轻者胃钝痛、胀痛，重者绞痛。胃过饱或过空，可引起胃痉挛，疼痛部位在上腹部。运动前吃产气或不易消化的食物，受凉时可引起肠疼痛，疼痛部位在脐部。第二，肝脾淤血所致的腹痛多为胀痛或牵扯痛，准备活动不充分或运动强度增加过快，使下腔静脉血回流受阻，致使肝脾发生肿胀，被膜张力增加，牵扯被膜神经产生疼痛，肝痛在右上腹部，脾痛在左上腹部。第三，呼吸肌痉挛引起的腹痛，多在左右季肋部和下胸部。第四，腹部器官慢性疾病较常见的有慢性肝炎，认为与肝被膜受炎症刺激有关，胆道疾病、肠炎、阑尾炎等也可引起腹部疼痛。

② 预防和治疗。出现运动性腹痛时，应减慢运动速度，降低运动强度，并做深呼吸，调整呼吸节奏，用手按住疼痛部位，或弯腰慢跑一段距离，胃肠道痉挛引起的腹痛可饮些热水缓解疼痛。若症状无改善，就应停止运动，点按足三里、内关、大肠俞等穴位。若无效，应请医生处理。

加强身体的全面锻炼，提高身体机能水平；遵守训练的科学原则，运动前充分准备活动，注意呼吸节奏；运动前不要吃得过饱，不要吃平时不习惯的食物，不宜空腹剧烈运动；如果经常发生腹痛要请医生检查。

6.3 运动损伤的预防与处理

6.3.1 运动损伤的原因

在运动中易发生运动损伤，通常有以下原因。

1. 思想准备不足

参加体育活动时，在思想上未做好充分的准备，对运动损伤的预防方法、重要性，缺少一定的认识。

2. 体质较弱，技术水平低，动作不熟练，缺少锻炼

体质差的人，身体素质也差，直接影响动作技术掌握的程度，表现为紧张，动作僵硬，不熟练，产生多余动作，就容易引起运动损伤。

3. 准备活动不适当

对准备活动的运动量、活动时间、活动内容的安排不当会造成运动损伤。

4. 情绪不好，体力下降

对运动缺乏自觉性和积极性，注意力不集中或情绪急躁，这种情况下运动很容易受伤。

5. 运动安排不当

缺乏保护和帮助，场地器材不完善，器材设备不符合要求及气候因素等都可以引起运动损伤的发生。

6.3.2 运动损伤的预防

减少运动损伤的发生，应注意以下方面。

1. 加强安全思想教育

加强对体育运动的目的和安全知识的学习，加强组织纪律性及道德品质的培养，培养遵守纪律，关心他人，爱护集体的优良品德。

2. 加强身体的全面训练

全面加强身体素质和基本技术水平的训练，提高机体对运动的适应能力，身体素质和技术水平逐步提高，可减少运动损伤的发生。

3. 认真做好准备活动

依据气候，活动内容，时间及运动量，充分做好准备活动，是保证完成运动任务、预防运动损伤的有效方法。

4. 加强保护和自我保护

体育运动参加者应学会自我保护的方法，以减少或避免某些损伤。

5. 加强医务监督和注意设备卫生要求

要定期进行体检，对运动场地设备的卫生安全进行检查。禁止穿不合适的服装（特别是鞋、帽）进行活动。

6.3.3　常见运动损伤及简易处理方法

运动损伤的处理分两个阶段：一是伤后的现场处理，二是离开现场以后的彻底处理。对运动损伤的及时处理和治疗，有利于减轻伤者的疼痛，消除肿胀淤血。轻微的运动损伤，经过治疗后，可进行适当的体育活动，使患处的运动功能恢复，加速患处的血液循环，防止损伤组织的黏连和萎缩，促进组织的痊愈及功能的恢复。但要注意运动量，运动强度及动作幅度都要由小到大，循环渐进，以免造成两次损伤。

常见的运动损伤有出血、软组织损伤、骨折、脱臼、脑震荡等。

1. 出血

出血是运动损伤的一种现象，及时止血是急救处理的一个重要步骤。

出血分为内出血和外出血。血液从伤口流到体外，称外出血；体表没有伤口，血管破裂后血液流入组织间隙、体腔和管腔，称内出血。外出血的种类有：毛细血管出血，呈小点状的红色血液，从伤口表面渗出。这种出血经常能自动停止，用酒精消毒伤口周围皮肤后，即可止血。内出血分为静脉出血和动脉出血。静脉出血：血色暗红，出血点在伤口的远心端，缓慢不断流出，危险性较小。止血的方法与毛细血管出血者相同，但也可稍加压力缠缚绷带，大静脉出血也会引起致命的后果。动脉出血：血色鲜红，出血点在伤口的近心端，呈喷射状流出，大动脉出血可以在数分钟内导致伤者死亡。

外出血的急救方法有：加压包扎止血、缚止血带止血、增压止血、冷敷止血等方法。

2. 软组织损伤

运动中出现的损伤，绝大多数是软组织损伤，即肌肉、肌腱、腱鞘、筋膜、韧带、关节囊、关节软骨盘等组织的损伤。从损伤过程可分为急性损伤和慢性损伤两类；按其性质和特点可分为开放性损伤和闭合性损伤两类。开放性损伤有擦伤、切刺伤、碰撞打击引起的皮肤破裂伤、骨断端穿破皮肤的开放性骨折等。闭合性损伤有扭伤、拉伤、挫伤、挤压伤等。

处理:若是开放性伤，一般有外出血，应消毒（用生理盐水冲洗伤口，用酒精在伤口周围消毒），止血并对伤口进行包扎；若是闭合性伤，主要是控制肿胀和疼痛（立即进行冷水泡或冷敷，防止内出血），可先用手直接按压伤处，然后用绷带或布条等替代物进行加压包扎，而后去医院就诊。两天后可进行按摩和热敷处理，达到活血化瘀、消肿止痛的目的。

常见的关节韧带损伤有手指挫伤、踝关节扭伤、腰部扭伤等。

（1）手指挫伤

手指挫伤在篮球和排球运动中多见。表现为指关节肿胀、疼痛、屈伸受限。按闭合性软组织损伤处理时，切忌按摩。若手指关节两侧的副韧带撕裂，最好用一块与伤指等长的薄木片或其他代用品，垫上纱布后用胶布固定在指侧，或把伤指和邻近的手指固定在一起。

（2）踝关节扭伤

踝关节扭伤在球类、田径、体操项目中多见。主要是踝关节外侧韧带承受力比内侧差，运动中身体落地时踩在凹凸不平的地面或他人脚上等导致身体失去平衡，使踝关节活动范围超出限度致伤。加强自我保护及踝关节周围韧带的锻炼，充分做好准备活动是防止踝关节扭伤的关键。一旦扭伤，可按闭合性软组织损伤进行处理。此外，还可以用脚尖、脚跟、脚外缘各走路 3 ～ 5 min，达到骨正筋柔气血流通的目的。

（3）腰部扭伤

腰部扭伤多发生在体操、田径、篮球等运动中。主要是腰部突然受力，猛烈伸屈或过分扭转超过了本身的承受力。受伤后有压痛、肿胀、腰部活动受限。可根据闭合性软组织损伤的处理办法进行冷冻、热疗、按摩等，同时要睡硬板床。

3. 骨折

在外力作用下，骨骼的构造遭到破坏，称为骨折。分为闭合性骨折和开放性骨折。闭合性骨折，伤口没有和外界相通，继发感染的机会少。开放性骨折，伤口和外界相通，继发感染的机会多。骨折后的症状为晕厥、发烧，局部表现为疼痛、畸形、功能丧失、有压痛感、骨折端有活动感。

4. 脱臼

在外力的作用下，使组织关节的各骨关节彼此失去正常的互相连接，称为脱臼。脱臼大多出现在肩、肘、髋和下颌等关节。脱臼损伤出现后，局部疼痛，压痛明显，关节结构受到破坏而引起血管破裂形成水肿，关节畸形，失去功能，神经组织也会不同程度地受损。

处理：骨折和脱臼发生后要进行急救处理，保护肢体，安全而迅速地送往医院治疗。在急救时要特别注意对患处的包扎和固定，出血严重者要用结扎法止血并保护好伤口。

5. 脑震荡

头部受到外力打击或跌倒时所引起的大脑神经细胞和神经纤维过度震动，称为脑震荡。受伤后，伤者数分钟内不省人事，呼吸微弱，脉搏缓慢，肌肉松弛，瞳孔放大但对称。清醒后，伤者表现为忘记受伤情景，伴有头晕、恶心、呕吐等症状。

处理：损伤发生后让伤者平卧，注意保暖，昏迷不醒时可掐急救穴使其苏醒，若昏迷时间较长或反复昏迷，眼、耳、鼻、口有出血现象，疼痛剧烈，则应注意保护头部，立即安全平稳地送往医院治疗，现场救护及转运过程应避免头部的震动。

6.4 常见慢性病及其体育疗法

体育锻炼是增强体质、提高健康、防治疾病的一种积极手段。经常参加体育锻炼，能提高人体的免疫力，是预防疾病和辅助治疗某些慢性病的积极措施和有效方法。

6.4.1　颈椎病

颈椎病是指因颈椎退行性改变压迫神经而引起颈、背、肩臂部功能障碍和伤痛，伴有手部发麻的病症，是成年人的一种常见病。其症状是：先有颈、背、肩臂似“落枕”状，很快就转到一侧臂沿神经分布区，直至手指，感觉到痛、麻。有的病人还可能并发有头昏、头晕、胸背部位痛等症状。

治疗颈椎病的体育疗法有颈部运动和穴位按摩两种方法。

1. 颈部运动

① 头前点后仰。站立位或坐位，两手叉腰，上体正直，头做前点后仰动作。

② 左右侧屈，身体姿势同前，头分别向左右侧屈，尽量使耳垂触肩。

③ 左右转头，身体姿势同前，头分别向左右转动。

④ 头绕环（半闭目），身体姿势同前，使头部沿顺、逆时针方向绕环 360°　重复。

以上 4 个动作为一组，每次做 3 ～ 5 组，每天早晚各做一次。以上动作能活动颈椎关节、各肌群，增强颈部肌肉、韧带力量，保持肌力平衡，并有意识地牵拉较为紧张的肌肉，以提高和加强颈部功能。练习时，要求动作缓慢有力，动作幅度逐渐增大。

2. 穴位按摩

根据颈椎不同部位选用下列 3 ～ 5 个穴位，按照穴位按摩的方法进行穴位按摩治疗，例如，百会、天柱、风池、大椎、肩井、天宗、肩髃、后溪等。

6.4.2　神经衰弱

神经衰弱是一种常见的精神障碍，多见于与长期神经负担过重或其他精神因素，导致大脑皮层神经中枢兴奋和抑制功能暂时的失调所致。神经系统的紊乱是导致其他疾病的根本原因，是现代人群中常见的慢性疾病。常有头晕、耳鸣、眼花、心慌、精神不振、注意力不集中、情绪不稳定、易烦躁、多梦、失眠等症状。

神经衰弱的体育疗法有 4 种。

1. 打太极拳

打太极拳要求做到动静结合，注意力集中，排除杂念。这样，大脑皮质中与运动有关的部分就有规律地兴奋，而其他部分则逐渐抑制，得到充分休息。

2. 散步和慢跑

每天早晨坚持慢跑 20 ～ 30 min，每晚坚持散步 15 ～ 20 min，有利睡眠。

3. 梳头放松法

上床睡觉前，静坐梳理头发，用手指从额前中部向后梳理 15 ～ 20 次，然后，用同侧手由前向后梳理 15 ～ 20 次，注意在梳理过程中，不能用力过猛、过快，要缓慢，柔和地进行，这样能消除疲劳，对神经系统起镇静作用，有利于睡眠。

4. 穴位按摩

睡前 15 ～ 20 min，按照穴位按摩的方法，对下列穴位进行按摩：安眠、足三里、太溪、涌泉、神门、三阴交等有助于睡眠。

6.4.3 慢性肠胃病

慢性肠胃病种类很多，基本上与饮食有关，多数患者是由于长期不规律的生活，不良嗜好以及过度疲劳，或者反复受到不良刺激而引起的。其症状多为肠胃不适、闷胀疼痛、食欲不振、消化不良、恶心呕吐、反酸、口苦无味。

慢性肠胃病体育疗法的机理是经常参加体育锻炼，可以提高神经系统的功能，从而在大脑皮层的调节下，使肠胃功能得到改善；在运动时呼吸活动的加强，需要增大横隔肌和腹肌的活动范围，这种活动的增大对肝脏和胃肠起按摩作用，有利于消化。通过专门性练习，以增加肠胃蠕动，改善腹腔血液循环，活跃内分泌系统功能。特别是通过气功入静，使大脑皮层处于内抑制状态，以抑制胃肠道过敏，改善神经系统及网状细胞功能，从而使顽固的病理兴奋得到抑制。

1. 慢性肠胃病体育疗法

（1）气功

适宜练习放松功和内养功。

（2）太极拳

采用简化太极拳和杨式太极拳均可，熟练后配合腹式呼吸。

（3）按摩法

仰卧位，两手擦热后重叠于胃部或腹部，先顺时针方向、后逆时针方向依次交替按摩，要求速度均匀，意念入深。每次练习数百次。

（4）屈腿运动

仰卧位，两腿交替屈膝提起，使大腿尽力贴近腹部，重复练习数十次。

（5）模仿踏自行车运动

仰卧位，两腿举起，依次做屈伸动作，速度均匀（稍慢），动作协调柔和。

2. 慢性肠胃病体育疗法的注意事项

① 应以气功、太极拳、腹部按摩为主，坚持长年练习，必有好处。

② 保持正常的生活规律，保证睡眠时间，培养良好的情绪，多愁多虑会有损肠胃功能。

③ 少食油腻食物，平时可补充红枣、莲心、血糯米，宜煮汤或蒸服。

6.4.4 肩周炎

肩周炎主要是肩关节囊和关节周围软组织的慢性退行所引起的，一方面与轻度损伤和体质弱、代谢障碍有关；另一方面与肩关节周围软组织（肌腱、韧带、滑囊）的慢性损伤有关，是成年人的一种常见疾病，此病开始为上肩部酸痛，逐渐发展为肩部较广泛的疼痛。静止痛是本病的特征之一，表现为日轻夜重，当病痛逐渐减轻或消失后，残留有肩关节周围黏连，引起肩关节功能障碍，影响工作和生活。

肩周炎的体育疗法是肩部运动和穴位按摩两种方法。

1. 肩部运动

① 前后左右摆臂：两脚开立，屈肘，两手半握拳，以肩为轴，放松前后摆臂 2×8 拍，左右腹前交叉摆臂。

② 向前、侧平举：两脚开立，向前、向侧平举。

③ 臂绕环：两脚开立，两手半握拳，以肩为轴直臂向前绕环，向后绕环。

④ 单臂后振：两脚开立，一臂上举一臂下举向后振动。

⑤ 压肩：两腿开立，一只手掌与另一只手掌重叠，直臂扶墙或助木，挺胸抬头压肩。

以上 5 个动作为一组，每次做 3 ～ 5 组，每天早晚各一次。

2. 穴位按摩

风池、大椎、肩井、风门、肩髃、天宗、肩内陵、曲池、足三里、支沟等穴位都能治疗肩周炎。

6.4.5 腰椎疾病

腰椎疾病包括坐骨神经炎、腰椎增生、腰肌劳损、腰椎间盘突出等。此病多发生在一侧腰部，先自臀部开始，然后沿着大腿后面向下放射，直到小腿的外侧和脚跟，疼痛的性质是持续的或阵发的。夜间安静时疼痛程度更重，一种姿势久了就觉得难受。

腰痛的体育疗法有腰腿运动和穴位按摩两种方法。

1. 腰腿运动

① 体前后屈伸：两脚开立，两手扶脑后，身体向前 90° 弯曲后起来向后伸延（向前挺髋），两膝伸直。

② 左右转体：两脚开立，两手叉腰，身体向左右转 90° 以上。

③ 体侧屈：两脚开立，两臂侧平举，脚、臂不动，身体向左右侧屈伸。

④ 仰卧举腿：仰卧双腿伸直，向头部方向举起再放下，重复 10 ～ 15 次，双手置于体侧。

⑤ 腰绕环：两脚开立，两臂放松直臂带动上体以腰部为轴向前、后、左、右绕环。

以上练习的作用在于帮助解除脊椎活动的功能障碍，促使残余渗出液的吸收，松解黏连，增强腰腿肌肉力量，防止腰腿肌肉萎缩，矫正不良姿势，增大脊柱活动范围，加强脊柱的稳定性。但在练习时，不能用力过猛，要缓慢、柔和、流畅，以免加重伤病。

2. 穴位按摩

根据腰部不同部位选用下列穴位中的 3～5 个，按照穴位按摩的方法，进行按摩治疗。例如，昆仑、悬钟、承山、委中、环跳、扭伤、大肠俞、肾俞、人中等。

第7章 体育比赛欣赏

本章主要介绍欣赏体育比赛的角度、体育比赛的分类及欣赏和体育比赛欣赏前的准备等内容。

学习目标

1. 悟优秀的民族传统文化，激发爱国热情。
2. 养成坚忍不拔、勇敢顽强、吃苦耐劳、团结合作的良好品质。
3. 成为欣赏表演和比赛的内行。

7.1 欣赏体育比赛的角度

在现代社会生活中，欣赏体育比赛已成为现代人社会生活中一道迷人的风景。据统计，收看2008年北京奥运会的观众达到了47亿人，约占全球人口的70%。尤其当观看国际比赛中有关民族荣誉的重大比赛时，人们会忘我地投入其中，感受灼人的焦虑、胜利的狂喜或失败的悲哀。

精彩的体育比赛所展现出的紧张、激烈的拼搏场面，能使人们赏心悦目，体育比赛中所蕴含的千姿百态的美，在瞬间闪现出来。运动员健与美和谐的统一，鲜明的个性，默契的配合，给人以美的享受。通过欣赏体育比赛，人们可以进一步拓展自己的生活空间，调节紧张的生活节奏，增进知识，娱乐身心。

在观看比赛的过程中，人们通过运动员的奋勇拼搏，感受着向人类极限不断挑战的胜利，感受着生命的辉煌以及在那挑战的过程中运动员所展现出的品质，使人们的思想在欣赏的过程中得到锤炼与升华。我们欣赏体育，是欣赏体育中展现出的美，更为感受这种美中所蕴含着的精神。

1. 从运动美和运动能力的角度欣赏

运动员经过长期锻炼形成了匀称、协调的体形。他们的肤色、动作、姿势等无不显示出健康之美。同时，这种美结合于体育运动，在比赛中能展现出运动员独特的动感美。竞技体育运动能最大限度地发挥人体运动潜能，运动员在竞赛中不断挑战极限、超越自我，表现出超过常人的运动能力。例如，8秒多就能跑完100 m，能举起相当于自己体重3倍的绝对重量，能跳过超过自己身高几十厘米的横杆等。

2. 从技术、战术的角度欣赏

在体育比赛中，运动员的技术动作和战术配合是经过长期刻苦训练和多次比赛的磨合而形成的，有的技术熟练到炉火纯青的境地，有些战术配合默契，能达到天衣无缝的程度。例如，一场高水平的足球比赛使人感到观赏整场比赛是一种享受。足球门前险象环生的临门一脚，能使人们屏住呼吸，然后释然狂欢。篮球比赛中高高跃起的扣篮和盖帽、准确的三分远投，使人赞叹不绝。排球比赛中，扣球队员助跑、起跳，空中动作以及有力的重扣等都会给人们带来美的享受。从战术角度，人们能观赏到变幻莫测的配合，如足球场上令人目不暇接的短传配合，篮球场中体现精确时空概念的空中接力，排球战术中二传传出的恰到好处的球，接力赛中传接棒的完美传递等。

3. 从体育精神的角度欣赏

在欣赏体育比赛中，应注意欣赏蕴含在比赛中的那种崇高的“体育精神”，它包括竞争精神、自我超越精神和团结协作精神等。永恒的竞争是体育比赛最大魅力所在，它是有规则的、公正的、平等的、和平的竞争，它促使运动员不停地追求和超越，追求友谊、和平、公正、进步，挑战人类的生理极限，通过更快、更高、更强不断实现人的自我超越。体育比赛的魅力更在于运动员在比赛中表现出的顽强拼搏、团结协作的集体主义精神。

4. 从体育文化的角度欣赏

体育是人类社会发展过程中创造和积累出来的宝贵文化财富，以其积极向上、团结进步的精神展示着它的迷人之处，如更快、更高、更强的奥运精神。

当看到运动员经过艰苦努力获得成功时，那种自豪感、愿望实现的幸福感会深深感染着人们，人们也为那些在比赛中失败的运动员叹息、流泪。体育比赛的意义远超出了比赛本身，他充满人生的哲理，能使人们在观念、思维、情趣等方面得到升华。

7.2 体育比赛的分类及欣赏

竞技体育比赛可以分为 3 种类型，欣赏不同类型的比赛时，应注意从不同的角度去欣赏。

1. 直接对抗性比赛项目欣赏

这类项目比赛的特点是裁判员按规则规定的条件去判断运动员的得分与失分，并以此作为衡量成绩的依据，判断比赛的胜负。如篮球、排球、足球、网球、羽毛球、乒乓球等球类项目，以及拳击、柔道等个人项目。

欣赏这类比赛项目时，应注意欣赏比赛过程中个人技术的运用和整体战术的配合，以及运动员所表现出的那种机智灵活和大智大勇的精神状态。

2. 对比性比赛项目欣赏

这类项目比赛的特点是对比，要求运动员按规定条件和动作质量去完成比赛的技术动作。比赛强调动作的难度、美观和艺术性。这类项目包括体操、跳水、花样游泳、花样滑冰等。

欣赏这类比赛项目时，应注意欣赏比赛过程中艺术的美感，即运动员能够在一定的空间和时间内，把身体控制到尽善尽美的程度，使健与美得到高度的统一，加上和谐的韵律和鲜明节奏的配合，都能带给人们以强烈的美感。

3. 纪录性比赛项目欣赏

这类项目比赛的特点是计算成绩有客观指标，即以时间、距离、重量、命中率等具体指标作为评定运动员名次的依据，包括田径、游泳、举重、射击、赛艇等。

欣赏这类比赛项目时，应注意欣赏比赛过程中运动员那种你追我赶的拼搏精神及勇敢坚毅、吃苦耐劳的优良品质。

7.3 体育比赛欣赏前的准备

怎样才能更好地欣赏一场体育比赛？要做好以下准备。首先，要了解一些该项体育运动的历史和特点。其次，要掌握一些该项比赛的规则和裁判知识。第三，对一些具体比赛场次要了解其背景，例如，是预赛还是决赛，该场比赛的胜负对双方都有什么影响等。第四，要掌握参赛队或队员的一些情况，例如，要掌握两队的风格，基本战术，主力阵容，突出人物，以及两队教练的用兵布阵、临场指挥都有什么特点等。

下　篇

体育实践

通过对本篇的学习，可使学生对田径、篮球、足球、排球、乒乓球、羽毛球、网球、轮滑、台球、瑜伽、武术、健美与健身、健美操、体育舞蹈、冰雪运动等项目有进一步的了解。本篇重点向学生介绍各运动项目的基本技术，使学生掌握正确的运动技能和科学锻炼方法，更好地进行体育运动。

第8章 田　　径

本章主要讲解田径运动的起源和发展、田径运动的特点与价值、田径运动基本技术等内容。

学习目标

1. 运用走、跑、跳、投等基本技术、方法进行自主身体锻炼和参加比赛。
2. 为学习其他体育项目打下良好的体能基础。
3. 提高自我超越的信心，并养成吃苦耐劳、拼搏进取精神。
4. 成为欣赏田径运动比赛的内行。

8.1 田径运动的起源和发展

田径运动是以走、跑、跳、投等运动技能组成的以个人为主的运动项目。田径运动历史悠久，在古代、近代奥运会及其他重大赛事中，田径比赛都在主运动场举行，是设奖最多的、最主要的竞赛项目。田径运动是挑战人类极限的运动，曾有生理学家和有经验的教练员们预言田径运动成绩的最高界限，但这些预言，一个个都被运动员的实践所冲破，现今这些记录仍不断被刷新，这都充分说明，不断地超越自我，挑战极限正是田径运动受人喜欢之所在。

田径运动是一项古老的体育运动，它的起源可以上溯到距今 5 000 年前的古埃及，在金字塔神庙就有一件刻画赛跑活动的石浮雕塑像。早在远古时代，人们为了获得生活资料，在与大自然以及飞禽走兽的斗争中，需要有快速的奔跑、灵敏的跳跃和准确的投掷等本领。由于在劳动实践中经常地重复这些动作，便逐渐形成了走、跑、跳、投等各种技能。为了提高同大自然作斗争的能力，人们又有意识地进行走、跑、跳、投的练习，以至逐渐形成了这些项目的比赛形式。

人类最早的田径比赛是在公元前 776 年第 1 届古代奥运会上举行的。古代奥运会是希腊人的庆典活动，田径比赛是其重要的内容之一。古代奥运会从第 1 届至第 13 届（公元前 776 年～公元前 728 年），竞赛项目只有短跑一项，以后逐渐增加了长跑、越野跑，以及一些属于田赛、径赛项目的比赛。1896 年第 1 届现代奥运会，在 8 类运动 42 个项目的比赛中，田径运动占 12 个项目，以占 35% 的比例确立了田径运动在奥运会中的重要位置，从此拉开了现代田径运动发展的序幕。1912 年第 5 届奥运会期间，成立了国际业余田径联合会（简称国际田联）。现今，国际田联从最初的 17 个成员发展到现在的近 200 个。1977 年，除奥运会田径赛外，开始增设世界杯田径赛。1983 年开始设立世界田径锦标赛。1987 年又首次举办了酝酿已久的世界室内田径锦标赛。此外，还有各类国际单项田径比赛，如马拉松、竞走、越野跑等。到 20 世纪末，列入奥运会比赛的田径项目已达到 44 项。田径运动已成为各项竞技运动中单项最多的体育运动，从而使现代田径运动得到了迅猛发展。

我国现代田径运动是 20 世纪初，由外国传教士传入，最初在教会学校开展，后在全国各级学校得到推广。中华人民共和国成立后，国家对田径运动给予了极高的重视，经过几十年的不懈努力，我国的田径运动技术水平不断提高，缩小了同世界高水平国家之间的差距，许多运动员都在国际大赛上取得了好的成绩。

8.2 田径运动的特点与价值

8.2.1 田径运动项目的分类

田径比赛可以分成 4 个大项，田赛、径赛、公路赛和混合赛。

① 田赛：跳远、三级跳远；跳高，撑竿跳高；铅球、铁饼、标枪和链球。

② 径赛：短跑（100 m、200 m、400 m）；中距离跑（800 m、1 500 m）；长跑（3 000 m、5 000 m、10 000 m）；跨栏跑（女子为 100 m 和 400 m，男子为 110 m 和 400 m）；接力（4 × 100 m 和 4 × 400 m）以及男子 3 000 m 障碍赛跑。

③ 公路赛：马拉松、男子 20 km 和 50 km 竞走以及女子 10 km 竞走。

④ 混合赛：女子七项全能以及男子十项全能。

8.2.2 田径运动的特点

田径运动主要有以下特点。

1. 突出的基础性

田径是运动之源；田径是运动之母；田径是运动之本。

2. 广泛的群众性

田径运动是最容易普及的运动项目。田径运动的开展受场地、时间、气候等因素的限制小；项目的选择性大，能适合不同年龄、不同性别、不同身体状况的人参加，且运动的量和强度容易控制。

3. 技术的严格性

田径运动技术不同于技巧性项目，也不同于其他一些直接对抗性的项目，田径技术相对稳定，动作结构也不是非常复杂，但对技术要求却特别高。主要表现在 5 个方面：一是技术的合理性；二是技术的定型化，即技术高度的稳定性；三是技术的准确性；四是技术的个体性；五是技术的应变性。

4. 能力的多样性

田径运动反映人的速度、力量、耐力等方面的身体素质和运动能力，每一个单项则能突出反映人的某一方面的身体素质和运动能力。较全面地参加田径运动，可使人的各方面运动能力普遍得到提高。

5. 激烈的竞争性

田径运动是实力的竞争，是能力、技术和心理的较量。田赛项目的成败取决于运动员瞬间发挥的水平，而径赛项目中运动员同在一条起跑线开始，进行全程的拼搏。

8.2.3 田径运动的价值

田径运动这项体育运动有显著的健身价值和教育价值。

1. 田径运动的健身价值

田径运动的不同项目对提高身体的有关能力和相应的身体素质，对提高人的健康水平有明显的作用。

短距离跑是人体在无氧条件下进行的一项运动，它能使有氧系统酶的活性增加，能提高人体的最大摄氧量，同时还有助于提高中枢神经系统兴奋和抑制的灵活性，是提高快速运动能力和无氧代谢水平的重要手段。

长距离跑和竞走能增进心脏和呼吸系统的工作能力。进行长距离跑时，由于人体在有氧情况下进行运动，在运动中消耗的能量较大，能防止人体内脂肪储存过多，是提高心肺功能和发展人体耐久力的有效手段。

跳跃是人体在短时间内进行高强度神经活动和肌肉用力克服障碍的运动，能使人的感觉机能得到提高和加强，是提高身体控制和集中用力能力，发展协调性、灵敏性的有效手段。

投掷项目是表现人体力量的运动，能使人体肌肉发达，力量增强，改善人体灵活性，是提高肌肉力量、改善神经系统和发展力量素质的手段。

2. 田径运动的教育价值

田径运动的各项目都要求参与者在具有一定限制和条件下表现出最大的能力，始终保持必胜的信心，要有克服困难的意志和正视现实、挑战自己的勇气，因此，它能培养人们勇敢顽强、拼搏进取的意志品质。

在一定的规则下，参与者通过个人的努力取得好的成绩，才能为集体争得荣誉。在比赛过程中能增进参与者的责任感，展现他们的集体主义精神。

田径运动是个人项目，更多地依靠自己独立完成任务。在比赛中，要依靠应变能力、自我调控情绪排除各种干扰，因此，它有助于个性的形成，同时有利于心理素质的培养。

田径运动的技术变化小，单一重复的动作较多，练习量大，相对枯燥，因此，能培养人们吃苦耐劳、坚韧不拔的精神。

8.3 田径运动基本技术

8.3.1 跑

1. 跑的基本技术

跑是单脚支撑与腾空相互交替的周期性运动。跑的姿势：上体适当前倾，头正对前方，两臂以肩为轴，迅速用力前后摆动。腿、臂要协调一致，两腿交替进行。当身体重心垂直线移过支撑点，髋、膝关节依次伸展，在离开地面的瞬间，踝关节做迅速有力的蹬伸，完成后蹬动作，此时重心前移的速度最大。当摆动腿折叠前摆至最高点时，大腿积极下压，膝关节放松，小腿顺惯性缓冲着地，用前脚掌做"扒地动作"。

跑的速度快慢取决于步幅和步频。步幅大，步频快，跑的速度就快。

2. 跑的常见项目

跑可分为快速跑、耐久跑、接力跑、障碍跑、健身跑及利用自然的越野跑等，下面简单介绍前 3 种。

(1) 快速跑

快速跑的全程技术包括起跑、起跑后的加速跑、途中跑和终点跑 4 个阶段。

① 起跑。

(a) 蹲踞式起跑（见图 8-1）。

图8-1 蹲踞式起跑

(b) 站立式起跑（见图 8-2）。

图8-2 站立式起跑

(c) 弯道起跑（见图 8-3）。

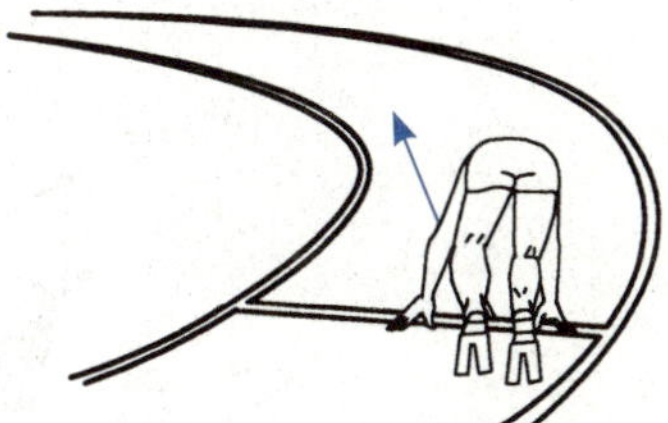

图8-3 弯道起跑

② 起跑后的加速跑。起跑后，使身体迅速向前冲出，但第一步不宜过大，随着两腿交替用力向后蹬地，逐渐增加步幅和步频，直至接近途中跑姿势。加速跑的距离，一般为 25 ～ 30 m。

③ 途中跑。途中跑是全程跑中最长的一段距离，是继续发挥和保持跑最高速度的阶段。

（a）直道途中跑：动作要轻松自然，重心移动力求平稳。

（b）弯道跑：进入弯道后，身体逐渐向内倾斜，后蹬时用右脚前掌内侧，左脚的前掌外侧着地，右臂摆动的幅度和力量大于左臂，后摆时肘关节稍偏向右后方，前摆时稍向左前方，左臂则靠近体侧，转入直道前逐渐减少身体倾斜度。

④ 终点跑（冲刺）。终点跑是终点前 15 ～ 20 m 的距离，应以最大速度跑过终点。

（2）耐久跑

耐久跑由于跑的距离较长，体力消耗大，氧的需要量很高，因此技术要求与快速跑有所区别，其基本技术如下：

① 呼吸。跑时要求均匀深长而有节奏地呼吸，一般是 2 ～ 3 步一呼气，2 ～ 3 步一吸气。

② 途中跑。自然放松，身体重心比较平稳，上下起伏不要太大，后蹬充分，臂腿的摆动幅度适中，落地有前脚掌和全脚掌着地两种，但要注意屈膝缓冲。

③ 弯道跑。弯道跑技术与快速跑弯道技术基本相同。

④ 终点跑。终点跑的距离，根据所跑距离长短和体力情况而定。

（3）接力跑

接力跑是相互配合集体竞赛的田径运动项目。田径运动中规定正式比赛项目有男、女 4×100 m、4×400 m 接力跑。群众性体育活动中有迎面接力、异程接力、火炬接力及传统性的环城接力等。

① 起跑。接力跑中的起跑方式为蹲踞式持棒起跑（见图 8-4）。

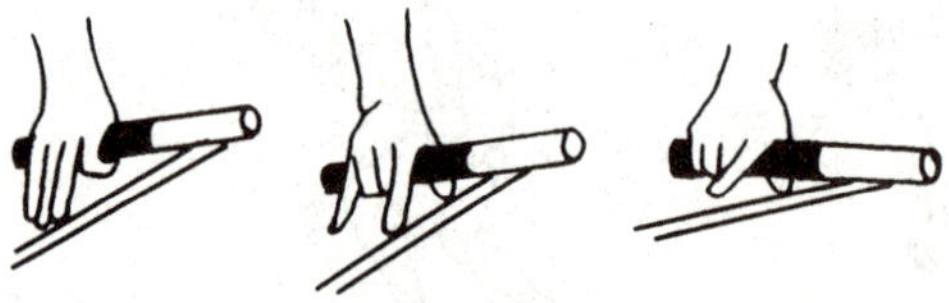

图8-4 蹲踞式持棒起跑

② 传、接棒的方法。

（a）上挑式（见图 8-5）。

（b）下压式（见图 8-6）。

图8-5 上挑式接棒方法

图8-6 下压式接棒方法

（c）混合式：一、三棒用上挑式，二、四棒用下压式。

③ 交接棒的配合。接棒队员必须有准确的预跑距离，传、接棒人之间相距 1.5 m 左右时，快速地交接棒。

8.3.2　跳跃

跳从形式上分有跳高、跳远、跳跃障碍等。但实践上是两大类：第一类是发展跳跃能力的竞技运动项目；第二类是发展跳跃能力的辅助练习，在一定意义上讲，它是掌握跳跃基本技术的基础。

1. 跳跃的基本技术

田径运动中的跳跃，都可以划分为 4 个紧密相连的技术阶段：助跑阶段、起跳阶段、腾空阶段和落地阶段。在这 4 个阶段中，助跑和起跳是影响成绩的主要阶段，而起跳是跳跃技术的关键阶段。

2. 常见的跳跃项目

（1）跳高

跳高根据腾空过杆的姿势不同，常见的有跨越式、俯卧式和背越式。

① 跨越式跳高。斜线助跑，远离横杆的脚起跳，腾空后，上体前倾，摆动腿上摆过杆，向下转压，同时起跳腿迅速向上高抬，完成跨越过杆动作。过杆后，身体侧对横杆，摆动腿先落地（见图 8-7）。

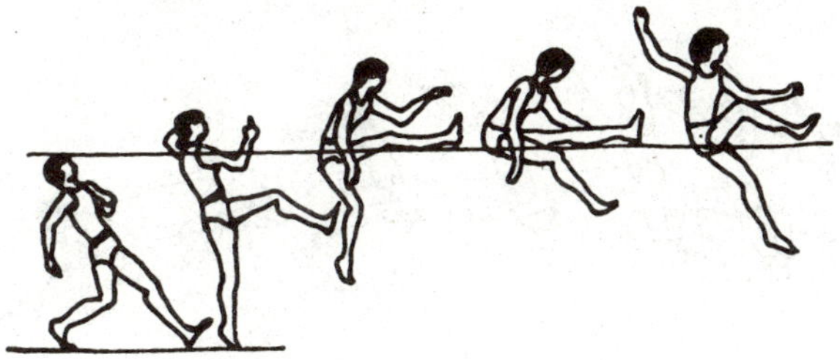

图8-7　跨越式跳高

② 俯卧式跳高。斜线助跑，以靠近横杆的脚起跳，起跳腾空后摆动腿摆至杆上，起跳腿屈膝上收呈杆上俯卧姿势，接着身体旋转过杆，以肩、背部先着垫（见图 8-8）。

图8-8　俯卧式跳高

③ 背越式跳高。弧线助跑，用远离横杆的脚起跳，助跑步数 8 ～ 12 步，前几步跑直线，后 4 步跑弧线。起跳腾空后，头、肩先过杆，髋部充分展开，使身体呈“桥”形，躯干、臀部、大腿和小

腿依次过杆。臀部过杆后，随即收腹，小腿上甩，以肩、背部先着垫（见图 8-9）。

图8-9　背越式跳高

（2）跳远

跳远有急行跳远（蹲踞式、挺身式、走步式）、三级跳远。下面简单介绍前两种。

① 蹲踞式跳远。起跳后，摆动腿屈膝前起跳腿向摆动腿靠拢。大腿上举靠近胸部，小腿极力前伸，脚触沙后，屈膝缓冲，两臂向前挥摆，上体前倾（见图 8-10）。

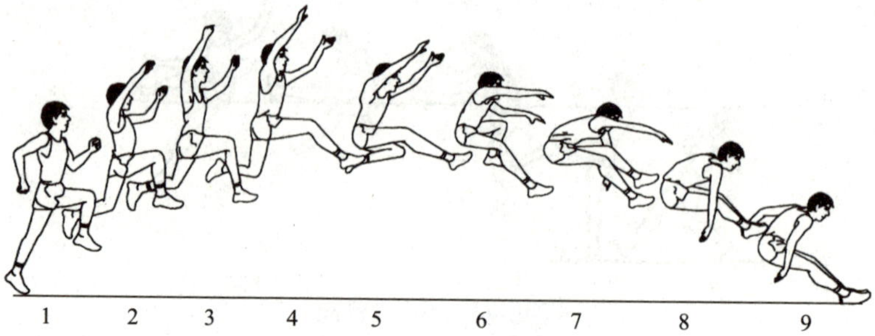

图8-10　蹲踞式跳远

② 挺身式跳远。起跳后，起跳腿与摆动腿靠拢，臀部前移，胸、腰前挺，形成挺身姿势（见图 8-11）。

图8-11　挺身式跳远

8.3.3　投掷

田径运动中的投掷项目有铅球、铁饼、标枪和链球。本节主要介绍铅球和标枪。

1. 推铅球

推铅球的技术一般分为侧向滑步推铅球、背向滑步推铅球和旋转推铅球 3 种。

推铅球从技术上分握球和持球、预备姿势、滑步、最后用力、维持身体平衡 5 部分。

(1) 握球和持球

不论采用何种方法推铅球，握球和持球技术都相同。

五指自然分开，将铅球置于指根处，拇指和小指扶在球的两侧，掌心不得触球，手腕后屈（见图 8-12）。

握好球后，屈肘放在肩上锁骨窝处，贴紧颈部，使球稳定，手稍外转，掌心朝外。肘关节和肩关节持平或略低于肩，左臂自然上举（见图 8-13）。

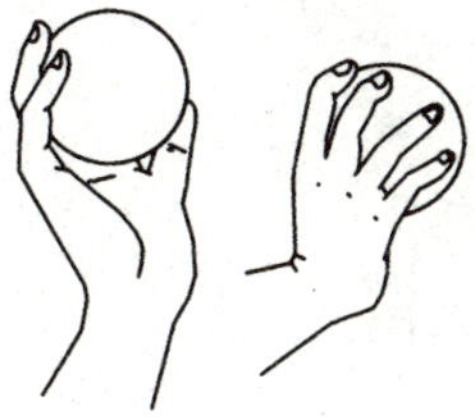

图8-12　握球姿势

图8-13　持球姿势

(2) 预备姿势（以右手为例）

① 侧向：身体左侧正对投掷方向，两脚左右开立，与肩同宽，重心落在右脚上，上体稍向右倾斜，左脚前掌内侧着地，目视前方（见图 8-14）。

② 背向：背对投掷方向，两脚前后开立，约一脚长，右脚尖靠近投掷圈后部内沿，脚跟正对投掷方向，左脚在后，脚前掌或脚尖着地，膝部自然弯曲，上体自然放松，左臂自然上举，重心落在右脚上，目视前下方（见图 8-15）。

图8-14　侧向预备姿势

图8-15　背向预备姿势

(3) 滑步

滑步时，左腿大腿带动小腿向投掷方向摆动，同时右脚用力蹬伸，重心要低要稳，上体前倾，铅球逐渐落在身体重心的后面，滑动脚落在圆心附近处（见图 8-16 中 3 ～ 8）。

（4）最后用力

滑步结束及时蹬伸右腿，上体逐渐抬起，髋肩迅速转向投掷方向，重心移向左腿，形成左腿支撑、挺胸、抬头、转向推臂，用力将球向前推出（见图 8-16 中 9 ～ 15）。

（5）维持身体平衡

右臂推球的同时，左臂向体侧制动，两腿交换，维持身体平衡（见图 8-16 中 16 ～ 17）。

图8-16　铅球投掷动作

2. 掷标枪

掷标枪可分为握法、持枪、助跑、最后用力和缓冲等部分。

（1）握法

握法有现代式和普通式两种。

① 现代式握法：将标枪斜放在掌心上，大拇指和中指握在标枪缠绳把手末端第一圈的上沿，食指自然弯曲斜握在枪杆上，无名指和小指自然地握在缠绳上（见图 8-17 中 1）。

② 普通式握法：将标枪斜放在掌心上，拇指和食指握在标枪缠绳把手末端第一圈的上沿，其余的手指按顺序握在缠绳把手上（见图 8-17 中 2）。

（2）持枪

持枪于右肩上方，稍高于头，枪尖稍低于枪尾（见图 8-18）。

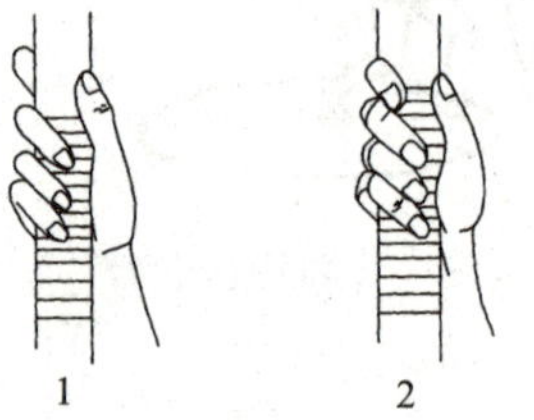

图8-17　标枪握法

图8-18　持枪姿势

（3）助跑

助跑由预跑阶段和投掷步阶段组成。

① 预跑阶段：从第一标志线到第二标志线为预跑阶段，有 15 ～ 20 m，一般跑 8 ～ 13 步。预跑时动作自然放松，逐渐加速，进入投掷步。

② 投掷步阶段：投掷步是从第二标志线到起掷弧线，是助跑的第二阶段。步数一般为 5 步或 7 步。5 步投掷步的第一步是右脚前迈开始，同时开始引枪，第二步迈左脚，继续引枪，第三步是交叉步，第四步做最后用力掷枪动作，第五步是缓冲步，控制出枪后的身体平衡（见图 8-19）。

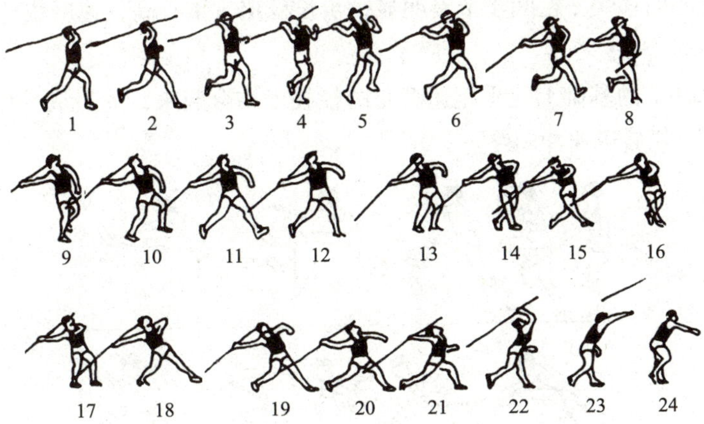

图8-19　掷标枪动作

（4）最后用力和缓冲

① 最后用力：当左脚内侧着地做强有力的制动和支撑用力，形成了左脚到左肩为直线的左侧支撑。这时，右脚继续蹬地加速转送右髋，牵引着肩轴向投掷方向转动，投掷臂向上转动，带动前臂、手腕向上翻转。当上体转为正对投掷方向时，投掷臂已转至肩上，左肩内扣，形成了“满弓”姿势。当重心移到左腿上时，微屈的左腿做快速有弹性的蹬伸，同时，胸部尽量前送，带动上臂迅速向前，同时上臂带动前臂向前上方做爆发式的鞭打动作，使标枪从右肩前上方掷出。在标枪离手的一刹那，手腕手指做积极甩腕指动作能使标枪沿着纵轴顺时针方向自转（见图 8-19 中 19 ～ 22）。

② 缓冲：标枪出手后，右腿应及时向前跨一步，身体稍向左转，并降低重心，维持身体平衡。

8.3.4　跨栏跑

跨栏跑的基本技术包括：起跑至第一栏技术、跨栏步技术、栏间跑技术、终点跑和全程跑技术。

（1）起跑至第一栏技术

起跑技术与跑大体相同，只是“预备”时臀部抬得略高些，起跑后的加速跑时上体抬起略早，抬腿幅度较大。

（2）跨栏步技术

跨栏步技术（见图 8-20）。

① 起跨攻栏：起跨腿积极快速踏上起跨点，并迅速蹬直髋、膝、踝三关节，摆动腿折叠后小腿前摆，上体前倾，异侧臂前伸。

② 过栏：摆动腿过栏后，大腿积极下压，同时起跨腿屈膝外展，经体侧迅速向前提拉；上体保持前倾，摆动腿异侧臂向后划摆。

③ 下栏着地：摆动腿过栏后，膝与小腿适当放松。着地瞬间直腿向后下方做“扒地”动作，靠近重心投影点直腿支撑，起跨腿继续向前上摆，送髋，自然转入栏间跑。

(3) 栏间跑技术

下栏不制动，重心前移快；栏间步节奏明显，步长稳定，重心高，速度快。

(4) 终点跑和全程跑技术

在掌握好各技术环节的基础上使平跑速度与跨栏技术结合起来，连贯成一体，使重心的起伏接近平跑。跨过最后一个栏后迅速冲向终点。

图8-20　跨栏步技术

第9章 篮　　球

本章主要介绍篮球运动的起源与发展、篮球运动的特点与健身价值、篮球基本技术、篮球基本战术，以及篮球竞赛规则等内容。

学习目标

1. 运用篮球的基本知识和技能，进行有效的自我健身锻炼。
2. 有效发展力量、速度、耐力、灵敏与柔韧等五大身体素质。
3. 有效培养团结、协作、拼搏、进取的良好品质和爱国主义精神。
4. 有效改善思维方式和提高心理承受能力。
5. 成为竞技比赛欣赏的内行。

9.1　篮球运动的起源与发展

篮球运动是一项以球为竞赛工具，以投篮得分为目的而进行的攻守交替、集体对抗的综合性运动项目。现代竞技篮球运动，以独特的比赛规则和竞赛方式，为追求更高、更快、更强的奥林匹克精神，展开对抗、竞争、拼搏，其竞赛过程充分显示出人类生命的活力和时代发展的进步。

篮球运动是由美国马萨诸塞州斯普林菲尔德市基督教青年会国际训练学校（后为春田学院）体育教师詹姆士•奈史密斯博士于 1891 年发明的。奈史密斯将两只篮分别钉在健身房内看台的栏杆上，用足球作为比赛工具，向篮投掷，按投篮多少决定胜负。随着此项运动的发展，逐渐形成近似现代的篮板、篮圈和篮网，并由奈史密斯制定了 13 条比赛规则。1904 年在第 3 届夏季奥林匹克运动会上第一次进行了篮球表演赛。1908 年美国制定了全国统一的篮球规则，并以多种文字出版，发行于全世界。这样，篮球运动逐渐传遍美洲、欧洲和亚洲，成为世界性运动项目。1936 年第 11 届奥运会男子篮球被列为正式比赛项目，并统一了世界篮球竞赛规则，此后，到 1948 年的 10 多年间，规则曾被多次修改。特别是 20 世纪 50 年代后期以来，规则的改变对篮球比赛的攻守速度，对运动员的身体、技术、战术以及意志、作风等方面都不断提出更高的要求，促进了篮球技术水平的迅速提高。女子篮球于 1976 年第 12 届奥运会上被正式列为比赛项目。

9.2 篮球运动的特点与健身价值

9.2.1 篮球运动的特点

篮球运动是一项集体的对抗性运动项目，在世界各国开展极为普遍。随着篮球运动的广泛开展，人们对篮球运动的实质有了更加深刻的认识。其运动特点可归纳为以下 5 个方面。

1. 篮球运动具有激烈的对抗性

篮球运动是以双方队员在有限的场地上进行的高速度、大强度的攻守争夺过程，不仅需要斗智，还需要充沛的体能和顽强的意志。运动员的身高和身体素质的增长和提高，使篮球场上呈现出时间与空间、平面与立体上的争夺与较量，从而使篮球比赛的对抗性更为激烈。

2. 篮球运动具有较强的集体性

篮球运动是以双方队员相互协同攻守对抗的形式进行的竞赛过程。只有依靠整体的智慧和技能，发扬团队精神，协同配合，才能获得最佳成效。

3. 篮球运动具有时空性和转换性

篮球比赛是在规定的时间内展开的攻守对抗，攻守转换速度相当快，因此，要求队员必须要有强烈的时间观念和空间意识，以取得主动，赢得胜利。

4. 篮球运动具有广泛地群众性

篮球运动具有较大的吸引力，参加者不受年龄、性别的限制，它既能增强体质，促进健康，又能丰富人们的业余文化生活。

5. 篮球运动具有职业性和商业性

自 20 世纪中期在欧美国家率先成立职业篮球俱乐部以后，组织体制、赛制、规则和训练管理机制的完善，运动员技战术水平的不断提高，推动了篮球运动职业化进程，由此也加快了篮球运动由职业化向商业化、产业化方向的迅猛发展。这已经成为 21 世纪世界篮球竞技运动发展的新趋势。

9.2.2 篮球运动的价值

篮球运动是一项集体运动项目，要求运动的双方在身体素质、技战术水平、心理和智能多方面展开对抗和竞争。这种对抗和竞争，是建立在全队团结协作的基础上并在遵守竞赛规则的前提下来完成的。篮球比赛中的传切、掩护、突分、策应、夹击、补防、关门等攻守战术配合，都需要依靠两三人在局部上的协同配合才能完成。这种攻守战术配合体系，更是需要个体之间统一目标、统一认识，通过沟通和理解组成一个有机的整体密切合作、协同行动共同来完成的。另外，篮球运动的过程是在受竞赛规则和相应的规章制度的约束下进行的，参与者的行为应当遵循规则、体育道德、有关规章制度以及社会规范的要求。通过这些竞赛规则、规章制度，参赛双方展开公平、公正的攻防活动，使参与者的行为符合体育道德的要求并取得社会规范的认同。

因此，篮球运动过程既注重运动技能的发展又强调个体和集体间的平衡，同时鼓励公平竞争，倡导团结协作，是一种实现德育、智育、美育和改善生理、心理功能，培养、提高人格素养以及拼搏精神的有效手段。

9.3 篮球基本技术

篮球技术是队员在比赛中为了达到攻、守目的所运用的各种专门动作方法的总称。它是篮球运动的基础，是衡量一个球队水平高低的重要标志，同时又是篮球运动战术的基础。篮球基本技术如图 9-1 所示。

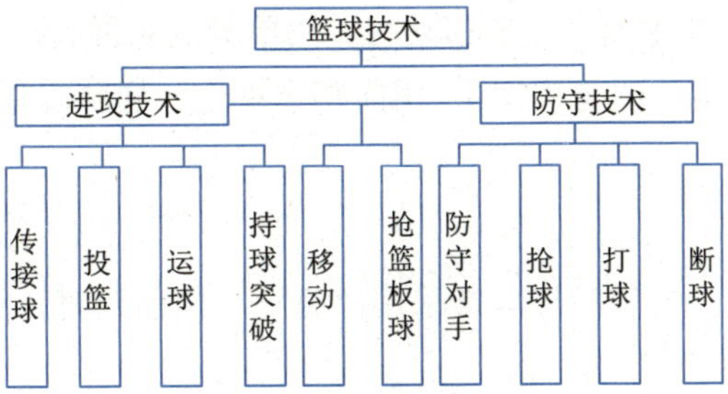

图9-1 篮球基本技术

9.3.1 移动技术

移动技术是基本技术的基础，它通过各种快速、突然的脚步动作达到进攻时摆脱防守，防守时盯住对手，争取主动的一种手段。移动要快慢结合，急起要快速突然；变速、变向跑要控制好身体重心；跳跃中要掌握身体平衡。移动基本技术如图 9-2 所示。

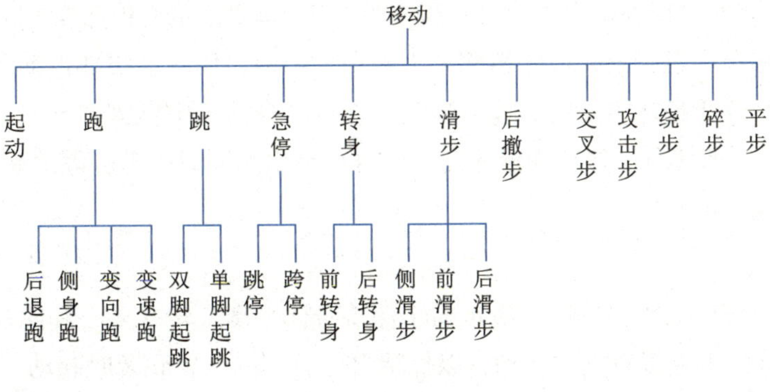

图9-2 移动基本技术

1. 基本站立姿势

两脚自然开立与肩同宽，两膝微屈，上体放松稍前倾，重心落在两脚间，两臂屈肘自然下垂于体侧，目视全场，随时准备起动。

2. 起动

起动是改变静止状态的一种动作。在攻守中突然起动，是摆脱和抢占有利位置的重要方法。向前起动时，重心前移，上体前倾，后脚用力蹬地，起动后前两三步要短促、迅速。向侧移动时，向跑的方向移动重心，异侧脚用力蹬地，同时上体迅速向起动方向侧转和前倾。

3. 急停

急停是队员在快速移动中突然制动的动作，可以直接摆脱防守队员。各种脚步动作的变换几乎都是由它来衔接与过渡的，因此，急停动作的好坏，直接影响其他脚步动作的质量。

① 跨步（两步）急停：在快速跑动中跨步急停时，第一步跨出要稍大，要脚跟外侧着地并过渡到全脚掌抵住地面，迅速屈膝后移重心。第二步落地的同时，脚尖稍向内扣，用前脚掌内侧蹬地，两膝弯曲，腰胯用力，上体前倾，身体重心落在两脚之间，两臂屈肘张开，维持身体平衡。

② 跳步（一步）急停：在中速和慢速移动时，用单脚或双脚起跳（腾空要低，距离要近），上体稍后仰，两脚同时平衡落地（约与肩宽），用前脚掌抵地，屈膝降低重心；两臂屈肘张开，保持身体平衡。

4. 侧身跑

比赛时队员在跑动中为了抢位和接球常采用侧身跑。向前跑时，头部和上体向球的方向扭转，脚尖对着前进方向。

5. 变向（折线）跑

在跑动中突然改变方向的一种跑法。向左变向时，右脚前脚掌落地（脚尖稍向左转）同时，用前脚掌内侧蹬地，腰胯用力，左脚突然加速向左前方迈出一小步，上体向左转，移动重心，继续加速跑，向右变向时，动作相反。

6. 转身

一脚为中枢脚，另一脚蹬地，以改变自己身体的方向和位置，从而在进攻中摆脱防守，或协助同伴摆脱对手，获得攻击机会或在防守中抢占有利位置，获得堵截、抢篮板球或抢断球机会的一种方法。

转身时，重心移至中枢脚上，以中枢脚掌为轴用力蹬地，用转动腰部带动和移动脚的前脚掌内侧蹬地，向前或向后改变身体的方向，移动脚蹬地向自己身前（中枢脚的方向）跨出的同时中枢脚旋转身体改变方向，叫前转身。移动脚蹬地向自己身后跨出的同时中枢脚碾地旋转使身体改变方向，叫后转身。

7. 滑步

滑步是防守队员移动的重要方法。滑步易于保持身体平衡，转移重心和向任何方向移动。防守队员经常采用这种方法来阻截对方的移动，以保持自己有利的位置和及时起动。

① 侧滑步（横滑步）:两脚左右开立，稍比肩宽，屈膝，上体稍前倾，直腰，两臂侧张，目平视。向左滑时，右脚前脚掌内侧用力蹬地，同时左脚向左（沿地面）跨出，在落地的同时，右脚迅速沿地面随同滑行向左脚并靠，依次连续重复上述动作。

向右滑步时，动作方法相同，移动用力方向相反。

② 前滑步：由前后站立姿势开始，前脚向前跨出一小步的同时，后脚前掌内侧用力蹬地向前滑步，保持前后开立姿势。

③ 后滑步：动作与前滑步相同，方向相反。

8. 后撤步

后撤步是前脚后撤变成后脚的一种步法。撤步时，降低重心，前脚掌内侧用力蹬地，腰部用力向后转动，同时后脚碾地，前脚后撤，紧接滑步，保持防守的位置。

9. 攻击步

后脚用力蹬地，前脚迅速向前跨出逼近对方身体，前脚落地，后脚的前脚掌碾地跟进，后腿屈膝，重心控制在腰部，以便向后移动和重新调整位置，前脚同侧手伸出干扰或打球。

9.3.2 传、接球技术

传、接球技术是篮球运动中的主要技术之一，是指在篮球比赛中进攻队员之间有目的的支配球、转移球的方法，是进攻队员在比赛中相互配合、组织进攻战术的纽带，也是实现战术配合的具体手段。传、接球技术分类如图 9-3 所示。

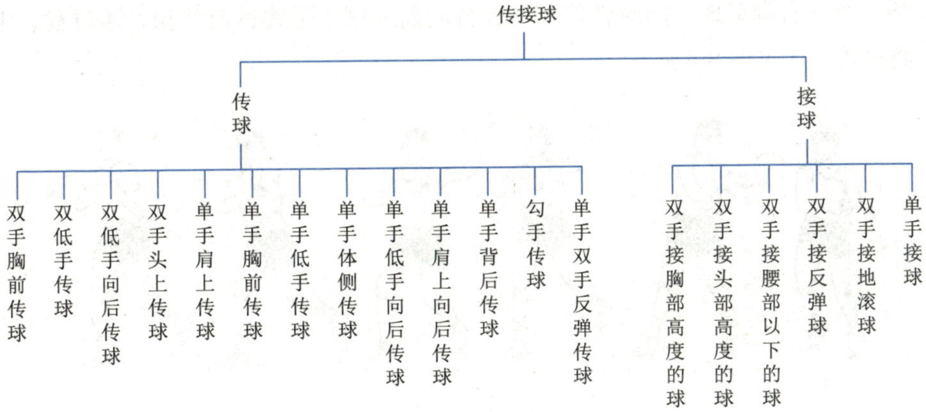

图9-3 传接球基本技术

1. 双手胸前传、接球

双手持球于胸前，五指自然分开，两拇指成八字形，用指跟以上部位触球，两臂自然弯曲于体侧，身体成基本站立姿势，两眼注视传球目标；传球时，后脚蹬地，重心前移的同时，前臂向传球方向伸直，手腕翻转，拇指下压，食、中指用力拨球将球传出（见图 9-4）。

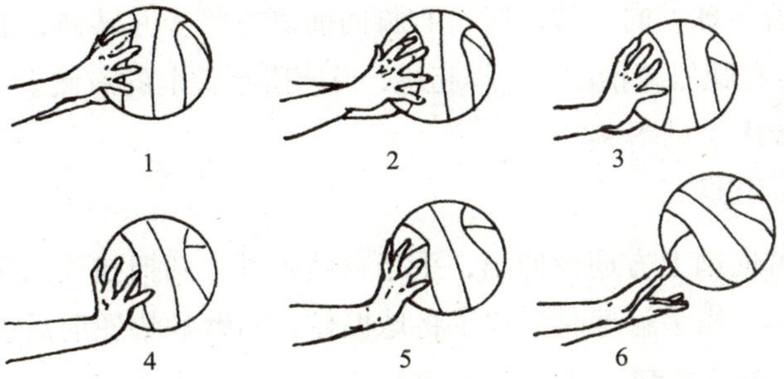

图9-4 双手胸前传球

接球时，双手伸出迎球，两拇指呈八字形，手指向前上方，指端触球的一瞬间，迅速收臂以缓冲来球的力量，并迅速把球置于胸腹前，注意保护球，并准备衔接好下一个动作（见图 9-5）。

图9-5　双手胸前接球

2. 单手肩上传球

持球站立方法与双手胸前传球相同，右手持球时，左脚向传球方向迈出半步，同时将球引到右肩侧上方，肘关节外展，上臂与地面近似平行，手腕后仰。右手托球，左肩对着传球方向，重心落在右腿上。传球时，右脚蹬地，同时转体带动前臂向前挥摆，手腕迅速前扣，通过食、中、无名指用力拨球，将球传出（见图 9-6）。

图9-6　单手肩上传球

3. 单、双手反弹传球

传球手法与以上传球相同，主要是改变了传球时出手的用力方向和选择好出球地点。传球时出手方向是前下方，出球地点一般应在传球人距接球人 2/3 的地方。

4. 勾手传球（以右手为例）

双手持球，右肩对着传球方向，传球时，右脚向前侧方跨步并转体，右手持球，手臂沿体侧由下而上做弧线摆动，同时右腿屈膝抬起，左脚起跳，当球摆至头上的右侧上方时，急促扣腕，食、中、无名指用力拨球，将球传出（见图 9-7）。

5. 双手接头部高度的球

两眼注视来球，两臂向前上方迎球伸出，手指自然张开，两拇指成八字形，其他手指向前上方伸出，两手成一个半圆形，当手触球时，双手将球握住，两臂顺势屈肘后引缓冲来球的力量。两手持球于胸腹之间，成基本站立姿势。

图9-7　勾手传球

9.3.3　投篮技术

投篮是篮球运动中的主要进攻技术，是篮球比赛中唯一的得分手段，也是一切技术、战术运用的最终目的和攻守矛盾的焦点，是整个篮球技术体系的核心。投篮技术分类，如图 9-8 所示。

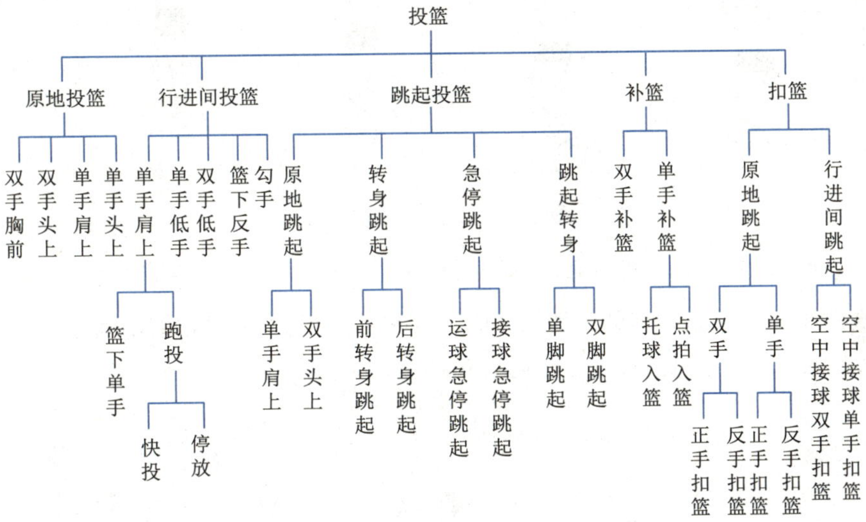

图9-8　投篮技术

1. 基本要领

(1) 持球与用力方法

单手投篮，五指自然分开，用指跟以上部位触球，手心空出，手腕后仰托住球，肘自然弯曲下垂，置球于同侧肩的前上方。投篮时，腿、腰、臂、手的动作要柔和协调，由下而上依次用力。双手投篮，持球方法同双手胸前传接球。投篮时，两臂向前上方伸出送球，手掌外翻，用两手的拇指、食指、中指指尖的力量将球拨出。全身动作要协调，用力要均匀。

(2) 瞄准点

投空心篮时的瞄准点，是篮圈离自己最近的点；碰板投篮时的瞄准点，一般情况角度小、距离远，则瞄准点离篮圈的距离高而远；反之，则低而近。

（3）抛物线

抛物线的高低要适宜，一般最高点离地面在 20 ～ 50 m。

（4）球的旋转

一般是绕横轴向后旋转，这易于加大球的平行弧度，增大入射截面，有利于提高投篮命中率。

2. 动作方法

（1）原地双手胸前投篮

双手持球于胸前，肘关节自然下垂，两膝微屈，重心在两脚上，目视瞄准点；投篮时，下肢蹬地发力，腰腹伸展，两臂向前上方伸出，拇指稍用力压送，两腕同时外翻，使球通过拇、食、中指指端将球投出；球出手时，腿、腰、臂随出球的方向自然伸直，脚跟微提起（见图 9-9）。

图9-9 原地双手胸前投篮

（2）原地单手肩上投篮（以右手为例）

右手持球于肩上，左手扶住球的内侧。投篮时，下肢蹬地发力，右臂抬肘向前上方伸直，手腕前压，食、中指用力拨球，使球通过指端投出（见图 9-10）。

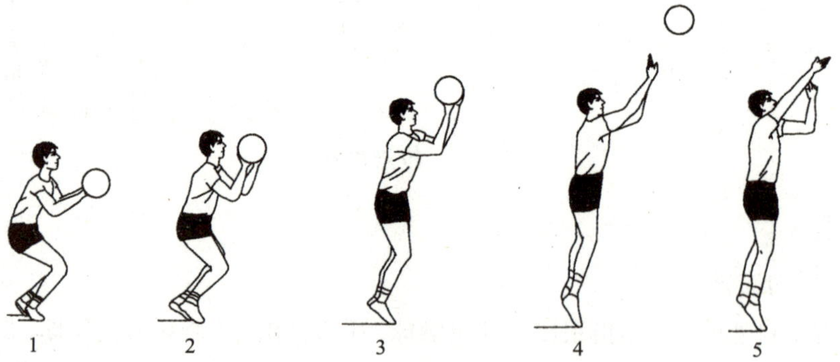

图9-10 原地单手肩上投篮

（3）行进间单手肩上高手投篮（以右手为例）

右脚向前跨一大步接球，接着左脚跨一小步并用力跳起同时举球于肩上。当身体接近最高点时，向前上方伸臂和压腕，食、中、无名指指端拨球投出（见图 9-11）。

图9-11 行进间单手肩上高手投篮

(4) 行进间单手低手投篮（以右手为例）

脚步动作同原地单手肩上投篮，持球于胸前，当身体接近最高点时，右手托球向球篮的上方伸直，用挺肘、手腕上挑和食、中、无名指拨球的柔和动作，使球通过指端投出（见图 9-12）。

图9-12 行进间单手低手投篮

(5) 勾手投篮（以从球场左侧斜插到球篮右侧右手投篮为例）

脚步动作同行进间单手肩上高手投篮，面向球篮，右手持球由胸前经体侧向右肩上方画弧线举起，当球举至头的侧上方接近最高点时，屈腕，用食、中、无名指拨球，通过指端投出（见图 9-13）。

图9-13 勾手投篮

(6) 跳起投篮（以右手为例）

在快速运球中，运球跨步或跳步急停，突然向上起跳，两手举球于肩上，当身体接近最高点时，伸前臂，用压腕和食、中、无名指拨球力量将球投出（见图 9-14）。

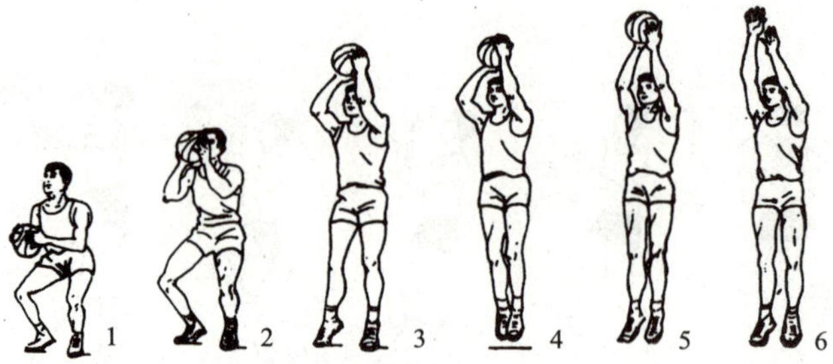

图9-14 跳起投篮

9.3.4 运球技术

运球技术是持球队员在原地或移动中用单手连续拍球推进的一种动作技术，是控制球、组织战术配合及突破防守的重要技术。运球技术是由队员的身体姿势、手型、手拍按球的动作（手法）和球的运行 4 个环节组成的。手拍按球的动作是主要的，它决定球的反弹角度、速度和高度。运球技术分类如图 9-15 所示。

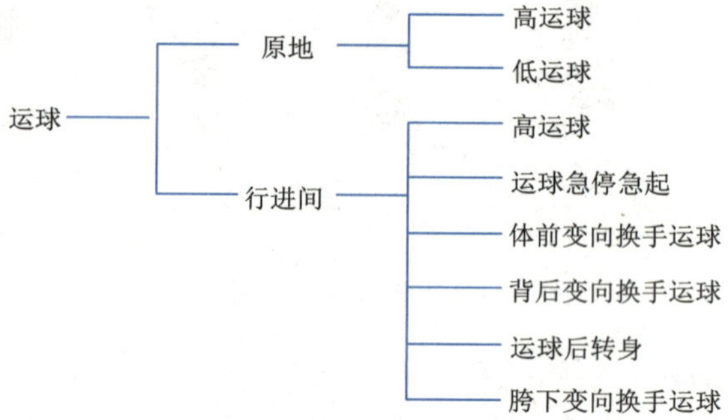

图9-15 运球技术分类

1. 高运球

运球时，手用力向前下方按拍球，把球的落点控制在运球手臂的同侧脚的外侧前方，使球的反弹高度在腰胸之间，手脚要协调配合。快速运球时，手触球的部位要向后转，用力稍加大，球的落点离脚要远些。

2. 低运球

运球中对方紧逼时，两腿迅速弯曲，降低重心，上体前倾，用上体和腿保护球，同时用手短促地拍按球，使球的反弹高度在膝部以下，以便更好地控制球和摆脱防守继续进攻（见图 9-16）。

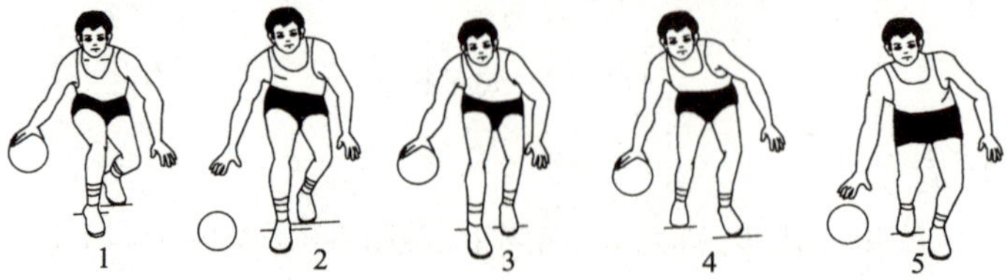

图9-16 低运球

3. 运球急起急停

在快速运球中，突然急停，要拍按球的前上方，突然急起时要停得住，人和球的速度要一致，手、脚和上体要协调配合，要始终注意用身体保护球，才能达到摆脱防守的目的。

4. 体前变向运球

在快速运球中，当对手堵截运球前进的路线时，突然向左或向右改变运球方向，用体前变向换手或不换手的方法运球，以摆脱对手。

5. 运球后转身（以右手为例）

当防守逼近自己并堵截右侧时，左脚在前，并以左脚为中枢脚后转身，右手拍按球的前上方，随着转身动作，将球拉向身体的后侧方同时换左手运球，从对手的右侧突破（如图 9-17）。

图9-17　运球后转身

6. 背后变向换手运球（以右手为例）

变方向时，右脚在前，用右手将球拉到身后拍按球的右侧上方，将球从身后拍至左脚的侧前方，并立即换左手运球，左脚迅速向前跨出，转身探肩，靠近对方，用左手运球摆脱防守继续前进（见图 9-18）。

图9-18　背后变向换手运球

9.3.5 持球突破技术

持球突破是持球队员运用脚步动作和运球技术快速超越对手的一项攻击性很强的技术方法，也是队员个人攻击能力强弱的主要标志。要想成功地突破防守，关键在于敏锐地观察和及时准确地判断攻防的变化以及对手的防守意图，掌握好突破时机。

1. 交叉步突破

一般是在进攻队员准备突破而防守队员距离较近时采用此方法。以右脚做中枢脚向右突破为例：左脚向前方跨出一大步，转体探肩，将球运在右脚外侧，左脚快速地向右侧前方运球突破（见图 9-19）。

图9-19　交叉步突破

2. 同侧步突破

一般在距离防守者较近，或是利用防守队员失去身体重心，尤其是防守队员向进攻队员的中枢脚一侧失去重心时，运用效果最佳。以左脚为中枢脚，右脚向右前方跨出一步，上体右侧转体探肩，重心向右移，将球运到右脚外侧，左脚迅速向前跨出超越对手（见图 9-20）。

图9-20　同侧步突破

9.3.6 抢篮板球技术

抢篮板球技术是篮球比赛中双方队员在空间争抢投篮未中的，从篮板或篮圈反弹出来的球的一项较为复杂的技术动作方法。抢得篮板球是获得控球权的重要手段，也是攻守矛盾转化和比赛胜负的关键，更是衡量运动员个人技术水平和团队整体实力的标志。它一般是由抢占位置、起跳动作、空中抢球动作和获球后动作 4 个环节组成。

1. 基本要求

正确判断球的反弹时间、方向和落点；及时抢占有利位置；起跳及时、方法得当；得球后迅速、准确地处理。

2. 动作方法

（1）抢防守篮板球

防守队员应积极抢占并保持在对手与篮板之间的有利位置上，利用转身将对方挡在身后，两脚开立，屈膝，两肘外展，根据球的反弹方向、远近和落点，及时采用上步、撤步或跨步的方法，双脚用力起跳，身体在空中充分伸展，手臂伸直，用单手、双手或点拨的方法将球抢到。落地后首先要保护好球，其次要及时将球传出，创造快攻机会。

（2）抢前场篮板球

利用面对篮板便于观察判断球的反弹方向，突然做假动作或起动，摆脱防守的阻截，冲向篮下或绕步抢占有利位置，掌握时机，迅速用助跑单脚起跳或跨一、二步双脚起跳，进行补篮或抢篮板球，抢球动作同抢防守篮板球相同。

9.3.7 防守对手技术

1. 防无球队员

防守队员正常的防守位置，应站在对手和球篮之间，并应积极移动，保持正确的防守准备姿势。在防守选位中要做到以防人为主，又要人球兼顾，就应在球篮和自己所防守的对手之间稍偏球侧的位置上，使持球队员，自己所防守的对手与自己所防守位置恰好形成一个三角形。这个三角形随着防守的对手离球的远近而变化，使被防守的对手和球始终处于自己的视野之内。与对手的距离要看对手与持球队员的距离而定。一般情况下，对有球侧的防守，距离要近；对无球侧的防守，距离适当远一些；对篮下队员的防守，要靠近对手，以体现“球、人、区”兼顾的防守原则。

2. 防持球队员

防守时，应根据持球队员的技术特点及与球篮的距离，运用各种移动方法随时抢占有利位置，即站在球篮与进攻队员之间（成一直线），距离要适当，并用正确的防守姿势，积极移动，争取防守的主动性。

在防守中，无论采用哪种防守方法，都要始终伺机抢、打对手的球，并要判断准确，动作要快，保持身体平衡，避免犯规，这样才具有攻击性、威胁性和破坏性。

9.3.8 抢、打、断球技术

抢球、打球、断球是衡量防守队员个人攻击能力的重要标志，也是防守战术的基础。有效地进行抢、打、断球，是建立在队员准确判断、快速移动和合理运用动作基础上的，同时也是同伴队员间相互协作的结果。

1. 抢球

应在持球队员立足未稳，没有保护好球，使球明显暴露时，敏捷有力地用双手拉或转动快速把球抢夺过来。

2. 打球

当持球队员持球、运球、投篮时，防守队员通过快速的脚步移动，抢占到有利位置，看准时机迅速击落对方手中的球。

3. 断球

断球是防守队员在传接球队员之间有效地截获球的方法。由于进攻队员传球方向和防守队员断球前所处的位置不同，断球又可分为横断球、纵断球和封断球 3 种。

9.4 篮球基本战术

篮球战术是篮球比赛中攻守配合的方法，即比赛中队员个人技术的合理运用和队员之间相互协调的组织形式。篮球战术组成的基本要素是技术、配合方法和形式。技术是战术的基础，方法是战术的具体内容，形式是战术方法的外部表现。篮球战术可根据其对抗性的特点和比赛的主要内容分为进攻战术和防守战术两大部分。

9.4.1 进攻战术基础配合

进攻战术基础配合是指在篮球比赛中，进攻队员两三人之间所组成的简单配合的方法。它是组成全队整体进攻战术配合的基础，只有熟练地掌握和运用进攻战术基础配合才能使全队战术有效地发挥作用。

1. 传切配合

一传一切配合如图 9-21 所示。当⑤传球给④时，⑤后切入接④回传投篮。

空切配合如图 9-22 所示。当④传球给⑤时，④空切接⑤回传投篮。

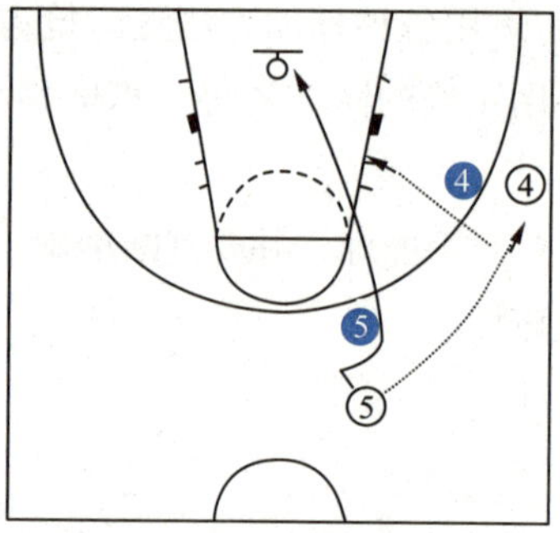

图9-21 一传一切配合

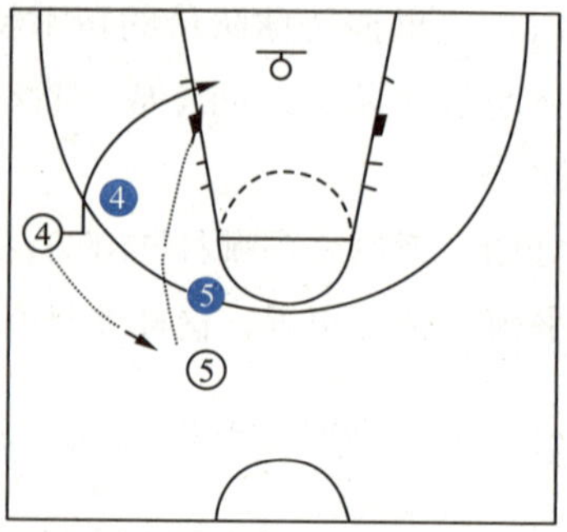

图9-22 空切配合

2. 突分配合

突分配合指持球队员突破对手后，遇到对方补防或协防时，及时将球传给进攻位置最佳的同伴进攻的一种配合方法（见图 9-23）。例如，⑤从防守者的左侧突破，④协防、封堵，⑤向篮下突破的路线，此时④及时跑到有利的进攻位置，接⑤的球投篮，或做其他进攻配合。

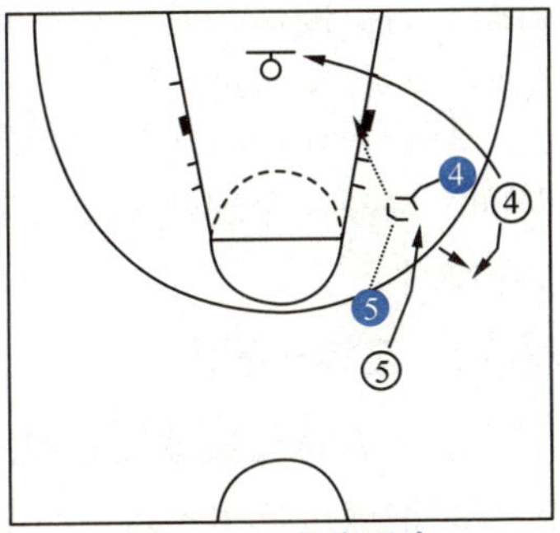

图9-23 突分配合

3. 掩护配合

掩护配合指进攻队员选择正确的位置，借用自己的身体，用合理的技术动作挡住同伴防守者的移动路线，使同伴借以摆脱防守，获得接球投篮攻击或其他进攻机会的一种配合方法。掩护配合有许多形式和方法，根据掩护者和同伴防守者的身体位置和方向的不同又分为前掩护、侧掩护和后掩护 3 种形式。

4. 策应配合

策应配合指进攻队员背对或侧对球篮接球后，通过多种传球方式与外线队员的空切、绕切相结合，借以摆脱防守，创造各种里应外合进攻机会的配合方法。根据策应的区域和位置的不同，策应配合通常可以分为内策应、外策应、高策应和低策应等。

9.4.2 防守战术基础配合

防守战术基础配合是指在篮球比赛中，防守队员两三人之间所采用的协同防守配合的方法。它包括挤过、穿过、绕过、夹击、关门、补防、交换防守及围守中锋等。它是组成全队整体防守战术配合的基础。以下简单介绍其中几种配合方式。

1. 挤过

当对手企图掩护时，防守队员抢步贴紧自己防守的对手，挤过去并继续防守对手。

2. 穿过

防守队员为了避免对方形成的掩护，从另一同伴之间穿过，继续防守自己的对手。

3. 交换配合

当进攻者采用掩护配合，使防守者来不及防守的情况下，就要采用与同伴交换对象的方法。

4. 夹击配合

两个队员在特定的区域和位置上封堵和夹击持球队员。

5. 补防配合

当防守同伴被对手突破或同伴的防守位置出现漏人时，邻近的队员放弃自己的对手，去补防可能得分的对手。

6. “关门”配合

当一队员运球突破时，防守队员和邻近的同伴移动靠拢，堵住突破者的去路，形成“关门”。

9.4.3 快攻

快攻是指防守队获球后由守转攻时力争在对手布阵未稳之际，抓住时机以最快的速度、最短的时间，果断而合理地发动攻击的一种速决性战术配合方法。快攻战术包括发动与接应、推进、结束3个部分。

1. 二攻一配合

利用快速传接球投篮如图9-24所示。例如，⑦和⑧在快速传球推进中，④突然前来防守⑧时，⑧及时把球传给切入篮下的⑦投篮。

突破分球投篮如图9-25所示。例如，⑧快速突破，④前来堵截，⑧及时将球传给⑦投篮。

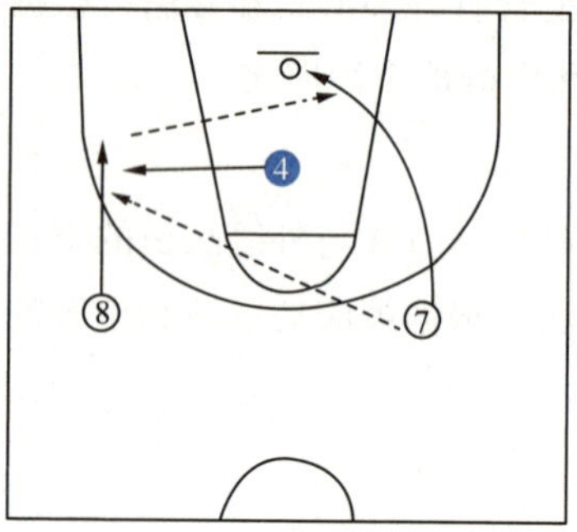

图9-24 利用快速传接球投篮

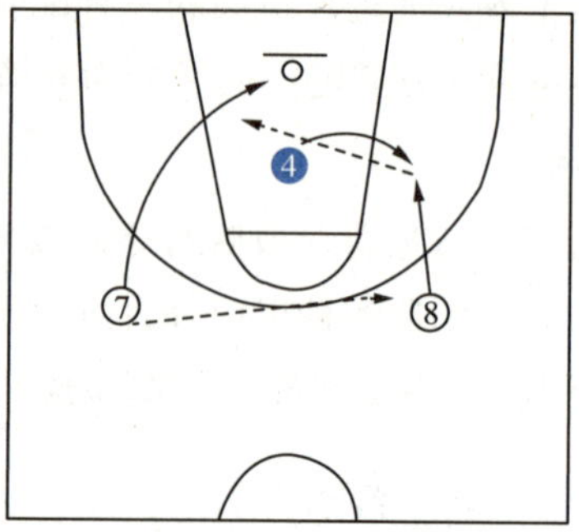

图9-25 突破分球投篮

2. 三攻二配合

防守队员前后站位时的进攻方法如图9-26所示。对方采用前后站位对中路堵防较紧时，进攻队员应首先从两边组织快速运球切入篮下。由于⑤稍偏侧，所以先由⑩运球切向篮下，如遇到⑤的堵截时，⑩立即把球传给⑨投篮。

防守队员采用二人斜线站位时的进攻方法如图9-27所示。例如，⑧从中路运球突破，遇到④向中路堵截时，⑧立即把球传给切入篮下的⑩投篮，若⑩在篮下接球后又遇到⑤的补防时，⑩可以把球传给⑨投篮。

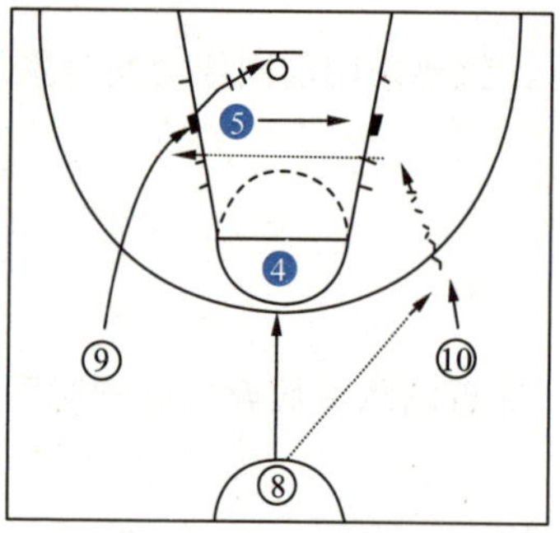

图9-26 防守队员前后站位时的进攻方法

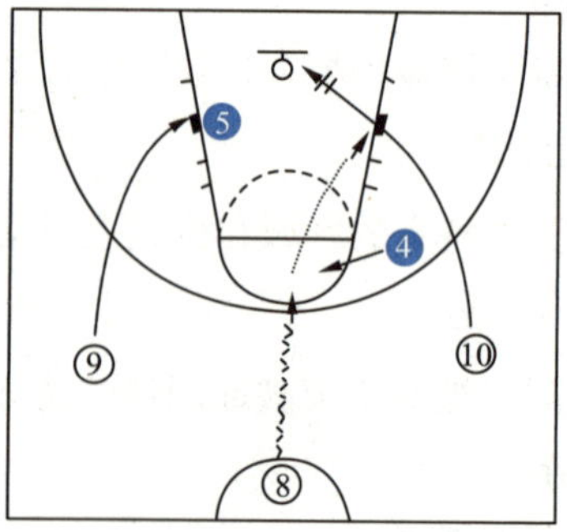

图9-27 防守队员采用二人斜线站位时的进攻方法

3. 防守快攻

防守快攻是防守战术的重要组成部分，目的在于制约对方的进攻速度，为本队积极防守争取时间。比赛中由进攻转入防守后，队员应积极、主动地运用封、堵、夹、抢、断等手段迫使对方造成失误或减缓进攻速度，以便及时调整防守阵式，掌握防守的主动权，打好反击战。

9.4.4 区域联防

区域联防是由攻转守时，迅速退回后场，每名防守队员负责一定的区域，对进入该区域的球和进攻队员进行严密防守的一种集体联合防守的战术。队员在分工负责的基础上，随着球的转移和进攻队员的穿插移动，不断地调整防守位，及时进行相互补防和换防，并加强对有球区和篮下的重点防守。区域联防的形式有 4 种：2 — 1 — 2、2 — 3、3 — 2、1 — 3 — 1。

进攻区域联防：应根据区域联防的特点及规律，针对对方的联防形式以及本队队员的防守能力，确定对抗阵式和配合方法。一般情况为：对方防守时采用 2 — 1 — 2 或 2 — 3 联防阵式，进攻时就以 1 — 3 — 1 队形，进攻 1 — 3 — 1 联防阵式时，就用 2 — 1 — 2 队形。

9.4.5 半场人盯人防守

半场人盯人防守是由攻转守时，放弃前场的防守，全队迅速退回至后场进行防守的一种方法，也就是当对方推进到防守队后场时，每位防守队员负责盯住自己对手的战术方法。其特点是防守队员分工明确，任务具体落实，针对性强。一般情况下，半场人盯人防守有如下方法。

1. 缩小人盯人防守

防守区域较小，便于队员之间互相协作并可运用防守的基础配合，控制后场篮板球，适当减少犯规。该项战术主要适用于防守外线突破和内线进攻能力较强的队。

2. 紧逼人盯人防守

当对方进入中场后，防守队员应立即迎上盯住各自的对手，利用移动、抢断等手段破坏阻止对方的进攻，尤其对持球队员和临近持球队员要严加紧逼，并注意协防，以控制篮下限制区。该战术主要适用于外围攻击力强而内线实力较弱的队。

3. 进攻半场人盯人防守

根据本队的风格和特点，通过快速移动，相互穿插，换位等方法，在发挥各自特长的基础上，最大限度地调动全队的积极性，有效地对付各种半场人盯人防守。

9.5 篮球竞赛规则

9.5.1 比赛的通则及一般规定

1. 标准篮球比赛场地的规格

标准篮球场的边线长为 28 m，宽 15 m，中线的两端各向外延伸 0.15 m，球场应距离观众、广告牌和其他障碍物 2 m，中圈是以中线的中点为圆心，以 1.80 m 为半径所画的圆。3 分投篮区是以球篮中心垂直线与地面的交点为圆心，以 6.25 m 为半径所画的半圆。罚球线距端线内沿 5.80 m，长 3.60 m。限制区由端线、罚球线和两条连接端线上距离端线中点 3 m 和罚球线两端的线段组成。篮球场地上所有的线段宽均为 0.05 m。

2. 篮球比赛的定义

每场比赛由两个队参加，每队出场 5 名队员。

3. 比赛时间

比赛由 4 节组成，每节 10 min，美国男子篮球职业联赛（NBA）的每节时间为 12 min。每一决胜期（加时赛）为 5 min。

4. 球中篮和得分值

球中篮，罚球得 1 分，2 分区投中得 2 分，3 分区投中得 3 分。

9.5.2 常见违例

违例是违犯规则。罚则是将球判给对方队员在最靠近发生违例的地点掷界外球。

1. 非法运球

当在场上已获得控制活球的任一队员控制球后将球掷、拍或滚，在球触及另一队员之前再触及球为运球。每次运球中，必须使球和地面接触。队员运球后，用双手同时接触球或使球在手中停留的一刹那，运球即结束。运球结束后不得再次运球，除非失去对球的控制又重新控制球，才又可以运球，否则均为非法运球。

2. 带球走违例

队员带球走或持球行进超出了规则规定的限制时，则被判为带球走违例。

3. 3 秒违例

当某队在前场控制活球并且比赛计时钟正在运行时，该队的队员不得停留在对方队的限制区内超过持续的 3 s，否则为违例。

4. 5 秒违例

当一名队员在场上正持着活球时，对方处于积极的防守位置，距离不超过 1 m，该队员被严密防守。被严密防守的该持球队员必须在 5 s 内将球传、投或运，否则为违例。

5. 8 秒违例

每当一名队员在他的后场获得并控制活球时，他的队必须在 8 s 内使球推进至他的前场，否则为违例。

6. 24 秒违例

每当一名队员在场上获得控制活球时，他的队必须在 24 s 内尝试投篮。在 24 s 信号发出前，球必须离开投篮队员的手，而且球离开手后，必须触及篮圈或进入球篮，否则为违例。

7. 球回后场

控制活球的队员不得使球被非法地回到他的后场，否则为违例。宣判球回后场必须符合以下 3 个条件：该队在前场已控制球；该队队员最后使球进入后场；该队队员在后场最先触及球。

8. 脚踢球和拳击球

故意踢或用腿的任何部分阻挡球或用拳击球均为违例。球偶然地接触到腿的任何部分，或腿的任何部分偶然地触及球，不算违例。

9. 罚球违例

当发生下列情况时为罚球队员违例：可处理球后，球离手的时间超过 5 s；球中篮或触及篮圈前脚触及罚球线或限制区地面；球未中篮或未冲击篮圈；做罚球的假动作。当发生下列情况时为抢篮板球位置站位的队员违例：干扰罚球队员；罚球队员的球离手前进入限制区。

9.5.3 常见犯规

1. 侵人犯规

侵人犯规是队员与对方队员的接触犯规，无论球是活球或是死球，队员不应通过伸展他的手、臂、肘、肩、髋、腿、膝或脚来拉、推、撞、绊、阻挡、阻止对方队员行进；以及不应将其身体弯曲成“反常的”姿势（超出他的圆柱体）；也不应放纵任何粗野或猛烈的动作。

2. 双方犯规

双方犯规是两名互为对方的队员大约同时相互发生侵人犯规的情况。

3. 违反体育道德的犯规

不是在规则的精神和意图的范围内合法地试图去直接抢球，发生的接触犯规是违反体育道德的犯规。

4. 技术犯规

技术犯规是指除与对方队员接触的队员犯规外所有的犯规。

5. 取消比赛资格的犯规

队员、替补队员、教练员、助理教练员或随从人员任何恶劣的违反体育道德的行为是取消比赛资格的犯规；一名队员被登记了两次违反体育道德的犯规时，该队员也应被取消比赛资格。

第10章 足 球

本章主要介绍足球运动的起源和发展、足球运动的特点与健身价值、足球基本技术、足球基本战术及足球竞赛规则等内容。

学习目标

1. 运用足球的基本知识和技能，进行有效的自我健身锻炼。
2. 有效发展力量、速度、耐力、灵敏与柔韧等五大身体素质。
3. 有效培养团结、协作、拼搏、进取的良好品质和爱国主义精神。
4. 有效改善思维方式和提高心理承受能力。
5. 成为竞技比赛欣赏的内行。

10.1 足球运动的起源和发展

足球运动是以脚部踢球为主要特征，两个队进行的攻守对抗，争夺激烈，并富于战斗性的一项体育项目。足球运动有很高的艺术性，是世界上开展最为广泛，影响力最大的运动项目之一，被誉为“世界第一运动”。

我国足球起源于殷代，是古代的一种游戏。到了战国时代，有一种被称为“蹴鞠”或“蹋鞠”的游戏开始在民间、军队中流传，“蹴”和“蹋”都是踢的意思，“鞠”是球名。到了汉代，随着社会经济的发展，“蹴鞠”这种游戏发展成熟，逐渐形成了一定的体制。唐代是我国“蹴鞠”最盛行的时期，“蹴鞠”作为文化交流工具传到日本。宋代民间的球会称为“齐云社”，一直沿袭到元朝和明朝。

世界上许多民族都有用脚支配球的游戏，均属于足球游戏的范畴。古希腊人和罗马人在中世纪以前玩一种“哈巴斯托姆”的足球游戏，双方的目的就是把球带过对方的底线。中世纪的欧洲，在骑士体育中流行一种叫“苏里”的足球游戏。到了 1066 年，“哈巴斯托姆”这种足球游戏传入英国，开始盛行并最终在英国站住了脚，1490 年正式被定名为足球。

17 世纪中后期开始，足球运动逐步从欧美传入世界各国，尤其是在一些文化发达的国家更为盛行，以至于一度将足球运动开展得好坏作为衡量一个国家文化发达与否的标准。1863 年 10 月 26 日，英国人在伦敦成立了世界第一个足球协会——英格兰足球协会。英格兰足球协会的诞生，标志着足球运动的发展进入了一个崭新的阶段。因而，人们公认 1863 年 10 月 26 日，即英格兰足球协会成立之日为现代足球的诞生日。

1863 年，足球传入非洲，1870 年，足球传入大洋洲。1885 年，英格兰建立了世界上第一个职业足球俱乐部。在其影响下，奥地利、西班牙、意大利、匈牙利、捷克和斯洛伐克等国也纷纷效仿。1888 年，世界上第一个足球联赛在苏格兰举行。现代足球运动传入我国是在 19 世纪末至 20 世纪初。

由法国、瑞士、瑞典、比利时、西班牙、丹麦、荷兰等国家发起，于 1904 年 5 月 21 日在巴黎成立了“国际足球联合会”，简称国际足联（FIFA），现拥有 204 个成员国，是最大的单项体育组织之一。第一届足球世界杯比赛于 1930 年 7 月 18 日，在乌拉圭的蒙得维的亚百年体育场举行，它开创了世界足球历史的新纪元。现今，足球运动是世界上最受欢迎的体育运动项目之一，成为覆盖世界各个角落，几乎影响到所有国家和人口的最大单项体育运动。

10.2 足球运动的特点与健身价值

10.2.1 足球运动的特点

1. 整体性

足球比赛每队由 11 人上场参赛。场上的 11 人思想要统一，行动要一致，攻则全动，守则全防，要有很强的整体参战意识。

2. 对抗性

足球比赛始终在激烈对抗中进行，比赛双方在技术、战术、身体和心理等方面的综合抗衡体现着足球运动之美。足球规则允许双方队员身体接触并进行合理冲撞，赋予了足球运动的高度对抗性。一场高水平的比赛，双方在时间、空间争夺和冲撞而产生的倒地次数多达 200 次以上，可见对抗之激烈。

3. 多变性

足球运动是一项技术上多姿多彩、战术上变幻莫测、胜负结局难以预测的非周期性运动项目。比赛中技术战术的运用要依据场上的具体情况而灵活机动地加以运用，同时还要克服对方直接的干扰、限制和抵抗。

4. 艰难性

一场正式足球比赛，运动员要在近 8 000 m^2 的场上奔跑 90 min，跑动距离少则 6 000 m，多则 15 000 m 以上，而且还要伴随完成有球和无球的技术动作，有时需要在加时赛后，互罚点球决胜负。一名运动员在一场激烈的比赛后体重可下降 2 ～ 5 kg。

5. 易行性

足球竞赛规则比较简练，且比较容易掌握，器材设备要求也不高。一般性足球比赛的时间、参赛人数、场地和器材也不受严格限制，因而是全民健身中一项十分易于开展的群众性体育运动项目。足球运动活动方式灵活机动，单人或两三人可进行颠耍球、传接球，人数稍多可进行小型比赛。

10.2.2 足球运动的健身价值

1. 足球运动能使身体得到全面锻炼

足球运动是一项能全面锻炼身体的运动。参加足球运动，通过各种形式的有球和无球活动，能有效地发展人体的速度、力量、耐力、灵敏、柔韧等身体素质，提高人体神经系统、心血管系统、呼吸系统等内脏器官系统以及肌肉骨骼等运动系统的功能，特别是能改善人体的高级神经活动。另外，足球运动主要在室外自然环境中进行，能充分利用自然因素，达到增强体质，提高人体健康水平的目的。

2. 足球运动能改善心理素质，培养良好的道德品质

参加足球运动，可以培养人们勇敢顽强、机智果断、勇于克服困难的优秀意志品质，可以培养人们遵守纪律，敢于竞争，文明礼貌等优良的道德品质，以及发扬团结协作、密切配合的集体主义精神。

10.3 足球基本技术

足球技术，就是指运动员在比赛中所采用符合规则的合理的各种攻守动作的总称。足球技术可分为有球技术和无球技术两大类。无球技术包括：起动、跑、急停、转身、假动作。有球技术包括：踢球、停球、运球、头顶球、掷界外球、抢截球、假动作、守门员技术。以下主要介绍有球技术。

10.3.1 踢球

踢球，用脚的某一部分把球击向预定的目标，主要用于传球和射门，是足球运动中最主要和运用最多的一项基本技术，按脚触球的部位可分为：脚内侧踢球、脚背内侧踢球、脚背正面踢球、脚背外侧踢球、脚尖踢球和脚跟踢球。

踢球的方法多样，动作也不同，但是每种踢球动作都由助跑、支撑脚的站立、踢球腿的摆动、脚触球、随前动作 5 个环节组成。

1. 脚内侧踢球

用脚内侧的跖趾关节、舟骨和跟骨所构成的三角部位接触球的一种踢球方法。

特点：脚与球的接触面积大，故出球平稳、准确，出球力量较小。主要运用于短距离传球以及近距离射门。

动作要领：踢定位球时，直线助跑，支撑脚踏在球的侧方 15 cm 左右处，膝关节微屈，上体稍前倾，在支撑脚着地的同时踢球腿以髋关节为轴由后向前摆动。在前摆过程中屈膝外转，踢球脚的内侧正对出球方向，小腿加速前摆，脚尖稍翘起，脚底与地面平行，用脚内侧部位击球的后中部，踢球后踢球腿继续随出球方向摆出，并顺势跨出（见图 10-1）。

脚内侧踢球在脚触球过程中有两种方法：一种是推送的踢法，这种踢法脚触球时，踢球腿要继续前摆，这样踢球脚与球接触的时间较长，出球易平稳；另一种是敲击踢法，踢球时，踢球腿的大腿摆动不大，只是小腿快速前摆击球，击球后，小腿突然停止前摆，该动作接触时间短促，动作有力。

图10-1 脚内侧踢球

2. 脚背内侧踢球

用脚背内侧的几个楔骨、趾骨末端部位接触球的一种踢球方法。

特点：踢球腿的摆幅大，摆速快，脚触球面积也较大，出球准确、有力，由于助跑方向、支撑脚选位灵活性较大，出球的方向变化幅度较大。因此，可踢出平直球、远距离弧线球等。主要用于中、远距离传球和射门，比赛中经常用来踢定位球（如球门球、任意球、角球）、过顶球和行进间转身踢球。

动作要领：踢定位球时，斜线助跑，助跑方向与出球方向成45°。支撑脚以脚掌外沿着地，微屈膝，脚尖指向出球方向踏在球的侧后方约20 cm处，身体稍向支撑脚一侧倾斜。在支撑脚着地的同时踢球腿以髋关节为轴，大腿带动小腿由后向前摆，当膝盖接近球的正上方时，小腿做爆发式前摆，脚尖稍向外转，脚背向下绷紧，脚趾扣紧，以脚背内侧踢球的后中部（踢高球时，击球的中下部），踢球腿随球继续前摆（见图10-2）。

图10-2 脚背内侧踢球

3. 脚背正面踢球

用脚背正面的楔骨和跖骨的末端构成部位触球的一种踢球方法。

特点：踢球时脚背与球接触的面积较大，踢球腿的摆幅大，摆速快，出球准确，力量大，出球的性能变化小，出球方向也比较单一。摆动腿的幅度大，速率快，动作自然，常用于远距离传球、各种距离的射门以及踢空中球。

动作要领：踢定位球时，直线助跑，最后一步稍大并要积极着地，支撑脚在球的侧方约10～12 cm处，脚尖正对出球方向，膝关节微屈，踢球腿在支撑脚前跨的同时，顺势向后摆起，小腿屈膝。在支撑脚着地的同时，以髋关节为轴，大腿带动小腿由后向前摆，当膝盖摆至接近球正上方时，小腿做爆发式前摆，脚背绷直，脚趾扣紧，以脚背的正面击球的后中部。踢球腿随球继续提膝前摆，同时身体重心跟上，顺势出步向前（见图10-3）。

图10-3 脚背正面踢球

4. 脚背外侧踢球

用脚背外侧部位踢球接触球的方法。

特点：除具备脚正面踢球的特点外，由于踢球时脚腕灵活性较大和摆腿方向变化较多使它具有隐蔽性和突然性的特点，是踢各种距离弧线球、弹拨球和削球的主要方法。

动作要领：踢定位球（平直球）时，助跑、支撑脚的位置和踢球腿的摆动，基本上与脚背正面踢球相同、只是用脚背外侧接触球。在踢球腿的膝盖摆到接近球的正上方的刹那，小腿做爆发式前摆时，膝盖和脚尖内转，脚面绷直，脚趾扣紧，以脚背外侧部位踢球的后中部，踢球腿随球继续前摆（见图 10-4）。

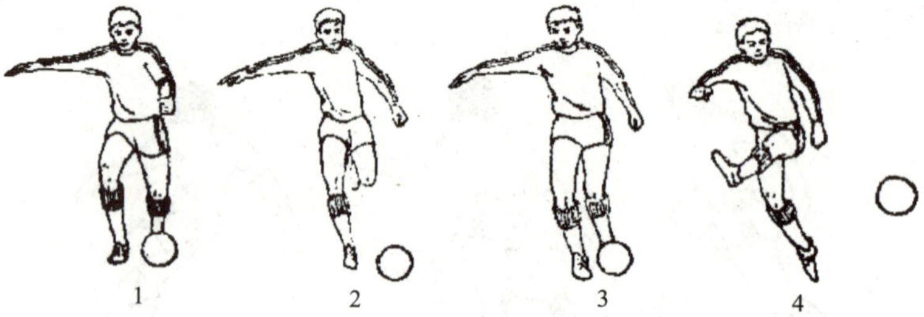

图10-4 脚背外侧踢定位球

5. 脚尖踢球

踢球腿前摆时，脚尖翘起，用脚尖击球的后中稍偏下的部位。脚尖踢球由于踢球腿的摆幅大，摆速快，踢球的着力点集中，出球快而有力，但因脚尖与球的接触面小，出球的准确性较差。常用于雨天踢湿重的球或在用其他方法踢球来不及时采用。

6. 脚跟踢球

以膝关节为轴，小腿突然快速后摆，脚面略提起与地面平行，踝关节稍紧张以脚跟部位击球的前中部，把球向身后踢去。脚跟踢球出球隐蔽性强，具有突然性，但出球力量小，多用于近距离的传递配合，偶尔也用于门前的近距离射门。

10.3.2 停球

停球也称“接球”，是指运动员有目的地运用身体的合理部位，将运行中的球停在所需要的范围内的动作方法。停球是衡量个人控球能力的标志之一。停球技术以停球的身体部位来区分，一般分为脚部、腿部、腹部、胸部、头部 5 大部分，而常用的是脚部、腿部、胸部。

1. 脚底停球

（1）停地滚球

支撑脚根据来球落点，及时移动，位于球的侧后方，支撑脚膝关节微屈，脚尖正对来球。停球脚稍微提起，膝关节自然弯曲，脚尖翘起高于球，脚跟离开地面但低于球，脚掌轻轻下压球的中上部，将球停于脚下（见图 10-5）。

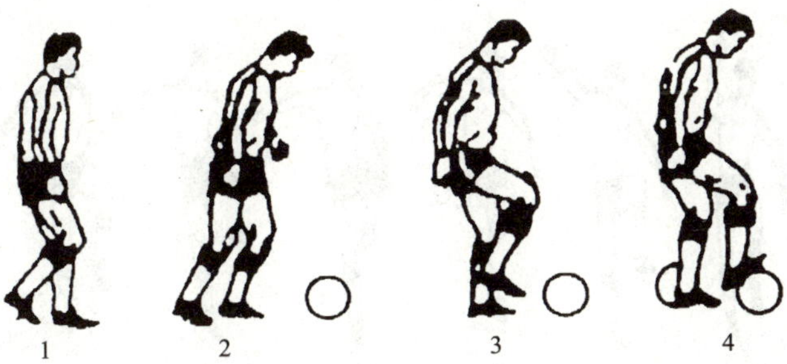

图10-5　停地滚球（脚底）

（2）停反弹球

当球着地一刹那，用脚前掌对准球的反弹路线，触球的中上部（见图 10-6）。

2. 脚内侧停球

（1）停地滚球

腿屈膝外转并前迎，脚尖稍翘起，脚底基本与地面平行，脚内侧对准来球。当脚与球接触前的一刹那，踝关节放松后撤，缓冲来球力量，把球挡在需要的位置（见图 10-7）。

图10-6　停反弹球（脚底）

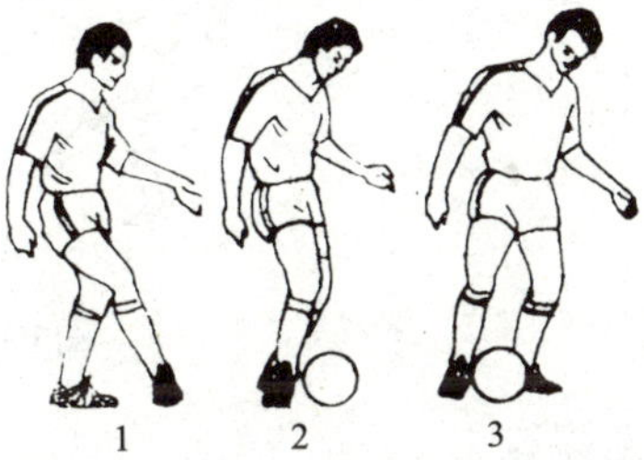

图10-7　停地滚球（脚内侧）

（2）停反弹球

判断好来球的落点，脚提起，膝关节外转，脚内侧对准球的反弹方向。在脚触球的一刹那稍向下压，缓冲球反弹的力量，将球控制在需要的位置（见图 10-8）。

（3）停空中球

腿抬高，膝弯曲，上体侧转，脚弓对准来球。在脚与球接触的一刹那，小腿放松向后撤或下切球的侧上部位，将球停在地面，控制在需要的位置（见图 10-9）。

图10-8 停反弹球（脚内侧）

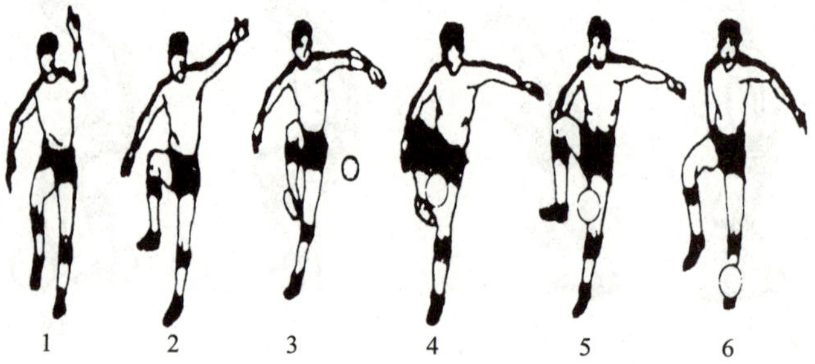

图10-9 停空中球（脚内侧）

3. 脚背外侧停反弹球

支撑腿膝关节微屈，停球腿在支撑腿前方稍提起，脚内翻，膝盖和小腿放松，当球刚反弹离地时，用脚外侧推压球的侧上部，把球停在体侧，脚步随即跟上，把球控制在自己需要的位置（见图 10-10）。

图10-10 脚背外侧停反弹球

4. 胸部停球

（1）收胸停球

一般用来停胸部高度的平直球。面对来球，两脚前后开立，两臂自然张开，重心前移，挺胸迎球。当球运行到与胸部接触的一刹那，重心迅速后移，收胸，收腹挡压球，以缓冲来球力量，把球停在身前（见图 10-11）。

（2）挺胸停球

一般用来停高于胸部的下落球。面对来球，收下颚，两臂自然张开，两脚前后开立，重心落在两脚之间，两膝微屈。当球与胸部接触时，两脚蹬地稍上挺，同时展腹，上体稍后仰使球弹起改变运行路线后落于体前（见图 10-12）。

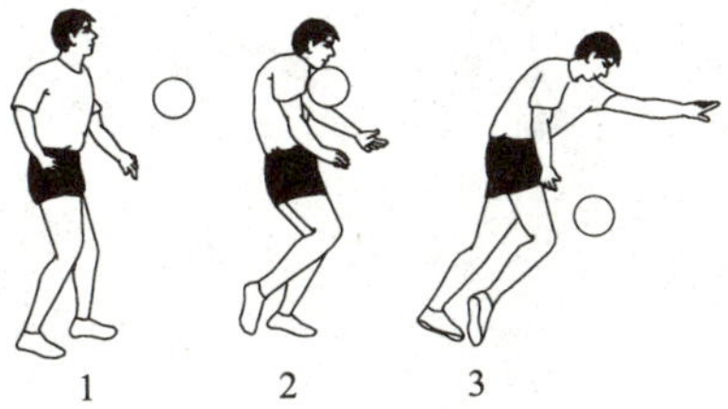

图10-11 收胸停球

图10-12 挺胸停球

5. 脚背正面停空中球

以脚背正面对准下落的球，在脚背和球接触的一刹那，开始下撤，在下撤过程中用脚背面“牵引”球的底部，使球落在自己所需要的位置上。

6. 大腿停球

（1）停空中下落球

停球腿大腿抬高，以大腿正面中部对准下落的球，膝盖放松，在大腿和球接触的瞬间，大腿迅速做撤引动作，缓冲球速，使球落在衔接下一动作所需要的位置上。

（2）停低平球

停球腿以大腿正面中部对准来球，膝盖略弯曲并放松，当大腿和球接触前的瞬间，快速后撤挡球，使球落在衔接下一动作的位置上。

10.3.3 运球

（1）脚内侧运球

用脚内侧推球的后中部。此种方法多在接近对手需要用身体掩护球时使用。

（2）脚背内侧运球

跑动步幅要小些，膝关节稍弯曲，脚跟提起，脚尖稍外转，在迈步前伸着地前，用脚背内侧推拨球。此方法多在改变方向并需用身体掩护球的情况下使用（见图 10-13）。

图10-13 脚背内侧运球

（3）脚背外侧运球

膝关节弯曲，脚跟提起，脚尖稍内转。在迈步前伸着地前，用脚背外侧推拨球。此方法多在快速奔跑和向外改变方向时使用（见图 10-14）。

图10-14　脚背外侧运球

10.3.4　头顶球

1. 原地前额正面顶球

身体正对来球，两脚前后站立，膝微屈，上体稍后倾，两臂自然张开，目视来球。顶球时，后脚用力蹬地，同时迅速向前摆体，颈部紧张，快速甩头，用前额正面顶球的后中部（见图 10-15）。

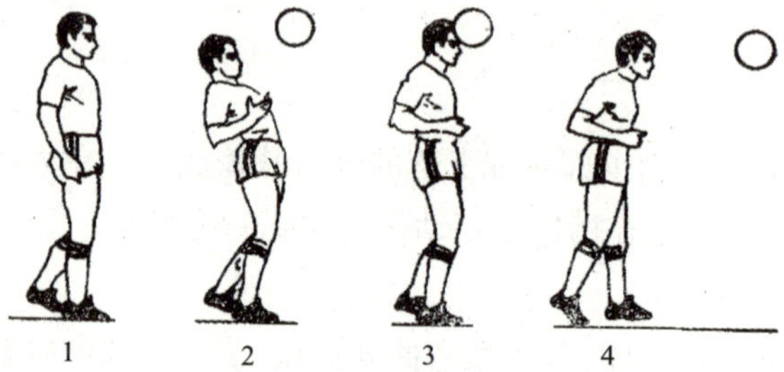

图10-15　原地前额正面顶球

2. 原地前额侧面顶球

两脚前后开立，上体和头部稍向后回旋侧屈，身体重心放在后脚上，目视来球，顶球时，后脚用力蹬地，上体迅速向出球方向扭摆，同时颈部迅速地甩头，以前额侧面击球的后中部（见图 10-16）。

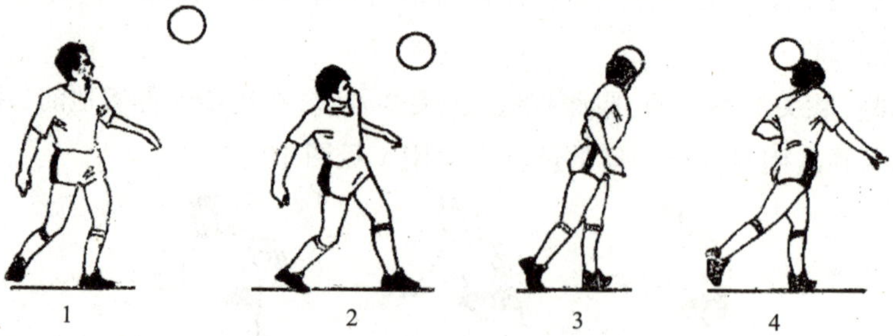

图10-16　原地前额侧面顶球

10.3.5　掷界外球

1. 原地掷界外球

上体后仰成背弓，重心在后脚，掷球时，后脚用力蹬地，两腿迅速伸直、快速摆体，身体重心向后。掷球时，后脚用力蹬地，两臂急速前摆，用力甩腕将球掷入场内。掷球时，后脚可沿地面向前滑动，两脚均不得离地或踏入场内，但允许踏在线上（见图 10-17）。

图10-17 原地掷界外球

2. 助跑掷界外球

双手持球于胸前，在助跑迈出最后一步时，上体后仰成背弓，同时将球上举至头后，掷球时的动作与原地动作相同。

10.3.6 抢截球

1. 正面跨步抢球

在对方运球脚触球即将着地或刚着地时，突然、果断、准确地上前抢球。如双方的脚同时触球时，则要顺势向上提拉，使球从对方脚背滚过，同时身体重心迅速跟上，把球控制住（见图 10-18）。

图10-18 正面跨步抢球

2. 侧后面抢截球

又称侧后铲球，多属于破坏性的截抢。当控球队员踢出球的一刹那，抢球队员后脚用力后蹬成跨步，前脚（异侧脚）的外侧沿地面向前内侧滑出，用脚底将球铲出去，接着小腿和大腿外侧、臀部依次着地（见图 10-19）。

图10-19 异侧脚铲球

10.3.7 假动作

1. 无球假动作

（1）改变速度假动作

为摆脱对手紧逼，在跑空位接球时，用先慢跑诱使对方也减慢速度，然后立即突然起动快速摆脱对手。

(2) 改变方向的假动作

为跑向空位接球，采用声东击西的办法摆脱对方紧逼防守。比如，先向右侧跑，对方紧跟时，以突然改变向右侧快跑来摆脱对手。

(3) 抢截假动作

当对方运球到面前时，抢球者可先向右做假动作，诱使对手向右运球，当对手开始向右运球时，突然向左去抢截球，造成对手的措手不及。

2. 有球假动作

(1) 传球假动作

传球前先向左侧做传球假动作，诱使对手向该方向堵截，然后突然改变向右传球或运球。

(2) 停球假动作

在对手紧逼防守的情况下，假装向左方停球，而后突然改变方向停球。

10.3.8 守门员技术

1. 准备姿势

守门员的准备姿势：双脚左右开立，与肩同宽，膝关节微屈，身体重心在双脚前脚掌，双臂屈肘放在体前，五指自然张开，掌心向下，双眼目视来球。

2. 脚步移动

在对方进攻时，守门员要及时站好位置，并随球的变化正确地进行脚步移动，以调整防守位置和射门角度。守门员位置应在球所在的地点和两个球柱之间夹角的角平分线上。双脚踏在距球门前一至两步左右的地方。当对方近射时，适当向前移动，以缩小防守角度，远射时，适当后撤和调整脚步，以防吊球射门。移动脚步的方法一是用侧滑步，二是用交叉步。

3. 接球

(1) 接地滚球

分为直立接球和单膝跪立接球两种。

① 直立接球：接球时，双脚左右稍分开，两膝伸直，上体前屈，双手臂自然下垂，手指自然张开，手心向前，手掌对球前迎，接球的后底部。接球后，两臂同时弯曲，并相互靠拢，将球抱在胸前。

② 单膝跪立接球：接球时，身体正对来球方向，双脚前后开立，前腿弯曲支持重心，后腿跪立，膝关节接近地面，并靠近前脚踵，上体前倾，手臂下垂，手掌对准来球稍向前迎，两手接球底部。接球后，两臂同时弯曲，并相互靠拢，将球抱在胸前，然后起立。

(2) 接平直球

接低于胸部的平直球时，应使身体正对来球，双脚左右开立，上体稍向前倾，双臂下垂屈肘迎球，两小指相靠，手掌对球。当手触球的一瞬间，两臂后引屈肘顺势将球抱在胸前。接齐胸高的平直球时，身体正对来球，两脚左右开立，双臂屈肘并上举，双手大拇指相靠近，手掌对球。手触球时，手腕和手指适当用力屈肘后引，两手向内翻掌将球抱在胸前。

(3) 接高球

在接高球时，先要判断好球的运行路线和落点，确定接球点再迅速起跳。接球时，双臂同时上伸迎球，双手拇指相贴，手掌对准来球。手触球时，手腕和手指适当用力将球接住。同时屈肘、回缩并下引，顺势翻掌将球抱在胸前。

10.4 足球基本战术

足球战术是指比赛双方为了充分发挥个人与集体的特长，进攻对方弱点，取得比赛胜利所采用的手段和方法。根据攻防的基本特点，足球战术可分为进攻战术、防守战术、比赛阵型 3 大部分。在进攻和防守战术中，又分别包括个人、集体与全队的攻防战术。

10.4.1 进攻战术

1. 个人进攻战术

个人进攻战术包括摆脱与跑位、运球过人等。

(1) 摆脱与跑位

摆脱要及时，动作要突然，造成瞬间空当；跑位的作用有摆脱对手去接球，可牵制或扯动对方，为同伴拉出空当，可扰乱对方防线；摆脱对手的方法很多，可采用突然起动、冲刺跑、急停、突然变向、变速和假动作等；跑位要机动灵活，必须随时观察场上情况，随机应变。

(2) 运球过人

运球过人是调动、扰乱对方防线，寻找传球空当，突破密集防守，制造射门机会的有效手段。在没有传球配合可能且运球过人后能有更好的传球、射门机会时，则应大胆地运球过人。

2. 局部进攻战术

局部进攻战术是两人或两人以上的战术配合行动，两人的传球是集体配合的基础，常用的有“二过一”配合。

“二过一”配合：在比赛中，通过局部区域的两个进攻队员传球与跑位的配合，突破防守队员的方法。这种配合方法，在场上任何位置和区域均可运用。下面介绍几种比赛中常用的“二过一”配合。“二过一”配合方法很多，运用时必须准确抓住时机，跑位与传球人的动作时间应准确，配合默契。插上队员突然快速启动，才能摆脱防守人，完成二过一的配合。无论采用哪种二过一的方法，均应根据防守者位置、空当位置等具体情况来决定。

① 斜传、直插二过一：a 运球前进并吸引防守队员 A 向前逼防，a 斜线将球传给 b，然后直线插入接 b 斜传球（见图 10-20）。

② 直传、斜插二过一：a 将球传给 b，b 再直传球给斜线插入的 a（见图 10-21）。

3. 全队进攻战术

① 边路进攻。指在对方半场两侧地区发动的进攻。它利用边线区域防守力量相对薄弱，容易突

破，达到边线运球传中进攻的目的。

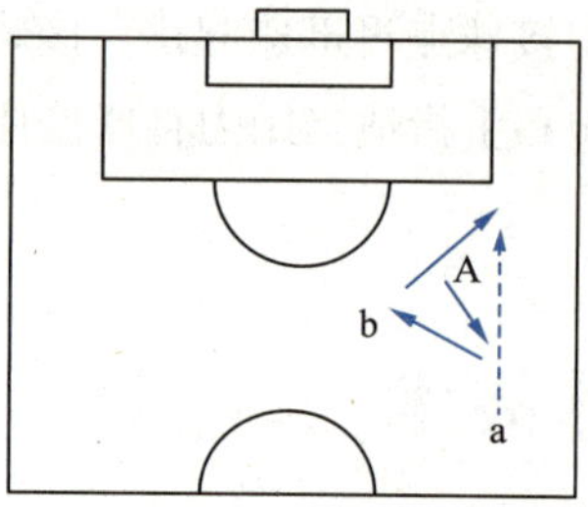

图10-20　斜传、直插二过一

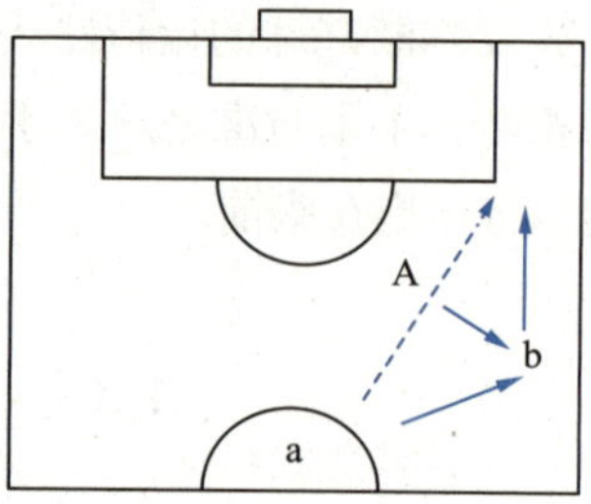

图10-21　直传、斜插二过一

② 中路进攻。指在对方半场中间地带发动进攻。中间地带正对球门，一旦突破防线，便可直接威胁球门，且射门角度大。可通过中锋、内切的边锋或插上的前卫人员之间的配合或个人运球过人等方法突破对方的防线。

③ 快速反击。是在本方半场防守对方进攻时，一旦得球，趁对方立足未稳时，快速传球以多打少，达到进攻射门得分取胜之目的。

10.4.2　防守战术

1. 局部防守战术

① 相互补位战术。补位是防守队员之间的相互协助，是局部防守的一种集体配合方法。指防守中本队一个队员被对手突破后，另一名队员及时前去封堵抢截。两人补位是集体防守配合的基础。补位战术需要很默契，防守队员相互间保持适当的距离和角度，是加强保护、进行及时补位的前提。

② 围抢战术。围抢是指比赛中在某局部位置上，防守一方利用人数上的相对优势（通常是两三个队员）同时围堵对方的持球队员，以求在短暂时间内达到抢断或破坏对方的目的。

③ 造越位战术。后卫线上的集体配合，是利用规则而设计的一种防守战术。当进攻队员向前传球前的一刹那，后卫线上的队员同时向前跑动，把进攻队员甩在后面，造成越位。

2. 全队防守战术

① 人盯人防守。除拖后中卫（自由人）外，每个队员都要盯住一个指定对手。原则上，对手跑到哪里就盯到哪里，拖后中卫进入区域执行补位任务。

② 区域盯人防守。每个队员在自己的防守区域内进行盯人防守，无论是哪个对手进入了该区就盯住他，原则上不越区盯人，拖后中卫执行补位的任务。

③ 混合防守。把人盯人防守和区域盯人防守结合起来，是现今比赛中运用比较多的一种方法。一般 3 个后卫盯人，前卫和前锋区域盯人，自由人执行补位任务并根据对方的具体情况，可重点盯对方某一队员。

10.4.3　定位球战术

定位球进攻战术有任意球、角球、球门球、中圈开球、点球、掷界外球等战术配合。下面简单介绍几种。

1. 任意球

任意球分直接任意球和间接任意球两种。发直接任意球可采用穿墙和弧线球直接射门，或者采用过顶传切配合射门。发间接任意球时，经一两次传递完成射门，也可以运用假动作迷惑对方，声东击西，避开“人墙”，争得射门机会。传球要及时、准确，插入“人墙”的队员要避免越位。

2. 角球

发角球可以采用几种方式：①采用弧线球直接射门；②长传将球踢至球门前，由头球能力强的同伴争抢头球射门；③采用短传配合（多在对方身材高大、争抢能力强，而本方顶球较差、身材较矮小或遇到较大逆风时运用）。

3. 球门球

球门球的进攻配合有两种：一种是守门员直接踢高远球给中场的进攻队员；一种是守门员与后卫队员通过一次传球配合，以改变球路的传球方法，然后由守门员组织发动进攻。

10.4.4 比赛阵形

1. 比赛阵形

比赛阵形是指在比赛场上队员基本位置的排列，是球队攻守力量搭配和职责分工的形式。比赛阵形的运用，要根据本队队员的技术水平、身体素质、战术的需要和对方的情况而定，要有利于发挥己方的特长，达到克敌制胜的目的。

目前普遍采用的阵形有“四三三”、“四四二”两种。所谓“四三三”阵形，即4个后卫、3个前卫、3个前锋；“四四二”阵形，即4个后卫、4个前卫、2个前锋。

2. 不同位置队员的职责

① 守门员。守门员主要职责是守住球门，观察场上比赛变化情况，组织和指挥全队的攻守。

② 边后卫。边后卫主要负责防守对方的边锋或插入边锋位置的其他队员，并与中卫协同防守，相互补位，封锁直接进攻球门的去路。本队进攻时，也可伺机插上助阵，起边锋的作用。

③ 中后卫。中后卫是防守的支柱，主要职责是防守球门前中央最危险的区域，制止对方射门，并与边后卫和另一中卫协同防守，相互补位，还应起到攻守组织和指挥的作用。

④ 前卫。前卫活动在锋线队员和后卫线队员的中间地带，主要职责是控制中场，是防守的屏障，又是前沿攻击的纽带。进可以攻，退可以守，并能及时插上或远射，起到全队的核心作用。

⑤ 中锋。中锋主要职责是突破射门或插上接传中球射门。其次是通过交叉换位，左右策应，扰乱对方防线，为同伴创造插上、切入或射门的机会，是本队的“尖刀”和“射手”。由攻转守时是全队的第一道防线。

⑥ 边锋。边锋主要职责是从边路突破对方的防线，带球切入射门或底线传中或包抄射门。防守时要紧盯防守自己的边后卫，不让其自由助攻，并协助本方边后卫防守对方边锋。

10.5 足球规则简介

10.5.1 场地

场地面积：比赛场地应为长方形，其长度不得多于 120 m 或不得少于 90 m，宽度不得多于 90 m 或少于 45 m，(国际比赛的场地长度不得多于 110 m 或少于 100 m，宽度不得多于 75 m 或少于 64 m)。一般多采用其中间数字，即长 105 m，宽 69 m。

比赛场地包括场地表面、场地标记、尺寸、球门区、罚球区、角球区、旗杆、球门、门线、商业广告、标识和徽章。比赛场地中的各标线如图 10-22 所示。

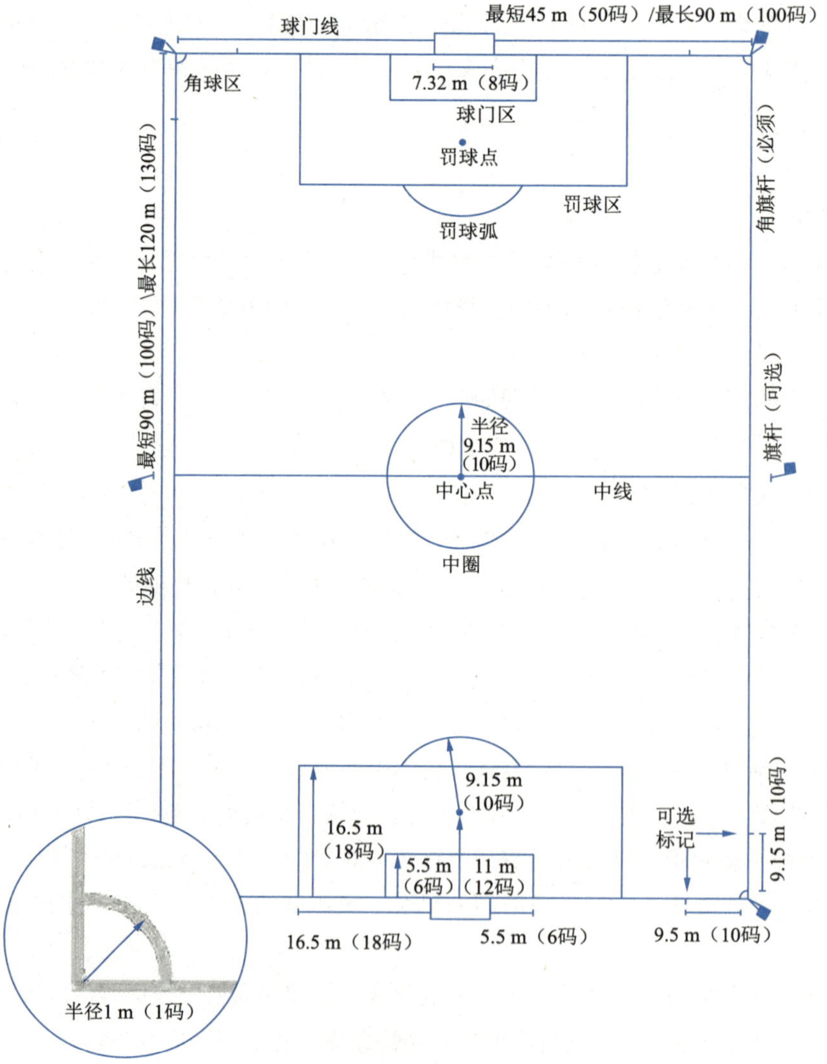

图10-22 比赛场地中各标线

10.5.2 队员人数

比赛时，每队上场人数为 11 人，其中包括一名守门员。比赛开始或进行中，某队人数不足 7 人时，比赛不能进行，应判该队弃权。正式比赛，每队每场最多可以替补 3 名队员。被替换下场的队员不得再次参加该场比赛。

10.5.3 比赛时间

正式比赛时间，男子与女子均为 90 min，分为相等的上、下两个半时。上、下半时之间休息不超过 15 min。

10.5.4 决胜方法

比赛结果成为平局后仍须决出胜负则进行加时赛。加时赛开始前应休息 10 min，并重新选择场地或开球权。加时赛的时间为 30 min。分上、下两个半时，各为 15 min，中间只交换场地不再休息。加时赛终了仍为平局，则采用踢“点球”的方法来决定胜负。

10.5.5 越位

（1）越位位置

明确了在判罚越位时，中线不属于对方半场；因为处在越位位置的第一个条件就是“在对方半场”，现在规定中线不属于对方半场，所以必须有身体某部分越过中线到对方半场才可能处于越位位置，但是手和手臂过线可以无视。

（2）越位判罚

队友触球瞬间，只判断是否处于“越位位置”，而“卷入比赛”后才能判“越位犯规”。其次，“越位犯规”就发生在“卷入比赛”的时刻，也就是在队友触球后一小段时间里的某个时间点。应判罚其越位犯规。

（3）越位而不判罚越位

队员仅仅处在越位位置或直接获得球门球、角球、掷入的界外球或守门员坠落地的球，均不应判罚越位。

（4）队员被判罚越位

由对方在越位地点踢间接任意球。

10.5.6 犯规与不正当行为

1. 判罚直接任意球和点球

队员故意违反下列几项中的任何一项时，即判罚直接任意球和点球。

① 踢或企图踢对方队员。

② 绊摔或企图绊摔对方队员。

③ 跳向对方队员。

④ 冲撞对方队员。

⑤ 推对方队员。

⑥ 打或企图打对方队员。

⑦ 拉扯对方队员。

⑧ 向对方队员吐唾沫。

⑨ 为了得到对球的控制而抢截对方队员时，于触球前触及对方队员。

⑩ 故意手球（不包括守门员在本方罚球区内）。

⑪ 除了截球 / 铲球（tackle），现在争抢（challenge，就是用身体其他部位争抢）也给直接任意球 / 点球。

⑫ 新版明确规定，在侵犯对手的犯规（offence）中发生身体接触（contact），则判直接任意球 / 点球。

⑬ 对于阻挡对手前进方向（impede）的犯规，一旦有身体接触就判直接任意球 / 点球，没有接触则给间接任意球。

以上情况都应判对方在犯规地点踢直接任意球。

在比赛进行中，如守方队员在本方罚球区内故意违反上述 13 项中的任何一项时，则不论当时球在什么位置，都应判罚点球。

2. 判罚间接任意球

场上队员违反下列几项之一者，由对方在犯规地点罚间接任意球。

① 动作具有危险性。

② 阻挡对方队员。

③ 阻挡对方守门员从其手中发球。

④ 在球门区内守门员手中无球，也没有阻碍对方时，冲撞守门员。

⑤ 守门员在本方罚球区内违例（用手控制球后在发出球之前持球。

⑥ 在发出球之后未经其他队员触及，再次用手触球；用手触及同队队员故意踢给他的球；用手触及同队队员直接掷入的界外球；拖延时间）。

3. 可警告的犯规

如果队员违反了以下犯规中的任何一种，将被警告并出示黄牌。

① 犯有非体育道德行为。

② 以语言或行动表示异议。

③ 持续违反规则。

④ 延误比赛重新开始。

⑤ 以角球或任意球重新开始比赛时，不退出规定距离。

⑥ 未得到裁判员许可进入或重新进入比赛场地。

⑦ 未得到裁判员许可故意离开比赛场地。

4. 罚令出场的犯规

队员违反以下犯规中的一种，将被罚令出场并出示红牌。

① 暴力行为或严重犯规。

② 向对方或其他任何人吐唾沫。

③ 用故意手球破坏对方的进球或明显的进球得分机会。

④ 用可判为任意球或点球的犯规破坏对方向本方球门移动着的明显的进球得分机会。

⑤ 使用无礼的、侮辱的或辱骂性的语言及动作。

⑥ 在同一场比赛中得到第二张黄牌。

5. 关于点球

(1) 决胜时两队的人数

整个点球决胜过程中双方人数一致，如果一方有队员离场，另一方必须也有相同数量的人离开（防止通过减少本队人数，让点球技术好的队员提前罚第二轮的策略）。

(2) 点球时进攻方的犯规

增加了 3 种进攻方犯规的情况：A. 球向后踢；B. 球不是由已向裁判说定的队员罚（代替罚球者要被警告）；C. 完成跑动后的假动作（跑动时候可以做假动作，但不能跑完了突然停下来又做假动作），罚球者要被警告。出现任一以上情况，则判给对方间接任意球（即使点球罚进）。

第11章 排　　球

本章主要介绍排球运动的起源与发展，排球运动的特点与锻炼价值、排球基本技术、排球基本战术及排球竞赛规则等内容。

学习目标

1. 运用排球的基本知识和技能，进行有效的自我健身锻炼。
2. 有效发展力量、速度、耐力、灵敏与柔韧等五大身体素质。
3. 有效培养团结、协作、拼搏、进取的良好品质和爱国主义精神。
4. 有效改善思维方式和提高心理承受能力。
5. 成为竞技比赛欣赏的内行。

11.1 排球运动的起源与发展

排球作为一项隔网对抗的竞技运动，有百余年的历史，其技术动作细腻多样，战术形式丰富多彩。排球虽不像篮球、足球那样有身体接触的激烈场面，但比赛充分体现了技术与战术、体力与智力、思维与创造的完美结合，具有鲜明的既斗智又斗勇的运动特性。

排球运动起源于美国。1895 年，美国马萨诸塞州霍利克沃城基督教青年会干事威廉·摩根发明的。最初是在室内球网两边用篮球胆拍来拍去使球不落地的一种游戏。排球运动经历了多种发展形式，最初为 16 人制排球（每排 4 人，按 4 排站位），后来演变成 12 人制（每排 4 人，分 3 排站位）和 9 人制（每排 3 人，分 3 排站位），以及至今的 6 人制排球。

排球传入亚洲较早，1913 年首届远东运动会即把排球列入竞赛项目。亚洲地区开展 6 人制排球之后，特别是中国首创的快球打法得到迅速传播后，水平提高较快，20 世纪 60 年代即变成一支能与欧洲强队相抗衡的力量。

自 1947 年国际排联成立以后，排球运动就成为一项世界性的体育项目。1949 年举行了第 1 届世界男子排球锦标赛，1952 年举行了第 1 届世界女子排球锦标赛。1964 年排球运动被正式列为奥运会比赛项目。中国女排从 1981 年到 1985 年的世界杯排球赛，连续获得了“五连冠”，誉满世界排坛。新一届中国女排于 2001 年 4 月成立，在四国邀请赛、世界女排大奖赛、亚锦赛和大冠军杯赛上都有上佳表现，并在 2004 年雅典奥运会上重夺世界冠军，2016 年里约奥运会中国女排再夺冠军。

目前世界排球运动正向着全、高、快、变的趋势发展，排球运动已进入欧、亚、美三大洲鼎立的时代。

11.2 排球运动的特点与锻炼价值

11.2.1 排球运动的特点

1. 广泛的群众性

排球场地设备简单，比赛规则容易掌握。排球既可在球场上比赛和训练，亦可以在一般空地上活动，运动量可大可小，适合于不同年龄、不同性别、不同体质、不同训练程度的人。

2. 技术的全面性

排球规则规定，每个队员都要进行位置轮转，既要到前排扣球与拦网，又要轮到后排防守与接应。要求每个队员都要全面地掌握各项技术，能在各个位置上比赛。

3. 高度的技巧性

排球规则规定，比赛中球不能落地，不得持球、连击。击球时间的短暂，击球空间的多变，决定了排球的高度技巧性。

4. 激烈的对抗性

排球比赛中，双方的攻防转换始终是在激烈的对抗中进行。高水平比赛中，对抗的焦点在网上的扣拦上。在一场比赛中，夺取 1 分往往需要经过六七个回合的交锋，水平越高的比赛，对抗争夺也越激烈。

5. 攻防技术的两重性

排球是多种技术都可以得分，也能失分的运动项目，这种情况在决胜局比赛中更加突出，所以说每项技术都具有攻防的两重性。因此，要求技术既要有攻击性，又要有准确性。

6. 严密的集体性

排球比赛是集体比赛项目，除发球外，都是在集体配合中进行的。没有默契的集体配合，再好的个人技术也难以发挥，更无法发挥战术的作用。

11.2.2 排球运动的锻炼价值

根据排球运动的特点，参加排球运动不仅能提高人们的力量、速度、灵活、耐力、弹跳、反应等身体素质和运动能力，并改善身体各器官、系统的机能状况，而且还能培养机智、果断、沉着、冷静等心理素质。通过排球比赛和训练，可以培养团结战斗的集体主义精神，可以锻炼胜不骄、败不馁、勇敢顽强、克服困难、坚持到底等良好品质。因此，排球运动有较高的全面锻炼价值。

11.3 排球基本技术

排球技术分为有球技术和无球技术。有球技术包括传球、垫球、扣球、发球和拦网；无球技术包括准备姿势、移动、起跳及各种掩护动作等。

11.3.1 准备姿势与移动

准备姿势有利于起动、移动，并使身体动作和心理活动处于良好的“临战”状态。规范的准备姿势还有利于掌握各项排球技术。移动是为了及时接近球，保持人与球较好的位置关系，以便正确击球，及时地移动能迅速占据场上的合理位置，有利于各项攻防技术合理有效地运用和集体战术的有效配合。

1. 准备姿势

两脚左右分开稍比肩宽，一脚在前，两脚尖稍内收，两膝弯曲成半蹲。脚跟稍提起，身体重心稍前倾，两臂放松，自然弯曲，双手置于胸前。身体适当放松，两眼注视来球（见图 11-1）。

图11-1 准备姿势

2. 移动步法

（1）滑步

当来球距离身体较近、弧度较高时，可采用滑步。如向左滑步时，右脚向右蹬地，左脚向左迈步，右脚迅速并上，落在左脚的右侧，再继续向右蹬地，如此连续滑步。向右、向前、向后滑步动作相同。滑步可以是一步也可以是多步，移动时速度稍慢，但容易保持身体平衡，便于随时做好击球准备。

（2）交叉步

当来球距离身体侧面 2 m 或 3 m 远时，可以采用交叉步。如向左移动时，右脚向右蹬地后，从左脚前面向左交叉迈出一大步，然后左脚再向左跨步制动，看准来球，保持好击球前的准备姿势。向右也同样，交叉步移动步子大，动作快，便于制动。

（3）跨步

当来球低而快，可采取向来球跨出一大步，降低重心，上体前倾，以便迎击低球。

（4）跑步

当来球远时则用跑步。跑步要尽快抢占来球位置，并通过制动站稳后再做击球动作。

11.3.2 垫球技术

垫球是用双手前臂的前部击球，利用来球的反弹力将球击出的技术动作。垫球技术较简单，在比赛中运用较多，但难于控制，准确性相对较差。垫球主要用于接发球、接扣球、接拦回球及接应各种低球。当距来球较远时，还可采用单手臂垫球，甚至倒地垫球。

垫球技术按动作方法分为:正面双手垫球、跨步垫球、体侧垫球、低姿垫球、背垫球、单手垫球、前扑垫球、侧卧垫球、滚翻垫球、鱼跃垫球以及挡球等。以下简单介绍几种。

1. 正面双手垫球

（1）准备姿势

身体正对来球，重心降低并向前倾，两脚开立，分前后，成半蹲姿势，两臂放松，自然下垂于腹前。

（2）垫球手型

两手掌根紧靠，两手手指重叠合掌互握，两拇指平行，手腕稍下压，两臂外翻形成一个平面（见图 11-2）。

（3）击球部位

看准来球，两臂夹紧前伸，插到球下，用前臂腕关节上方约 10 cm 左右的地方，两臂桡骨内侧形成的一个近似的平面击球（见图 11-3）。

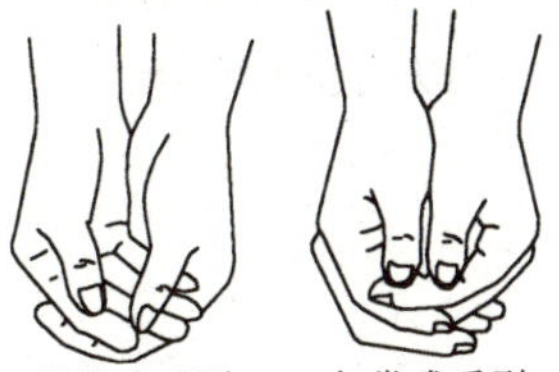

图11-2 正面双手垫球手型

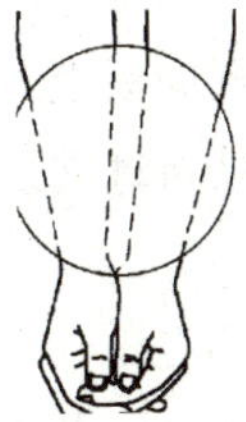

图11-3 正面双手垫球击球部位

（4）击球动作

向前上方蹬地抬臂，迎击来球，使插、夹、抬、蹬连贯完成，灵活控制球的方向和力量。

（5）手臂角度

垫球手臂与地面所成的夹角，对控制球的方向，弧度、落点影响很大。一般来说，来球弧度高，手臂与地面的角度应该小些；来球弧度平，手臂与地面的角度，应该大些。如果垫出的球弧度较平，跨度较远时，手臂与地面所成的夹角要大些；如果垫出的球弧度较高，距离较近时，夹角应小些。此外，垫击用力的大小与来球的力量成反比，与垫击的目标距离成正比，注意手臂的反面必须对着出球方向。

要领：两臂夹紧插球下，抬臂送体腕下压；蹬腿跟腰前臂垫，轻球重球要变化（见图 11-4）。

2. 侧面双手垫球

当球飞向体侧，队员来不及移动对正球，而在身体两侧用双臂垫击球的动作称为侧面双手垫球。体侧垫球可以扩大控制范围，但不易控制垫球方向，准确性较差，因此在来得及移动的情况下，应尽量采用正面双手垫球（见图 11-5）。

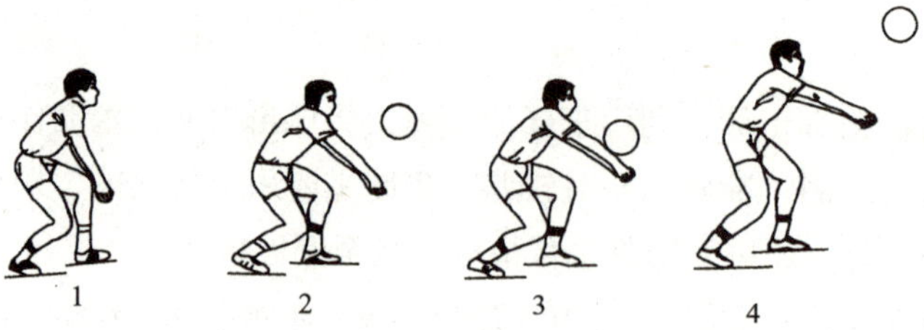

图11-4　正面双手垫球

图11-5　侧面双手垫球

3. 背垫球

背对击球方向，从体前向背后垫球称为背垫球。进行背垫时，先要迅速移动到球的落点上，背对出球方向，两臂夹紧伸直，击球点高于肩。击球时要抬头挺胸，展腹后仰，直臂向后上方摆动抬送球。如果来球较低，可以用屈肘和翘腕的动作，以腕部虎口处将球向后上方垫出（见图 11-6）。

图11-6　背垫球

11.3.3　发球技术

发球是由队员在发球区内自己抛球，用一只手将球从网上两标志杆内击入对方场区的技术动作。发球是比赛的开始，也是进攻的开始。

有进攻性的发球，可以争取主动，不仅能直接得分，还能破坏或削弱对方的进攻。

发球可分为正面发球和侧面发球两大类，都可以用上手和下手发球，并能发出飘晃和旋转等不同性质的球。不论采用哪种发球方式，其技术动作过程都是相同的：站位和持球准备——抛球和击球前的摆臂——全身发力和挥臂轨迹——击球手型、击球点、击球部位——击球后的动作。

1. 正面下手发球

（1）准备姿势

面对球网，两脚前后开立，左脚在前，右脚在后，两膝微曲，上体前倾，左手持球于腹前，右臂自然下垂，两眼注视球。

（2）抛球

左手将球在体前右侧抛起，离手 20 ～ 30 cm，在抛球的同时右臂后摆。

（3）击球

右脚蹬地，身体重心前移，右臂伸直，以肩为轴，向前摆到腹前，用虎口，或掌根击球的后下部，随着击球动作身体重心前移，迅速入场（见图 11-7）。

图11-7 正面下手发球

要领：抛球刚离手，摆动肩为轴；直臂将球击，随球人入场。

2. 侧面下手发球

这种发球在转体时借助了腰腹肌的力量，比较省力，适用于女生。

（1）准备姿势

左肩对网站立，两脚左右开立与肩同宽，两膝微屈，上体稍前倾，左手持球于腹前。

（2）抛球

左手持球由小腹前将球垂直上抛在身体的正前方，离手高度约 30 cm，离身约一臂距离，同时右臂摆到右侧后方。

（3）击球

利用右脚蹬地和向左转体的动作，带动右臂迅速向前挥动，在体前腹部高度用全手掌击球后下方。

3. 正面上手发球

（1）准备姿势

面对球网，两脚自然开立，左脚在前，左手持球于体前。

（2）抛球

用抬臂和手掌的平托上送，将球平稳垂直抛于右肩的前上方，高度要适中。

（3）挥臂击球

在左手抛球的同时，右臂抬起，屈肘后引，肘与肩平，上体稍向右侧转动，抬头，挺胸，展腹，身体重心移向左脚。击球时，利用蹬地，使上体向左转动，同时收腹，带动手臂挥动。鞭甩挥臂的顺序是以腰带肩，肩带上臂，上臂带前臂，前臂带手腕，最后传递到手。在右肩上方伸直手臂，且全手掌击球的中下部。击球时，手指自然张开与球吻合，手腕迅速主动做推压动作，使击出的球向前旋转飞行。击球后，随着身体重心前移，迅速进场（见图 11-8）。

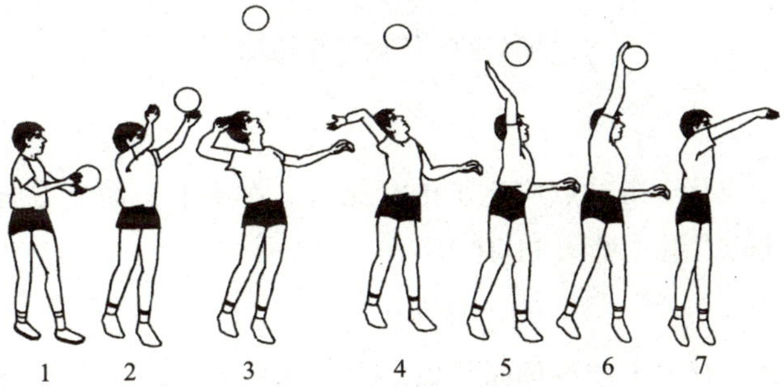

图11-8 正面上手发球

要领：抛球右肩前上方，高度离手约 1 m；转体收腹带挥臂，弧形鞭打加力量；全掌击球中下部，手腕推压向前旋。

11.3.4 传球技术

传球是排球的基本技术之一，是利用手指、手腕的弹击动作将球传至一定目标的击球动作。按照传球的方向可分为：正面双手传球、背面传球和侧面传球 3 类，都可以在原地传或跳传。传球的主要作用在于把球传给前排队员进攻，是组织战术的基础，并在攻防中起衔接作用，另外传球还可以用于吊球、处理球等。

1. 正面双手传球

（1）准备姿势

稍蹲姿势，面对来球，双手自然抬起，放松，置于脸前。

（2）迎球

当球下降至额前时，蹬地伸膝，伸臂，两手向前上方迎击来球。

（3）手形

两手自然张开成半球形，两拇指相对成“一”字形，用拇指内侧，食指全部，中指二、三关节触球。无名指和小指在两侧辅助控制传球方向。

（4）击球

击球点在额前上方一球距离处。

（5）用力

传球动作是全身协调用力。传球用力的顺序是：蹬地，伸膝，伸腰，手指手腕屈伸，最主要是利用伸臂和手腕手指的紧张，利用球压在手指上产生的反弹力将球传出去（见图 11-9）。

图11-9 正面双手传球

2. 背面传球

背传与正传的不同之处有：击球点应比正传时靠后，在头上，加大肩后展和腰后仰的动作；手腕要后翻，加强拇指后挑的力量（见图 11-10）。

3. 侧面传球

侧传与正传的不同之处有：击球点偏向传球一方；传球方向异侧的手臂向传球方向伸展的幅度应大些（见图 11-11）。

图11-10　背面传球

图11-11　侧面传球

11.3.5　扣球技术

扣球是起跳在空中用一只手臂进行弧形挥动，用手将本方场区上空的球，从两标志杆内的球网上空击入对方场区的技术动作。扣球是攻击性最强的基本技术，是得分的主要手段，也是进攻中最积极有效的武器。

1. 准备姿势

站在离网 3 m 左右处，两脚自然开立，两膝微屈，上体稍前倾，两臂自然下垂，观察传来球，随时准备向各个方向助跑起跳。

2. 助跑（以两步助跑为例）

助跑时，左脚先向前迈出一步，接着右脚再迅速跨出一大步，左脚及时并上，落在右脚侧前方，两脚尖稍内收准备起跳。助跑的第一步要小，目的是对正上步的方向，使身体获得向前的水平速度，第二步要大，目的是接近球和提高助跑的速度，右脚落地支撑点在身体重心之前，有利于制动。

3. 起跳

在助跑跨出最后一步的同时，两臂绕体侧向后引，左脚在落地制动的过程中，两臂自后积极向前摆动，随着双腿蹬地向上起跳，两臂配合起跳用力上摆。

4. 空中击球

起跳后，挺胸展腹，上体稍向右转，右臂向后上方抬起，身体成反弓形。挥臂时，以迅速转体、收腹动作发力，带动肩、肘、腕各部位关节成鞭甩动作向前上方挥动。击球时，五指微张成勺形并保持紧张，用全手掌包满球，以掌心为击球中心，击球的后中部，同时主动用力屈腕屈指向前推压，使扣出的球加速上旋。击球点在起跳和手臂伸直最高点的前上方。

5. 落地

空中完成击球动作后，身体自然下落，为了避免腿部负担过重，应用双脚的前脚掌先着地，同时顺势屈膝，缓冲身体下落的力量（见图 11-12）。

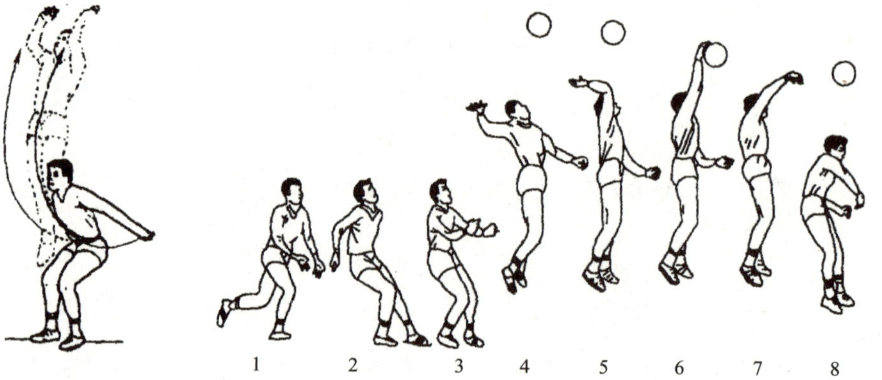

图11-12 正面扣球

11.3.6 拦网技术

拦网是防守的第一道防线，是阻挡和削弱对方进攻的最积极、最有效的手段，并能为本方的防守和组织反攻创造条件。拦网带有强烈的攻击性，是得分的重要手段之一。

1. 准备姿势

面对球网，两脚平行开立约同肩宽，距网 30 ～ 40 cm，两膝微屈，两臂自然弯曲置于胸前，随时准备起跳或移动。

2. 移动

运用并步、交叉步、跑步移动。

3. 起跳

起跳时，重心降低，两膝弯曲，弯曲程度因人而异，两脚用力蹬地，两臂在体侧划小弧用力上摆，带动身体向上垂直起跳。起跳后稍收腹，控制身体平衡。

4. 空中击球

起跳同时，两手从额前贴近并平行球网，向网上沿的前上方伸出，两臂伸直，前臂靠近网，两手尽量伸向对方上空接近球，两手自然张开，屈指屈腕呈勺型。两手之间距离不能超过一个球，以防止球从两手间漏过。当手触球时，两手要突然紧张，手腕要用力下压盖住球的上方。

5. 落地

如已将球拦回，则面向对方，屈膝缓冲，双脚落地。如未拦到球，在身体下落时要随球转身向着球飞出的方向准备做接应救球。

6. 拦网的判断

判断是拦网技术的关键环节。应从以下几个方面进行判断：判断对方的战术打法；判断对方一传情况；判断对方二传的方向、弧线、速度和落点；判断对方扣球队员的助跑方向、起跳的时间以及起跳后人与球的关系和空中挥臂击球动作。同时，还要判断对方扣球队员的个人技术特点（见图 11-13）。

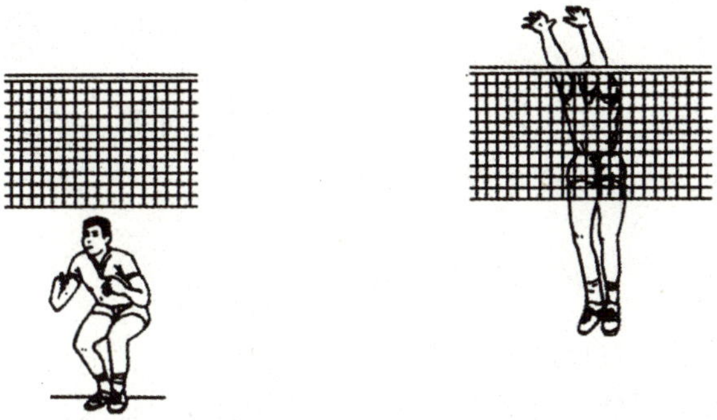

图11-13 单人拦网

11.4 排球基本战术

排球战术是指运动员在比赛中，根据排球规则，根据排球运动本身的规律和比赛双方的具体情况，结合临场的变化，合理地运用所掌握的技术，采取有意识、有目的、有组织的个人和集体配合行动。

排球战术分个人战术和集体战术，集体战术又分为进攻战术和防守战术。

11.4.1 阵容配备

阵容配备就是合理地把全队的力量搭配好，更有效地发挥每个队员的特长和作用。阵容配备的主要形式有 3 种。

1. “四二”配备

“四二”配备指场上队员有 4 个进攻队员和 2 个二传队员。4 个进攻队员又分为 2 个主攻，2 个副攻，他们都站在对角位置上。其优点是无论怎样轮转，前后排都能保持 1 个二传和 2 个进攻队员，便于组织和发挥攻击力量，给对方的拦网及防守造成困难，加强了进攻威力（见图 11-14）。

2. “五一”配备

“五一”配备指场上队员有 5 个进攻队员和 1 个二传队员。这种阵容配备的优点是拦网和进攻力量得到加强，全队只要适应一个二传队员的打法，相互之间容易建立默契。有利于二传队员统一贯彻战术意图（见图 11-15）。

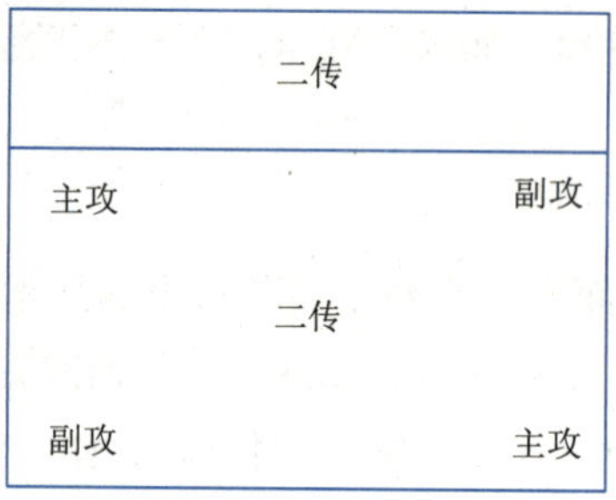

图11-14 “四二”配备

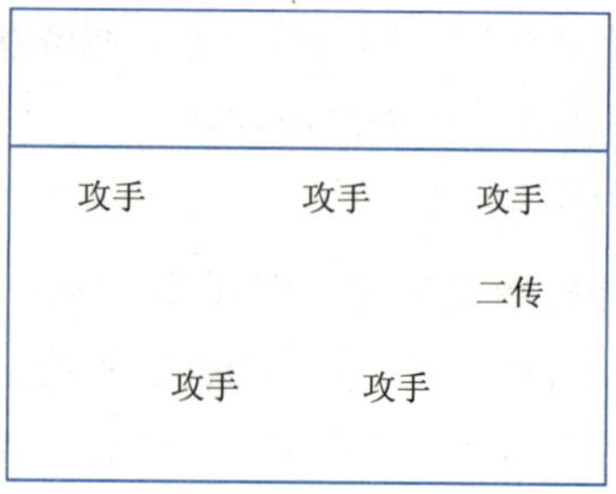

图11-15 “五一”配备

3. “三三”配备

“三三”配备由 3 名进攻队员和 3 名二传队员间隔站位，使每一轮次都有传有扣。此种形式的战术形式简单，攻击力较弱，适合于初学者。

11.4.2 交换位置

排球比赛中，场上的队员在发球队员击球后可任意交换位置，但后排队员不能到前排进攻和拦网。为了最大限度地发挥每个队员的特长，调动一切积极因素，加强进攻和防守的力量，以及弥补队员身体或技术的不足给阵容配备上带来的缺陷，比赛中，在规则允许的条件下，可以采用交换位置的方法。前排队员之间的换位，主要是为了便于进攻战术的实施和拦网实力的调整。前后排队员之间的换位，主要是为了保持前排三点进攻。后排队员之间换位，是为了加强后排重点部位的防守。

11.4.3 接发球站位阵形

接发球站位阵形就是在对方发球时，本方为了接好发球，事先站好的位置，摆好的阵形。站位的阵形，不仅要有利于接球，也要有利于本方所采用的进攻战术及对方发球的特点。

按接发球的人数来分，通常多采用 5 人接发球或 4 人接发球。

1. “中一三二”站位阵形

初学者打比赛多采用“中一二”进攻阵形，大多站成 W 形，也称“中一三二”型站位。5 名队员分布均衡，前面 3 名队员接前场区的球，后排 2 名队员接后场区的球，职责分明，但队员之间的“结合部”相应增多，也不利于接对方发到边角上的球（见图 11-16）。

2. “边一三二”站位阵形

“边一三二”站位，这种站位便于组织“边一二”进攻战术。队员分布更加均匀，分工明确，前面 2 名队员接前区球，中间队员负责接中区的球，后面 2 名队员接后区球。这种站位对接落点分散、弧度高、速度慢的下沉飘球、高吊球及发到边线、角上的球时较为有利。不利于接对方发到场地两腰及后区的大力球、平飘球等（见图 11-17）。

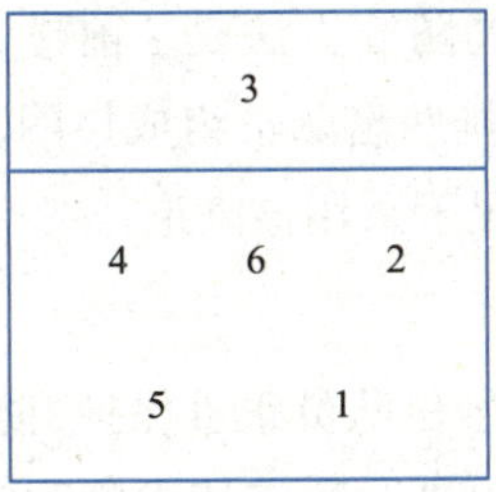

图11-16 “中一三二”站位阵形

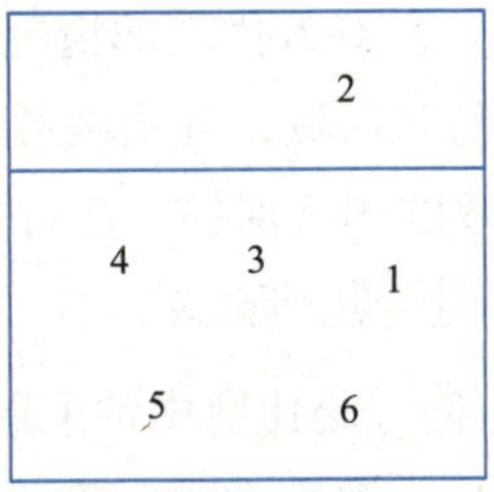

图11-17 “边一三二”站位阵形

11.4.4 进攻战术

1. “中一二”进攻战术

这种战术是最基本、最简单的战术形式。由③号位队员作二传，将球传给④、②号位队员进攻的组织形式。其特点是比较容易组织，初学者易掌握，但只能两点进攻，变化少，进攻意图易被对方识破（见图 11-18）。

2. “边一二”进攻战术

“边一二”进攻战术由②号队员作二传，把球传给③或④号位队员进攻，它比“中一二”战术变化多，难度大，战术配合也较复杂。由于两名进攻队员的位置相邻，便于进行互相掩护配合，可以组织更多的战术配合，它的突然性和攻击性程度比“中一二”进攻战术高（见图 11-19）。

3. “后排插上”进攻战术

“后排插上”进攻战术是后排一个队员在对方发球后，由后排插上到前排作二传，把球传给④、③、②号队员进攻组织形式。现代排球先进战术的主要形式，是在“中一二”进攻战术的基础上发展起来的。此种战术始终能保持前排三点进攻，战术配合变化多，并能充分利用网的全长组织进攻（见图 11-20）。

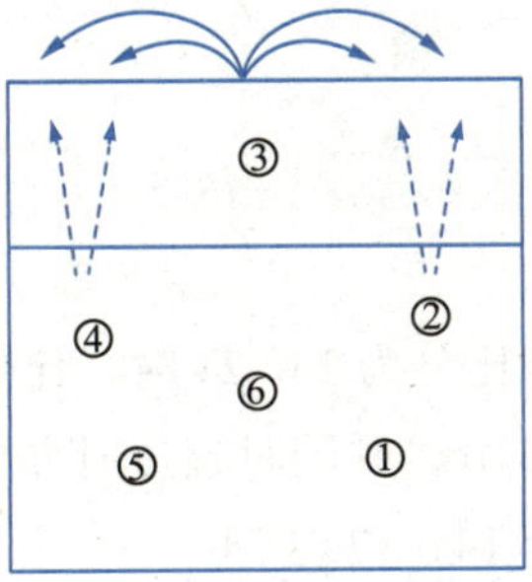

图11-18 “中一二”进攻战术

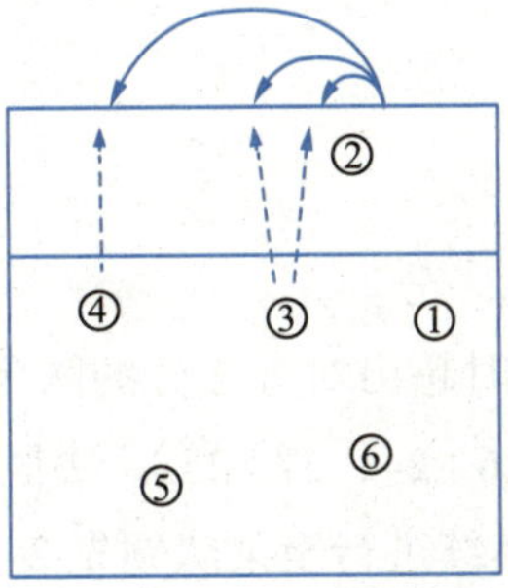

图11-19 “边一二”进攻战术

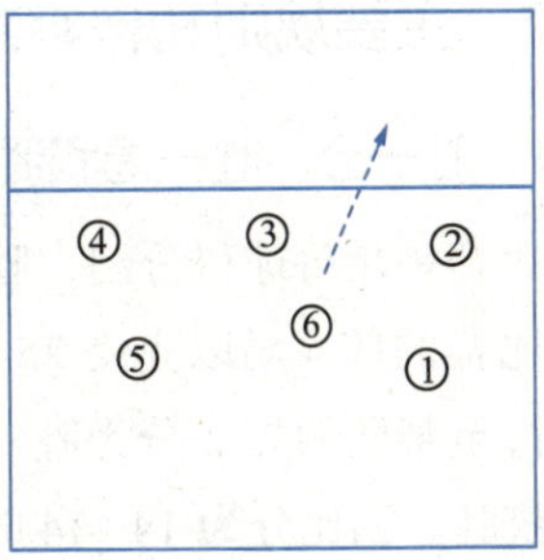

图11-20 “后排插上”进攻战术

11.4.5 防守战术

1. “边跟进”防守战术

拦网与后排防守的配合是防守成功的关键。比赛中常采用单人、双人和三人拦网，其中双人拦网是常采用的。在双人拦网的情况下，“边跟进”防守战术的防守方法是：前排 3 名队员要形成面对进攻的弧形防守区域，并明确各自的防守区域和范围。前排两名队员组成拦网，后排①号或⑤号队员跟进到进攻线附近保护。在对方进攻较强、吊球较少情况下采用该阵形。

2. “心跟进”防守战术

“心跟进”防守是比赛中常采用的一种防守形式，是由⑥号位队员跟进保护、防吊球的防守形式，适用于对方进攻力量不太强，善于打、吊结合时采用。“心跟进”防守战术的防守方法：前排不参加拦网的队员要及时后撤到限制线以后，准备防守，后排①、⑤号位队员应随着对方进攻点的不同，正确取位。此种形式的特点：网前有专人负责保护拦网，便于防守吊球和接应拦网的反弹球，中心场地比较充实，有利于接应和组织反击。其不足是后排防守力量相对有所减弱，后场两侧空隙较大。在对方吊球较多的情况下采用该阵形。

11.5 排球竞赛规则

11.5.1 场地、器械、设备

排球比赛场地长 18 m，宽 9 m，表面必须平坦、水平并且一致。中间为中线将球场分为两个半场，两半场离中线 3 m 处有一条限制线。场上所有的线宽 5 cm，线的宽度均包括在场区内。发球区短线 15 cm，与端线垂直并距端线 20 cm，两条短线画在两条边线的延长线上。球网为黑色，长 9.50 m，宽 1 m，网眼直径 10 cm。标志杆是一支具有弹性的杆子，长度为 1.80 m，分别设置在标志带的外沿，并高出球网 80 cm。标志带宽 5 cm，分别设置在球网两端并垂直与边线。

球网高度男子为 2.43 m，女子为 2.24 m。球网两端的高度必须相等，并不得超过规定网高 2 cm。

11.5.2 主要规则和裁判方法

1. 胜一分、胜一局和胜一场

比赛采用每球得分制，胜一球即胜一分。

比赛的前 4 局以先得 25 分，并同时超出对方 2 分的队为胜一局。当比分为 24 : 24 时，比赛继续进行至某队领先 2 分为胜一局（如 26 : 24，27 : 25）。决胜局以先得 15 分，并同时超过对方 2 分的队获胜。当比分为 14 : 14 时，比赛继续进行至某队领先 2 分为止（16 : 14，17 : 15）。

正式比赛采用五局三胜制。最多比赛 5 局，先胜 3 局的队为胜一场。

2. 发球犯规

（1）发球击球时犯规

① 发球犯规：未按照位置表所登记的发球次序发球；裁判员鸣哨后 5 s 之内未将球击出；球未抛起或球未清晰离开持球手时触及球；击球时，脚踏及端线或发球区短线。

② 重新发球：裁判员鸣哨前的发球；因特殊情况，裁判员认为有必要停止比赛；球被抛起或持球撤离后，未触及发球队员而落地，被认为发球失误，允许再次发球，发球队员必须再次鸣哨的 3 s 之内将球发出。

(2) 发球击球后的犯规

① 发球击球后的犯规：球触网后落入本方场内或场外；没有通过球网的垂直平面；发球队的队员利用掩护阻挡对方观察发球队员和飞行路线；球落在界外。

② 界外球。界外球包括：球的落点完全在场区界线以外的地面上；球触及场外物体、天花板或非比赛成员等；球触及标志杆、网绳、网柱或球网标志杆外侧部分；发球时或进入对方场区时，球的整体或部分从过网区以外过网。

3. 位置错误

当发球队员击球的瞬间，双方任何一名队员不在其规则规定的位置上，则构成位置错误犯规。上述规定，以队员脚的着地位置来确定。当发球队员击球犯规与对方位置错误同时发生时，则认为发球犯规在先而判。如果是发球队员击球后的犯规，则位置错误在先，判位置错误犯规。

4. 击球犯规

击球犯规：连击即球员连续击球两次或球连续触及身体数个部位；持球即球员未能清晰地击球而是持球、掷球；四击即球队在击球回对方场区前触球 4 次；借助击球即在比赛区域内，球员以队友或任何建造物体作为击球的支撑。

5. 拦网犯规

拦网犯规：在对方球员击球之前或同时，拦网球员在对方空间内触球；后排球员完成拦网或参与完成集体拦网；拦对方发球；拦网后球出界；在标志杆外侧，越过对方空间拦网；自由防守球员试图或参与完成拦网。

6. 后排队员进攻性击球犯规

后排队员在前场区域或踏及进攻线，击球体高于球网上沿水平面的球，并使球的整体由过网区通过球网垂直面或触及对方拦网队员，则为后排队员进攻性击球犯规。

7. 暂停与换人

第一局至第四局每局各有两次技术暂停，时间为 90 s，当任一球队先获 8 分或 16 分时自动暂停，每队每局另有两次要求暂停机会，时间为 30 s。决胜局（第五局）没有技术暂停，每队只能要求两次暂停。每局每队最多可替换 6 人次，可以同时替换 1 人或多人。

第12章 乒乓球

本章主要介绍乒乓球运动的起源与发展、乒乓球运动的特点与健身价值、乒乓球基本技术、乒乓球基本战术及乒乓球竞赛规则等内容。

学习目标

1. 运用乒乓球的基本技术进行健身锻炼和比赛。
2. 有效提高反应、灵敏、协调和操作思维能力。
3. 改善和提高心理素质。
4. 培养团结协作、勇敢顽强、机智果断的品质。

12.1 乒乓球运动的起源与发展

乒乓球运动是由两名或两对选手，用球拍在中间隔着球网的球台两端轮流击球的一项运动。乒乓球运动集健身性、竞技性和娱乐性为一体，它能提高人体神经系统的灵敏性、协调性，可以培养人们独立思考、单独作战能力及集体主义精神，被誉为我国的“国球”。

乒乓球运动起源于19世纪末的英国。乒乓球运动的发展大约经历了3个阶段。初期，运动员使用的都是木制的球拍，击出球的力量小，速度慢，没有什么旋转，打法也单调。1903年，英国人古德发明了胶皮球拍，到了20世纪50年代初，奥地利人发明了海绵球拍，球拍的改进，极大地促进了乒乓球技术的快速发展。日本运动员利用海绵球拍创造的远台长抽进攻型打法极大推动了乒乓球运动的发展。

1959年，我国运动员形成以“快、准、狠、变”为技术风格的直拍近台快攻打法，20世纪60年代，我国乒乓球技术水平位于世界最前列，乒乓球运动的优势由日本转移到中国。这是乒乓球运动水平的第二次大提高。

在日本和我国乒乓球运动发展的同时，欧洲运动员取日本弧圈球技术和中国近台快攻打法之长，创造出以弧圈球为主结合快攻的打法和以快攻为主结合弧圈球的打法。这两种打法的特点是速度快，能拉能打，低拉高打，回旋余地较大。这是乒乓球运动水平的第三次大提升。20世纪70年代以来，各种打法互取长短，使乒乓球运动技术得到了更快的发展和提高。1988年，乒乓球运动被列为奥运会正式比赛项目。现在，乒乓球运动已发展成为各国人民喜爱的运动项目之一。

12.2 乒乓球运动的特点与健身价值

12.2.1 乒乓球运动的特点

乒乓球运动是智能、技能、体能三者兼容以智能为主的隔网对抗运动。特点是：球小、速度快、变化多、技巧性强、趣味性高，设备比较简单，不受年龄、性别和身体条件的限制，在室内外都可进行，运动量可大可小，具有广泛的适应性和较高的锻炼价值，比较容易开展和普及。

12.2.2 乒乓球运动的健身价值

1. 可以有效地提高人的身体素质

长期参加乒乓球运动的人，随着水平的不断提高，活动范围的加大，运动量的加大，不仅能相应地提高速度、力量素质和身体的灵敏性、协调性，而且能使肌肉发达、结实、健壮，关节更加灵活稳固。

2. 可以调节改善神经系统灵活性

增强中枢神经系统对其他系统与器官的调节能力，提高反应速度。打乒乓球时，球在空中飞行的速度很快，经常从事乒乓球运动，可大大提高神经系统的反应速度。

3. 可以改善心血管系统和呼吸系统的功能

经常参加乒乓球运动，能使心血管系统的结构和机能得到改善，提高心脏的工作效率，有利于提高整个身体的机能水平。

4. 可以提高心理素质及意志品质

乒乓球运动中，成功和失败的条件经常转换，参赛者在经历激烈的比赛时，要琢磨对方的战术意图，把握自己的战术应用，因此能使练习者的心理素质得到很好的锻炼并能提高控制情绪的能力及培养机智果断、勇敢顽强、勇于进取和敢于拼搏的优良品质与作风。

此外，生活、工作中产生的不良情绪，也可在打乒乓球时得到缓解和释放，起到积极的心理调节作用，并能提高社会的适应能力。

12.3 乒乓球基本技术

12.3.1 基本站位与准备姿势

1. 基本站位

乒乓球运动的基本站位应与个人的不同打法类型及特点相适应，不同类型打法其基本站位的范围也不同。正确的站位，有利于保持稳定的击球姿势和向任何一个方向迅速移动。

（1）站位的范围

站位的范围指运动员离球台端线的远近距离和左右距离（见图 12-1）。

近台：站位距离端线 50 cm 以内的范围。

中近台：站位距离端线 50 ～ 70 cm 的范围。

中远台：站位距离端线 70 ～ 100 cm 的范围。

远台：站位距离端线 1 m 以外的范围。

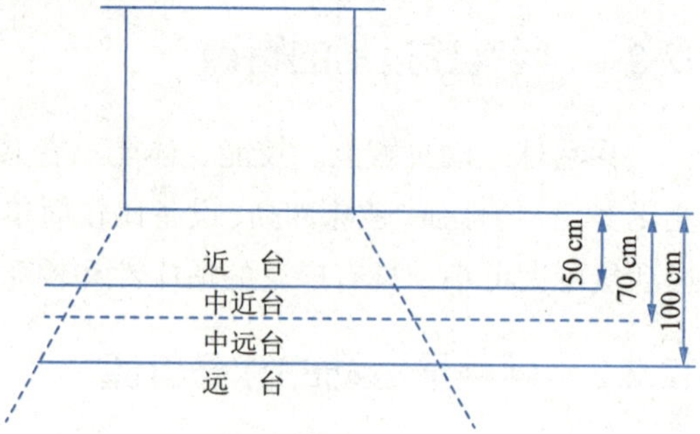

图12-1 站位

（2）不同打法类型的基本站位

左推右攻打法：基本站位在中间偏左。

两面攻打法：基本站位在近台中间。

弧圈球为主打法：基本站位在中台偏左。

横拍攻削结合打：基本站位在中台附近。

削球打法：基本站位在中远台附近。

2. 准备姿势

准备姿势是指击球员准备击球或还击球时的身体各部位姿势。合理的姿势，有利于脚、腿蹬地用力和腰、躯干各部位的协调配合与迅速起动，有利于采用各种技术回击来球。

动作要领（以右手直握拍法为例）：两脚开立，与肩同宽或比肩稍宽，两膝微屈，前脚掌着地（主要以脚内侧蹬地），脚趾轻微用力压地，脚跟微离地面，身体重心置于两脚前脚掌内侧；含胸收腹，上体略前倾，两眼注视来球；持拍手臂自然弯曲，握拍的肘部略向外张，球拍置于腹部右前方，手腕自然放松，拍头指向右斜前方，非持拍手臂自然弯曲于身体左侧（见图 12-2）。

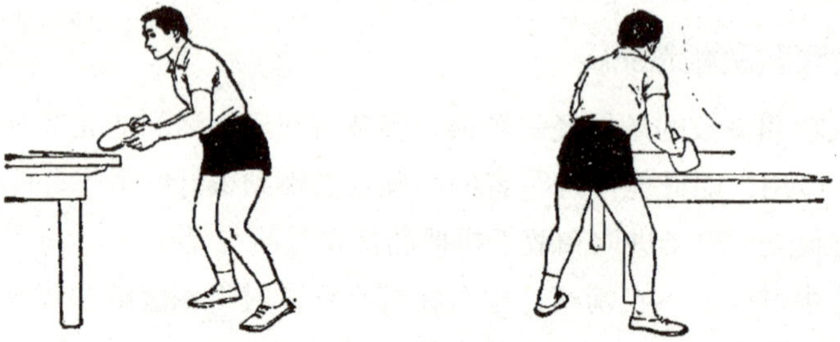

图12-2 准备姿势

12.3.2 握拍法

乒乓球握拍方法分直拍握拍法和横拍握拍法两种，不同的握法各有其优点。

1. 直拍握拍法

直拍握拍法的特点是正反手都用球拍的同一拍面击球，出手快，正手攻球快速有力，攻斜、直线球时，拍面变化不大，对手难以判断，便于从速度、球路和力量上取得主动，手腕动作灵活，发球可有较多变化。但反手攻球时，因受身体阻碍，较难掌握，不易发力。

直拍握拍法分为近台快攻握拍法和弧圈型握拍法。

(1) 近台快攻握拍法

球拍柄右侧贴在食指的第三关节处，以食指的第二关节压住球拍的右肩，食指的第一关节自然向内弯曲，拇指的第一关节压住球拍的左肩（拇指与食指之间的距离要适中）。其他三指自然弯曲斜重叠，以中指第一指节托于球拍背面，使球拍保持平稳（见图 12-3）。

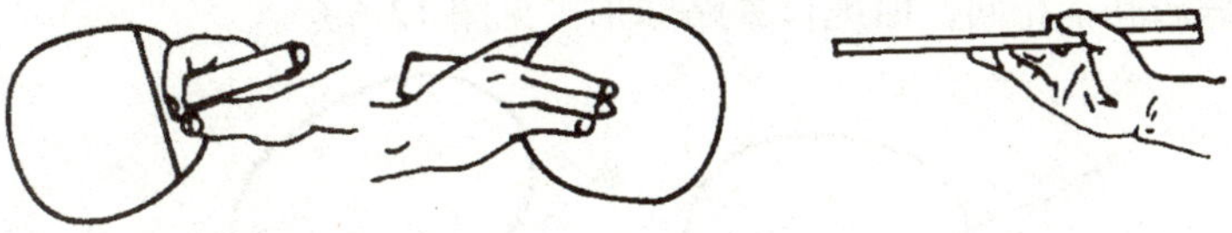

图12-3 近台快攻握法

这种握拍法的优点是手腕比较灵活。用这种握拍法进行正手攻球时，拇指与中指协调用力，食指相对放松，无名指微离中指，指尖轻托球拍背面，以保持发力时球拍的稳定。进行反手攻球或推挡球时，食指和中指协调用力，拇指相对放松。用手腕发力时（包括正、反手击球），以中指发力为主，拇指和食指保持拍形的稳定，同时做辅助用力。

(2) 弧圈型握拍法

拇指贴在球拍左侧，食指轻轻扣住拍柄，形成小环状。中指和无名指较直地以第一指节托住球拍背部，小指自然紧贴在无名指之下（见图 12-4）。

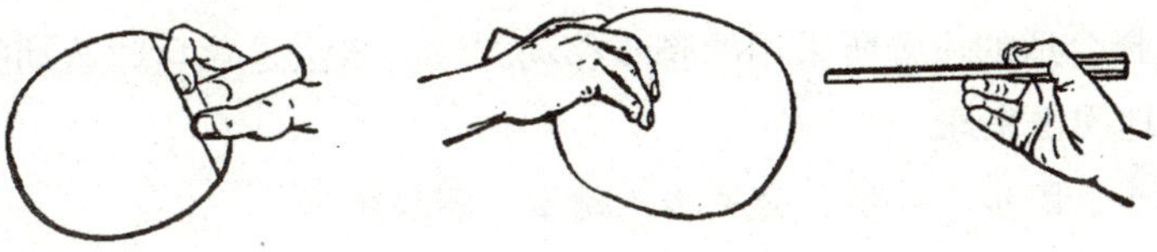

图12-4 弧圈型握拍法

这种握拍法，很自然地将手臂、手腕和球拍连成一条线，拍呈横状，扩大了右半台的照顾范围。在正手拉弧圈球和扣杀时，容易发挥手臂的力量。正、反手结合运用时，主要靠前臂带动手腕做回旋动作。缺点是手腕不灵活，处理快攻球、台内球、追身球及反手近台球比较困难。

2. 横拍握拍法

横拍握拍法的特点是正反手攻球力量大，攻削球时握法变化小，反手攻球容易发力也便于拉弧圈；但正反手交替击球时，需变换击球拍面，攻斜、直线时调节拍形的幅度大，易被对方识破。

横拍握拍法分为浅握法和深握法。

(1) 浅握法

以中指、无名指、小指自然地握住拍柄，拇指在球拍的正面轻贴在中指旁边，食指自然伸直斜放于球拍的背面，虎口轻微贴拍（见图 12-5）。

图12-5 浅握法

浅握法的优点是握拍较松，手腕灵活，对台内球的处理方法较多，对低球起板较容易。缺点是攻击时，上臂、前臂的力量较难全部集中到手腕上，因而发力会受影响。削球时，拍形不易固定。

(2) 深握法

深握与浅握的握法基本相同，但虎口紧贴球拍（见图 12-6）。

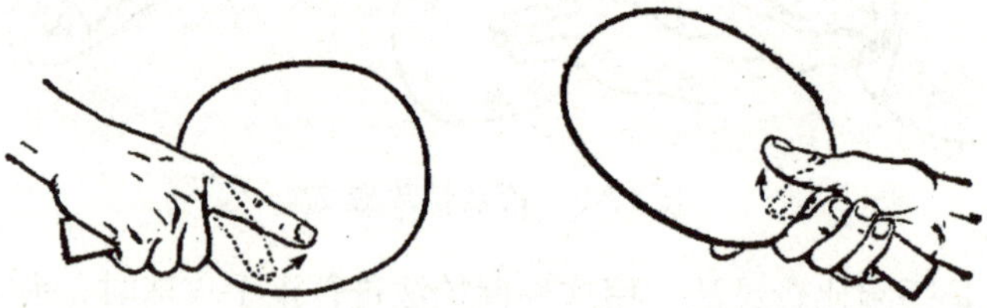

图12-6 深握法

深握法的优点是握拍较紧，拍形比较固定，进攻时发力比较集中，拉高吊、前冲弧圈球比较转，扣杀球有力。缺点是由于握法紧，手腕不够灵活，台内球处理比较困难，左右结合的灵活性稍差，正手贴身球比较难打。

12.3.3 基本步法

步法指击球时选择合适的位置所采用的脚步移动方法。步法是乒乓球运动的生命，没有灵活的步法，就不可能有效地回击来球。

步法主要有：单步、跨步、并步、交叉步、跳步、侧身步等。

(1) 单步

以一只脚为轴，另一只脚向前、后、左、右不同方向移动，身体重心随之落在移动脚上（见图 12-7）。

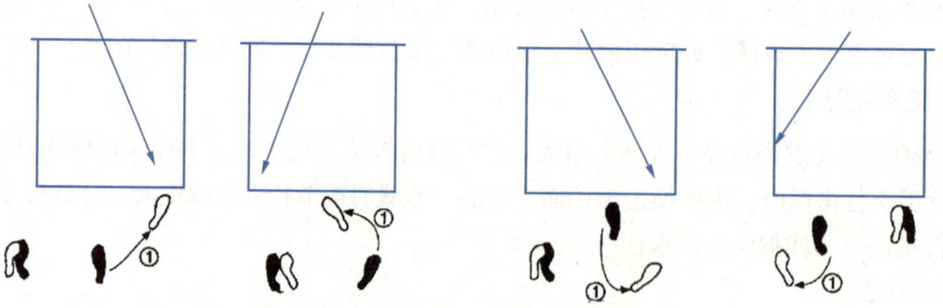

图12-7 单步

单步在还击距离身体一步以内的范围且角度不大的来球及台内球、追身球时采用。

(2) 跨步

一脚蹬地，另一脚向移动方向跨一大步，蹬地脚随后跟上半步或一小步，身体重心即移到跨步脚上（见图 12-8）。

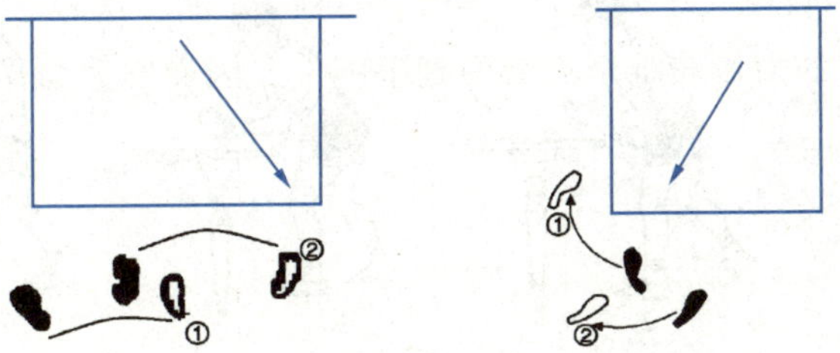

图12-8　跨步

(3) 并步

一脚先向另一脚并半步或一小步，另一脚在并步脚落地后随即向来球方向移动一步（见图 12-9）。

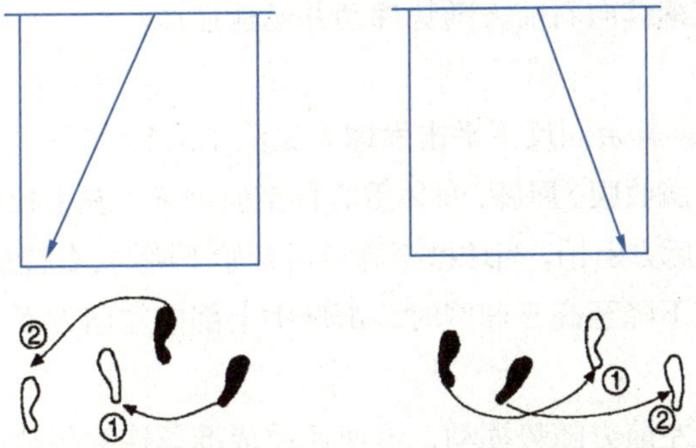

1 并步从右向左移动　　2 并步从左向右移动

图12-9　并步

(4) 交叉步

以靠近来球方向的脚作为支撑脚，该脚的脚尖调整指向移动方向，远离来球方向的脚在体前交叉，向来球方向跨出一大步，身体随之向来球方向转动，支撑脚跟着向来球方向再迈一步，这是前交叉步。后交叉步是在体后完成交叉动作。交叉步多在来球较远的情况下采用。

(5) 跳步

以来球异侧脚用力蹬地，两脚同时离地向来球方向跳动。

12.3.4　发球和接发球

1. 发球

发球在比赛中对于扬己之长、攻彼之短均有着技术和战术上的意义。它是连接整个乒乓球技、战术重要环节。发球、接发球、发球抢攻称为前三板技术，是我国的乒乓球强项技术。

(1) 反手平击发球

持拍手以肘关节发力，由左后向右前挥拍击球中部，拍面稍前倾，第一落点在本台中区（见图 12-10）。

① 击球前：站位于球台偏左角，右脚稍前或平站，身体略向左转，左手掌心抛球置于身体左侧前方。同时，右臂外旋，使球拍角度稍前倾，向身体左后方引拍。

图12-10 反手平击发球

② 击球时：当球从高点下降至稍高于网时，右臂从身体后方向右前方挥动，击球中上部向前方发力，球击出后第一落点在球台中央。

③ 击球后：手臂和手腕继续向右前方随势挥动并迅速还原。

(2) 正手平击发球

持拍手由右后向前挥动，其余同反手平击发球（见图12-11）。

① 击球前：站位近台，含胸收腹、屈膝，身体重心移至前脚掌。左手托球向上抛起，同时右臂内旋，使拍面角度稍前倾，向身体右后方引拍。当球抛至高点后开始下降时，右臂从身体右后方向右前方挥动。

② 击球时：当球从高点下降至高于球网时，击球中上部向左前方发力。球击出后第一落点在球台中央。

③ 击球后：手臂继续向左前方随势挥动，迅速还原成准备连续相持姿势。

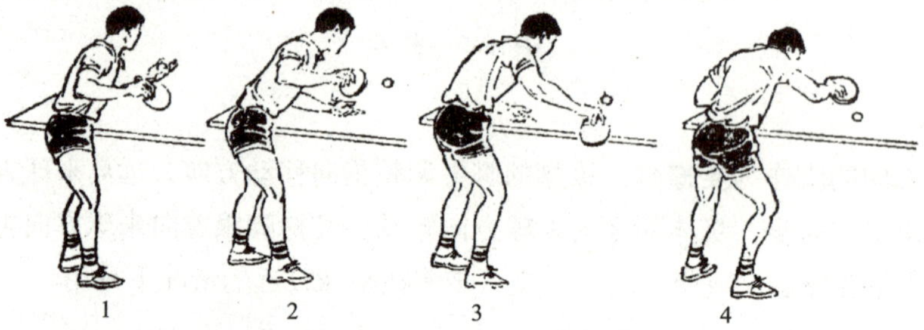

图12-11 正手平击发球

(3) 正手发左侧上、下旋球

动作方法：正手发左侧上旋球时，手臂自右上方向左下方挥摆，球拍从球的右侧中下部向左侧面摩擦。正手发侧下旋球时，手臂自右后上方向左前下方挥摆，球拍从球的右侧中下部向左侧下部摩擦。

(4) 反手发右侧上、下旋球

动作方法：反手发右侧上旋球时，执拍手由左上方经身前向右下方挥摆，触球的拍面从球的左中下部左侧上部摩擦。反手发右侧下旋球时，执拍手由左后上方向右前下方挥摆，触球时拍面从球的左侧中下部向右侧下部摩擦。同时，应注意配合转体动作使腰、臂协调用力有利于增大发球的速度和力量，增强球的旋转。

(5) 正手发转与不转球

动作方法：转动抛球的同时持拍手向后上方引拍。发加转球时，手臂由后上方向前下方挥摆，前臂外旋转动使拍面后仰，手腕用力使球拍下部靠左的一侧去摩擦球的底部。发不转球时，前臂旋外转动应稍慢使拍面的后仰角度小些，用球拍下部偏右的一侧碰击球的中下部，故球的旋转较弱。

特点：发球员用相似的动作发出下旋强弱差异较大的球。

2. 接发球

接发球技术是各项基本技术的综合运用。接好发球应注意以下 3 个方面。

（1）要选择恰当的站位

站在球台左半台，在离球台端线的远近距离视来球的落点而定，便于前后移动接长、短球，离台 30 ～ 40 cm。接发球时选好站位对充分发挥技术特长起很大作用。

（2）对来球的判断，是接好发球的前提

如何才能准确无误地判断出对方发球的旋转性质、旋转程度、落点变化，主要应依据对方球拍在接触球的一瞬间的挥动方向和触球的部位与用力方向来判断球的性能。如观察对方发球前的引拍方向；观察球拍触球瞬间摩擦球的方向，判断球的旋转性质；观察发球时挥臂的动作幅度和手腕用力大小，判断球的落点长短和旋转强弱；根据发球的第一落点判断来球的长短；根据球在空中的飞行弧线判断旋转；根据手感判断来球的旋转。

（3）及时移动，选择恰当的回击手法

判断清楚对方发球后（速度、落点、旋转）必须移动步法才能取得接发球的有利位置。接发球的基本手法是：由点、拨、带、拉、攻、推、搓、削、摆短、撇侧旋等多种综合技术组成的，应选择恰当的手法。

12.3.5 挡球和推挡球

推挡是我国直拍打法的一项重要基本技术，是控制球速、落点和稳定球性的有利手段。运用得好，既能成为争取主动的助攻手段，又能起到积极防御或从相持变为主动的作用。

推挡技术一般分为快推、加力推、减力挡、推挤以及推下旋球等。推挡一般的站位大多是站在球台左半台的 1/3 处，离球台 30 ～ 40 cm，两脚分开，比肩略宽。左脚稍前，右脚稍后，相差半只脚左右，或两脚平行，上体稍前倾，身体重心在两脚之间，两膝微屈；拍面与球台平面约成 90°，上臂和肘部自然靠近身体右侧（以右手为例），肩部放松。

快推球的特点是回球速度快，有斜直线变化。击球时要求上臂和前臂适当向下方后撤，击球前手臂迅速迎前，在来球的上升期触球。

加力推球的特点是回球力量大，球速快，与减力挡球配合使用，能更有效地牵制对方，争取主动。击球要点是前臂必须提起，上臂后收，肘部贴近身体，击球点在上升期或高点期，为了加大力量和动作的稳定性，应运用身体重心前移的力量。

动作要点（以右手为例）

（1）挡球

近台中偏左站位左脚稍前，屈膝提踵含胸收腹，重心在前脚掌上，持拍手置于腹前，上臂靠近身体右侧，球拍半横状。前臂和手腕顺来球路线向前伸出主动迎球，上升期击球中部，拍面与台面

几乎垂直，拍触球后立即停止，迅速还原成准备姿势（见图 12-12 和图 12-13）。

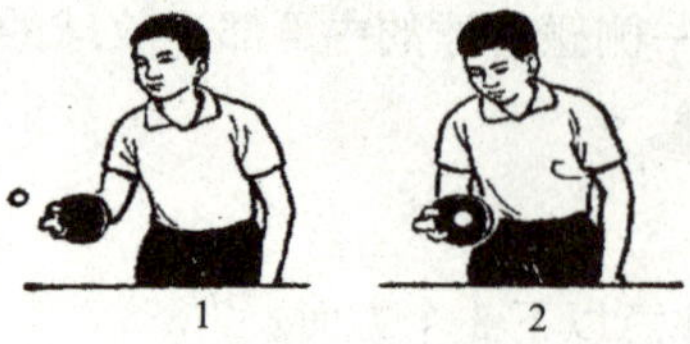

图12-12　反手挡球

图12-13　正手挡球

（2）推挡球

近台中偏左站位右脚稍前，击球时提起前臂上臂后收肘部贴近身体，在上升时期或高点期击球中上部。击球时适当用伸髋转腰动作加大手腕发力，并用中指顶住拍背向前用力（见图 12-14）。

图12-14　推挡球

12.3.6　攻球

乒乓球的攻球技术分为正手攻球、反手攻球、侧身正手攻球三大类。每种技术中又分为快攻、快点、快带、快拨、快拉、突击、扣杀、杀高攻、中远攻等各种技术。以下简单介绍正手攻球和反手攻球。

动作要点（以右手为例）

1. 正手攻球

持拍手由右侧向左前上方挥动，以前臂快速内收发力配合手腕内转沿球体做弧线挥动，在上升期击球的中上部，击球位置在身体右前方一前臂的距离处（见图 12-15）。

（a）直拍正手攻球

图12-15　正手攻球

（b）横拍正手攻球

图12-15 正手攻球（续）

2. 反手攻球

持拍手由左后向右前上加速挥拍，前臂发力为主，手腕外转，拍面前倾，重心移至右脚，胸前击球上升时期的中上部。

12.3.7 搓球

搓球是近台和台内回击下旋球的一种比较稳定的技术。搓球动作特点是击球节奏和球速较慢，带下旋，较为稳定。它与削球的主要区别是站位近、动作小、由于具有旋转、速度、落点变化，常用于接发球或搓球过渡，为进攻创造机会。

动作要点（以右手为例）

1. 慢搓

持拍手臂自然弯曲。击球时用前臂和手腕向前下方用力，拍面后仰，在下降期击球中下部（见图 12-16）。

特点与运用：慢搓动作幅度大，在来球的下降期击球，回球速度慢，但有利于增加搓球的旋转强度。慢搓一般适用于回接旋转较强、线路稍长的来球。

图12-16 横拍慢搓

2. 快搓

击球方法与慢搓相同，在球的上升期击球，击球时拍面稍横立避免出界或回球过高（见图 12-17）。

特点与运用：快搓动作幅度小，回球速度快，借来球的力量将球搓回，常用于接发球或削过来的近网下旋球，在对搓中，利用快搓改变击球节奏，缩短对方回球的准备时间。

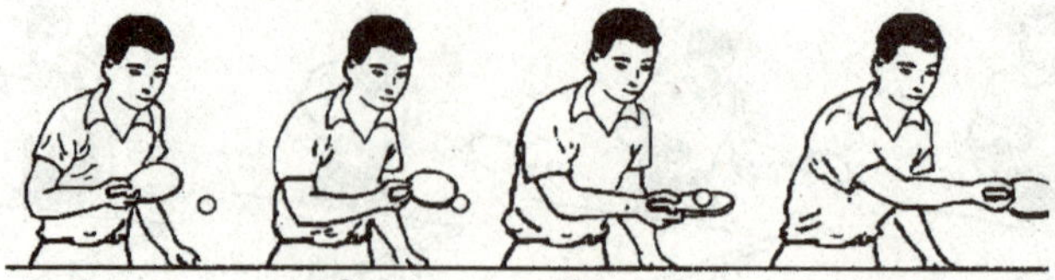

（a）直拍快搓

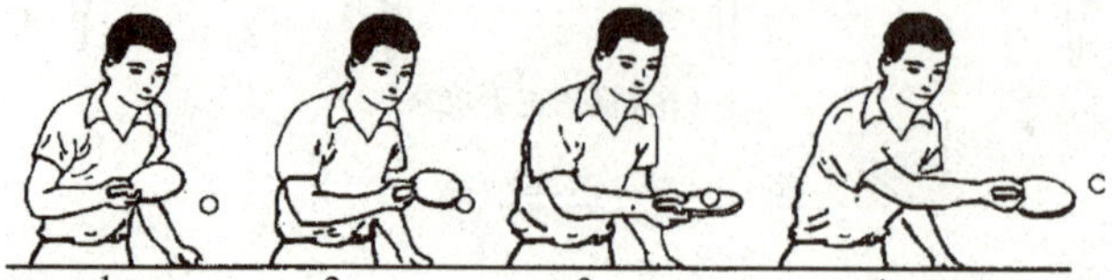

（b）横拍快搓

图12-17 快搓

12.3.8 削球

1. 远削

动作要点：向上引拍，是为了增大削击球的用力距离；在下降期击球，但不能过于低于台面；要保持足够的撞击力，否则球不易过网（见图 12-18）。

特点与运用：远削击球动作大、球速慢、弧线长，有利于削转与不转球并以落点变化来牵制对方。常适用于对付对方的扣杀球、弧圈球和提拉球。

2. 近削

动作要点：向上引拍比肩略高，根据来球的情况调节拍面后仰角度；前臂发力为主，手腕配合下压，击球后没有前送的动作（见图 12-19）。

特点与运用：近削动作幅度小、回球速度快、前进力较强，多用于近削逼角，有一定的威胁，往往能获得主动或直接得分。一般用来对付轻拉球和一般的上旋球。

（a）直拍削球

（b）横拍削球

图12-18 远削球

图12-19 近削球

3. 削弧圈球

动作要点：在来球的下降后期触球，此时，球的旋转已减弱；击球点一般选在右腹前为宜，并适当放低些，这样可利用来球部分向上的反弹力形成自然的回球弧线，有利于提高削球的准确性；球拍触球时，拍面不能过分后仰，应触球的中下部；如果来球旋转较强，可使拍面竖直些，并适当加大手臂向下压球的力量；触球时，手腕应相对固定，以免回球过高。

12.4 乒乓球基本战术

乒乓球战术是运动员根据自己和对手的具体情况，将自己所掌握的技术有意识地组合起来，充分利用自己的技术风格特点，抓住对方的弱点，而采取合理有效的手段和方法制约对方的长处。乒乓球的基本战术有发球抢攻战术、接发球战术、搓攻战术、对攻战术、拉攻战术、削中反攻战术、弧圈球战术等。本节只简单介绍发球抢攻战术和对接战术。

12.4.1 发球抢攻战术

发球抢攻是我国直板快攻打法的"杀手锏"，是力争主动、先发制人的主要战术。发球抢攻战术因打法的类型不同而有所差异，但常用的发球抢攻战术，主要有以下几种。

1. 正手发转与不转

正手发转与不转球后抢攻，一般以发至对方中路或右方短球为主，配合左方长球。开始先发短的下旋球，以控制对方不能抢攻或抢拉，然后再发不转球抢攻。不转球，一般也先发短的，或发至对方攻势较弱的一面；如果对方不吃，还可适当发些长球到其正手。

2. 侧身正手（高抛或低抛）发左侧上（下）旋球

侧身用正手发高、低抛左侧上、下旋球的落点为:发至对方中左短、左大角、中左长、中右（向侧拐弯飞行正好至对方怀中）和右短，配合一个直线奔球。

3. 反手发右侧上（下）旋球

一般多发至对方中右近网或半出台落点，然后用正、反手抢攻对方反手。

4. 反手发急球或急下旋球

反手发急上旋球至对方反手后，侧身抢攻。擅长反手推挡的选手，或遇到对方反手推攻较差的选手，可发急下旋后用推挡紧压对方反手再伺机侧身攻的战术。

12.4.2 对攻战术

对攻战术是进攻型打法在相持阶段常用的一项重要战术。常用的对攻战术有以下 3 种。

1. 紧逼对方反手，伺机抢攻或侧身抢攻、抢拉

① 一般用于对付反手较弱或进攻能力不强的对手。

② 压对方反手时，可用推挡、反手攻或弧圈球。

③ 压对方反手准备侧身前，应主动制造机会，避免盲目侧身。

2. 压左突右

集中所有攻击力压住对手的左半台，突然攻击对手的右半台。注意，紧压对方反手时，要速度快，角度大，力量重，变线的这一板球要有质量，角度大，突然性强。

3. 调右压左

运用方法：先打对方正手，将其调到正手位并被迫离台后，再打其反手位。注意，调正手位的这一板球要狠，否则易遭对方攻击。

4. 攻两大角

此战术是扣给对方左右两个大角，使其顾此失彼，从而占据主动。一般用于对付步法较慢，动作较慢的选手。可以采用对角攻击，即以两条斜线调动对方，也可采用双边直线，即先以直线攻一角，再以直线攻另一角。

运用此战术时，应注意：

① 打斜线角度要大，能超出边线最好，充分发挥斜线的威力。

② 打直线出手要快，突然性要强，线路要直。

5. 攻追身球

在进攻过程中，判断出对手下一步的移动位置，将球还击到对手的移动位置处，迫使对手无法正常做出击球动作。

6. 变化击球节奏，加力推和减力挡结合，发力攻、拉与轻打轻拉结合

此战术运用于战位中台的两面拉（攻）选手。一般先用加力推（攻）将对方压下去，再用减力挡将其诱上来，然后伺机扣杀。注意，一定要先加力使对手退离球台后再用减力挡，如果只有减力挡，没有加力推，反而会招来被动。

在拉球中拉出真（强烈上旋）、假（不转）及侧旋弧圈，用旋转的变化来增加对方回球的难度；也可用拉球长短落点的变化来创造机会，即先拉长球至对方端线处，迫使对方后退，再突然拉一板中路偏右的短球（刚出台）；或先拉刚出台的轻球，再发力拉靠近端线的长球，从中伺机突击。

7. 改变球的旋转性质，例如加力推后、推下旋

如对手发下旋球，要拉起，使球变为强烈的上旋，这就是改变球的旋转性质。加力推与减力挡配合运用，能更有效地控制对方，争取主动；一般适用于对付速度较慢、旋转较弱，以上旋球或力

量较轻的攻球及推挡。在对推或对攻相持中，可突然将球变为下旋，从而使对方直接下网或因不适而陷于被动。但是，推下旋难以充分发力，且用来对付上旋较强的球有很大困难，故只宜作为辅助技术使用。

12.5　乒乓球竞赛规则

12.5.1　场地与器材

1. 球台

球台长 2.74 m，宽 1.525 m，离地面高 76 cm。比赛台面可用任何材料制成。沿 2.74 m 的边线边缘及 1.525 m 长的端线边缘应有一条 2 cm 宽的白线，比赛台面由一个与端线平行的垂直的球网划分为两个相等的台区。各台区的整个面积应是一个整体。双打时，各台区应由一条 3 mm 宽的白色中线，划分为两个相等的"半区"。中线与边线平行，并应视为右半区的一部分（见图 12-20）。

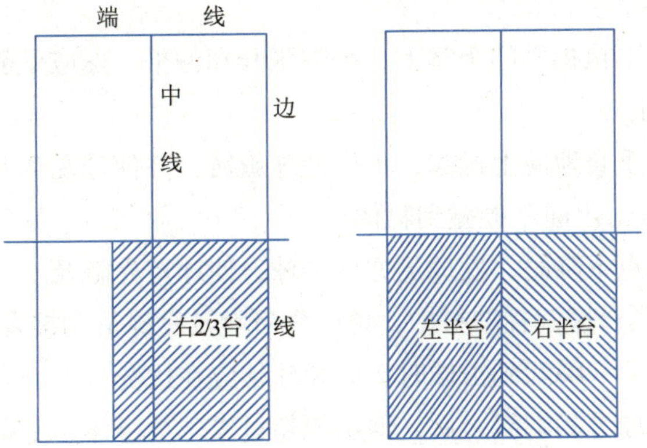

图12-20　球台

2. 球网装置

球网装置包括球网、悬网绳、网柱及将它们固定在球台上的夹钳部分；网柱和球网的顶端距离比赛台面为 15.25 cm。

3. 球拍

球拍的大小、形状和重量不限。用来击球的拍面应用一层颗粒向外的普通颗粒胶覆盖，覆盖物应覆盖整个拍面，但不得超过其边缘。

12.5.2　乒乓球比赛主要规则

1. 定义

(1) 球处于比赛状态

从发球时球被有意向上抛起前静止在不执拍手掌上的最后一瞬间开始，直到球触及比赛台面，到该回合被得分或重发球。

(2) 击球

用握在手中的球拍或执拍手腕以下部位触球。

(3) 阻挡

对方击球后，向比赛台面方向运动的球，在没有触及本方台区，也未越过之前，即触及本方运动员或其穿戴的任何物品。

(4) 穿或戴的物品

指运动员在一个回合开始时穿或戴的任何物品，但不包括比赛球。

(5) 越过或绕过球网装置

除从球网和比赛台面之间通过以及从球网和网架之间的情况外，球均应视作已越过或绕过球网装置。

(6) 球台的端线

包括球台端线以及端线的无限延长线。

2. 合法发球

① 发球时，球应放在不执拍手的手掌上，手掌张开和伸平。球应是静止的，在发球方的端线之后，比赛台面的水平面之上。

② 发球员需将球几乎垂直地向上抛起，不得使球旋转，并使球在离开不执拍手的手掌之后上升不少于 16 cm，球下降到被击出前不能碰到物体。

③ 当球从抛起的最高点下降时，发球员方可击球，使球首先触及本方台区，然后越过或绕过球网装置，再触及接发球员的台区。在双打中，球应先后触及发球员和接发球员的右半区。

④ 从抛球前静止的最后一瞬间到击球时，球和球拍应在比赛台面的水平面之上。

⑤ 击球时，球应在发球方的端线之后，但不能超过发球员身体（手臂、头或腿除外）离端线最远的部位。

⑥ 运动员发球时，应让裁判员或副裁判员看清他是否按照合法发球的规定发球。

3. 合法还击

对方发球或还击后，本方运动员必须击球，使球直接越过或绕过球网装置，或触及球网装置，或触及球网装置后，再触及对方台区。

4. 比赛次序

① 在单打中，首先由发球员合法发球，再由接发球员合法还击，然后两者交替合法还击。

② 在双打中，首先由发球员发球，再由接发球员合法还击，然后由发球员的同伴合法还击，再由接发球员的同伴合法还击，此后，运动员按此次序轮流合法还击。

5. 重发球

① 擦网球应判重发球。

② 裁判员未报分，同时接发球员也未准备好，发球员已将球发出，应判重发球。

③ 由于发生了运动员无法控制的干扰，而使运动员未能合法发球、合法还击或遵守规则。

④ 裁判员或副裁判员暂停比赛，遇到下列情况，可暂停比赛：由于要纠正发球、接发球次序或方位错位；由于要实行轮换发球法；由于警告或处罚运动员；由于比赛环境受到干扰，以致该回合结果有可能受到影响。

6. 一局比赛

在一局比赛中，先得 11 分的一方为胜方。10 平后，超过对方 2 分的一方为胜方。

7. 发球、接发球和交换位置的顺序

① 每获得两分之后，接发球方即成发球方，依此类推，直至该局比赛结束。双方比分都达到 10 分，或者实行轮换发球法时，发球或接发球次序依然不变，但每人只轮换发一分球。

② 一局中，先发球的一方，在该场下一局变为接发球方。在双打决胜局中，当一方先得 5 分时，接发球方应交换接发球次序。

③ 一局中，在某一方位比赛的一方在该场下一局应换到另一方位。在决胜局中，一方先得 5 分时，双方应交换方位。

8. 轮换发球法

① 如果一局比赛进行到 15 min 仍未结束（双方都已获得至少 9 分时除外），或者在此之前应双方运动员要求，应实行轮换发球法。

② 轮换发球方一经实行，该场比赛剩余的局都必须实行轮换发球法。

9. 发球、接发球次序和方位的错误

裁判员一旦发现发球、接发球次序错，应立即暂停比赛，并按该场比赛开始时确立的次序，按场上比分由应该发球或接发球的运动员发球或接发球；在双打中，则按发现错误时那一局中首先有发球权的一方所确立的次序进行纠正，继续比赛。

裁判员一旦发现运动员应交换方位而未交换时，应立即暂停比赛，并按该场开始时的确立次序，按场上比分运动员应站的正确方位进行纠正，继续比赛。在任何情况下，发现错误之前的所有得分均有效。

第13章 羽 毛 球

本章主要介绍羽毛球运动的起源与发展、羽毛球运动的特点与健身价值、羽毛球基本技术、羽毛球基本战术及羽毛球竞赛规则等内容。

学习目标

1. 运用羽毛球的基本技术进行健身锻炼和比赛。
2. 有效提高反应、灵敏、协调和操作思维能力。
3. 改善机能，增强体质。
4. 增长智慧，陶冶心理。

13.1 羽毛球运动的起源与发展

羽毛球运动因其简便易行、竞技性和娱乐性较强、锻炼价值较高而受到广大群众的喜爱。羽毛球运动在我国一直是开展较为广泛的体育项目。

羽毛球最早出现于 14 ～ 15 世纪时的日本，球拍是木制的，球用樱桃核插上羽毛制成。这种游戏时兴的时间不长便消失了。大约在 18 世纪时，印度的普那出现了一种与早年日本的羽毛球极相似的游戏，球用直径约 6 cm 的圆形硬纸板，中间插羽毛制成，手执木板来回击球。现代羽毛球运动诞生于英国，大约在 1800 年左右，由网球派生而来。我们可以注意到现今的羽毛球场地和网球场地仍非常相似。1870 年，出现了用羽毛、软木做的球和穿弦的球拍。1873 年，英国公爵鲍弗特在格拉斯哥郡伯明顿镇的庄园里进行了一次羽毛球游戏表演，从此，羽毛球运动便逐渐开展起来。

1877 年，第一本羽毛球比赛规则在英国出版。1893 年，在英国成立了世界上第一个羽毛球协会。1899 年，该协会举办了第 1 届“全英羽毛球锦标赛”，此后每年举办一次，沿袭至今。羽毛球运动从斯堪的纳维亚流传到英联邦各国。20 世纪初流传到亚洲、美洲、大洋洲，最后传到非洲。1934 年，成立了国际羽毛球联合会，总部设在伦敦。1939 年国际羽毛球联合会通过了各会员国共同遵守的《羽毛球竞赛规则》。20 世纪 20 年代到 40 年代欧美国家的羽毛球运动发展得很快，其中英国、丹麦、美国、加拿大的水平相当高。20 世纪 50 年代亚洲羽毛球运动发展很快，马来西亚取得两届汤姆斯杯赛冠军。同时印度尼西亚队在技术和打法上有所创新很快取得了霸主地位。20 世纪 60 年代以后羽毛球运动的发展逐渐移向亚洲。在 1988 年汉城奥运会上，羽毛球被列为表演项目，1992 年巴塞罗那奥运会列为正式比赛项目，从此羽毛球运动进入新的发展时期。2006 年，在试行了 3 个月的羽毛球新规则后正式实施，并在当年汤姆斯杯、尤伯杯赛中首先采用。

1981 年 5 月国际羽毛球联合会重新恢复了中国在国际羽联的合法席位，从此揭开了国际羽坛历史上新的一页，进入了中国羽毛球选手称雄世界的辉煌时代。

13.2 羽毛球运动的特点与健身价值

13.2.1 羽毛球运动的特点

1. 羽毛球运动是一种全身运动项目

无论是进行有规则的羽毛球比赛还是作为一般性的健身活动，练习者都要在场地上不停地进行脚步移动、跳跃、转体、挥拍，合理地运用各种击球技术和步法将球在场上往返对击，从而增大了练习者上肢、下肢和腰部肌肉的力量，促进了全身血液循环，增强了心血管系统和呼吸系统的功能。此外，羽毛球运动要求练习者在短时间对瞬息万变的球路做出判断，果断地进行反击，因此，它能提高人体神经系统的灵敏性和协调性。

2. 羽毛球运动的运动量易于调节

羽毛球运动游戏性较强，适合于男女老幼，运动量可根据个人年龄、体质、运动水平和场地环境的特点而定。适量的羽毛球运动能促进青少年增长身高，能培养青少年的自信、勇敢、果断等优良的心理素质。

3. 羽毛球运动的简便性

羽毛球运动的简便性在于人们进行羽毛球运动不受年龄、性别、场地的限制，个人、集体均可参加。不同年龄、性别以及不同体质、水平的人都能在羽毛球运动中找到乐趣。

13.2.2 羽毛球运动的健身价值

1. 娱乐性

(1) 自娱性

羽毛球作为一种娱乐活动，每当击球者在击出一个好球或赢得一个球时都能使自己兴奋并达到一种成功的喜悦。同时球的飞翔又有快慢、轻重、高低、远近、轻巧、飘转等变化，使这种运动本身充满了丰富的乐趣。

(2) 观赏性

羽毛球技术的千变万化，使羽毛球运动有很高的观赏性。

2. 锻炼性

(1) 增强体质

羽毛球运动可以全面增强人的体质。经常从事该项体育活动可以发展人体的灵活性、协调性，可以提高人们上下肢及躯干的活动能力，改善呼吸系统和心血管系统的功能，提高有氧供能和无氧供能的能力，调节神经系统并提高其抗乳酸的能力，起到增进健康、抗病防衰、调节精神的作用。

（2）培养意志

羽毛球运动因其竞争性、对抗性等诸多因素，能使参与者的意志品质得到较大的提高。

（3）锻炼心理

羽毛球活动需要对对方战术意图进行揣摩，对各种战机进行把握，从而选择自己的战术，因此经常从事该项运动可以使人的思维变得敏捷。同时，由于紧张的比赛、竞争的激烈，能使练习者的心理素质得到很好的锻炼。在竞争中，强化进取精神，能使人的智、勇、技在竞争与对抗中得到升华。

13.3 羽毛球基本技术

羽毛球的基本技术主要有握拍技术、发球技术、接发球技术和基本步法。

13.3.1 握拍技术

羽毛球运动是以手握球拍击球的方式进行的，握拍技术是首先要掌握的基本技术。有人曾做过这样的比喻：“羽毛球的球拍是运动员手臂的延伸。”正确的握拍可使其与人的手有机地融为一体，运动员用这只“延长的手”随心所欲地迎击不同方向、不同速度的来球达到手与球拍之间完美的结合。

羽毛球技术中的握拍法多种多样，但是基本的握拍法只有两种，即正手握拍法和反手握拍法。

1. 正手握拍法

虎口对着拍柄窄面的小棱边，拇指和食指贴在拍柄的两个宽面上，食指和中指稍分开，中指、无名指和小指并拢握住拍柄，掌心不要紧贴，拍柄末端与近腕部的小鱼际肌齐平，拍面基本与地面垂直（见图 13-1）。

2. 反手握拍法

在正手握拍的基础上，拇指和食指将拍柄稍向外转，拇指顶点在拍柄内侧的宽面上或内侧棱上，中指、无名指和小指并拢握住拍柄，柄端靠近小指根部，使掌心留有空隙。球拍斜侧向身体左侧，拍面稍后仰（见图 13-2）。

图13-1 正手握拍法

图13-2 反手握拍法

正确的握拍技术是掌握合理、准确、全面的基本技术的根基，无论是正手握拍还是反手握拍，其技术的关键是，既不能限制或影响手腕的活动，也不能影响手指发力，其最终目的是使自己的手腕能更加灵活转动，手指能最大限度地发挥力量（见图 13-3）。

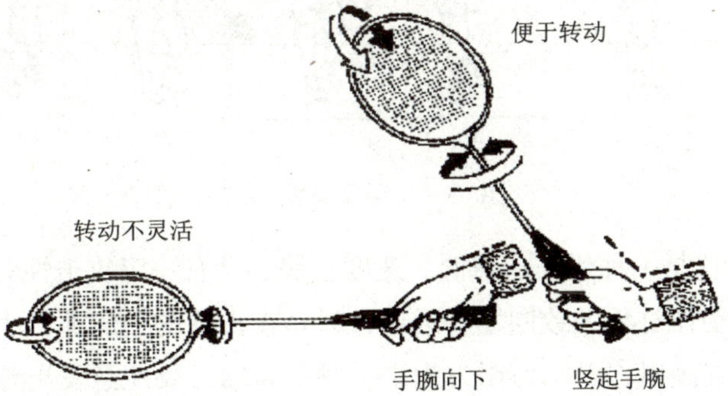

图13-3 正确的握拍姿势

13.3.2 发球技术

在羽毛球比赛中，发球质量高，可有效地陷对手于被动，甚至可直接得分。就发球的姿势而言分为正手发球、反手发球。可根据自己的习惯或战术的需要来选用正手或反手发球。一般情况下，单打中多采用正手发球（腕关节内旋运动），而在双打、混合双打中常用反手发球（腕关节外旋运动）。就球飞行的角度和距离而言，可将其分为后场高远球、后场平高球、后场平射球和网前小球 4 种。用何种方式发球，在把握好发球时机的同时，还要注意发球动作的隐蔽性、突变性、落点多样性等特点。

1. 正手发球

（1）发球站位

单打发球在中线附近，站在离前发球线约 1 m 左右。双打发球站位可靠近前发球线。

（2）准备姿势

身体左肩侧对球网，左脚在前，右脚在后，重心在右脚上，右手持拍向右后侧举起，肘部放松微屈，左手拇指、食指和中指夹住球，举在胸腹间。发球时，身体重心由右脚移至左脚。

（3）技术动作

下面分别介绍用正手发球动作发出 4 种不同弧线的球的技术动作。

① 正手发高远球：球的运行轨迹又高又远，下落时与地面垂直，落点在对方场区底线附近的球叫高远球。

动作要领：发球时，左手把球举在身体的右前方并自然放下，使球下落，右手同时持拍由大臂带动小臂，从右后方沿着身体向前并向左上方挥动。当球落到右手臂向前下方伸直能触到球的一刹那，握紧球拍，并利用手腕的力量向前上方发力击球。击球之后，球拍顺势向左上方挥动缓冲（见图 13-4）。

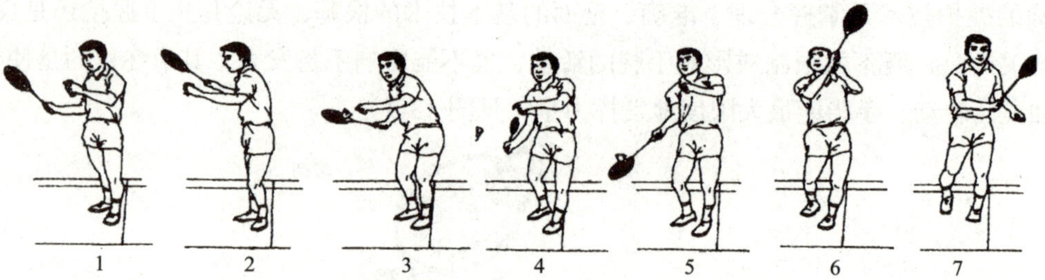

图13-4　正手发高远球

② 正手发平高球：这是一种比高远球低、速度较快、具有一定攻击性的球。

动作要领：发球的动作过程大致同发高远球，只是在击球的一刹那，小臂加速带动手腕向前上方挥动，拍面要向前上方倾斜，以向前用力为主。发平高球时要注意发出球的弧线以对方接球时伸拍打不着球的高度为宜，并应发到对方场区底线（见图 13-5）。

图13-5　正手发平高球

③ 正手发网前球：发网前球是在双打中主要采用的发球技术。

动作要领：击球时，握拍要放松，大臂动作要小，主要靠小臂带动手腕向前切送，用力要轻。发网前球时手腕不能有上挑动作，落点要在前发球线附近，发出的球要贴网而过（见图 13-6）。

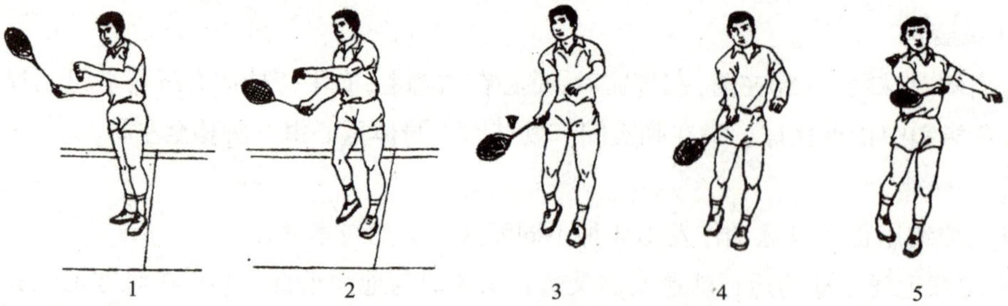

图13-6　正手发网前球

④ 正手发平快球：这种球比平高球的弧线还要低、速度还要快。

动作要领：站位比发平高球稍后些（防止对方很快回到本方后场），充分利用前臂带动手腕爆发力向前方用力，球直接从对方的肩上的高度越过，直攻对方后场。发平快球关键是出手的动作要小而快，但前期动作应和发高远球一致。发平快球时还应注意不要过手、过腰犯规。

2. 反手发球

动作要领：面向球网，两脚前后开立（右脚或左脚在前均可），上体稍前倾，身体重心在前脚上。右手臂屈肘，用反手握拍将球拍横举在腰间，拍面在身体左侧腰下。左手拇指与食指捏住球的两三根羽毛，球托朝下，球体或球托在球拍前对准拍面。击球时，前臂带动手腕朝前横切推送，使球的飞行弧线略高于网顶，下落到对方前发球线附近反手发平快球时则要突然发力，拍面要有“反压”动作（见图 13-7）。

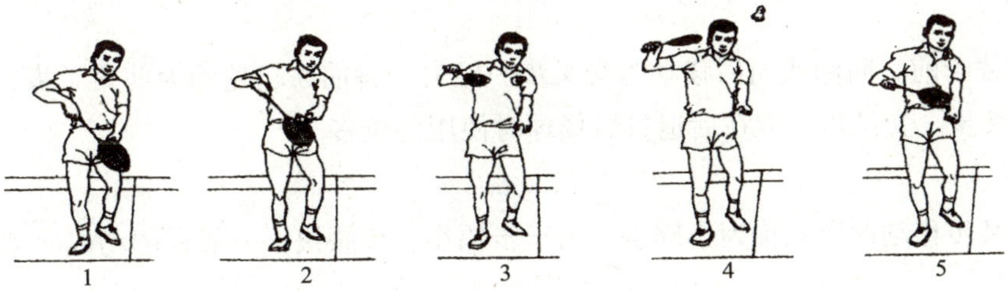

图13-7 反手发球

13.3.3 接发球技术

1. 接发球的站位和姿势

（1）单打站位

一般是在离发球线 1.5 m 处。站在右发球区靠近中线的位置或在左发球区则站在中间的位置。主要是防备对方直接进攻反手部位。一般左脚在前，右脚在后，双腿微屈，收腹含胸，身体重心放在前脚上，后脚脚跟稍抬起。身体半侧向球网，球拍举在身前，双眼注视对方。

（2）双打站位

由于双打发球多以发网前球为主，接发球时要站在靠近前发球线的地方。身体重心可前可后，球拍举得高些，在球飞行到网上最高点时击球，争取主动。但是要注意对方在右场区发平快球突袭反手部位。

2. 接发各种来球

对方发高远球或平高球时，可用平高球、吊球或杀球还击（见图 13-8）；对方发来网前球时，可用平高球、高远球、放网前球、平推还击；如对方发球质量不好，也可用扑球还击。

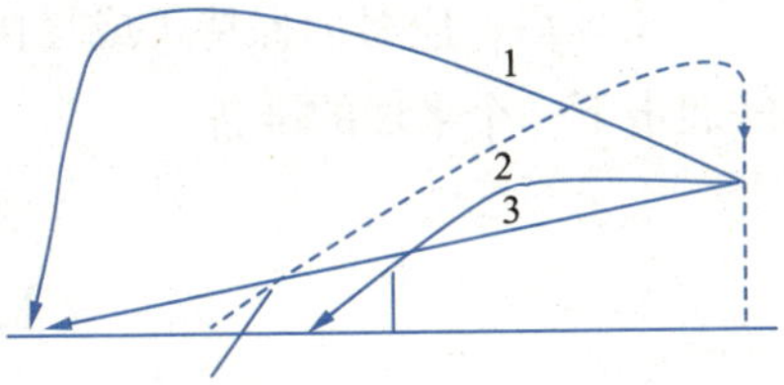

图13-8 接发各种来球

13.3.4 基本步法

1. 起动

从中心位置上准备接球姿势转为向击球位置出发，称为起动。准备姿势可分为两种，一种是接发球姿势（必须按规则要求原地站立），应该左脚在前，右脚在后，侧身对网，重心在前脚。右脚跟离地，双膝微屈，收腹含胸，放松提拍屈肘举在胸前，两眼注视对方发球动作；另一种是双方双打过程中的准备姿势，应该是右脚在前，左脚在后，脚前掌着地，脚跟提起，膝关节微屈，上体稍前倾，重心落在两脚之间，持拍于腹前，整个姿势要协调放松，保持一触即发的起动姿态。

2. 移动

（1）垫步

当右（左）脚向前（后）迈出一步后，后脚跟进，紧接着以同一脚向同一方向再迈一步，为垫步。垫步一般作为调整步距。

（2）交叉步

左右脚交替向前、向侧或向后移动为交叉步。经另一脚前面超越的为前交叉步，经另一脚后面超越的为后交叉步。交叉步一般在后退打后场球时使用得较多。

（3）小碎步

以小的交叉步移动的形式称为小碎步。由于步幅小、步频快，一般在起动或回动起始时用。

（4）并步

右脚向前（或向后）移动一步时，左脚立刻向右脚跟并一步，紧接着右脚再向前（向后）移动一步，称为并步。

（5）蹬转步

以一脚为轴，另一脚做向后或向前蹬转步。

（6）蹬跨步

在移动的最后一步，左脚用力向后蹬的同时，右脚向来球的方向跨出一大步，称为蹬跨步。它多用于上网击球，在后场底线两角移动抽球时也常采用。

（7）腾跳步

起跳腾空击球的步法为腾跳步。它可分为两种，一种是上网扑球或向两侧移动突击杀球时，以领先的脚（或双脚）起跳，扑球或突击杀球；另一种是对方击来高远球时，用右脚（或双脚）起跳到最高点时杀球。

3. 回动位（回中心位置）

击球后，应尽力保持（或尽快恢复）身体平衡，并立刻向中心位置移动，以便在中心位置上做好迎击下一个来球的准备。

13.4 羽毛球基本战术

13.4.1 单打战术

单打战术主要有：发球战术，接发球战术，逼反手战术，平高球压底线战术，拉、吊结合杀球等。

1. 发球战术

（1）发后场高远球

这是单打中常用的发球，要求把球发到对方端线处，迫使对方后退还击，给对方进攻制造难度。

(2) 发平高球

发平高球，球的飞行弧线较低，但对方仍然必须退到后场才能还击。由于球的飞行速度快，对方没有充裕的时间考虑对策，回球质量会受到一定的影响。

(3) 发平快球

发平快球（或者平高球）和网前球配合，争取创造第三拍的主动进攻机会，发平快球属于进攻发球，球速很快，常用于发球抢攻的战术。

(4) 发网前球

发网前球能减少对方把球往下压的机会，发球后立即进入互相抢攻的状态。

2. 接发球战术

(1) 接发高远球、平高球

一般可用平高球、吊球或杀球还击。但如果对方发球后站位适中，进攻时要注意落点的准确性。

(2) 接发网前球

可用平推球、放网前或挑高球还击。当对方发球过网较高时，要抢先上网扑杀。接发网前球的击球点应尽量抢高。

(3) 接发平快球

要观察对方的发球意图，借用对方的发球力量快杀空档或追身，也可借助反弹力拦吊对角网前。

3. 逼反手战术

(1) 调开对方位置

使对方反手区露出空档，然后把球打到反手区，迫使对方使用反拍击球。

(2) 对反手较差的对手

后场反手较差的人，经常使用头顶击球、侧身击球、侧身攻击球来弥补反手的不足。由于头顶、侧身击反手区时，身体重心、身体位置要偏向左场区的边线，因而可以重复攻击对方的反手区，使其远离中心，这样本来是对方优点的正手区就出现大片的空档，成了被攻击的目标。

4. 平高球压底线战术

用快速、准确的平高球打到对方后场两角，在对方不能拦截的前提下尽量降低球的飞行弧线，把对方紧压在底线，当对方回击半场高球时，就可以扣杀进攻。使用平高球压底线时，如配合劈吊和劈杀可增加平高球的战术效果。一般情况下，平高球的落点和杀、吊的落点拉得越开效果越好。

13.4.2 双打战术

1. 发球

(1) 发球站位

发球的站位不同，对发球的飞行路线、弧线、落点和第三拍的击球都有关系。

① 发球者紧靠前发球线和中线：这种站位便于反手发网前内角，球过网后球托向下，不易被对方扑击。由于站位靠前，也便于第三拍封网。但站位靠前不利于发平快球，一般是发网前内角位球

配合发双打后发球线的外角位平高球。

② 发球者站位离前发球线0.5 m处，靠中线：这种站位发球的选择面较广，正、反手都可发网前球、平快球、平高球，并且各种路线都可以发。缺点是球的飞行时间长，对方有较多时间判断处理。

③ 发球者站在离中线较远处：这种站位主要用于在右场区以正手和左场区以反手发平快球攻对方双打后发球线的内角位，配合发网前外角。这种发球只能作为一种变换手段。因为这种发球对反应慢、攻击力差的对手有一定威胁，但对方有了准备时作用就不大了，还会使自己陷入被动。

（2）发球路线

发球路线和落点的选择需注意如下几点。

① 调动对方站位，破坏对方打法。

② 避实就虚，抓住对方弱点发球抢攻。

③ 发球要有变化。

（3）发球时间的变化

接发球方在准备接发球时，思想虽然高度集中，但因受到发球方的牵制，要等球发出后才能判断、起动、还击。所以，发球动作的快慢也应在规则允许的范围内有所变化，不要给接球方掌握规律。

（4）发球时心理的影响

在双打比赛中，出现发球失常的原因，一个是发球技术不过硬；另一个原因则是受接发球者的影响。由于接球者站位逼前，扑、杀凶狠且命中率较高，心情紧张从而影响了发球质量。

2. 接发球

（1）接球站位

① 接发内角位网前球：以扑或轻压对方两边中场及发球者身体为主要攻击点，配合网前搓、勾等其他线路。

② 接发外角位网前球：除了以上攻击点外，还可以平推对方底线两角以调动对方一名队员至边角，扩大对方另一队员的防守范围。

③ 接发内角、外角位后场球：应以发球者为攻击点，力争扣杀追身球。如果起动慢了，可用平高球打到对方底线两角。一般发球者在后场球发出后，后退准备接杀的情况居多，这时可用拦截吊球，落点可选择在发球者的对角。

（2）攻人

这是双打中常用的一种战术，就是以人为攻击目标。对付两名技术水平高低不一的对手时，一般都采用这种战术。对付两名队员实力相当也可采用这一战术。集中攻势于对方一名队员，常能起到“集中优势兵力打歼灭战”的作用；在另一队员过来协助时，又会暴露出空档，可在其仓促接应、立足不稳时偷袭他。

（3）攻中路

① 守方左右站位时把球打在两人的中间。

② 守方前后站位时把球下压或轻推在边线半场处。

（4）攻后场

这种战术常用来对付后场扣杀能力较差的对手，把对方弱者调动到后场后也可以使用。此战术多采用平高球、平推球、挑底线把对方一人紧逼在底线，使其在底线两角移动击球，在其还击出半场高球或网前高球时即可大力扣杀，取得该球的胜利或主动。例如在逼底线两角时对方同伴要后退支援，则可攻击网前空档或打后退者的追身球。

13.5 羽毛球竞赛规则

13.5.1 场地与器材

1. 场地

羽毛球场成长方形（见图 13-9）。

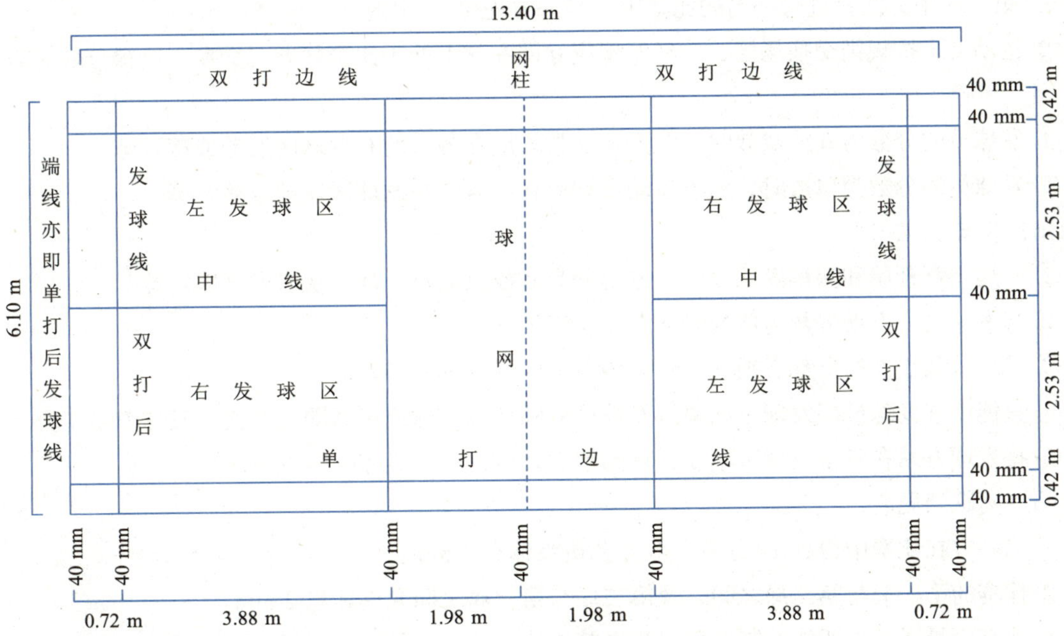

图13-9 羽毛球场地

2. 器材

球重 4.74 ～ 5.5 g，由 16 根羽毛插在半球形软木托上。球拍框总长度不超过 68 cm，宽不超过 23 cm；拍弦面长不超过 28 cm，宽不超过 22 cm。

13.5.2 羽毛球比赛方法

1. 比赛的项目

男子单打、女子单打、男子双打、女子双打、混合双打、男子团体、女子团体。

2. 羽毛球比赛简单规则

（1）比赛前

双方应掷挑边器。赢的一方可选择先发球或者选择场地；输方在余下的一项中做出选择。

（2）得分制

① 3 局 2 胜制。

② 每局 21 分。

③ 20 平时，连续领先 2 分的一方胜该局。

④ 29 平时，先得 30 分的一方取胜。

⑤ 首局获胜一方在接下来的一局比赛中率先发球。

（3）交换场区

① 以下情况运动员应交换场区：

a．第一局和第二局比赛结束。

b．第三局中，或只进行一局的比赛中，当一方先得 11 分时。

② 运动员未按规则交换场区，一经发现应立即在球不处于比赛状态时交换，已得分数有效。

（4）单打

① 发球员的分数为 0 或双数时，双方运动员均应在各自的右发球区发球或接发球。

② 发球员的分数为单数时，双方运动员均应在各自的左发球区发球或接发球。

（5）发球位置

① 一局比赛开始和获得发球权的一方得分为 0 或双数时，都应从右发球区发球。

② 当发球员一方得分数为单数时从左发球区发球。

③ 发球员和接发球员都必须站在斜对角发球区内发球和接发球。

④ 只能由接发球员接发球；如果接发球员的同伴触及球或接球即为违例，发球方得 1 分。

⑤ 接发球方站在各自发球区不变，直到他们发球得 1 分后才交换发球区。

（6）间歇与暂停

① 当一方在比赛中得到 11 分后，双方队员将休息 1 min。

② 比赛的第一局与第二局之间，及第二局与第三局之间允许休息 2 min。

③ 遇有不是运动员所能控制的情况或者其他特殊情况，裁判员可根据需要暂停比赛。

（7）发球错误

① 发球顺序错误。

② 从错误的发球区发球。

③ 在错误的发球区准备接发球，且球已发出。

④ 如果因发球区错误而“重发球”，则该回合无效，纠正错误重发球。

⑤ 如果发球区错误未被纠正，比赛也应继续进行，并且不改变运动员的新发球区和新发球顺序。

（8）违例

违例时，违例的一方这一球应判负，除了规则 9 的规定之外。

① 发球不合法（发球时击球点高过腰，整个拍头明显高于发球员的整个握拍手部）。

② 发球员发球时未击中球。

③ 球碰屋顶、天花板或四周墙壁。

④ 球触及运动员的身体或衣服。

⑤ 过网击球（击球者击球后，球拍可以随球过网）。

⑥ 运动员球拍、身体或衣服触及网或网的支撑物。

⑦ 运动员的球拍或身体从网下侵入对方场区，妨碍对方或使对方分散注意力。

⑧ 妨碍对方，如阻挡对方紧靠球网的合法击球。

⑨ 比赛时，运动员故意分散对方注意力的任何举动，例如喊叫等。

⑩ 击球时，球夹在和停滞在拍上紧接着又被拖带（连击）。

⑪ 同一运动员两次挥拍连续击中球两次或者同方两名运动员连续各击中球一次（双击）。

(9) 重发球

① 遇不能预见或意外的情况，应重发球。

② 除发球外，球过网后挂在网上或停在网顶，应重发球。

③ 发球时，发球员和接发球员同时违例，应重发球。

④ 发球员在接发球员未做好准备时发球，应重发球。

⑤ 比赛进行中，球托与球的其他部分完全分离，应重发球。

⑥ 司线员未看清，裁判员也不能做出决定时，应重发球。

⑦“重发球”时，最后一次发球无效，原发球员重新发球。

附：每局比赛开始前，允许练习 3 个球，以适应场地和光线等。

第14章 网　　球

本章主要介绍网球运动特点与锻炼价值、网球基本技术、网球基本战术及网球竞赛规则等内容。

学习目标

1. 运用网球的基本技术进行健身锻炼和比赛。
2. 能够灵活善变，应付和处理比赛场上各种复杂情况出现。
3. 具有鲜明的知趣性和严谨的整体性。
4. 有培养拼搏进取的作风和胜不骄，败不馁的道德风尚，有利于提高克服各种困难的勇气。

14.1　网球运动特点与锻炼价值

网球运动被称为“运动场上的芭蕾”，具有较高的观赏性、健身性、娱乐性以及很好的社会交际价值。仅仅从健身的角度来看，网球运动可以从5岁打到80岁，其活动量和强度完全由自己决定和支配，因此无论男女老幼都可以从事网球运动。

网球运动是深受人们喜爱、极富乐趣的一项体育活动。它既是一种消遣，一种增进健康的方式，也是一种艺术追求和享受，当然它还是一种扣人心弦的竞赛项目。打网球文明、高雅、动作优美，每打出一次好球，都会使人感觉兴奋异常，愉快无比。

知识拓展

网球运动的起源与发展

12至13世纪，网球运动最早起源于法国，是一种用手掌击球的游戏。渐渐地这种活动传入法国宫廷，并很快成为王室贵族的一种娱乐游戏。开始，他们是在室内进行这种游戏，后来移向室外，在一块开阔的空地上，将一条绳子架在中间，两边各站一个人，双方用手来回击打一种裹着头发的布球 。也有人认为，网球运动的起源应追溯到“百年战争”（1337～1453年英法两国战争）以前在法国民间流传的一种名叫海欧·德·巴乌麦的球类游戏。据说这种游戏是由两个人进行的，每个人各执一个球拍，球场的周围筑有围墙，球撞到墙上后被弹回去，而后过网。因此，无论从使用的场地和器具上，还是从进行游戏的方法上，它与现代网球运动都有许多相似之处，所以有人把它看作网球运动的原初形态。

1. 运动特点

（1）简单易行

网球运动场地设备简单，比赛规则容易掌握。可单打亦可双打练习或比赛，运动量可大可小，适合于不同年龄、不同性别、不同体质、不同训练程度的人。

（2）隔网对抗

网球比赛隔网进行，在自己半场内没有身体对抗，身体素质是掌握各项技术的基本，同时也是比赛中运用技术和完善战术的前提。这一特点决定了网球运动的高度技巧性。在处理球的过程中，既要有攻击性，又不能失误。

（3）影响心智

在网球比赛中对运动员的心智功能要求较高，需要灵活善变，应对和处理比赛场上各种复杂情况。

（4）团结和谐

尤其在双打的练习和比赛中，要求队员之间的默契配合，形成和谐统一的整体才能有效地攻击和防守，进而获得胜利，因此，网球运动具有鲜明的趣味性和严谨的整体性特点。

2. 锻炼价值

（1）增强体质，促进健康

网球运动是一项男女老少皆宜的运动，运动量可大可小，可以自行调节。练习网球，可以使人们的动作敏捷，判断准确，反应迅速，提高速度、力量、柔韧、灵敏等身体素质，对改善人体运动系统、循环系统、呼吸系统、神经系统以及对抵抗各种疾病，适应外界的能力都有重要的作用，从而有效地增强人们的体质和健康。

（2）磨炼心理，培养意志

在网球运动中，特别是在比赛中，人们通过进攻与防守，控制与反控制，既斗智，又斗勇，锤炼了个人的意志品质和心理素质，有利于培养拼搏进取的作风和胜不骄、败不馁的道德风尚，有利于提高克服各种困难的勇气。

（3）团结协作，增进友谊

练习网球需要一个对手或球友。通过网球运动可以交流球艺，增进友谊。特别是参加双打比赛，可以培养人们相互信赖、团结协作、密切配合的合作意识。它还是一项新的社交活动，可以促进彼此的沟通和理解。

（4）愉悦身心，陶冶情操

网球比赛具有较强的观赏性。网球比赛中，场上热烈的气氛，激烈的争夺，使广大观众如醉如痴，豪情满怀。运动员所表现的顽强斗志，潇洒的作风，精湛的技艺，都令人赏心悦目，久久难以忘怀，从中得到一种精神享受。

知识拓展

网球运动对思维的影响

由于网球比赛具有隔网对抗、短时判断决策等特点，且赛场上形势多变，紧张激烈，只有冷静沉着地应对，才能取得优势。若能经常在这种激烈的场合中接受考验，可以改善人的思维方式，提高练习者的判断和决策能力。

网球运动的文化和礼仪

- 进场和退场。只要从别人打球的球场通过，必须等死球状态时才行。
- 要回自己的球。当把球打到他人场地时，必须等对方赛完一分成死球状态才行，并要客气地请人把球递回来。
- 保持球场安静。打球时需要精神专注，大声喧哗是不礼貌的，因此在打球时应尽量少讲与打球无关的话，讲话也不要音量太大，必要时两人最好走到网前再说。
- 有礼貌地把球交给发球者。要轻巧地把球尽量准确地交给对方，互惠互利。要给对手多个球时，要一个一个地给。
- 当对手击出好球时，应为其鼓掌。特别是在比赛中，当对手打出了自己很难击出的漂亮的得分球时，尽管懊丧与遗憾，很难诚心地向对手表示祝贺，但也应如职业高手们那样，用手轻拍球拍，潇洒地表达自己为对手高兴的心情。
- 赛后握手虽属礼貌，但紧紧握手并不够，而应伸出握拍手，眼睛直视对手，持手相握，把自己的握拍手伸向对手意味着友好，并表达自己“我没有伤害你”的意思。

网球运动应摒弃的不良现象

网球是一项文明的绅士运动，练习和比赛时，要求参加者要讲文明、懂礼貌。因此，我们在进行网球运动时应摒弃一切不文明和有悖于网球基本礼仪的行为，如：输球时摔球拍、不按礼仪要求行事等，同时应从这些要求中领悟到一些做人的道理。

14.2 网球基本技术

1. 准备与基本步法（见表 14-1）

表14-1 准备与基本步法

动 作	图 示	技术要领与用途	注意事项
握拍方法		① 正手东方式握拍方法：（以右手为例）：先使拍面与地面垂直，大拇指与食指间的V形虎口，对准拍柄的上平面偏右的位置。拇指则轻绕至拍柄右侧至下平面。中指、无名指和小指紧握，并与大拇指接触。 东方式反手握拍法：东方式反手握拍法是正手握拍法基础上向左转动1/4，使V字形虎口对准拍柄左上斜面上，拇指末节贴住左下斜面，食指下关节压在右上斜面上。	

续表

动　作	图　示	技术要领与用途	注意事项
握拍方法		② 大陆式握拍法：V字形虎口对准拍柄上平面与左上斜面的交界线上，手掌根部贴住上平面，拇指直伸围住拍柄，食指下关节紧贴在右上斜面上。 ③ 西方式握拍法：西方式握拍法是将V字形虎口对准拍柄的上平面和左上斜面之间，正反手用同一拍面击球。 ④ 双手握拍法：右手是东方式反手握拍法，握在拍柄的后方，左手是东方式正手握拍法，握在拍柄的前方	当球打到身体的另一侧（即正拍区或反拍区），必须变换拍去迎击球。注意变换拍开始于准备动作，用左手扶住球颈部，在球拍摆动击球之前，握拍必须调整完毕
学练法	原地的模仿练习		

2. 攻球技术（见表14-2）

表14-2　攻球技术

动　作	图　示	技术要领与用途	注意事项
正手击球		右手持拍为例，从准备姿势开始，移动到来球位置，最后一步要保持左脚在前，身体左侧朝向来球方向。这时手臂持拍充分伸展向后挥摆，拍头翘起。向前挥拍至身体右前方击球，高度保持在腰与肩之间。拍触球时，拍面垂直或稍前倾，手腕固定握紧球拍，大臂和腰部随身体转动向前上方协调配合用力，身体重心从右脚逐渐移到左脚。击球后球拍随势挥至身体的左肩。完成动作后迅速还原成准备姿势	侧身，拉拍时拍头翘起和拍面垂直或稍前倾，击球点控制在身体右侧方
双手反拍击球		① 握拍方法：右手按东方式正拍握法握住球拍，左手放在右手上端，同时按左手东方式握拍方法握拍。 ② 动作要领：从准备姿势开始，移动到来球位置，最后一步要保持右脚在前，身体右侧朝向来球方向。这时双手握拍充分伸展向左后挥摆，拍头翘起。向前挥拍至身体左前方击球，高度保持在腰与肩之间。拍触球时，拍面垂直或稍前倾，手腕固定握紧球拍，挥臂与转体动作配合，身体重心从左脚逐渐移到右脚。击球后球拍随势挥至身体的右肩。完成动作后迅速还原成准备姿势	双手反拍击球，无论来球高低，都便于对球施加上旋，发力击球也比较容易，能够弥补反拍击球力量不足的弱点

续表

动　作	图　　示	技术要领与用途	注意事项
学练法	1．徒手动作练习 2．原地抛击练习 3．隔网抛击练习 4．两人底线攻球练习		
网前截击	 正手截击  反手截击	①握拍法：采用大陆式握拍法。 ②准备姿势：与一般击球大体相同，距球网2～3 m，身体放松稍向前倾。 ③后摆：无论是正手还是反手，都应注意转体。 ④击球：后摆之后，正手击球要向右斜前方迈左脚，反手击球则向左斜前方迈右脚，身体重心向前移，击球时手腕固定，拍面与地面保持垂直。 ⑤随挥：截击球随挥动作幅度不能像击落地球时那样大，稍向前送出即可	①后摆时收拍的动作要大，到了肩部即停止，这时要注意的是，拍头不能低于手腕。 ②反手击球时，击球点比正手要更靠前。 ③正手击球时以右脚为轴，反手击球时以左脚为轴，通过迈出相反一侧的脚来帮助移动重心
学练法	1．原地徒手练习 2．隔网抛击练习 3．实战中体会网前截击		

知识拓展

中国女网的成就超越体育本身

在2010年澳大利亚网球公开赛中，中国网球选手李娜、郑洁同时打进女子单打四强，对于中国球迷来说是一个惊喜，中国女网所取得的这个成绩，它的意义已经超越了成绩本身；因为网球运动是世界体坛的一项主流运动。联合国曾经有一个报告说，当一个国家的人均GDP达到3 000美元的时候，这个国家里，职业篮球就有了快速发展的可能。当人均GDP在这个国家的某些城市、某些发达地区，达到了人均四五千美元以上的时候，这个地区的网球、高尔夫球等全球主流的运动，就会有快速的发展。中国体育在世界主流体坛上取得这样成绩的进步，从一个侧面上折射了我们中国经济发展的快速进步的程度和我们人民生活水平的提高。现在，有越来越多的同学爱好网球运动，城市里的网球场地也越来越多，这都说明中国经济的发展和人民生活水平的提高。

3. 发球技术（见表 14-3）

表14-3 发球技术

动 作	图 示	技术要领与用途	注意事项	学 练 法
上手发球		① 准备姿势（以右手为例）。 发球时站在底线后3～5 cm处，两脚自然开立约同肩宽，身体重心放在两脚中间，用东方式正手握拍方法，左手持球扶住拍头颈部，右手轻轻地扶握拍柄，全身充分放松，两肩下沉，左脚与底线成45° 角，右脚与底线平行，左肩侧对球网。 ② 击球动作。 动作要领：右手握拍柄，左手持球，两手扶拍于体前，两手同时动作，左手离开球拍经体前下落，伸直上臂再向前向上徐徐将球抛出，手腕领先，右臂自然下落经体侧后引，左膝向前弓出，右膝亦弓，下颌抬起，此刻身体形成最大限度的背弓，借身体下沉之势迅速蹬地转体、转肩，身体重心移至前脚，肘部抬起，带动臂膊上举球拍，大小臂协调配合，以小臂的旋内动作和强力的扣腕将球击打出去	① 准备及引拍时要放松。 ② 抛球引拍重心后移。 ③ 引拍后拉要充分。 ④ 找好适合自己的抛球高度和击球位置。 ⑤ 击球后的还原	① 抛球练习：准备姿势站立，持球做抛球动作，抛至最佳击球点后，要求落在身体右前方约50 cm的地上。 ② 徒手做发球动作练习。 ③ 挥拍做发球动作练习。 ④ 利用场地用多球练习发球

14.3 网球基本战术

单打战术的运用要有独立作战的能力，头脑冷静，适应能力强，既能控制球路，不轻易失球，又能大力抽杀，积极主动进攻。在战术的运用上，能灵活多变。根据自己的技术、战术特点，把各种战术有机地结合起来运用。

（1）上网型打法

上网型打法战术的指导思想就是利用网前进攻为主要得分手段。它的基本战术可分为发球上网、随球上网、接发球上网、偷袭上网、伺机上网及放小球上网。

① 发球上网战术：发球上网是上网型打法者利用发球的力量进行主动进攻，先发制人，然后上网抢攻的一项主要战术，是上网型打法者在比赛中的主要得分手段。

② 随球上网战术：随球上网战术是利用双方在底线对攻相持时或对方接发球时，出现质量不高的中场球（在发球线前后附近得球），果断地用正、反拍抽击，然后随球上网的一项战术，也是比赛中的主要得分手段。

③ 接发球上网：接发球时必须树立积极主动的思想，采取抢先进入，上网型打法应积极利用快

速多变的各种手段来接发球，尤其是接对方的第二发球，抢攻上网或推切上网，以便充分发挥自己上网型打法的特点，接发球上网主要有以下几种方法（主要谈接第二发球）。

④ 偷袭上网：上网型打法的偷袭上网战术，主要是用在比赛中对方只注意了去对付一种打法而忽略了去对付其打法的时候，所运用的一种变换上网战术，以达到打破对方进攻及防守节奏，进攻对方的目的。

（2）底线型打法

底线型打法是以底线正、反抽击球为基础组织的战术。它的指导思想必须是用速度，旋转，落点的变化来创造进攻机会。底线型打法的主要战术有：对攻、拉攻、侧身攻、防反攻。

① 对攻战术：底线型打法的两面攻战术，是利用底线正、反拍抽击球具有强大的连续进攻能力，配合速度和落点变化与对方展开阵地战，力争主动，从而达到攻击对方，控制对方的目的。

② 拉攻战术：拉攻战术是底线型打法中比较普遍的一种战术。它是以底线正、反拍拉上旋球，或正拍拉上旋，反拍切削球，来使对方左右跑动，一旦出现机会，马上给予致命一击。

③ 侧身攻战术：侧身攻战术是底线型打法中的一项主要进攻手段。它是利用强有力正拍抽击球，配合良好的判断和步法移动，在三分之二场地上用正拍对对方施加有力的攻击。

④ 防守反击战术：防守反击战术在底线型打法中占有很重要的位置，在执行防守反击战术时利用良好的底线控制球能力，发挥判断反应快，步法体力好，击球准确的特点，来调动对方，以达到防守中寻找机会进行反击的目的。

（3）综合型打法

综合型打法是以基本功扎实，技术全面为基础，可根据不同的对手和不同的技、战术掌握情况，场地特点与战术需要，灵活地变化战术打法，综合型打法攻守平衡，符合积极主动，机动灵活的战术原则。

知识拓展

网球运动易出现的运动损伤及预防

① 网球肘亦称肱骨外上髁炎。原因：长时间前臂旋前、旋后的动作而引起的损伤。预防：加强腕、臂部力量训练，防止前臂肌肉疲劳积累。

② 踝关节扭伤。原因：脚踩在球上或用踝关节转体时造成。预防：将球场上无用的球放置在场地的后挡网处。当自己场地的球滚向旁边球场或旁边球场队员的身后时，应立即提醒旁边球场上的队员注意该球，以防出现意外损伤。

③ 手腕扭伤和腱鞘炎。原因：正手底线击球点太晚，易引起手腕的疼痛，并导致前旋圆肌综合征；用力过度还会出现腱鞘炎。预防：解决这种伤病的最好方法是改进动作，并设法使手腕在击正手球前别下垂太多。

14.4 网球竞赛规则

1. 场地

网球场长 23.77 m，双打宽 10.97 m，单打宽 8.23 m，用中央高度为 0.914 m 的球网将全场横隔为两等区；球网两端悬挂在 1.07 m 高的网柱上，网柱中心距边线外 0.914 m；除端线宽度为 10 cm 外，其余各线均为 5 cm。场地丈量都从线的外沿计算；端线后至少要有 6.40 m 的空地，边线外至少有 3.66 m 的空地，如图 14-1 所示。

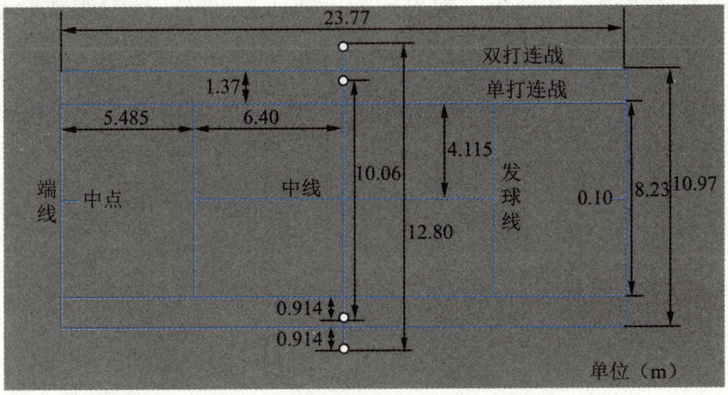

图14-1 网球单双打比赛场地示意图

知识拓展

网球对职业技能的促进作用

研究表明，网球运动可以提高神经肌肉的协调能力、神经系统的灵活性和均衡性以及快速反应能力、感觉能力、神经分化能力、前庭功能稳定性、视觉能力、控制能力等。经常参加网球运动，能有效促进手指灵活性、反应敏感性、精细操作的准确性和空中感觉能力。对诸如描图、仪表、化验、财务、文秘、钟表、家电维修、建筑及装潢等专业的职业技能具有良好的促进作用。

2. 主要规则

网球运动是两名或两对球员隔网相对，在单打或双打场地上，用球拍在来球第一次落地反弹后或凌空击球过网，将球打在对方场区界线内或界线上，以造成对方失误而得分。

正式比赛时，男子单打或双打采取 5 盘 3 胜制，女子单打、双打和混合双打采取 3 盘 2 胜制。运动员每胜一球得 1 分，先得 4 分为胜一局，如遇双方各得 3 分时，某一方须净胜 2 分才算胜一局；一方先胜 6 局为胜一盘，当局数为 6 平时，一般采用平局决胜制，即先得 7 分者为胜该局及该盘；若比分为 6 平时，某方须净胜 2 分才能胜该局及该盘。

近来，为了缩短比赛时间，国际网联推出了一种新计分法——无占先记分法，在世界各国不同等级的比赛中试用。具体运用规则是：当比分为 3 : 3 时，再打 1 分就决出该局胜负，由接发球员决定发球员在左区或右区发球。

比赛时挑选到发球权的一方先发球，一局结束后，由对方发球（双打时第三局为先发球方的另一名队员发球），依此类推，直至终场。决胜局时，由轮到的发球员在右区发第一分球，然后由对方在左区和右区发第二分及第三分球，此后轮流交替发球（双打时仍按原先的发球秩序进行），直至决出胜负。

交换场地时，双方应在每盘的第一、三、五等单数局结束后，以及每盘结束对方局数之和为单数时进行。决胜局时，运动员应在每六分及决胜局结束时交换场地。

比赛过程中，发生下列情况，均判失分：

发球员连续两次发球失误；在球第二次着地前未能还击过网；还击的球触及对方场区界线外地面、固定物，还击空中球失败，连击，过网击球，除手中的球拍外运动员身体或穿戴的物件触球，抛拍击球，“活球”期间身体、球拍或穿戴的物件触网和网柱，接球员的身体、球拍在发球员发出的球着地前触球。

第15章 轮　　滑

本章主要介绍轮滑的起源与发展、轮滑运动的特点与锻炼价值、轮滑的分类、轮滑技术要点，以及轮滑的安全措施。

学习目标

1. 运用轮滑的基本技术进行有效的健身锻炼。
2. 有效发展力量、耐力、灵敏度、协调等身体素质。
3. 培养良好的意志品质，提高心理素质。

15.1　起源与发展

轮滑（Roller Skating）又称滑旱冰，是穿着带滚轮的特制鞋在坚硬的场地上滑行的运动。如今多数的滚轴溜冰者主要都使用直排轮，直排轮也几乎成为轮滑运动的代名词。轮滑是一项休闲运动，但同时也是竞技项目，随着它的不断完善，目前已形成多项轮滑竞技项目，速度轮滑于 2010 年成为广州亚运会正式比赛项目。

轮滑运动是从滑冰运动过渡而来，据有关资料记载，轮滑在 18 世纪由不知名的荷兰人发明。最初有位荷兰的滑冰运动员，为了在不结冰的季节继续进行训练，尝试把木线轴安在皮鞋下，试图在平坦的地面上滑行，他的试验在不断失败和改进后终于取得成功，创造了用轮子鞋“滑冰”的历史，从此轮滑运动在欧洲诞生、兴起并得到了较快的发展。特别是 1995 年的 ESPN 第一届极限运动会更把它推向了繁荣期，到了 21 世纪已成为一种时尚的休闲运动，风行世界各地。

15.2　运动特点与锻炼价值

15.2.1　运动特点

1. 动作优美，灵活方便

花样轮滑的翩翩舞姿优美大方；速度轮滑飞速驰骋，骄傲有力；令人着迷。技术动作可大可小。大之用于宽阔的比赛场，小之可用于家庭的室内。

2. 趣味横生，容易普及

轮滑运动本身包括 4 个项目：速度轮滑、花样轮滑、轮舞、轮滑球。本身的技术动作，可进可退，可快可慢，可行可停，可直可弯，动作简单耐用、造价较低、投资少、回收多，不受季节气候、地区的限制。无论是四季如春的海岛，还是冰天雪地的东北，只要有十几平方米的光滑地面均可玩耍、练习、健身。

3. 强身匀称而协调，炼志顽强而果断

从轮滑运动本身要求具备体态、素质、机能方面来看是全面发展的。从其本身的技术动作规范和竞赛章程规定的来看，不仅有量和强度的较量，也有优美、矫健的比较，所以经常参加轮滑运动，不仅可以有效地锻炼肌肉、改善机能、增强体质，而且还能提高平衡能力，培养人的勇敢顽强、吃苦耐劳的良好意志品质。

4. 既可陶冶情操，又可赛场夺冠

广大青少年经常参加轮滑运动，不仅能保持身体健康，而且会受到美和音乐的熏陶。掌握轮滑运动各项动作后经苦练，可参加不同等级的比赛。

15.2.2 锻炼价值

1. 全面发展身体素质

通过轮滑练习，能改善人体运动系统、神经系统等机能，并提高速度、力量、灵敏、耐力等身体素质，以大大提高身体的灵活性和协调能力。

2. 锻炼意志，培养品德

轮滑是一项极易掌握的体育运动，任何人都能很快地学会它。但对很多人来说，初次接触轮滑时，心理上会产生一种畏惧感——担心摔跤。其实，只要简单地掌握一些轮滑的方法和技巧，就能把这项运动变成乐趣。

3. 融娱乐性、健身性、工具性于一体

可使人们从平时紧张、繁重的学习和工作中解脱出来，达到身心放松的目的。轮滑是一项全身性运动，可促进练习者心脑血管系统和呼吸系统机能的改善，增强臂、腿、腰、腹等肌肉的力量和身体各个关节的灵活性，特别是能提高练习者的平衡能力。轮滑还可以成为交通工具代步，在交通越来越拥挤的今天，轮滑不失为一种流行和时髦的交通工具，不过一定要注意交通安全。

15.3 轮 滑 分 类

1. 极限轮滑

极限轮滑也叫特技直排轮，极限轮滑受现在年轻人的追捧。主要分为街式和专业场地，专业场地分道具赛和 U 形池。

2. 速度轮滑

以单排、双排轮滑鞋为比赛工具的竞赛项目，分场地跑道比赛和公路比赛两种，场地跑道像自行车场一样呈盆形。

3. 花样轮滑

分为规定图形滑、自由滑、双人滑和双人舞4个项目。比赛在不小于50 m长、25 m宽的场地上进行，根据动作的难易程度，舞姿的优美程度打分确定胜方。

15.4 轮滑技术要点

① 站立：将两只脚站成T字形或将两脚脚跟并在一起，使成V字形。

② 起步:从T字形站姿起步，让前脚保持前进姿势，后脚向外方推轫，就会有向前前进的力量。

③ 滑行：滑行时为保持较好的平衡，让一脚稍稍提起放在另一脚前方，膝盖弯曲。

④ 身体的摆动：将重心放到左脚，用右脚推轫并伸向外侧伸展，滑行；然后将双脚并行。接下来将重心放到右脚，左脚向外推轫、伸展、滑行，如此左右不断互换。

⑤ 身体的姿势：身体稍稍半蹲，像是要坐。将双脚向前伸出，弯曲膝盖及脚踝，使重量在整双鞋上放松。

⑥ 停止：以上述姿势滑行，双脚靠近保持平行，有刹车的那脚稍稍向前滑行，使两脚距离约有半个脚的位置，提起脚尖直到刹车碰触到地面，然后慢慢将重量移到刹车，增加压力，直到停下来。

15.5 安全措施

① 练习轮滑前，应先做好准备活动，尤其是手腕和下肢各关节及韧带，要充分活动开。

② 如有可能，应戴一些防护用具，如轮滑专用的护腕、护肘、护膝及头盔等。

③ 练习前要检查轮滑鞋的螺钉是否紧固，以免滑行中因轮滑鞋出问题而受伤。

④ 初学者应在初学场内或规定范围内练习，或尽可能在人少的地方练习，不要任意滑行。初学习轮滑时，最好有滑行熟练的同伴或辅导员进行辅导。

⑤ 禁止做危险或妨碍他人的动作，特别是在人多的公共轮滑场内，如几人拉手滑行、在速滑跑道上逆行或与大家滑行方向逆行、乱蹦乱跳、在场内横插乱窜、追逐打闹、突然停止等，这都是既妨碍他人，又容易发生危险的事情。如果在公路上滑行，更要注意交通安全，最好要在人少车少的地方练习。

⑥ 学习轮滑时摔跤是不可避免的，但要学会在摔跤时做自我保护。方法是：当要向前或向侧摔倒时，要主动屈膝下蹲，用双手撑地缓冲，减小摔倒的力量；当要向后摔倒时，也要主动屈膝下蹲，降低重心，尽量让臀部先坐下，并注意保护尾骨处，同时低头团身，避免头部向后仰磕地；摔倒时应尽量避免直臂单手撑地，这样很容易损伤手腕和肘关节。

15.6 如何避免轮滑运动伤害

首先在活动前多做一些热身运动，尤其是关节部分，还可以多做一些伸展操。

场地的选择也很重要，尽量不要在粗糙的地面滑，因为不知道何时会跌倒，而且在粗糙的场地滑时，若轮子太硬或是自己膝盖的柔软度不够时，常常会在不知不觉中会造成脚踝和膝关节震伤。

若真的不小心跌倒，也要注意跌倒的姿势，不论跌得多丑，只要不受伤就好。我们常常看到许多人跌倒时都会去用手撑，只为了不让屁股着地。这样的动作常常造成手肘受伤。

第16章 台　球

本章主要介绍台球的起源与发展、台球的基本概念、斯诺克台球起源、斯诺克台球比赛规则、台球基本功法、瞄准方法概述以及台球主要赛事。

学习目标

1. 运用台球的基本技术进行有效的健身锻炼。
2. 有效发展力量、耐力、灵敏、协调等身体素质。
3. 能够欣赏台球项目的表演或比赛。

16.1 台球的起源及发展

很早以前，人们开始在户外地上玩球，当时一些人骑在马上手里拿着马棍，打地上的一个圆球，地上划上一个圆圈，谁把球打进圈里谁就是胜利者。后来这种游戏被人移到室内的台桌上，在桌子中心开个洞，用马棍往洞里打球，所以现今有人形象地说，这是桌子上的高尔夫球。又从一个洞发展到 4 个洞，在桌子的 4 个圆洞也增加到 8 个，打球的人越来越多，时常一盘球就有很多人一起参加。

又有人想出来一个新办法，在台桌面上立一个小门，从门中把球射进去，这样又增加了一定的难度。后来又在小门里面立了一些小木桩，把主球通过小门打进去，谁撞倒的木桩多谁就获胜，所以人们又称这样的玩法是台球桌上的保龄球。

据英国著名的柯里雨氏百科全书记载，台球活动在公元 14 世纪起源于英国。在英格兰维多利亚女王时代，台球活动非常受人推崇。英国人一般的华贵之家，都有讲究、豪华的台球间。而且台球间还有活动的礼貌规定，如打台球时，有客人来，应轻轻开门，言语不能高声，又如在打球时，对方不可正面对着打球人或靠近站立，不允许随便挥舞球杆等不礼貌行为举止。这些规定也一直沿用至今。台球是一种文明高雅的活动。现在，台球厅、室都有类似的规定，如不许在室内吸烟，不许高声喧哗等。

如今，英国台球最高组织机构是英国台球联合会，成立于 1919 年。国际台球活动组织机构是世界台球联盟，成立于 1940 年，总部设在比利时首都布鲁塞尔，行政中心在西班牙的巴塞罗那。世界台球联盟负责世界性的台球比赛活动。1948 年美国成立了美国台球协会，总部设在芝加哥，是美国台球活动的最高统辖机构，制定规则和组织比赛等。

16.2 台球基本概念

16.2.1 台球种类

根据台球球台的构造可分为两大类，即无袋式和有袋式。按打法划分有撞击式和落袋式两种。无袋式台球即开仑台球，起源于法国，现在盛行于日本和韩国，有日本国球之称。有袋式台球即落袋式台球，主要有英式斯诺克、比列和美式台球 3 种打法。英式和美式，相对最为流行。

16.2.2 台球器械

1. 台球杆

台球杆是击球工具，用优质木材做成。球杆前细后粗，可长可短，一般球杆不应该短于 91 cm，球杆过长，使用也不易掌握，对瞄准与击球都有影响，所以要选择适合自己的球杆。杆体呈圆形，前细后粗，笔直，长度为 1.3 ～ 1.5 m，杆头（细端）直径为 9 ～ 12 mm。皮头的质量好坏直接影响到击球，皮头是用优质皮革制成，富有弹性，可以控制击球时的撞击力，同时防止打滑，为了防止打滑，应击三四次球以后在皮头上擦涂涩粉。要时常修整打磨皮头，以使之处于最佳状态。杆头一般用硬制金属或塑料制成，皮头粘在杆头之上，也可起保护作用。

2. 台球用球

台球所用的“球”也有一段发展过程。最早使用的台球，是用木材或黄铜做的，由于台球质量要求高，圆度要圆，每个球的重量要求相同，因受产品合格率的影响，价格昂贵，只能供王室贵族少数人享用，严重地阻碍台球运动的普及与发展。

直至 1868 年台球在西方国家广泛发展，球的需求也随之巨增。当时被誉为美国塑料工业之父的海亚特，用化学方法研制成功塑胶台球，这项发明促进了台球制造工业革命性的变化。同时也对台球运动事业的发展作出了巨大的贡献。因此，海亚特也被美国台球协会选进了名人馆。

3. 台球桌

在台球桌方面，原来用的球桌就是普通的木板桌子，因易受气候影响而变形，台面平整很难保证，直接影响击球技术的发挥。约在 1827 年开始采用石板做球台台面，才有了光洁平整不变形的高质台面。

球台的台边，最初是用毛屑或棉花包裹起来钉在台边上来用。因为没有弹性只能起到一种缓冲撞击的作用。到 1831 年才开始用橡胶取代。1835 年美国人费仑、1854 年美国人半沙波尼兰先后改进并发明了弹性良好的正规橡胶台边。

4. 架杆

在较大的英式球台上打球，经常会遇到距离远的球，手支架够不着要打的球，便需要使用一种工具式的架杆来代替，等于把人的手臂给接长了。架杆主要有短架杆、长架杆、高架杆和探头架杆（蛇头架杆）等。每张大球台都备有各种架杆和长球杆（见图 16-1）。

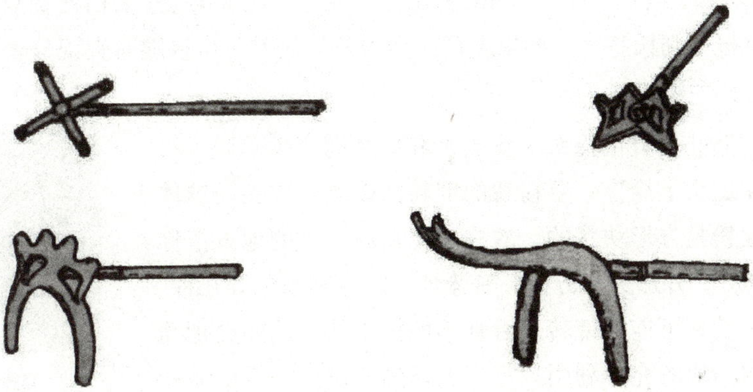

图16-1 架杆

① 短架杆。在用手支架有困难的情况下，可以借助于短架杆来击球，杆长约 1.5 m 左右，是个“十”字形的支架。

② 长架杆。在目标球距离太远，短架杆也够不着的情况下，可以用长架杆和长球杆一起配合击球。

③ 高脚架杆。在主球与目标球之间，有其他球停留，因一般架杆高度不容易触球，便可以用这种支腿间的空当比球大的高脚架杆，好像一座拱形桥般跨放在那个球的上方，便可以顺利击球了。

④ 探头架杆。这种架杆的外形，有如一条把头伸向前方的蛇故命名。当有较多球影响用架杆击球时，可用这种架杆。

5. 灯光

灯光照明是台球运动中不可缺少的一项重要设备。打台球时，要求光线须从上向下均匀地照射在整个球台的台面上，不能有散射光直接刺射击球人的眼睛。所以要求要用大型灯罩，悬吊在球台的正上方，控制光线的散射。

灯罩是长方倒斗形的，有整体的单罩、双连罩和三连罩等几种，可以根据球台的规格大小配套选用。

6. 三角形球框

在英式斯诺克打法中，开球前必须把 15 个红球摆成一个三角形球堆，放在置球点位上，为能摆成正三角形，就需要有一个三角形球框做模具来控制。制作球框的材质有木板，也有注塑成型的。

7. 记分牌和记分表

记分牌是比赛或练习时用来记录、计算球员成绩的工具。较常见的横向指针式记分牌，牌的左半边标有从 1 到 19 的数字，进入 20 时则计入右半边。右半边有 20、40、60、80、1005 个档级。在字码的上、下有金属片做的指针，可以拨动它来记分或进位记分。这种记分牌，一般台球厅、室都有，主要用于斯诺克 22 彩球和三球比列比赛的记分。

记分表为斯诺克比赛专用记分表。对于选手的每一击球，每一杆球和一盘球之内所得的分数或积累分值，包括击球时有无违例、犯规等情况都要清楚予以记载。在记分表格中，裁判员要准确记录比赛情况、比赛项目、组别、台号、场次和比赛时间等。比赛结束，要由比赛双方运动员、记分员、裁判员签字后，申报裁判长签字。如果出现比赛得分等误差，可以随时查记分表内的记录。

8. 巧克粉与扑手粉

打球时，为了防止球杆的撞头（皮头）和球之间产生滑脱（打滑）现象，需要在皮头上涂擦一层粉状的涩粉，以增加皮头与球体之间的摩擦力。涩粉是方形块状的，故称巧克粉块，有的地方俗称“枪粉”或“枪头粉”，外形为正方体，有蓝色、绿色和茶色等几种。往撞头上涂粉时，切不可连拧带转，否则不但抹不均匀反而会把粉块钻个深坑，影响粉块的充分利用。每当击球两三次后，就要涂一次粉，这样打起来比较稳妥可靠（见图 16-2）。

图16-2　巧克粉

扑手粉是一种滑石粉，它的作用正好与巧克粉相反。由于季节变化和每个人的体质及比赛时精神紧张等原因，有的人手爱出汗，因此，手与球杆之间产生涩阻现象，影响球杆活动不能自如，如果涂些粉，便可以吸汗除涩，减小阻力。但使用时应尽量注意，不要随意将粉洒落台面，影响球的滚动和台面整洁。

9. 插球杆架

打完球后，如何存放球杆也是一件不容忽视的事情。如果随便将球杆靠墙一戳，或往球台上一放，把杆头朝地一立等，都会使球杆弯曲变形或造成局部损坏，影响使用。在台球厅里，一般都有存放球杆专门的架子或柜子，有的立在室内，有的镶装在墙里，既方便存放，又保护了球杆的完好（见图 16-3）。

10. 台球瞄准练习器

这种练习器，属于台球运动击球入袋基本功法的科学训练教具。以测距瞄准为主，结合传统的厚薄度重合瞄准法，通过计算推导得出来的简而易行的新瞄准方法。该瞄准器由角度盘、测角指针和测距标尺组成。能测定主球与目标球间的撞击点，各种偏角球度数及瞄准点与其瞄测的数据（mm），使台球爱好者和运动员、教练员，用这种科学直观的工具，进行瞄准基本功练习，可迅速熟练地掌握击球入袋的基本规律，提高瞄测准确率（见图 16-4）。

图16-3　插球杆架

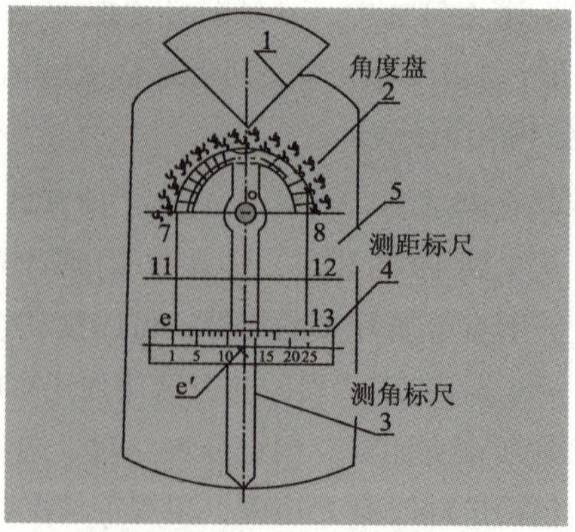

图16-4　台球瞄准练习器

11. 定位器

在比赛时，因多次击球，杆头上的巧克粉及台面的落粉等污了球的表面，失去了光滑，影响球的正常滚动，则需要将球表面擦拭干净后，再准确地放回原处，这是一件很难做到的事。因此，就需要有件给球固定的工具，即“定位器”。这是裁判员必须持有的工具。该器是用透明有机玻璃加工制作的（见图 16-5）。

图16-5 定位器

12. 维修工具

球杆的撞头（皮头）是易损部件，有时脱落需要更换或粘接，有时表面太滑，需要打磨等，为了不影响练球或比赛，应备置几件小工具，如胶水、砂布（粗、细）、木锉、剪刀和皮头备件等。

16.2.3 台球术语

台球是一项国际性的体育运动，世界用语应该是一致的。怎样正确理解规则、球势和名称，关系到裁判判决正确与否、比赛正常进行和技术探讨。这里简要介绍一下台球术语和准确的定义。

1. 场（Match）

比赛双方商定或比赛组织者规定的决定胜负的若干局比赛称为一场。如 9 局 5 胜、19 局 10 胜等。

2. 局（Game）

比赛双方商定或比赛组织者规定的决定胜负的若干盘比赛称为一局。如 9 盘 5 胜、19 盘 10 胜等。

3. 盘（Frame）

从开球开始，直至一方运动员认输，或只剩下一个黑球时，击球落袋或犯规称为一盘。

4. 主球（Cue-ball）

运动员从始至终用球杆直接击打的球，并利用该球运动的力量撞击其他球而得分，这个球叫做主球。

5. 目标球（Object balls）

比赛中运动员需要用主球击中的球称为目标球。

6. 击球运动员（Striker）

运动员开始击球，在一击球或一杆球结束之前，也就是裁判员宣布“失机”或“犯规”之前，这个运动员保持着击球运动员的身份。

7. 一击球（Stroke）

凡是运动员用杆顶端皮头击打主球，无论是否得分、犯规或失机都称为一击球。

8. 一杆球（Break）

击球运动员从第一次击球得分起，再次击球得分，连续击球得分直至失机、犯规违例为止，在这一个轮次中的一系列击球的总和称为一杆球。

9. 手中球（In-hand）

每盘比赛开球前，或主球落袋，或主球出界，或裁判员裁定主球持在运动员手中，没在开球区击球，均称为手中球。此时，击球运动员可在开球区内有利于自己击球的任何一点，向任一方向，将主球击出。

10. 局中球（Ball in play）

从每盘比赛开始，到每盘比赛结束之间，除手中球外，均称为局中球。

11. 活球（Ball on）

根据规则规定，允许用主球直接撞击的球称为活球。

12. 指定球（Nominated ball）

击球运动员击球前，向裁判员声明所要击打的目标球，称为指定球。在各种台球打法中都有具体规定，击打指定球时，可以报号数，可以报分数，也可以报球的颜色或向裁判员示意和用球杆指点。

13. 死球（Snookered）

称为死球的球是指主球。斯诺克（Snooker）：主球在任何能够撞击到活球的所有直线线路上，被一个或多个非活球阻挡的时候，主球便称为死球（见图 16-6）。

14. 死角球（Angled）

如果主球被台边角阻挡，不能直接击到任何球时，主球即称为死角球（见图 16-7）。

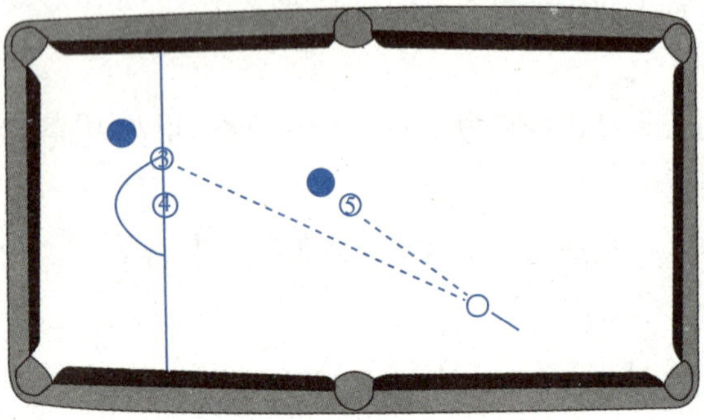

图16-6　死球

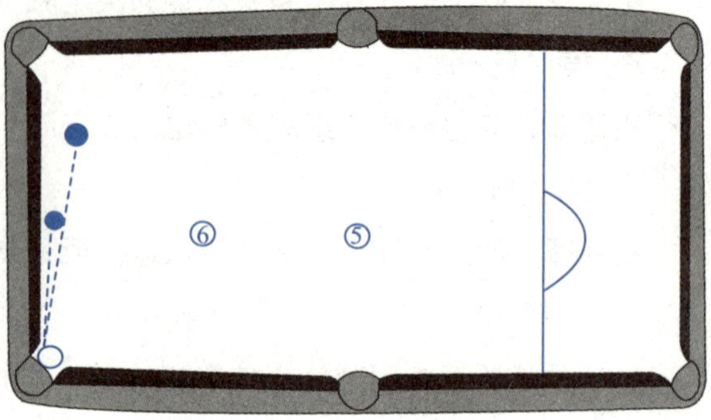

图16-7　死角球

15. 自由球（Free ball）

在斯诺克比赛中，当一方运动员犯规，将主球做成死球或死角球时，另一方运动员可以要求其继续再打，如果把所指定的自由球击入球袋，只记原来目标球的分值。如果把所指定的球和活球同时击入袋中，只记活球的分值。当把彩球作为自由球击入袋中，记下活球的分值后，应把彩球放回置球点。击打自由球必须经裁判员同意后方可成立，一经提出击打自由球后便不能更改。规则规定不允许用自由球给对方造成障碍球，否则为犯规，但当只剩下粉球或黑球时除外。

16. 占位（Occupied）

当被打球入袋或出界后，需要放摆该球的点位又被其他球所占据时，即称为占位。

17. 失机（Loss chance）

当运动员正常击球，但没得分，即为“失机”，换由对方击球。

18. 犯规（Foul）

运动员击球时出现违反比赛规则的行为，都被视为“犯规”。

19. 空杆（Miss）

将主球击出后，没有撞到任何球，即为“空杆”，属于犯规一种。

20. 自落（Drop of the cue-ball）

主球击出后，无论是否击中被打球，主球落袋，即称为“自落”。

21. 推杆（Push stroke）

击球时，当主球已经和被打球接触而杆头尚未与主球脱离或主球已经开始向前滚动而杆头继续与主球接触，即视为“推杆”。但如果主球与被打球几乎相贴，击打主球时使其薄薄地轻轻地从侧面擦过被打球，这种击球方法不属犯规。

22. 连击（Double hit）

在击球时，一击过程中，两次或两次以上击打主球的情况，称为连击，属于犯规。

23. 扎杆（Prick stroke）

将球杆斜向下或几乎与台面垂直击打主球，称为“扎杆”。

24. 出界（Forced off the table）

出界也叫出台，当一击球完后，无论主球或是被打球，跳出球台落到地上和球已静止时球停在台边沿上，即为出界，属于犯规。

25. 误击（Error）

击错主球，误将其他球当作主球击打；或者没有按规定顺序击打活球而击打非活球时，即为误击。

26. 贴球（Touching ball）

台面上球完全静止后，主球与其他球没有任何间隙地紧贴在一起，称为贴球。

27. 僵局（Stalemate）

当比赛双方使台面上的球势形成相持局面，致使比赛无法正常进行下去，即称为僵局。如果裁判员认为比赛即将陷入僵局，应立即警告双方，若不及时改变僵持局势，就要宣布本盘成为“僵局”，本盘比赛，比分无效，重新摆球。

16.3　斯诺克台球起源

曾有过一段故事的传说。在 1875 年，有一个驻扎在印度的特文郡军团，团里有一位青年尉官尼维尔·张伯仑（Neville Chomberlain），对于他们每天玩的三球台球，感到乏味，于是产生了改进的想法，便加了一个黑色球，经过一段时间，又有一位青年军官建议，再加了一个粉色球，随着球数的增加，不仅提高了玩的兴趣，同时也丰富了玩球的方法，后来又连续增加几种不同颜色彩球，球数共有 22 个，其中有 15 个红色球，6 个不同颜色的彩色球和一个白色主球。经过实践，又制订了一套比赛方法和规则。1880年，英国人约翰•罗伯特又从印度把斯诺克台球打法和规则带回了英国。但是，当时正处于英式台球热，一般名手及观众都热衷于英式台球。斯诺克台球根本无法引起人们的重视。直到20世纪30年代，英式台球日渐衰落，许多名手才逐渐转向斯诺克台球，从此斯诺克台球才开始在英国兴盛起来，成了英国的国球，直到现在。关于台球运动组织的建立，最早的国家是英国，于1885年由业余与职业球手组成了台球协会，并制订了第一套正式的比赛规则。1908年又由对立的一方组成了台球管理俱乐部。于1919年，台球协会和台球管理俱乐部达成合并协议，组建了英式台球和斯诺克台球的最高组织为台球联合会，主持两种台球的比赛和制订规则。

16.4 斯诺克台球比赛规则

在英式斯诺克比赛中，球台上共有红球15颗、黄色球、绿色球、咖啡色球、蓝色球、粉色球、黑色球和白色球（母球）各一颗。根据斯诺克比赛的规则，在桌面上还有红球的前提下，选手要率先用白球击打红色球，将红球打进后可任选一颗彩色球（除红球外）击打，彩球的分值不同，其中黑色球分值最高为7分。如果一名选手每次打进红球后都打进黑球，那么他打完所有红球后的总得分将是120分（每颗红球分值为1分）。这样在按黄色球（2分）、绿色球（3分）、咖啡色球（4分）、蓝色球（5分）、粉色球（6分）、黑色球（7分）的顺序将所有彩球打进，将会得到斯诺克的单杆最高得分147分。

斯诺克台球的比赛规则比较复杂，要求每个参赛运动员非常熟悉它，并应对每条规则都能够正确地理解，以便对犯规受罚和裁判员的错误判罚能及时提出异议。

16.4.1 击球规则

斯诺克台球对击球有严格要求，正确的击球方式如下。

① 击球时必须等待台面上运动中的球完全静止，落袋或出界的彩球摆在点位上，再进行击球。

② 击球过程中应避免用球杆、架杆、身体、衣服和佩戴物触动台面上的任何球。

③ 击球时，不许双脚离地，否则算犯规。

④ 击球时只能用球杆头击打主球，而不能用球杆推球（即推杆）或连击主球。

⑤ 每一击球只能用球杆击球一次，即便在瞄准时，不小心用皮头触动了主球，也算击球一次。

⑥ 击球时不准将任何球击出界外，也不允许将主球击成跳球。跳球：本球被击出后，没有接触任何球和台岸就直接跳越过其他球体，即使擦着被超越球的球皮过去也算跳球。主球击出，撞击过目标球后，又跳起或超越其他球体，则不算跳球。主球被击出，跳离台面后又击中目标球，不算跳球。使用“扎杆”等技术击球，明显绕过其他球后去撞击别的球，不是跳球。如果主球被击出后，主球跳起后击中目标球的后半部分算跳球。没有击中目标越过目标球也算跳球（见图16-8）。

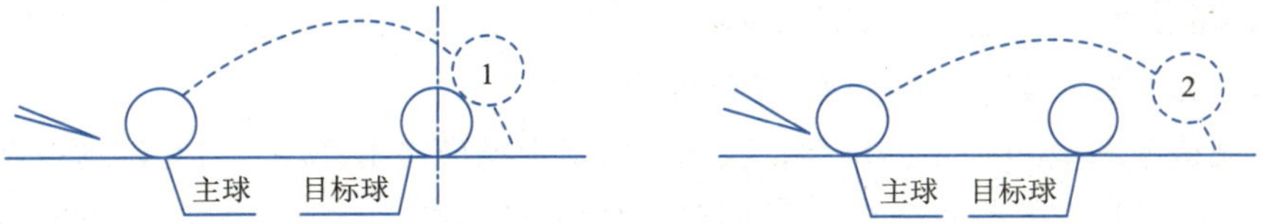

图16-8 跳球

16.4.2 犯规

裁判员裁定一方球手犯规，除停击外，还要根据情况宣布处罚分值，并将所罚分值记录在对方球手的成绩栏中。出现下列情况之一，均算犯规。

① 按规定顺序应该打的目标球，虽然被击中但没落袋判失机，换由对方球手击球。

② 击球时发生推杆、连击现象，无论击中目标球与否，按红、黄、绿、棕球罚 4 分，其他球按分值罚。

③ 击球运动员的衣服、球杆、佩戴物等任何部分触到或触动球台上任何一个球时，都算犯规，按瞄击目标球应扣分值罚分，小于 4 分按 4 分罚，高于 4 分按分值罚。如果击球运动员应该击彩球，而未向裁判员示意之前，发生以上犯规现象，均罚 7 分。

④ 击球运动员没有使用白球而使用其他球作主球（即错击主球），一律罚 7 分。

⑤ 击球运动员第一击将红球击落袋中，接着应该击打彩球，而又一次击打红球，即接连击打红球，一律罚 7 分。

⑥ 击球时发生空杆、空杆自落、击中目标球自落或与目标球同落、将主球或其他球击出界外，均属犯规。应按目标球分值罚分，小于 4 分按 4 分罚。

⑦ 击球时首先未能击中目标球，而是误中或击进其他球，即使又将目标球撞落袋内，不仅得分无效，并且应按其中最高分值罚分。

⑧ 击球时，误中低于目标球分值的球或发生自落、击落或同落的情况，按目标球的分值罚分。例如，目标球是粉球而误中的是黄球，应按粉球 6 分分值罚分。反之，误中球分值高于目标球分值，应按误中球的分值罚分。例如，目标球是红球，而误中的是黑球，则罚 7 分。

⑨ 击落、未击落目标球或发生自落，同时又将其他球撞击入袋，得分无效，按落袋球最高分值罚分。例如，目标球是红球，击落的是篮球，应按篮球 5 分分值罚分。反之，目标球分值高于被击落球的分值，按目标球的分值罚分。

⑩ 凡是主球被击出后，没击中目标球而跳越过其他任何球体，都算跳球，要罚分。

⑪ 当台面上没有红球时，击球运动员搅乱了击打彩球的顺序，按错击球的分值罚分，若目标球的分值小于 4 分，均罚 4 分。

⑫ 当台面上还有球在滚动时，就开杆击球或击球时双脚离地，按所瞄击目标球分值罚分，小于 4 分，均罚 4 分。

⑬ 用自由球做成死球算犯规，按分值高的罚分（只剩黑球和粉球时除外）。自由球就是在一方犯规后，如果主球成为死球（主球直线行进时，能够直接接触到任何活球的任何部分的线路都被一

个或一些非活球阻挡住了，这时的主球就被称为死球)，这时裁判员应宣判为自由球。如果由非犯规方接着击球，他（她）可以指定任何一个球作为活球。

当双方犯规造成图 16-9 所示的球势，我方运动员上场应当击红球，可是红球被做成了斯诺克，不能直接击打，这时我方运动员看 5 分球在袋口很容易被击打，就可以指定 5 分球为自由球，在这一击内，5 分球被视为活球，并获得了活球的分值。此时台面上的活球为 1 分球，所以我方运动员击进 5 分球（即自由球）仍得 1 分，然后将 5 分球取出放回蓝球点位再继续击打任何一个彩球。

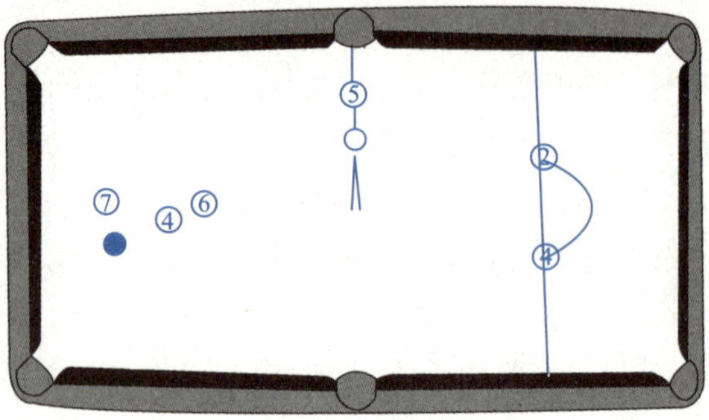

图16-9　犯规球

⑭ 主球同时撞击两个不同分值的球，判罚两个球中最高的分值（同时撞击两个红球或一个自由球与一个活球的情况除外）。

⑮ 不论主球或目标球被击出界外都属犯规行为。若主球被击出界外，按目标球分值罚分；若其他球被击出界外，按其分值罚分;若同时将两个以上球击出界外，按出界球中分值最高的分值罚分。

⑯ 一击球中，允许同时击落两个以上的红球，击进几个红球得几分。无论同时击进几个红球，下一击只有一次击打指定彩球的机会。例如，第一击同时击落两个红球则记 2 分，第二击将指定的彩球击落袋内，第三击仍以红球作为目球，若第三击又击打彩球，按犯规处理。

⑰ 一击球中，如果同时将自由球和活球击入袋内，则只记活球分值。

⑱ 允许运动员运用正当的击球动作，给对方造成障碍球。如果对方使用弧线球或利用空岸反弹等救球方法，均未击中应该击打的活球，应按活球分值罚分，小于 4 分按 4 分罚。图 16-10 中 1 为采用弧线球救球没有击中目标球的主球位置，2 为采用空岸弹救方法没有击中目标球的主球位置。

图16-10　弧线球和空岸反弹

这时，如果误击中比活球分值高的球，应按该球分值罚分。罚分后，制造障碍球的球员认为台面上的球势对自己不利，有权要求犯规球员再次击球，再犯规再罚。蓝色球为活球，被粉色球阻挡，用空岸反弹法没有击中活球（蓝色球），又停在 2 点，恰巧黑色球又被活球阻挡，此时，制造障碍球的球手可以要求犯规球手继续再击。而这一要求一经提出，就不准收回。当救打活球时，击球方应尽最大努力去救球，击打后裁判员判出无意识救球，对方可以要求把球复还原位重新再打（而且按规定罚分）。

⑲ 在比赛中，如果出现犯规行为，裁判员应立即宣判犯规，并且在这一击球结束之后宣布处罚。如果没有在下一击球开始之前由裁判作出判决，对方也没有在这一击球之前提出异议，这次犯规即被视为宽赦了。

⑳ 在比赛中，如果有球（不论是静止的，还是运动着的）受到场外人而不是击球者（正要击球或正在击球的人叫击球者，在一击球或一杆球结束之前，这个人保持击球者的身份）的触动，或当运动员受到场外人员的碰撞而触动台面上的球，对以上这种情况，击球运动员概不负责，不算犯规。裁判员应按原来球位重新摆球，由击球者重新击球。

㉑ 如果裁判认为比赛即将陷入僵局，他应警告比赛双方。如果不尽快改变这种局面，他将宣布这盘比赛无效，比赛应按原先的顺序继续进行。例如图 16-11 所示，这时一方队员轻轻将主球由 1 点击到 2 点，对方又将主球轻击前面红球，这样往返好几杆，谁也不肯将球打开，这时裁判员可以判定出现了僵局，限定运动员再打 2 ～ 3 杆，以解除僵局。再如图 16-12 所示，开球或比赛中，有时将主球击入红球堆里，这时双方球员谁也不肯将红球堆打散，如果这样的情况持续好几杆，裁判员也应宣判比赛入僵局。

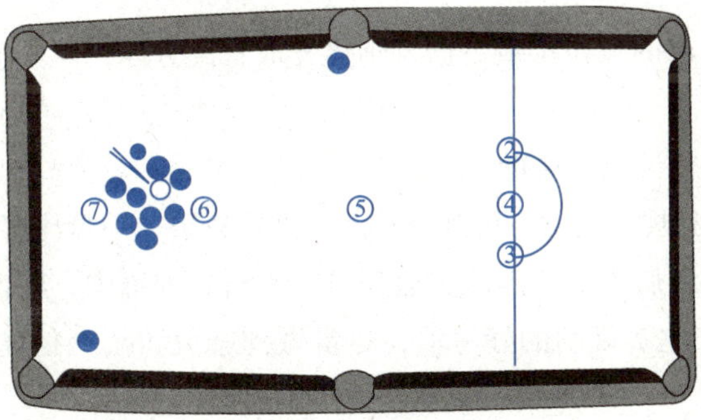

图16-11　僵局一

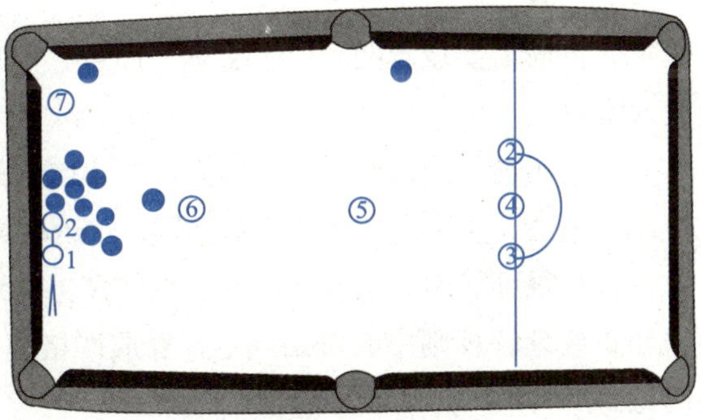

图16-12　僵局二

㉒ 如果比赛中，发生运动员拒绝继续比赛，或者故意连续犯规，或者有其他不正当的行为，妨碍比赛继续进行，裁判员应果断宣布该运动员比赛失败，并视其情节严重程度，申报裁判长或组织委员会或竞赛委员会，提出取消其本届比赛资格或一定时期参赛资格。当裁判员认为击球运动员迟迟不进行击球，可向其发出警告。警告后其仍然故意拖延时间，应宣布其比赛失败。因上述情况被宣布失败的运动员，将丧失本局所有得分，对方运动员不但其他盘次得分有效，还将获得本盘台面上所剩球的分值总和，其中每个红球按击落一个黑球考虑，按 8 分计算。

㉓ 当运动员将主球击出界外、自落、同落或由于犯规造成死球或死角球时，裁判员可将主球

判给对方运动员，作为手中球处理。当红球被击落袋或击出界外，就不再是局中球。当台面上有红球时，彩球被击落袋或击出界外，在一击前，应将其摆在规定的点位上。当红球全部落袋，开始按分值顺序击打彩球时，被正常击落袋内的彩球不再取出。虽然是按分值顺序将彩球击中落袋，但是伴随有违例、犯规行为，应将其从袋中取出，摆在规定的点位上。

㉔ 需要将落袋或出界的彩球摆在规定的点位上，出现点位被其他球占据时，应该将彩球放在最高分球的位置上，如果高分球位置也被占，则依次从高分位往低分位摆球，如果各彩球点位均被占据，应将彩球摆在自己位置与顶岸间的纵轴线上靠近点位附近最近的地方，但不能相贴。例如，黄球落袋或被击出界外，这时，2 分球点位被占，黄色球应摆在黑球点位上；如果黑球点位被占，则应摆在粉球点位上；如果粉球也被占，则应摆在蓝球、棕球点位上，依此类推。如果彩球点位全被占据，则黄应摆在黄球点附近（见图 16-13）。

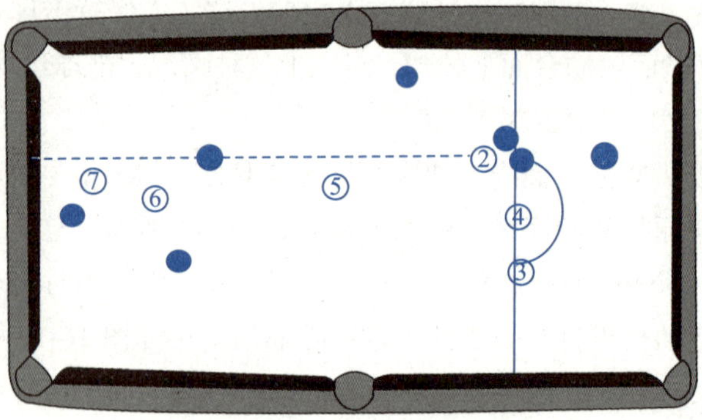

图16-13　占位球摆法

如果同时需要放置两个以上彩球，而且它们自己的点位都被占据，则优先放置高分球，但本球应放入本点。

总之，出现上述情况，彩球如何摆法，均由裁判员裁决执行。

综上所述，斯诺克台球的比赛规则，对运动员犯规、违例行为裁决较严，处罚较重。一盘比赛，一方运动员很可能因为犯规、违例次数较多，导致最后失败。因此，运动员在平时的训练中，应该熟记和正确理解规则中的每条规定，养成严格遵守比赛规则的好习惯，尽量做到避免和减少犯规、违例行为。

16.5　台球基本功法

16.5.1　杆架手势

用手作支撑球杆的手架，称手杆架、架杆或架台等。

1. 卧手支架的手势

先把左手手掌伸直，手心向下，平按在球台台面上，再分开五指，然后掌心拱起，拇指紧贴食指翘起，食指根部和拇指之间便出现一个凹槽，球杆便可以放在凹槽上活动自如。如需调整高低时，可以使手指伸平而降低高度，或拱起高适应击球需要（见图 16-14）。

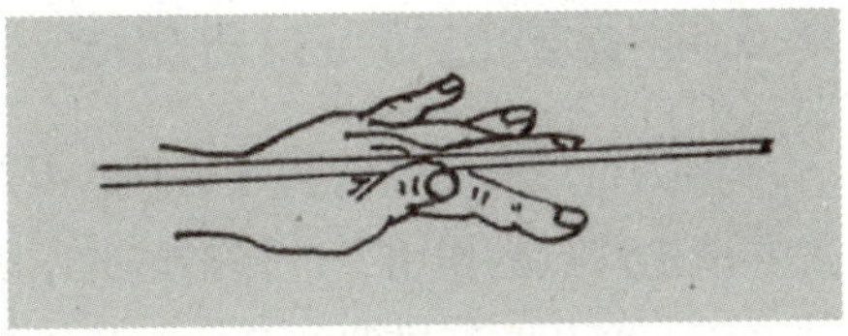

图16-14 卧手支架（平背式）

2. 翘手支架的手势

为了容易理解，方便练习，现把这种手势分解成单项动作图解说明如下。

① 如图 16-15 所示，将左手平放在球台台面上，手心向下，由手腕到指尖，向内侧稍微转个小弯，图①。

② 小指、无名指和中指，一齐向内侧转动拱起，手掌左边压在台面上，3 个手指形成支撑的手势，图②。

③ 当左手与球杆方向接近直角时，左手拇指和食指尖向一起捏，图③和图④。

④ 拇指和食指形成一个圆圈后，便可以把球杆插入圈内来支撑球杆击球，图⑤，如果需要调整高低时，可伸展或拱起中指来实现。

如果遇到主球靠近台边，可根据情况选用以下几手支架手势（见图 16-16）。

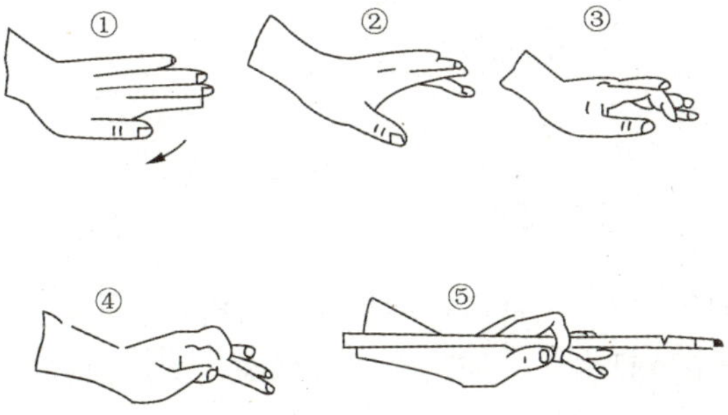

图16-15 翘手支架

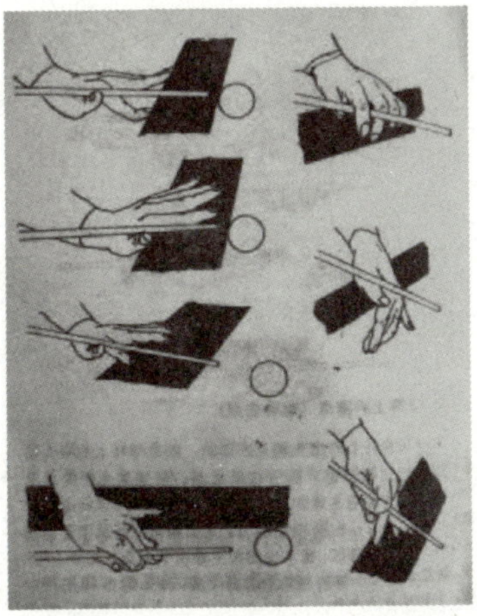

图16-16 各种近台边手支架

16.5.2 击球动作姿势

击球是台球的重要一环，虽然有时身体姿势、握杆方法、面部位置、架杆手势都很正确，但是，由于出杆击球动作不良，还是打不出好球来。

击球时，从侧面看，握杆的后手与小臂必须放松，以胳膊肘的关节为轴，像钟摆一样能轻松自如地前后摆动，注意摆动幅度不要太大，不摆动时应与台面保持垂直（见图 16-17）。

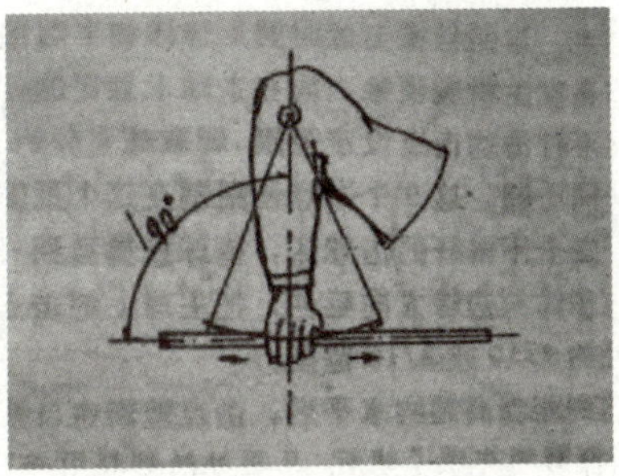

图16-17 击球动作姿势

16.5.3 球的运动与行进路线

因为台球有较强的科学道理，要想掌握好击球技术，必须了解一些物理学原理，从物理法则角度来弄清击球点的作用、选择击球的厚薄度、台边球的入射角与反射角的角度、击球力量大小的运用及球的旋转变化与行进路线等的互联关系。

1. 主球上的撞点（也称击点）

台球和球杆上的撞头都是圆形的，如果球杆上的撞头撞击在圆球的边缘部位，由于角度过斜，便要发生打滑现象（称滑杆）。这说明主球的球面上，不都是可以用球杆击打的撞击点，而是有一定范围限制的。可以撞击而不至于打滑的区域称为安全击球区。通常设想把主球视平面直径划分为 10 等份，取其中间的 6 个等份在球中心划个圆，称其为 6/10 的同心圆，如果在这个范围内击球，就不会发生滑杆现象，故而称其为安全击球区。如果击球水平达到高超的水平时，还可以超过安全区击球，也很少发生滑杆现象（见图 16-18）。

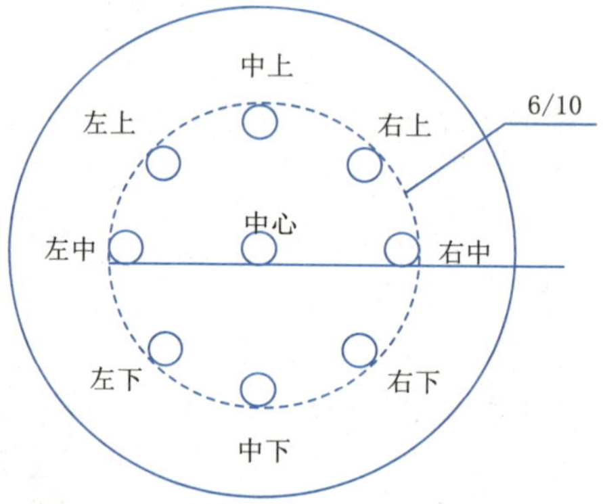

图16-18 主球上的撞点

主球上的击点，是打每一杆球都必须接触的点位。为开阔击球思路，了解主球上击点的扩展范围，可以思考一下，在打台球时，先用球杆把主球打出去，使其撞击目标球，达到预想的要求，这时可能有人会想到，正确的打法应该击打主球的什么部位呢？击打球的不同部位会产生什么样的转动呢？两球相撞后各自会发生什么样的变化呢？起到怎样的作用呢？

为了便于初学者学习领会掌握运用，可把主球上的击点定为 9 个基本点。这时根据击球时圆形球体和半圆形球杆撞头在相撞时容易发生滑脱现象，而在主球上划定的一个主球与杆头相撞时不打滑的击点设定范围，即取球直径的 6/10 为直径，划一个同心圆，这 9 个击点便限制在这个范围内。为初学者提供了安全击球区，待球技提高到一定水平后，再可以向球体的边缘方向延伸，把主球的击点限区扩展到主球直径的 7/10 或 8/10 等范围。

当球技达到相当高超的水平后，击点范围也自然随之延伸扩大，密密麻麻遍布了球面，几乎处处都是可击之点，使球体运动千变万化、变化莫测。

现举出两个主球上击点扩展的参考图例。图 16-19 是以 9 个基本击点为基础的击点扩展情况，由 9 个击点、17 个击点、33 个击点直到 49 个击点。

图 16-20 是以 14 个基本击点为基础的击点扩展情况，由 14 个击点、25 个击点、37 个击点直到 61 个击点。

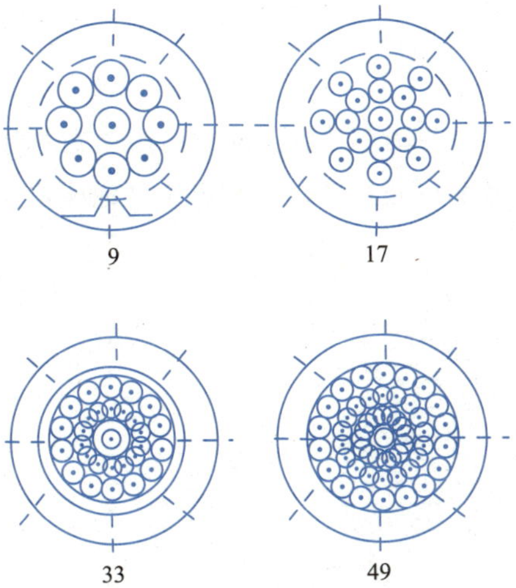

图16-19　9个基本击点

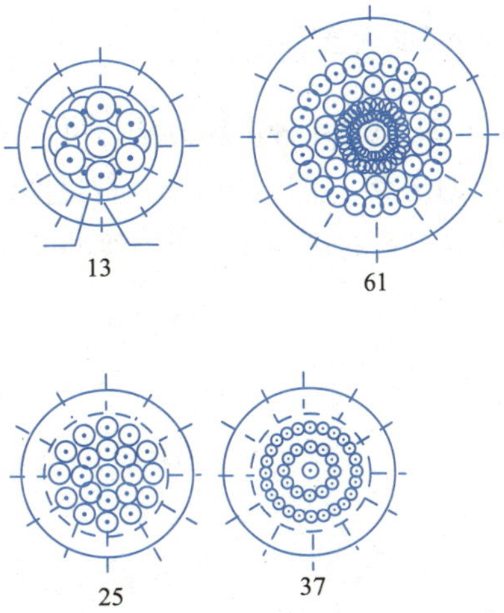

图16-20　14个基本击点

2. 主球的运动与行进的路线

用各种大小不同的力量，用球杆击打主球上的不同的上、中、下部位，主球的旋转行进的路线是不同的，现举例说明如下。

① 撞击主球中上部：当球杆撞击主球中上部击点后，主球便沿着球杆的方向，直线向前面旋转前进。至于球的旋转速度及自转情况，则直接受到球台的台呢质地好坏和出杆力量大小及快慢所左右。

② 撞击主球中心：当球杆撞击主球中心击点后，主球在一定距离内先向前滑动，然后开始向前转动。因为在出杆击球瞬间，球在台呢上滑行一下后，因受台呢摩擦阻力影响及本身惯性的作用，开始向前滚动。主球的滑行距离的长短，取决于击球用力的大小、出杆的射速及台呢的质地等。

③ 撞击主球中下部：当球杆撞击主球中下部击点后，主球开始向前滑行瞬间便反转滑行，然后向后滚动。但是根据出杆情况，球在滑行阶段中，只有与球台的台边或目标球相撞受阻后，才能向回反向滚动。

④ 撞击球的右中部或左中部：撞击主球的右中部击点或左中部击点时，球的旋转和进路情况。

球杆保持水平运动，当撞击主球右中部击点时，球开始稍有一点滑行后，即开始向左自转，同时也向前方行进，形成一种既向左转又向前行的混合运动。当撞击主球左中部击点时，球开始稍有一点滑行后，即开始向右自转，同时也向前方行进，形成一种既向右转又向前行的混合运动。

在练习上述右、左偏杆击球时，可以观察一下反射角的大小，当主球与台边垂直相撞后，无论向左还是向右的反射角，一般都在 30° 左右。但必须用中等力量击打主球。

之所以强调必须水平出杆击球，是因为击球时球杆的角度直接影响着球的旋转和行进路线的变化。例如：将球杆竖起来击球，球就不能直线行进，撞击球的右横部位时球向左进向右旋转，撞击左横部位时球则向右进向左旋转，从而出现一种横转和前转的混合运动，并以较小的弧线行进。这种击球方法，叫做“戳杆”。

16.5.4 4 种基本击球方法

图 16-21 中的 4 种击球方法，可以说是打台球必须学会的基本功法。前面已经谈到单独击打主球各部位的击点，主球的运动及行进路线。下边要谈的是击打完主球，主球再与目标球相撞后，主球和目标球各自的运动及行进路线的变化情况。

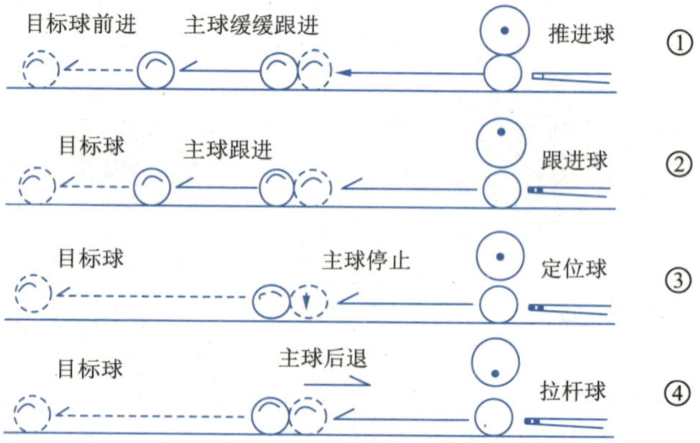

图16-21 4种基本击球方法

1. 推进球

水平持杆，击打主球中心击点，当主球与目标球相撞后，目标球前进，主球也同时跟在目标球后面，缓慢向同一方向前进，行进一段路程后才慢慢停住，这就是推进球的打法。注意用力要适度，不宜过重或过猛，否则会变了跟进球或定位球。

如图 16-22 所示，在 5 号球位有一个蓝色球，如果打进红色球后，若能使主球走到 5 号球对面，下一杆便可以轻而易举地把⑤号球击入中袋，因此可以打一个中杆推进球，使主球缓慢地走到预想的位置。

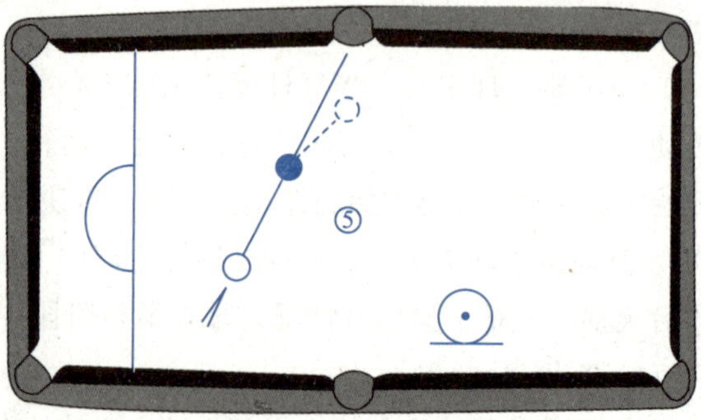

图16-22 推进球

2. 跟进球

水平持杆，击打主球中上部击点，当主球和目标球相撞后，目标球被撞前进，主球同时也紧跟在后面，不停地跟到所需要停的位置，故称跟进球。

如图 16-23 所示，把红色球打进角袋后，为使主球走到角袋附近，下一杆便可以把靠近顶岸的⑦号黑球打进右顶袋，这样需要打跟进球，主球便可以跟在红球后面，停在理想的球位，把黑球打进角袋。

3. 定位球

水平持杆，甩腕出杆即利用手腕的爆发力击打主球的中心稍微偏下的击点，主球略带滑动前进。当主球与目标球相撞后，主球把自己的前进动力全部传递给目标球，目标球则前进，而主球因失去动力，便停留在与目标球相撞的位置，因此就叫定位球。

如图 16-24 所示，对着中袋有一个红色球，打一个定位球，使主球停在红色球后面，下一杆便可以把⑥号球打入角袋。

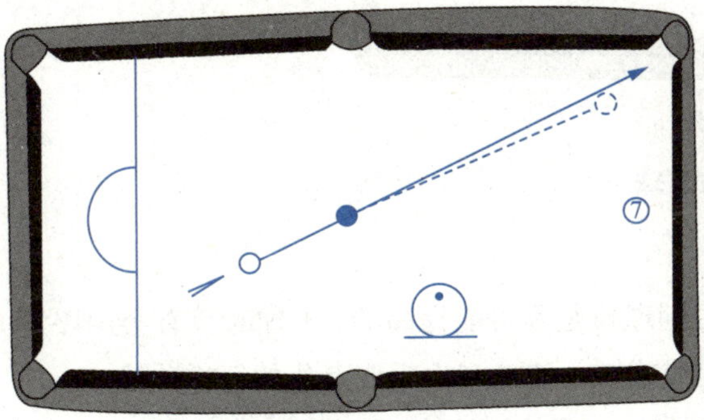

图16-23　跟进球

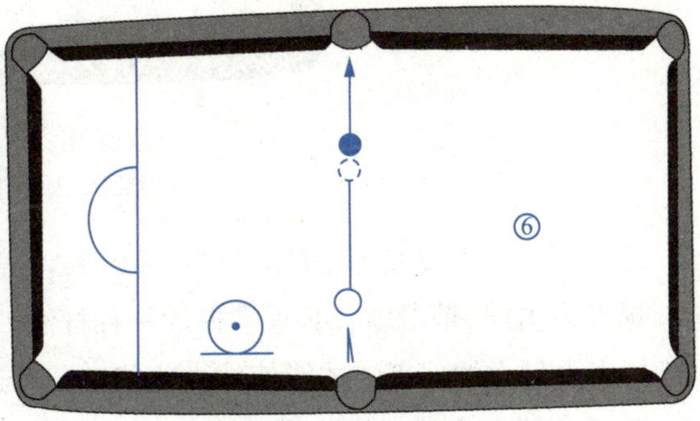

图16-24　定位球

4. 拉杆球（也称缩杆球）

水平持杆，甩腕击打主球的中下部击点，利用甩腕的较强爆发力，使主球反转向前滑动。在主球与目标球相撞瞬间，目标球被撞前进，而主球则借相撞的反力而释放了反转力，便向后旋转退回，因此叫它拉杆球。不过要注意，在打拉杆球时，主球和目标球不能相距太远，一般在 30 cm 后退效果最好，距离越长则后退距离越短。根据个人练习程度可以逐步提高长距离拉杆的速度和主球回退的距离 [见图 16-25（a）]。

如图 16-25（b）所示，打进红色球后，采用拉杆把主球拉回来超过原位，主球正好走到⑥号粉色球的后面对着角袋，可以顺利地把红球打进角袋。

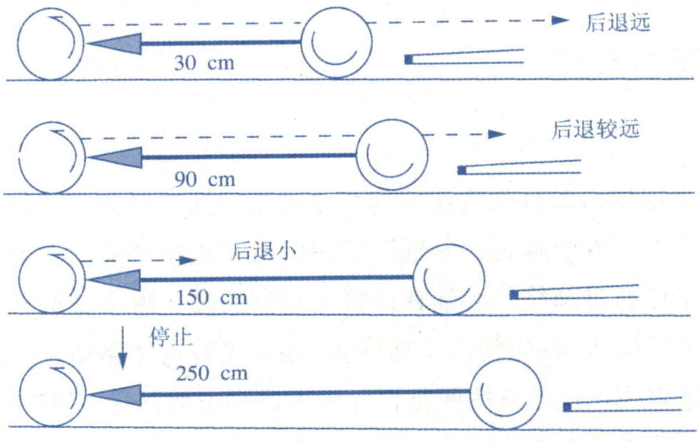

拉杆球（a）

图16-25　拉杆球

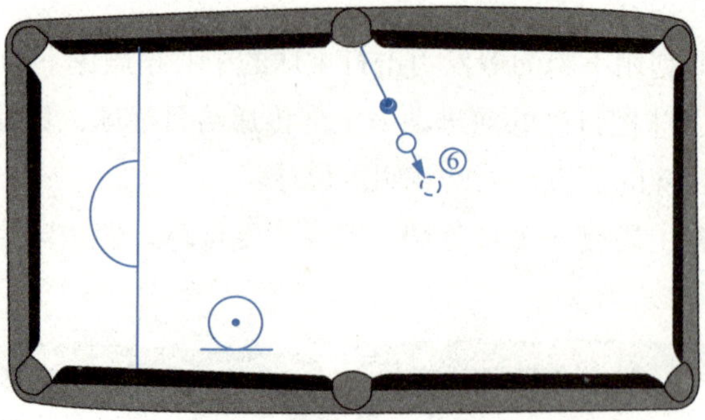

拉杆球（b）

图16-25 拉杆球（续）

这里再说一下爆发力击球。

爆发力击球，是击球者必须掌握的一种杆法，否则球技是不可能提高的。击球时只有会用爆发力，才能打出力量大的球来，才能使球高速前进、后退或旋转，使球产生千变万化的行进路线。

怎样才能在击球时产生爆发力呢？主要靠的是腕力，靠手腕的快速抖动即常说的甩腕。例如，在击球时，握杆的手不要把球杆握得太紧，这样才能便于球杆进行冲击活动，先用前臂前后抽动球杆做瞄视准备，一刹那间把球杆送出，要做到前臂与球杆协调配合，这样才能产生一种强而快的爆发冲击力，将主球击打出去。

16.6 瞄准方法概述

瞄准是台球基本功中最重要的一环。台球准度要求很高，稍有偏差便很难把目标球打进球袋。

台球的球台上，有 6 个球袋，要想一杆接连打进较多的球并非易事，没有一定的功夫是办不到的。为了练习好瞄准基本功法，首先必须弄清楚击球入袋的科学原理。下面就对这一基本原理做一简要介绍。

16.6.1 击球入袋的基本原理

1. 球路的选定

台球的瞄准方法，是根据力的直线传递原理，通过主球撞击目标球，目标球被撞击后，便沿着直线进入球袋。因为球台上有 6 个球袋，分别固定在四角和边岸中部，而球是可以在球台上到处滚动的，要想把其中某一个球打进球袋，必须在球群中观察选择，哪个球的球路、角度最合适、容易进袋（在袋口附近有一个目标球，要想使这个球进袋，便要先看看球路是否合适，然后由球袋口中心，通过目标球中心，划一条直线，这条直线便是目标球进袋要走的路线（见图 16-26）。

再看图 16-27 这样的球路是不能使球进袋的，因为角度不合适，是不能选用的。

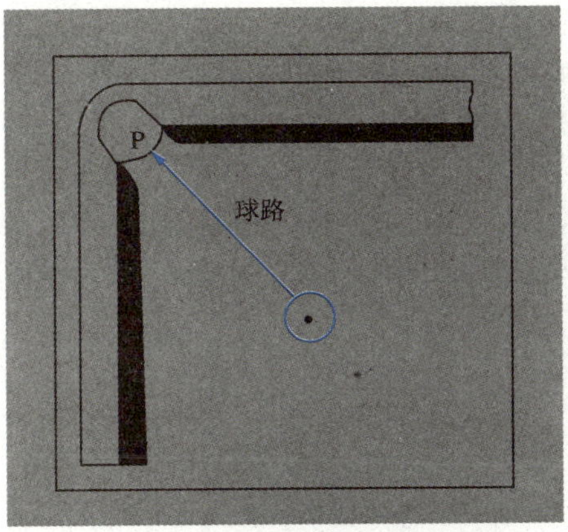

图16-26 目标球进袋路线

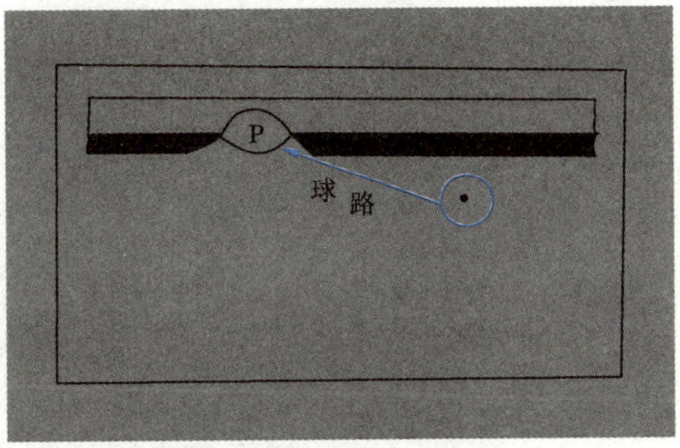

图16-27 不可入袋球路

2. 目标球上的击点

因为目标球没有外力推动本身是不能滚动的，必须通过主球的撞击才行。根据力的直线传递原理，要把某个目标球打进球袋，不能随便乱撞目标球上的任何点位，必须根据目标球的进袋线路，确定主球应该撞击目标球上的击点位置，才能完成打球入袋。

如图 16-28 所示，由目标球所对着的球袋中心，经过目标球中心延长线，这条线和目标球外圆相交在 M 点，这个点便是目标球上的击点。

3. 瞄准点

目标球上的击点确定之后，接着要确定瞄准点的位置。从目标球上的击点M，再沿这条直线向后，量出一段与球的半径相等的长度，最远点 T 就是瞄准点。以 T 点为圆心划一个圆形虚线，这个圆球形表示主球要撞击目标球必须来到的位置，主球与目标球的外圆才能在 M 点相交，与目标球相撞击，主球上的力量便通过 M 点传递给目标球，使它沿目标球球路入袋（见图 16-29）。

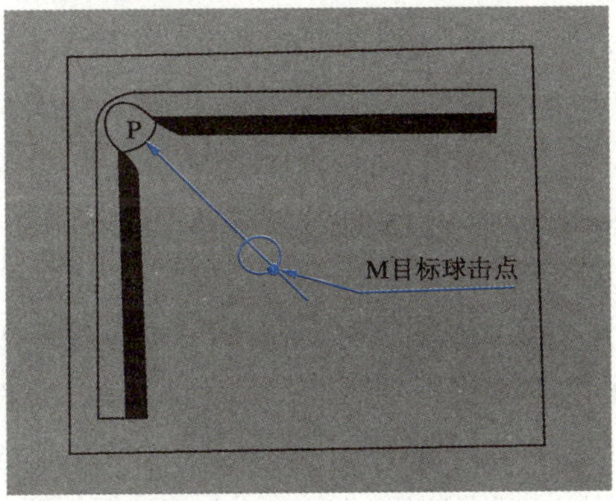

图16-28 目标球上的击点

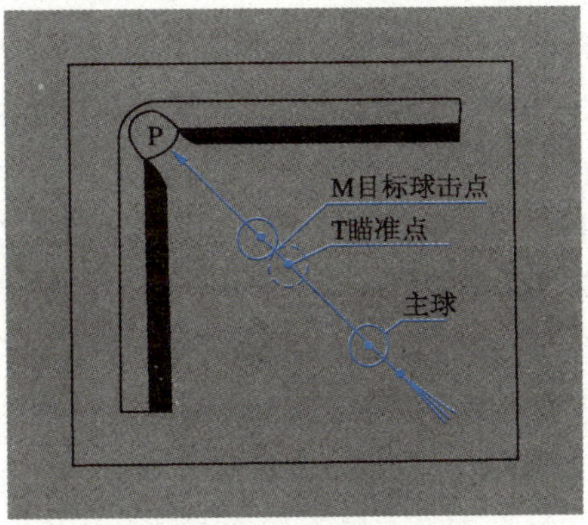

图16-29 瞄准点

16.6.2 应用实例

如图 16-30 所示，在对着袋口中心直线左侧或右侧的 90° 范围内，主球虽在各种不同角度的位置上，但瞄准点 T 是不能变动的，此时都能将目标球打进球袋。

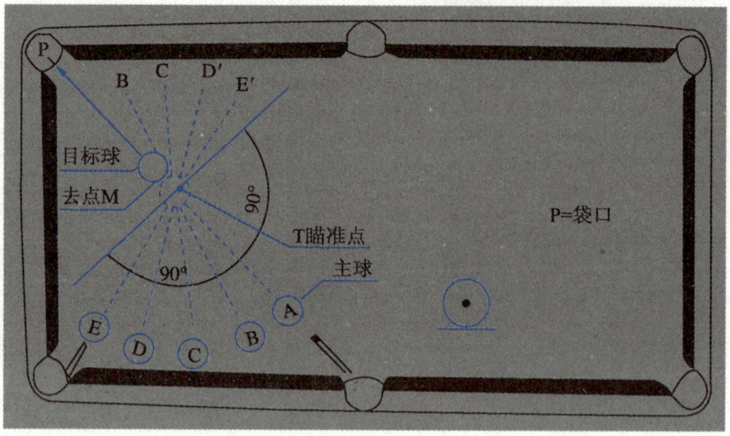

图16-30　实例

图中的目标球在角袋口前，主球在 A、B、C、D 及 E 5 个不同角度的位置，从 A 点开始到 E 点，都必须向 T 点瞄准出杆击打主球，才能使主球到达 T 点位置与目标球在 M 点相撞，把目标球打进球袋。通过此实例说明，目标球的球路和击点 M 及瞄准点 T，是在一条直对着球袋口中心的球路线上，不论主球角度如何变化，瞄准点 T 是丝毫不能差的。否则，击点错了，球路也跟着变了，目标球也不可能进袋。

16.7　台球主要赛事

1. 世界职业锦标赛（World Professional Championship）

世界职业锦标赛，专为职业斯诺克选手设立，是当今世界上历史最悠久、水准最高的斯诺克比赛。

首届世界职业锦标赛举办于 1926 年 11 月 26 日，是在当时的斯诺克大明星乔 • 戴维斯和他的朋友比尔•卡姆金（一家台球厅的老板）共同不懈努力下，最终得到台球协会和管理俱乐部（BA&CC）的同意举办的。

自 1926 年到 1940 年间，总共有 100 人参加了这项锦标赛，平均每年 7 人。而发展到了今天，每年都有过百人参加这项大赛的角逐，都希望能赢得这项斯诺克世界最高荣誉和奖赏。

1976 年，世界职业台球协会（WPBSA）将排名制引入到这项锦标赛中。排名的根据则从 1974 年的世界职业锦标赛算起。所以说，实际上 1974 年的世界职业锦标赛已经是一场排名赛，虽然当时的选手们并没意识到这一点。

从 1976 年起，名牌香烟 EMBASSY 的生产厂家 W.D.&H.O.WILLS 开始成为这项锦标赛的赞助商。因而，从那时起，一直进入上世纪 90 年代，这项世界职业锦标赛，便一直被命名为 EMBASSY 世界职业锦标赛。

2. F.U.T. 国际赛（Fidelity Unit Trusts International）

传统上，斯诺克每个赛季的排名赛事都是以 F.U.T. 国际赛作为开锣赛。初时，这项国际赛叫做

Jameson 国际赛。之后，曾经叫过 Goyamatchroom 杯和 BCE 国际赛。1987 年，改为现在这个名字。它是继 Embassy 世界职业锦标赛后第二个作为排名根据的赛事。

3. Rothmans 大奖赛（Rothmans Grand Prix）

Rothmans 大奖赛开始于 1982 年起初叫做职业选手锦标赛（Professional Players' Tournament），是由世界职业台球协（WPBSA）自己的推广公司所举办的第一个锦标赛。在 1982 年 ~ 1983 年度，它同 Jameson 国际赛一起被增定为排名赛。从 1984 年起 Rothmans 成为这项赛事一起被增定为排名赛。

4. Mercantile Credit 经典赛（Mercantile Credit Classic）

这项赛事最早叫做 Wilsons 经典赛，之后又曾经叫做 LADA 经典赛。它是于 1984 年，也就是在 LADA 经典赛时期被选做排名赛。1985 年后，它改名为 Mercantile Credit 经典赛。

5. UK 公开赛（United Kingdom Open）

这项公开赛开始于 1977 年，当初叫做 Supercr Ystal Ateuk 锦标赛。1979 年，它改名为 Coraluk 锦标赛。自从 1984 年被指定排名赛后，类型有所改变，开始叫做 Coraluk 公开赛。1986 年以后，又开始叫做 Tennentsuk 公开赛。但是，1988 年后，Tennents 退出了赞助。

6. 英国公开赛（British Open）

最早叫做英国金杯赛，之后又叫做 Yamahaorgans 杯。1985 年，被指定为排名赛。同年，得到 ICI 公司的赞助，并且用他们公司的 Dulux 命名这项赛事。叫做 Dulux 英国公开赛，ANGLIAN 英国公开赛等。

7. BCE 加拿大大师赛（Bce Canadian Masters）

加拿大大师赛首次举办于 1985 年，1988 ~ 1989 度被指定为排名赛。它是第一个在英国以外的国家比赛的排名赛。

8. ICI 欧洲公开赛（ICI European Open）

ICI 欧洲公开赛首届于 1989 年在法国举办，是在 BCE 加拿大大师赛之后，第二个在英国以外的国家比赛的排名赛。

第17章 瑜 伽

本章主要介绍瑜伽运动的特点与锻炼价值、瑜伽体式练习的基本要求、瑜伽的主要内容、哈达瑜伽体式与欣赏等内容。

学习目标

1. 运用瑜伽健身美体、安神减压。
2. 有效改善身体的柔韧性、力量性、灵活性等身体素质。
3. 提高专注力，辅助治疗多种疾病。
4. 发现内心真正的自我，体验平静、宁和的感受，促进心理健康。

17.1 瑜伽运动特点与锻炼价值

17.1.1 起源与发展

瑜伽是梵文词，意思是自我（atma）和原始动因（the original cause）的结合（The union）或一致（Oneness）；从广义上讲，瑜伽是哲学，从狭义上讲瑜伽是一种精神和肉体结合的运动。瑜伽的魅力之所以经久不衰，是因为习练瑜伽能给予人们最基本的对身心的协调与均衡。瑜伽已成为一门对人类心灵、生理和道德的全面健康进行不断研究的实用科学。

瑜伽起源于印度，是东方最古老的强身术之一。五千年以前瑜伽的修行者，在覆盖于印度草地的原始森林中修行，早在20世纪60年代瑜伽就流行于欧美，现在已经成为世界上最普及的运动之一。

以体位锻炼法为侧重的哈达瑜伽是较受现代人推崇的主要流派，并在此基础上演绎成现代健身瑜伽的新兴流派。例如，高温瑜伽、纤体瑜伽、香薰瑜伽、办公室瑜伽、阴瑜伽、力量瑜伽、流瑜伽、阿斯汤加瑜伽、舞韵瑜伽等都属于侧重体位法练习的哈达瑜伽体系。其中的流瑜伽、阿斯汤加瑜伽、舞韵瑜伽属于哈达瑜伽体系中体位串联练习的模式。

17.1.2 特点与锻炼价值

1. 瑜伽运动的特点

(1) 个体性

瑜伽是非竞技性的个体练习。现代健身瑜伽以体位锻炼为主，同时在体位练习过程中配合呼吸，体会身体和心灵的感受。

(2) 全面性

所谓全面性，其一是指瑜伽练习的身体部位能够比较全面；其二是指瑜伽对身体、心理健康的维护较为全面。瑜伽实际是一个可以全面调整修习者身体和心灵的系统，修习瑜伽能够使人得到均衡的发展，使身、心、灵达到更高的层次。

(3) 舒适性

瑜伽属于有氧运动。它强调呼吸和动作相配合，要求逐步缓慢地完成动作，并在自己极限体位上保持几次呼吸，此时要求意识放松并集中在身体的紧张部位，以给紧张部位更多的氧气和营养物质的供应。而每个体位结束后一般都会有相应的放松和调整，然后再以轻松的身心状态进入下一个体位练习，当体位练习完全结束后还有让机体精力能量迅速恢复的瑜伽放松术环节。充足的氧气供应和及时的休息调整，让瑜伽运动更具有舒适性。

(4) 易行性

练习瑜伽仅需要很小的空间，能容纳双臂双腿的伸展即可；并且受场地环境和器材的限制也少，一个安静的角落、一块洁净的垫子、一颗纯净的心足矣。

2. 瑜伽运动的锻炼价值

(1) 健身养生

中脉七轮是瑜伽健身的基础理论，其内在机制是通过各种围绕脊柱的动作，加强和调理内分泌系统的功能，使人体各大腺体的内分泌均衡，从而维护身体的健康；此外，瑜伽能够有效按摩和强化内脏器官，排除体内毒素；保持和促进身体各系统的正常功能。

(2) 塑体美容

瑜伽体位练习的核心是脊柱，通过围绕脊柱的练习，能够维持脊柱的正常生理弯曲，培养挺拔的体态，有效提升气质；同时有针对性的局部体位练习能够塑造良好的形体；较多头部向下的体式有效滋养面部肌肤，起到美容的功效。

(3) 安神静心

瑜伽体位是动态的冥想，在柔美的音乐中，呼吸和动作相配合，意识关注自身并集中于身体所紧张的部位，不知不觉中内心会变得平和、宁静，起到提升心理素质、缓解压力和不良情绪的功效，促进心理健康。

(4) 辅助医疗

瑜伽对身体锻炼是全方位的，不仅仅锻炼外在体能，还可对内分泌、微循环、内脏系统起到全方位的调节和改善作用；最难能可贵的是，平日里几乎锻炼不到的内脏、头皮、背部肌肉等“锻炼盲区”，瑜伽也都有专门的体位法——照顾周全。所以，瑜伽能对疾病的预防起到间接或直接的作用。

知识拓展

瑜伽练习中应该摒弃的不良观念

目前，我国瑜伽练习者中大多为女性，调查表明50%以上的练习者的目的是美体与减肥。在这种动机的引导下，多数练习者的心态是急功近利的，练习者不顾自身的柔韧、平衡、力量等身体条件，盲目和别人攀比，这恰是导致各种“瑜伽病”产生的内在原因。这种对瑜伽的理念与古老的瑜伽运动追求平和的心态、注重身心灵兼修、主张循序渐进等要求背道而驰。瑜伽练习，更应该关注心的宁静与平和。

17.2 瑜伽体式练习的基本要求

由于瑜伽具有个体性、全面性和舒适性等健身特点，方法正确的瑜伽练习，能让练习者体会到由内而外的舒畅感，同时内心充满平和愉悦感。经常练习瑜伽对于减缓压力、恢复精力、净化心灵、提升心理健康水平、维护良好的身心状态都有着积极的影响。

1. 呼吸和动作相配合

瑜伽体式要求动作做得缓慢，步骤分明，在整个动作过程中要求呼吸和动作相结合：一般在完成两臂前屈、外展、扩胸、提肩、展体或反弓动作时，采用吸气比较有利；在完成两臂后伸、内收、收胸、塌肩、屈体或团身动作时，采用呼气比较顺当。同时注意让呼吸引领动作，每次吸气和呼气后要暂停片刻。另外，除非特别提示，最好不要憋气。

2. 在放松中保持

做肢体运动的时候，肌肉紧张是人的本能反应。肌肉一紧张便约束了气脉里的能量运行，气息因此无法畅通。体式保持过程中，要尝试对意识进行控制——使它由紧张态变成轻松态。意识一放松，肌体自然放松，气脉就畅通，气脉畅通就滋养了身体的各个系统，从而使身体进入良性循环状态。

3. 意识集中在紧张部位

体式练习中，意识集中在紧张部位，一方面不仅会维持动作的稳定性，还能使该部位的血液流动加快，强化该部位的功能；另一方面，能借助身体感受对意识的牵引，收回易于散乱的思绪，自然达到感官内敛的冥想效果，实现瑜伽较高级的练习方式——运动中的冥想。

4. 稳固、舒适的本体感觉

瑜伽体式练习不当，常会导致各种“瑜伽病”。《瑜伽经》中说“瑜伽的姿势要保持稳固，感觉舒服”。“保持稳固”来自意识的专注、来自气息的流畅，更来自根基的力量；“舒服”是肌肉的本体感觉，它意味着没有肌肉过度拉伸所造成的韧带损伤，没有关节的不吻合与超伸，没有对禁忌部位所造成的伤害。

17.3　瑜伽的主要内容

1. 瑜伽冥想

瑜伽冥想术在于获得内心的平和与安宁，最终体验到内心自由状态下的快乐和幸福。瑜伽的冥想体系较多，最主要的特点是把注意力集中到某一特定对象之上的深思方法。瑜伽语音冥想是将注意力集中在瑜伽语音上，其体系比较容易，效果明显，益处最多。瑜伽冥想姿势一般都是打坐姿势。比较常用到的打坐姿势见表17-1。

表17-1　打坐姿势

动作	图　示	动作方法	注意事项
简易坐	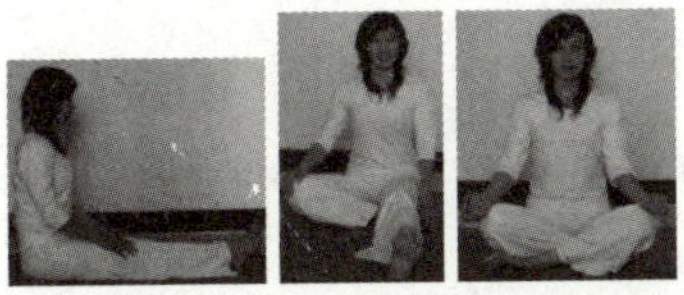	①坐在地上两腿向前伸直； ②弯起右小腿，把右脚放在左大腿之下； ③弯起左小腿，把左脚放在右大腿之下； ④两手放在两膝上，保持头、颈、躯干在一条直线上	脊柱向上延展，上体可以稍稍前倾，坐到不舒服时，可交换两腿来做，是初学者最理想的瑜伽冥想姿势
半莲花坐		①坐在地上两腿向前伸直； ②弯起右小腿抵住左大腿内侧； ③弯起左小腿，把左脚放在右大腿之上； ④两手放在两膝上，保持头、颈、躯干在一条直线上	脊柱向上延展，上体稍前倾，坐到不舒服时，可交换两腿来做。有坐骨神经痛和骶骨毛病的人不适合做
莲花坐	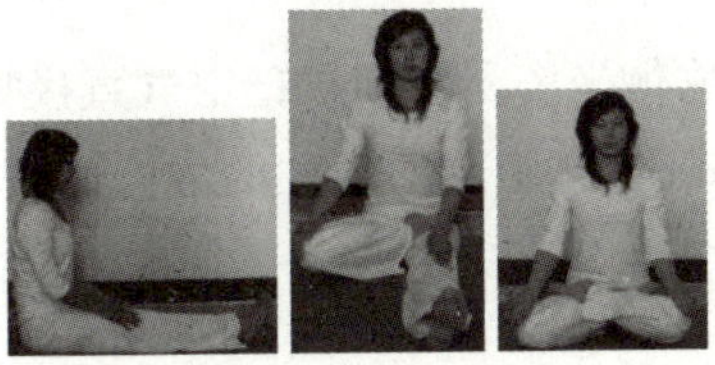	①坐在地上两腿向前伸直； ②弯起右小腿，右脚放在左大腿之上，脚底朝上； ③弯起左小腿，左脚放在右大腿之上，脚底朝上； ④两手放在两膝上，保持头、颈、躯干在一条直线上	脊柱向上延展，上体可以稍稍前倾，坐到不舒服时，可交换两腿来做。 如果髋关节不灵活，不要强搬脚背坐在对侧大腿根上，这样，容易使膝关节损失
雷电坐	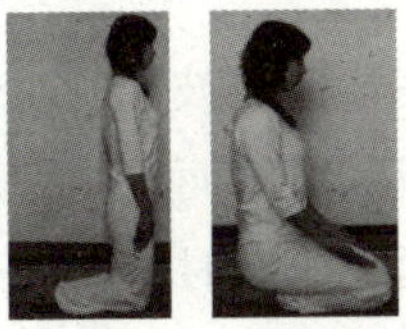	①两膝靠拢跪地，小腿和脚背平放在地面上； ②两脚大拇指叠加在一起，两脚跟向外指； ③臀部坐在两脚内侧，脚跟之间； ④两手放在两膝上，保持头、颈、躯干在一条直线上	脊柱向上延展
英雄坐	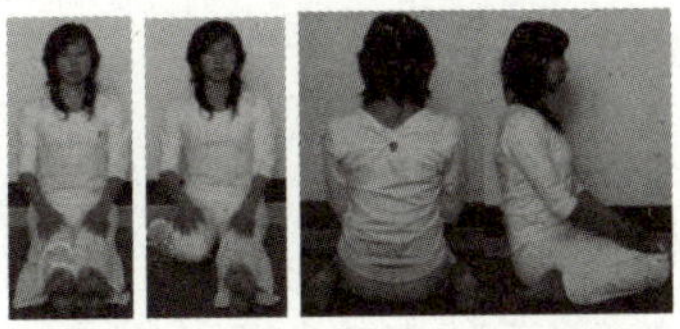	①坐在地上两腿向前伸直； ②右小腿向右折叠起，右脚放在右大腿外侧，脚底朝上； ③左小腿向左折叠起，左脚放在左大腿外侧，脚底朝上； ④两手放在两膝上，保持头、颈、躯干在一条直线上	脊柱向上延展，如果脚踝柔韧性不够好，可以用两手在身体两侧支撑地板

瑜伽语音冥想又称“曼特拉”，其含义就是能把人的心灵从种种世俗的思想、忧虑、欲念、精神负担等引离开去的一组特殊语音。人们随着练习瑜伽语音冥想，心灵就逐渐变得纯洁起来。瑜伽语音包括两个关联的步骤——聆听和复诵。

凝神倾听：由瑜伽宗师口授，谦虚地接受和聆听瑜伽语音，由耳朵进入意念。

无意中的聆听：在做其他事情的同时（学习、练瑜伽姿势、休息等）被动或较不专注的倾听，对于心灵仍具有净化作用。

全神贯注的聆听：找一个能集中心意的时刻，可在清晨或黄昏，不仅用耳朵，而且主动将精神心意集中在瑜伽语音上。

复诵：找一个可以集中心意的时刻，用心地反复复诵或咏唱瑜伽语音。把注意力完全集中在语音的声韵上（别担心自己嗓音的好坏，一颗赤诚的心才是最重要的）。

2. 瑜伽练习注意事项

场所：最好是安静、空气流通的场所，配上瑜伽音乐。最好准备一张瑜伽垫，或防滑的地毯、毛巾。

装束：轻松舒适的服装；最好光脚练习；不戴多余首饰。

时间：最好的时间是清晨，晚上临睡前，以及饭后 3 ～ 4 h 空腹态。

练习注意：动作不要过于勉强，听从身体的感受；不要用蛮力；无须与他人比较；对自己的健康负责，温和不过度地扩展自己身体的极限。女性经期、患有高血压、心脏病、眩晕病等患者不适宜练习任何倒立姿势。

3. 瑜伽呼吸

（1）腹式呼吸

它是以横膈膜为主上下运动的呼吸方式。可仰卧或采取瑜伽坐姿，吸气时，把空气直接吸向腹部，感受腹部向外隆起扩张，随着腹部扩张，横膈膜就下降。随呼气，腹部向脊柱的方向回收，横膈膜会向上回升。

（2）胸式呼吸

以肋间肌活动为主的呼吸运动，吸气时肋骨向外向上扩张，呼气时肋骨向下内收。

（3）完全瑜伽呼吸

是以上两种类型呼吸的结合，吸气时，首先吸向腹部区域，在这区域鼓起的时候，就开始充满胸部区域的下半部分，然后又充满胸部的上半部分，尽量将胸部吸满空气而扩张到最大程度——双肩可能略微升起，胸部也将扩大。在这种情况下，腹部将会向内紧收，此时，已经达到双肺吸气的最大容量。接着，按相反的顺序呼气，首先放松胸部，然后放松腹部，用收缩腹部肌肉的方法结束呼气。如此循环往复。其功效是增大通气量，净化血液，加快机体新陈代谢；按摩腹内脏器官，增强消化系统和内脏的功能；滋养大脑和神经系统，起到静心作用。

4. 瑜伽体位法

体位法或瑜伽姿势，音译阿萨那，是现代健身瑜伽练习的基础。它是以人体脊柱为中心，进行前后左右的伸展、挤压或扭转的练习，将身体置于一种平稳、安静、舒适的姿势。通过体式的调整完成，调动身与心的和谐，达到强身健体，燃脂塑形，静心减压等功效，深得瑜伽爱好者喜爱。

（1）瑜伽拜日十二式

瑜伽拜日式，又称为向太阳致敬式，是哈达瑜伽体系唯一以串联体位流传下来的一组动作。专门练习瑜伽拜日式也有很好的健身效果。刚开始练习时，可放慢动作，一个一个地做，待熟练以后，再把这 12 个动作配合上呼吸，一气呵成地做下来，见表 17-2。

表17-2 瑜伽拜月十二式

动 作	图 示
拜日十二式	
动作方法	① 双脚并拢直立，双手合十于胸前，呈祈祷姿势，深呼吸两次。 ② 吸气，上身缓缓地向后仰，髋部朝前挺，收紧臀部，同时双臂向后伸直。 ③ 吐气，身体慢慢向前弯，双手于脚两侧贴地（如果手贴不到地，可以将双手贴于腿前侧），放松颈部，垂头，尽量让额头贴腿前侧。 ④ 吸气，右腿曲，呈前弓步，左腿向后伸直，小腿触地，头部和上身向后仰。 ⑤ 双手撑地，左腿绷直，右腿向后伸向左腿并拢，屏住呼吸，收紧腹肌、臀肌，挺直脊柱。 ⑥ 吐气，曲肘，胸、下巴、膝盖同时着地，臀部微微翘起。 ⑦ 吸气，双手于胸两侧撑起上半身，并向后仰头，拱起胸部。 ⑧ 吐气，前脚掌踩地，臀部把身体带起来。放松头，颈部，向后压肩、背。同时脚跟尽量踩地（如果踩不到也没关系），拉伸双腿后侧，身体从侧面看呈三角形。 ⑨ 吸气，左腿向前曲，呈前弓步，右腿向后伸直，小腿触地，头部和上身后仰。 ⑩ 吐气，双腿伸直立起，右腿向前，同左腿并拢，上身慢慢前弯，放松颈部，垂头，让额头尽量贴腿前侧。 ⑪ 吸气，上身慢慢抬起，双脚并拢，再向后仰，手臂也向后伸直。 ⑫ 吐气，身体慢慢还原直立，双手合十于胸前，回到祈祷姿态，深呼吸几次，仔细体会身体的感受

（2）瑜伽体位及其分类

瑜伽的体式动作上万种，常见的也有百余种。按不同的标准则有不同的分类方法。常见的是按动作的难易程度（即需要关节打开的程度、肌肉的柔韧性与力量性等综合因素）分类可分为初级体位、中级体位、高级体位。在每个级别的体位上又常分为站立体位类、半高（蹲姿、跪姿、手臂支撑等）体位类、坐姿类、卧地体位类、倒立体位类、放松体位类。下面重点介绍适合初学者的一些初级、中级及个别高级体位。

① 简易热身类（见表 17-3）。

表17-3　简易热身类

动　作	图　示	动作方法	注意事项
脚踝练习		坐下，两腿向前伸直（基本坐姿）；两手掌心向下放在臀部两侧，上身向后倾；两脚绷脚尖，勾脚尖。至少重复16次，然后两腿分开与髋同宽，保持两脚跟贴着地面，两脚做顺时针、逆时针方向旋转	保持腰背伸直
膝关节练习		基本坐姿，十指在右大腿下交叉，吸气，右腿上台，呼气，屈右膝，重复做15次，保持背部挺直。然后，把右大腿抱近腹部，以右膝做支点，将右小腿顺时针方向、逆时针方向各做15圈的圆圈旋转运动；左脚同样练习	
髋关节练习	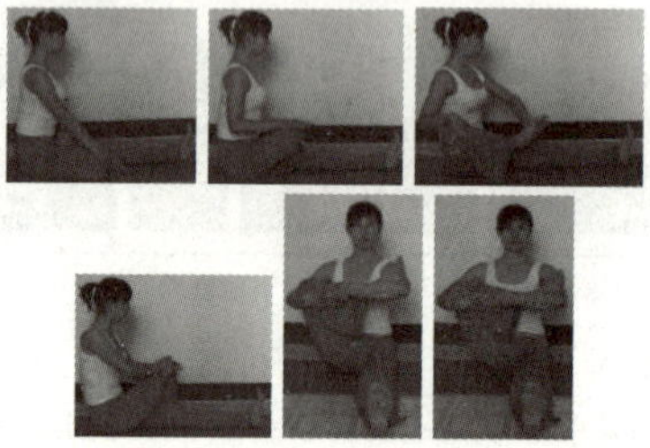	坐下，两腿向前伸直；右腿屈膝，把右脚背放在左膝上；吸气，用右手向上抬右膝，呼气，向下按压右膝尽量靠近垫子，反复做15次；左手抓脚，吸气，右手向右侧送出右小腿，呼气，向左侧推回右小腿，反复做15次；搬动右小腿到腹前，左肘通过右脚脚心，右肘通过右大腿外侧，两手在腹前环抱小腿，吸气，将小腿向前送出，呼气，将小腿向胸腔靠拢，反复做6次。最后一次呼气落小腿于垫子上还原，左侧同样练习	
肩部练习		简易坐姿；吸气，双臂向上伸展，呼气，屈双肘下落，十指搭肩；吸气，双肘向上，双手在背后尽量相触，反复做6次；吸气，展胸，两肘水平向后伸，呼气，含胸，两肘体前尽量相处，反复做6次；两大臂以肩关节为肘向前旋转6圈，向后旋转6圈	

② 站立体位类（见表 17-4）。

表17-4　站立体位类

动　作	图　示	动作方法	注意事项与功效
山式	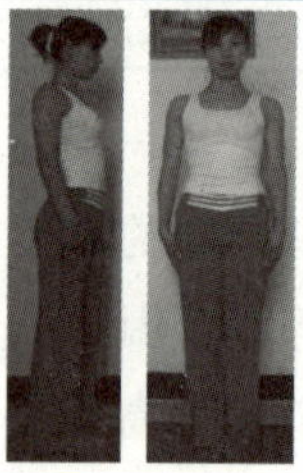	① 双脚并拢站立，大脚趾和踝关节并拢，身体重量均匀摊在两脚上； ② 收腹收臀，大腿股四头肌和大腿后部肌肉向上提升，髌骨上提； ③ 挺胸，脊柱延展； ④ 两肩外展下沉，手指并拢放于大腿中线处	注意事项：纠正身体不良姿态。 山式是所有站立体位的开始和结束动作

续表

动 作	图 示	动作方法	注意事项与功效
腰躯转动式	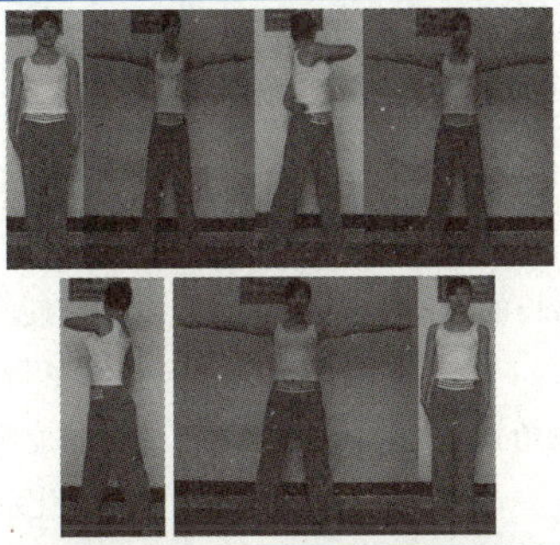	① 山式站立； ② 吸气，两脚分开一肩宽，两臂侧平举； ③ 呼气，保持髋关节向前，上体向右扭转，右手拦在背后，左手搭在右肩上，眼睛看向右肩后的方向； ④ 吸气，脊柱回正，两臂平举，呼气，反向练习，每侧保持5次呼吸	注意事项：吸气时延展脊背，呼气进一步扭转，在躯干扭转时，髋关节要保持向前不转。 功效：消除腰部多余脂肪，防止和矫正各种姿势、体态的不正
三角伸展式		① 山式站立； ② 吸气，两腿向两侧分开一腿长，两臂侧平举，成基本三角式； ③ 呼气，右脚向右转90°，左脚稍向右转； ④ 吸气，头向左转，注视左手； ⑤ 呼气，上体向右侧屈，右手根据自身条件扶住右腿的任何一部位。左臂上举，双臂成一条直线，眼看左手； ⑥ 保持5次呼吸，吸气还原，反向练习	注意事项：保持脊背与右腿在一个平面上；双腿伸直。 功效：消除腰围赘肉和强壮髋部肌肉，增强腰肌力量，伸展按摩腹内脏器官，改善消化系统
三角扭转式		① 山式站立； ② 吸气，两腿向两侧分开一腿长，两臂侧平举，成基本三角式； ③ 呼气，右脚向右转90°，左脚稍向右转大约45°～60°； 髋部向右方摆正；上体下压；放左手于右脚外侧，左臂上举与右臂成一条直线； ④ 吸气，右臂上举，转头向上，眼看右手，保持5次呼吸； ⑤ 吸气还原成基本三角式，反向练习	注意事项：骶骨到头顶的脊柱尽量保持伸展，尽量伸展双肩和肩胛骨，双腿伸直，膝盖放松。 功效：滋养脊柱神经，强壮背部肌肉群，伸展按摩腹内脏器官，改善消化系统。 减少腰围线上脂肪
战士二式		① 山式站立； ② 深吸气，两脚大大分开，两臂侧平举； ③ 呼气，转右脚向右90°，左脚稍向右转； ④ 呼气，屈右膝，大小腿尽量成直角，头转向右方，注视右手指。保持5个深呼吸； ⑤ 吸气，伸直膝盖恢复到基本三角式，反向练习	注意事项：收腹，尾骨往下收缩，拉长脊柱。伸直腿脚外侧踩实垫子。 功效：锻炼双腿、背部与腹部，增强大小腿肌肉的力量

续表

动　作	图　示	动作方法	注意事项与功效
侧角伸展式	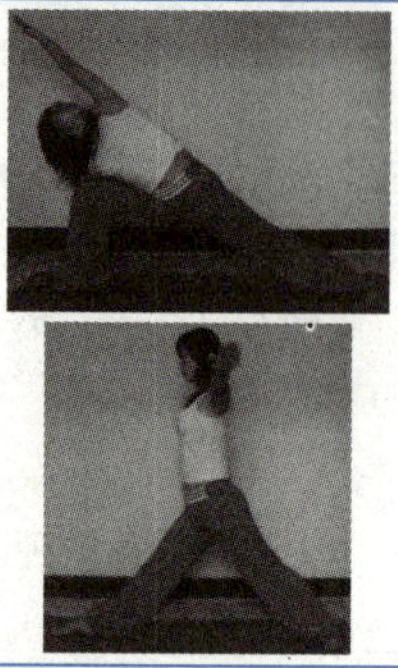	① 接战士二式的动作，继续呼气，放右手于右脚外侧着地； ② 吸气，左臂顺着耳朵方向伸展，让左手指尖和左脚外缘成一条长长的直线。小手指向下，保持5次呼吸； ③ 吸气，还原成基本三角式	注意事项：手推膝盖，胸部向上转，髋骨下沉，尾骨内卷。 功效：滋养脊柱神经，它使胸部、下肢的肌肉均得到良好锻炼，伸展按摩腹内脏器官，改善消化系统
战士一式	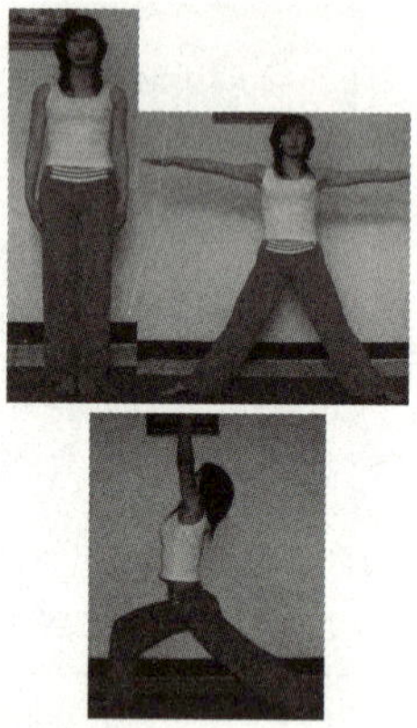	① 山式站立； ② 吸气，两腿向两侧分开一腿长，两臂侧平举，成基本三角式； ③ 呼气，右脚向右转90°，左脚向右转大约45°～60°；髋部向右方摆正； ④ 吸气，两臂上举成祈祷式，延展脊柱； ⑤ 呼气，屈右膝，直到大腿与地板平行，小腿与地板垂直； ⑥ 抬头，眼看双手，保持5次呼吸； ⑦ 吸气，蹬直膝盖向上还原，呼气恢复到基本三角式，反向练习	注意事项：双脚用力压地，让力量向中间走，左脚外侧缘踩实垫子。双肩放松下沉。 功效：扩张胸腔，对肺部有益；加强双踝、双膝、双髋和双肩。 心脏衰弱的人群不适合做此练习
战士三式		① 接战士一式的动作； ② 吸气，蹬直膝盖向上，重心前移，落在右脚上； ③ 呼气，上体前倾，将左腿举离地面，直到与地面平行，让双臂、上体、双腿保持一条直线，右腿垂直地面。保持5次呼吸； ④ 吸气，向上还原，呼气转身反向练习	注意事项：双臂和左腿向两个方向充分延展形成一对平衡力，有利于动作的稳定。 功效：增强平衡感，滋养脊柱，伸展支撑腿的后侧韧带

续表

动 作	图 示	动作方法	注意事项与功效
树式		① 山式站立，深呼气1次； ② 吸气，右脚脚趾分开牢牢抓住地板，左膝屈外展上抬，把左脚放在右腿的根部，脚尖向下，左腿充分外展，待稳定后，双掌合十胸腹前，保持两次呼吸； ③ 吸气，双臂伸直，高举过头顶，保持5次呼吸； ④ 呼气，双手及左腿向下回落恢复到山式站立，反向练习	树式是一个平衡的体式，能稳定神经系统，增加专注能力。 注意事项：屈膝侧髋关节充分外展。根基要稳，收小腹，尾骨内卷，脊柱充分伸展；如果左脚不能放在右大腿根部，可以放在右腿内侧任何部位上。 功效：增强人的平衡感和注意力，强壮腹部及加强腿部力量
舞蹈式		① 山式站立，身体向右转15°，深呼吸几次； ② 吸气，向后抬起左腿，左手抓住左脚踝，右臂上举； ③ 呼气，上体向下倾让背部形成一反弓形，眼看左手；保持5次呼吸； ④ 呼气，缓慢还原成山式，反向练习	注意事项：右腿根基要稳，左大腿尽量高抬。 功效：使侧腰得到挤压，收紧腰、腹、臀部肌肉，强化腿部力量，提高平衡能力
幻椅式		① 山式站立； ② 吸气，双臂从两侧向上高举过头顶，双掌合十，大拇指相扣； ③ 呼气，屈膝下蹲，大腿尽量与地面保持平行，腰背挺直，向后送肩，向后送髋；保持5次呼吸； ④ 吸气，伸直双腿； ⑤ 呼气，双臂经两侧下落还原成山式站立	注意事项：保持时不要塌腰；臀部下落，感觉要坐在一把椅子上一样。 功效：矫正不良姿态，防止驼背；增进肌肉力量；扩张胸部，强壮腹部器官

③跪式体位（见表17-5）。

表17-5　跪式体位

动　作	图　示	动作方法	注意事项与功效
猫式	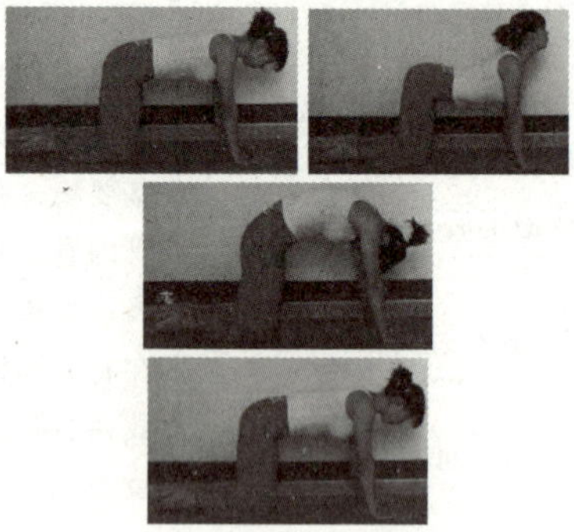	①金刚坐坐姿； ②吸气，成跪立； ③呼气，重心前移，两手落地，两臂垂直两肩；大腿分开与髋同宽，两腿垂直躯干，成动物的爬行姿势； ④吸气，由尾椎开始脊柱一节一节上翘，形成臀部上拱，收缩背部肌肉，抬头的姿势； ⑤呼气，由尾椎开始脊柱一节一节向上拱起，形成低头含胸，背部拱起，配合呼吸反复做5次； ⑥吸气，恢复到动物爬行姿势	注意事项：向下不要过分塌腰。 功效：活化整根脊柱，放松肩部和颈部，收缩腹肌，减缓痛经，改善月经不调和子宫下垂
虎式	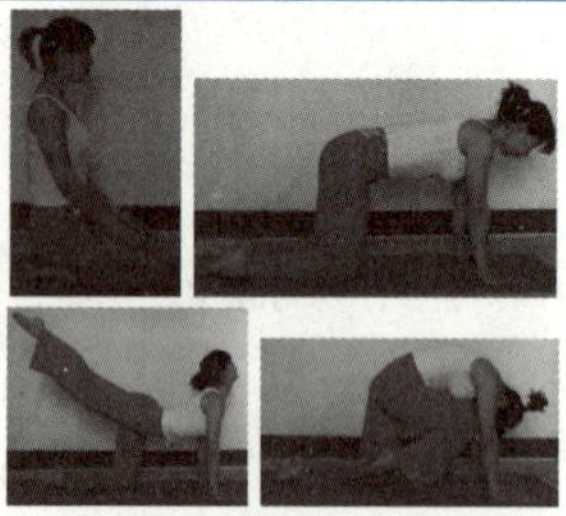	①成动物的爬行姿势； ②吸气，抬头塌腰提臀的同时右腿向后蹬出尽量抬高； ③呼气，低头，收缩腹部，右膝盖去找鼻尖。配合呼吸反复做5次； ④吸气，恢复到动物爬行姿势	注意事项：髋部摆正。 功效：伸展腰、腿部，灵活脊柱各个关节，按摩腹部器官；美化臀形，强壮生殖器官。它是产后妇女的极好练习
骆驼式	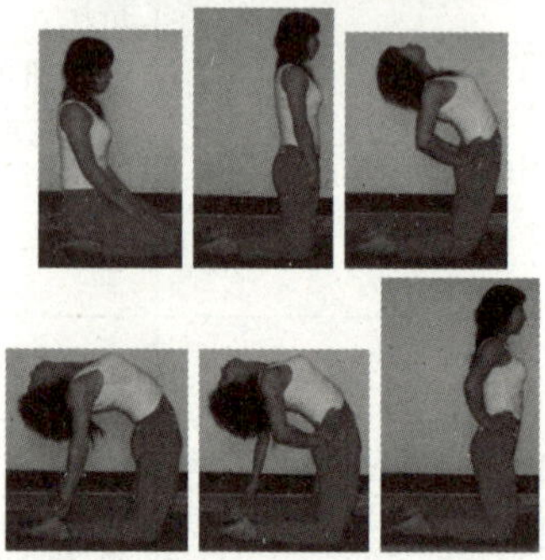	①金刚坐坐姿； ②吸气，两腿分开与髋同宽，成跪立，两手放在两髋部； ③呼气，推髋向前，脊柱缓缓向后弯曲，两手掌心依次贴在脚后跟部位，保持两大腿垂直于地面，头部后仰。保持5次呼吸； ④吸气，两手依次收回托住腰部，脊柱回正； ⑤呼气，臀部坐向脚后跟，金刚坐坐姿	注意事项：推髋向前，充分伸展大腿股四头肌。甲亢患者禁止此练习。 功效：增强脊柱力量，促进血液循环，有助于消除背痛、腰痛和矫正驼背，促进消化和排泄功能，还能促进甲状腺的正常分泌
叩首式		①金刚坐坐姿； ②呼气，上身向前弯曲，把前额放在地板上，两手扶住两小腿外侧； ③抬起臀部，让头顶百会穴着地，两腿垂直地面，保持5次呼吸； ④吸气，臀部坐回脚后跟，还原成金刚坐坐姿	注意事项：高血压或眩晕病人禁做此练习。 功效：为头部输送更多的血液，缓解疲劳

④ 蹲式（见表 17-6）。

表17-6 蹲　式

动　作	图　示	动作方法	注意事项与功效
蹲式		① 山式直立，两腿向两侧分开大于一肩宽，脚尖向外。两手十指相交，两臂自然下垂； ② 呼气，稍屈膝，身体重心下降； ③ 吸气，直立，呼气，下蹲幅度增大，吸气，直立，呼气，下蹲到身体的极限； ④ 吸气起，还原成山式站立	注意事项：脊柱始终垂直于地板。 功效：加强脚踝，双膝和两腿内侧肌肉，活动髋部区域

⑤ 坐姿（见表 17-7）。

表17-7 坐　姿

动　作	图　示	动作方法	注意事项与功效
坐山式		① 莲花坐，或简易坐姿； ② 十指于胸前相交，吸气双臂向上伸展，高举过头顶，翻转掌心，两臂尽量向上伸展； ③ 呼气，低头，下巴找锁骨，深长平稳的呼吸，背部挺直。配合呼吸反复做5次； ④ 吸气，头部回正； ⑤ 呼气，回到起始坐姿	注意事项：脊柱坐直。 功效：有助于安定神经，扩张胸部，强壮腹部器官，并消除双肩僵硬强直和风湿痛
单腿交换伸展式	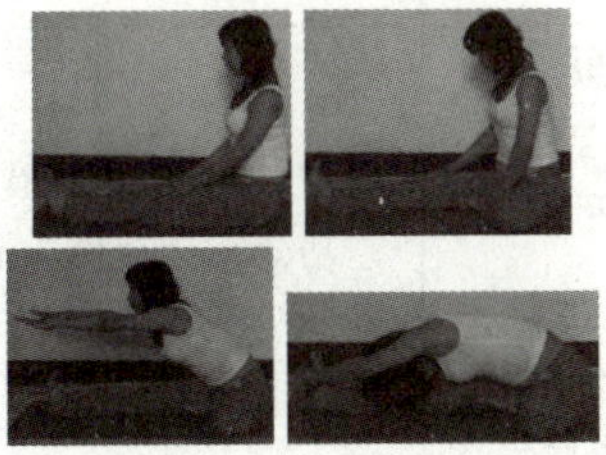	① 直角坐姿； ② 屈左膝，左脚抵住右大腿根部； ③ 吸气，两臂平伸，掌心向下，坐直脊柱； ④ 呼气，上体从髋部开始向前折叠，两手尽量去抓住两脚。放松身体，保持5次呼吸； ⑤ 吸气，脊柱缓缓回正，恢复到起始坐姿，反向练习	注意事项：保持脊柱伸直，向下屈身停在自己的极限，伸直腿膝盖着地，全身肌肉放松。 功效：滋养脊柱神经，放松背部，拉伸腘旁腱。强壮肝脏和脾脏，使双肾、胰脏和肾上腺活动旺盛，并促进消化和排泄
双腿交换伸展式	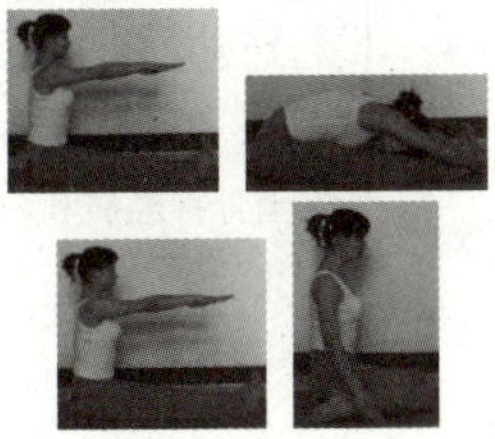	① 直角坐姿； ② 吸气，两臂平伸，掌心向下，坐直脊柱； ③ 呼气，上体从髋部开始向前折叠，两手尽量去抓住两脚，松身体，保持5次呼吸； ④ 吸气，脊柱缓缓回正，恢复到起始坐姿，反向练习	注意事项：保持脊柱伸直，向下屈身停在自己的极限。伸直腿膝盖着地，全身肌肉放松。 功效：滋养脊柱神经，放松背部，拉伸腘旁腱。强壮肝脏和脾脏，使双肾、胰脏和肾上腺活动旺盛，并促进消化和排泄

续表

动　作	图　示	动作方法	注意事项与功效
反台式		① 直角坐姿，双手放在臀部后方的垫子上，指尖超前； ② 吸气，将臀部轻轻抬起，头部后仰，保持5次呼吸； ③ 呼气，臀部落地，吸气头部回正	注意事项：保持两腿伸直，髋部上顶。 功效：加强两腕、两踝、骨盆的灵活性，使神经系统得到增强，血液循环得到改善，有助于消除疲劳
半脊柱扭动式	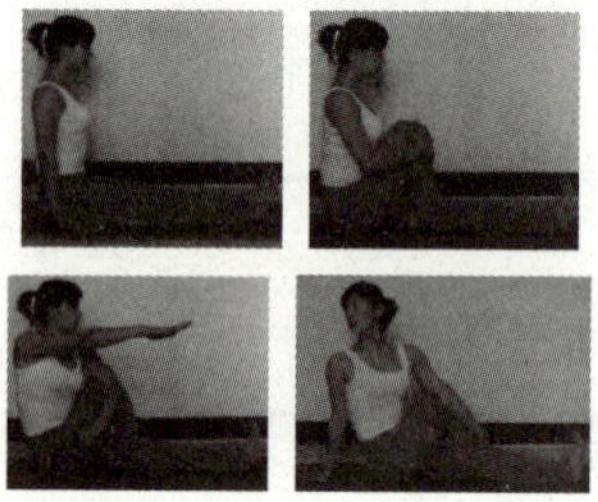	① 直角坐姿，右脚跨过左膝平放在垫子上； ② 伸出左臂别过右腿外侧，抓住右脚脚腕，或者屈肘，左手放在右大腿根部； ③ 吸气，腰背挺直，呼气，上体向右后方转动。保持5次自然呼吸； ④ 呼气，身体转正，反向练习	注意事项：吸气坐骨坐直垫子，脊柱向上延展。呼气进一步扭转。 功效：使背部肌肉群更富弹性。从而预防驼背和腰部风湿痛等问题，促进消化与排泄胰脏活动增强，对轻微的脊柱关节错位有益
鸽子式	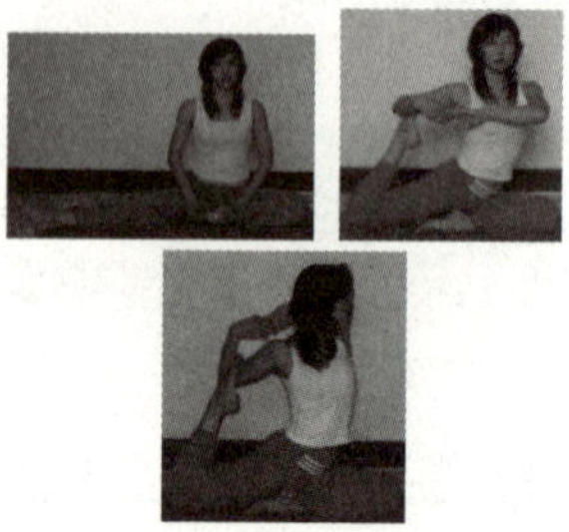	① 直角坐姿，左脚脚后跟收至会阴处，右腿自然向外侧打开； ② 右手抓右脚把右脚尖靠近腰间，吸气，伸出右臂用右肘弯套住右脚； ③ 呼气，伸出左手绕至脑后，左右手相扣。头转向左侧，右腿尽量向外伸拉打开成弓状，眼睛看向左上方。保持5次呼吸； ④ 吸气，左臂向上伸直； ⑤ 呼气，还原，反向练习	注意事项：如果左臂在头后不能抓到右手，可以提前抓住右手。 功效：灵活膝关节，拉伸脚背，打开双肩，灵活侧腰
蝴蝶式	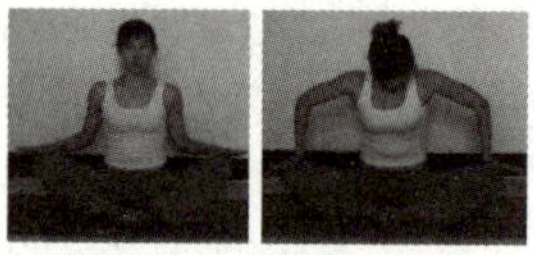	① 坐立，两腿向内屈膝，两脚掌心相抵，双手放在双膝上； ② 吸气，双膝上抬，呼气两手把两膝向下按压； ③ 变体，保持双脚位置不动，双手握住双脚，双膝上下抖动。反复做15次	注意事项：保持脊柱伸直。 功效：活动髋关节，是束角式之前的一个极好的预备练习
束角式	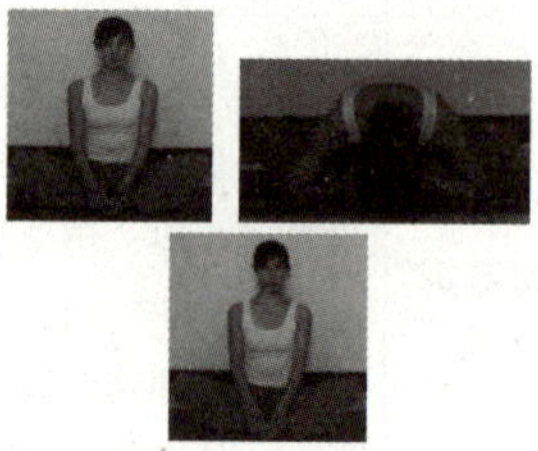	① 坐立，两腿向内屈膝，两脚靠近会阴，两脚掌心相抵，双手握双脚； ② 吸气，延展脊柱； ③ 呼气，上体前屈，将双肘压在两大腿上，或者两肘放在小腿前的地板上，头部尽量靠近地板，保持5次呼吸； ④ 吸气，脊柱一节节向上回正	注意事项：保持脊柱伸直，全身放松，意识集中在两髋部。 功效：增加骨盆区域的血液流动，强壮生殖系统功能，对消除坐骨神经痛和防止疝气也非常有益

续表

动　　作	图　　示	动作方法	注意事项与功效
坐角式	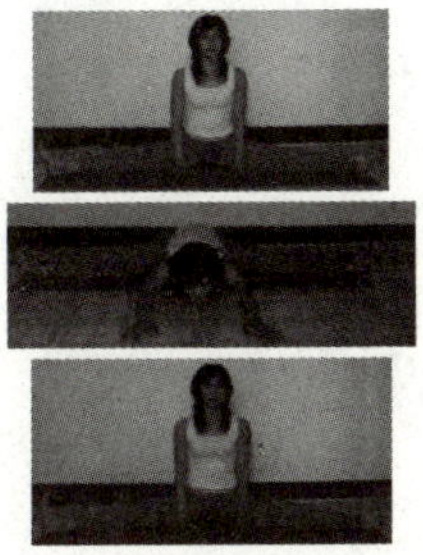	① 坐立，在不感到过于用力的情况下，尽量宽阔地张开两腿； ② 吸气，延展脊柱； ③ 呼气，上体前屈，双手在体前撑地，小心地向前移动，直到腹部下巴着地板。放松地保持5次呼吸； ④ 吸气，双手撑地，脊柱一节节向上回正，回复到起始坐姿	注意事项：身体放松，两大腿肌肉向后旋，借其反作用力让脊柱向下的幅度增大。 功效：增加骨盆区域的血液流动，强壮生殖系统功能，对消除坐骨神经痛和防止疝气也非常有益。此外，增进大腿内侧肌肉的伸展性

⑥ 手臂支撑类（见表 17-8）。

表17-8　手臂支撑类

动　　作	图　　示	动作方法	注意事项与功效
鹤禅式	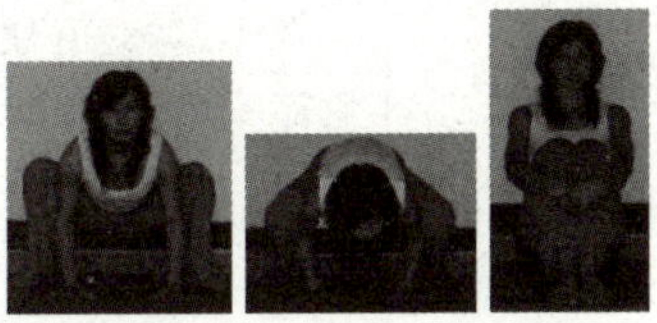	① 蹲立，两腿分开； ② 吸气，两脚尖着地抬高身体，两臂垂直两肩，两手十指大大分开，掌心着地； ③ 呼气，重心前移，直到双臂撑起身体，双脚离开地板。放松地保持5次呼吸； ④ 呼气，双脚落地，回到蹲立	注意事项：手腕不适者禁做。 功效：增强双臂力量和身体平衡能力
侧板式		① 身体成平板式，两臂垂直双肩； ② 身体向右侧转90°，左臂支撑，右臂上举，两臂成一条直线，眼镜向上看手，两腿伸直。保持5次呼吸； ③ 呼气，右手落地支撑成平板式	注意事项：支撑臂垂直肩部，侧腰上顶。 功效：强壮手臂力和侧腰力量，锻炼身体协调性

⑦ 卧地体位类（见表 17-9）。

表17-9　卧地体位类

体　　式	图　　示	动作方法	注意事项与功效
蹬自行车车式	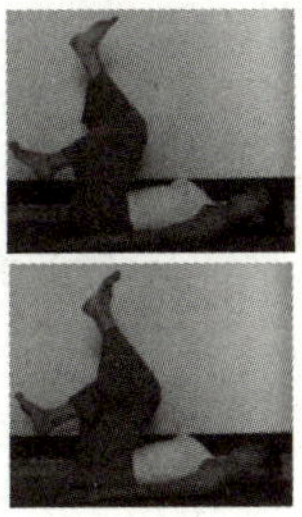	① 仰卧，两腿伸直，两手平放身体两侧； ② 吸气，两脚抬高并做用脚蹬自行车的动作。想象自己正在蹬自行车，正向蹬15圈，反向也蹬15圈； ③ 动作变体：两腿并拢，两脚同时向同一方向做蹬车动作15次，反过来再蹬15次； ④ 呼气，身体恢复到仰卧放松姿势	注意事项：动作过程中有节奏的呼吸。 功效：加强两大腿和两膝，增加血液循环，对腹部器官和双膝有温和的强壮作用

续表

体　　式	图　　示	动作方法	注意事项与功效
船式	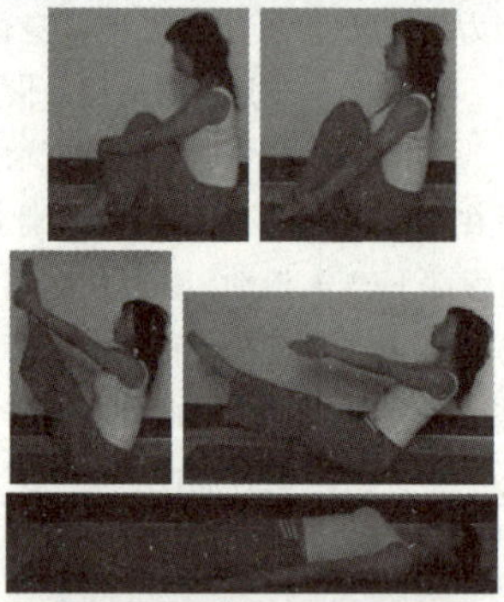	① 仰卧，双腿并拢，双手掌向下； ② 吸气，双手、双腿和上身躯干同时上提30°，双臂向前伸直，与地面平行，双腿向远处伸直。胸式呼吸，保持5次； ③ 把双腿、躯干放回地面，缓缓呼气，全身放松，恢复到预备姿势	注意事项：练习时意识应放在整个腰部和腹部上，需要用腹部力量抬高双腿。背部尽量挺直，使脊柱往上提，否则尾椎会往下压，导致背痛。 功效：改善肩背部僵硬酸痛，滋养面部和头皮，柔软脊柱
拱背 升腿式	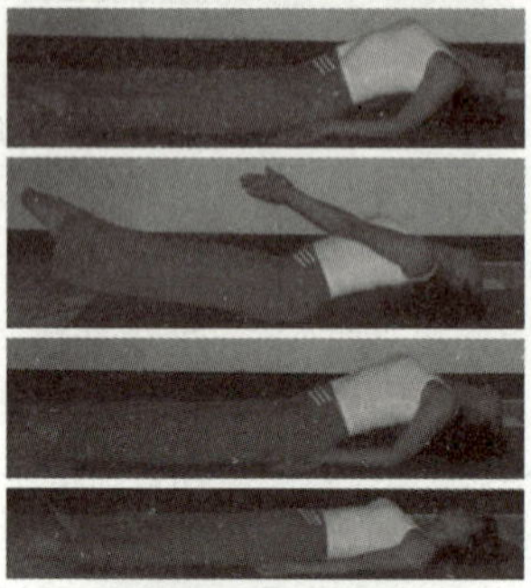	① 仰卧，双腿并拢，双臂放在身体两侧； ② 双肘支撑，胸腔颈项向上拱起，头顶着地； ③ 呼气，双腿向上离开地板到极限。两手合掌，举起双臂，让两臂与两腿平行。保持5次呼吸； ④ 呼气，慢慢放下两臂两腿，放直颈项，背部回到地面上	注意事项：甲亢患者禁做。 功效：强壮颈项和背部，强壮脊柱，增进脊柱的弹性，对胸部、腹部肌肉和甲状腺有益
轮式	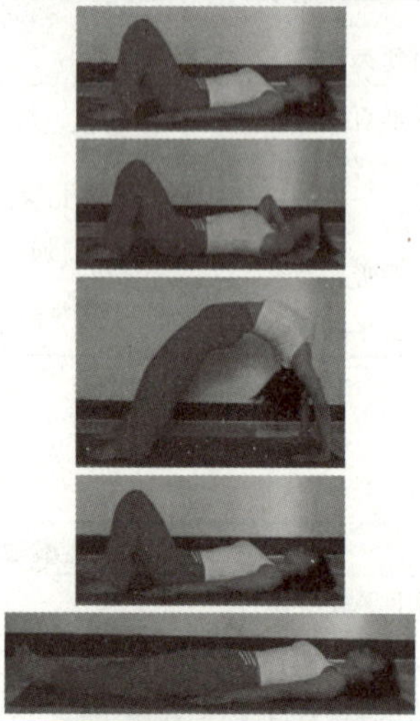	① 仰卧，双腿并拢，双臂放在身体两侧； ② 呼气，双手后弯，于耳侧着地，指尖向前，微微贴近肩部。屈双膝与髋同宽，两脚平放地面； ③ 吸气，臀部上扬，两臂伸直，头部和背部均离开地面，髋部与腹部同时上提，将身体拱成圆形。保持5次呼吸； ④ 头部仰起，弯曲双肘，肩部先着地，接着头部、背部、臀部依次着地。回复到仰卧放松	注意事项：大腿肌肉外旋，以便向上抬起骨盆，缓解腰部压力。 功效：补养和加强背部肌肉群，使脊柱保持健康和柔韧。血液流向大脑，从而使头脑清醒
摇摆式	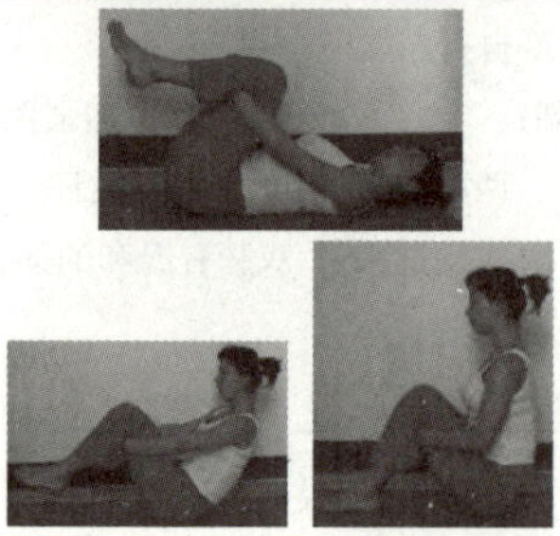	① 仰卧，双腿并拢，双臂放在身体两侧； ② 两腿屈膝，将两大腿收近胸部，两手在两膝下十指交叉； ③ 吸气，延展脊柱； ④ 呼气，上体后仰，脊柱一节一节着地。配合呼吸，反复做5次	注意事项：小心不要让头猛碰地板。 功效：按摩和强壮双髋、臀部和背部。有助于放松腹部区域，有助于消除腹中气体

续表

体 式	图 示	动作方法	注意事项与功效
眼镜蛇式	 	① 额头贴地俯卧地面，双手放在胸部两侧，指尖向前，两脚脚跟并拢； ② 吸气，头部引领脊柱向上抬起，最后用双臂的力量帮助身体继续向后卷曲。眼睛看向天花板。两肩外展下沉。保持5次自然呼吸； ③ 呼气，头部和胸部依次回到地面，一侧耳朵贴地休息	注意事项：大腿和臀部肌肉收缩，头部后仰牵引腹部肌肉伸展，以保护腰椎。 功效：促使胰脏、肝脏等器官活动加强，并有效预防肾结石；增强脊柱的柔韧性
蜥蜴式	  	① 金刚坐坐姿； ② 呼气，上半身前弯到前额着地； ③ 吸气，抬臀，上半身向前移动，达到大腿垂直于地面，双臂向前伸直，胸部贴向地板，脊柱下压，均匀呼吸，保持5次呼吸； ④ 呼气，身体向前移动，俯卧于垫子上放松	注意事项：初学者胸部不容易贴到地面，应把手臂和胸部向前挪，或把膝盖向后移，拉大膝盖与胸部的距离，让胸口容易碰到地面。 心脏病病人慎做。 功效：为头部输送更多的血液，缓解疲劳
弓式	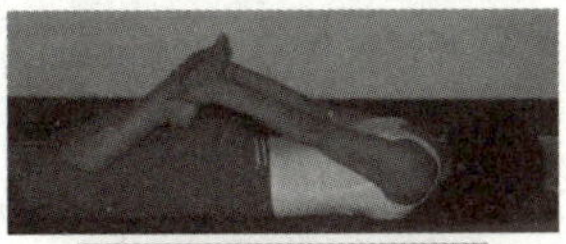 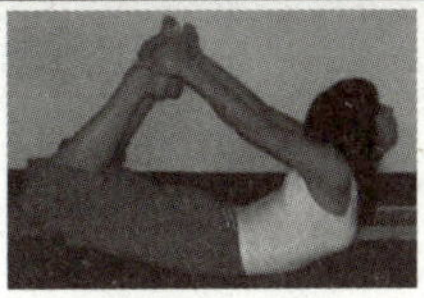	① 俯卧，双臂靠身体侧平放，掌心向上，双腿并拢； ② 屈膝，双手握双脚，放松全身； ③ 吸气，伸直两臂，绷紧两腿肌肉，使背部成为拱形，同时将头部、胸部和大腿抬离地面，直至力所能及的高度，目视上方。自然呼吸，保持5次呼吸； ④ 呼气，身体缓缓恢复预备姿势； ⑤ 呼气，将双腿向头部下落，使脚趾触及头部前方的地面。保持5次呼吸； ⑥ 两腿笔直向后移动，先让胸部触及地面，接着两腿、两手依次着地，恢复到预备姿势	注意事项：疝气、胃溃疡、肠结核患者或脊柱弯曲者不能练习此姿势。 功效：是对全身肌肉都有益的功效，有助于消化系统，补养胰脏，有助于治疗糖尿病，预防胆、肾结石
蝗虫式	 	① 额头贴地俯卧地上，两臂伸直放于体侧，双手放在腹股沟下； ② 吸气抬头，吐气低头，额头触地； ③ 吸气，收紧臀部，双腿向上抬到最高处，保持此姿势5次呼吸； ④ 呼气，把腿和头部恢复到预备姿势	注意事项：如果腰部疼痛，可以膝盖弯曲，这样可以减少腰部压力。 怀孕或背部受伤，不要练习。高血压病人慎做。 功效：强化腰腹力量，塑造良好臀形；促进内脏机能，强化脊椎骨神经，缓解便秘症状

续表

体式	图示	动作方法	注意事项与功效
顶峰式		①跪立； ②呼气，两手放在地上，抬高臀部，两手两膝着地； ③吸气，伸直两腿，将臀部升高； ④呼气，腹部靠近大腿根部，双臂下压，双臂和背部应形成一条直线，身体成倒三角形。脚后跟尽量压地，如果不能放在地板上，就上下弹动脚后跟。保持5次深长呼吸； ⑤呼气，恢复到两手两膝着地的跪姿	注意事项：收缩臀部肌肉，脚后跟向下踩地，不要塌腰。 患有高血压和眩晕病者应向医生咨询是否适宜此练习。 功效：美容，恢复精力，消除关节炎，伸展和加强腘旁腱，软化跟骨刺，强壮坐骨神经

⑧倒立的体位（见表17-10）。

表17-10　倒立的体位

体式	图示	动作方法	注意事项与功效
犁式	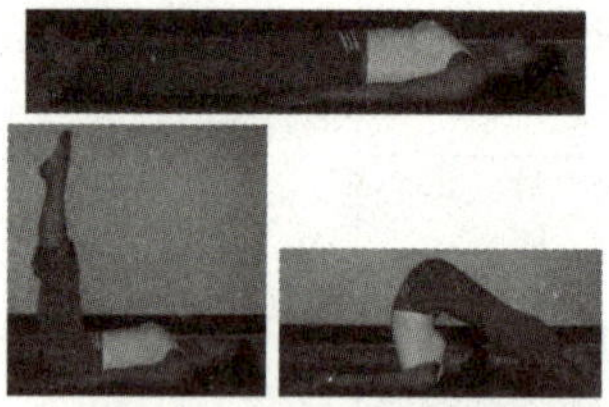	①仰卧，双腿并拢，双手掌向下； ②吸气，向上抬起双腿直至达到与身体垂直的位置； ③呼气，将双腿向头部下落，使脚趾触及头部前方的地面。保持5次呼吸； ④两腿笔直向后移动，先让肩胛触及地面，接着两腿慢慢着地，恢复到预备姿势	注意事项：还原过程双手可以托住腰部，要平稳而有控制，慢慢还原。女性经期，患坐骨神经痛者，心脏病、高血压、哮喘患者不要练习。 功效：改善肩背部僵硬酸痛，滋养面部和头皮，柔软脊柱
身腿结合式	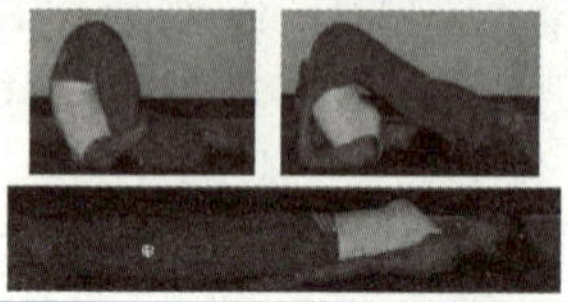	在犁式的基础上，随呼气，弯曲两膝，直到大腿靠近双耳，然后，两手抱住两大腿。保持5次自然呼吸	注意事项：应小心不要使背部肌肉过劳。 功效：按摩肩背部，镇静神经系统，放松双腿
头倒立式	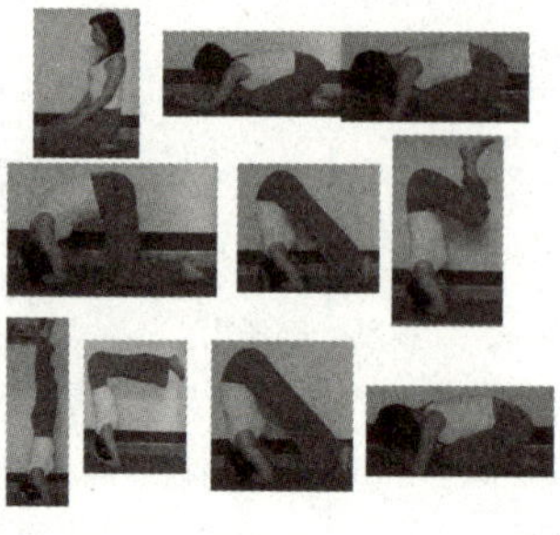	①跪立，两手肘相抱，俯身向前，将臂放在地板上，保持两肘不动，两手十指相交； ②呼气，将头顶挨着地板，后脑勺正好紧靠交叉的手指，臀部相应抬起； ③吸气将脚趾轻轻撑住地面，将两腿慢慢伸直，使臀部抬起到最高点。两脚尖走向躯干，脊柱伸直近似与地面垂直。调整一次呼吸； ④吸气，缓缓将膝部弯曲，将两脚从地板升起来，膝部仍弯曲。待身体稳定后，向上伸直双腿，成头倒立；或者，直膝上举成头倒立。 ⑤呼气，先屈膝，再放低两腿落地。双手握拳，两拳上下重叠，将额头放在上面拳头上，以保证血液循环恢复正常	注意事项：保持时，肩部放松。 患有高血压、心脏病、眩晕、心悸、血栓形成、严重近视眼或血液不纯（含有毒素）的人应该避免做头倒立练习。 功效：恢复大脑精力，消除头疼、哮喘和精力衰退。改进肤色；增强双肺，有助于防止和治愈感冒；也是治打嗝儿的好办法

续表

体 式	图 示	动作方法	注意事项与功效
学练法	头倒立健身效果极佳，被称为“姿势之王”。 初学者靠墙做头倒立，两人一组进行保护与帮助。 先做屈体头倒立，待重心平稳后，可以试着直腿起		

⑨ 放松和休息的体位如下。

仰卧放松功：背部贴地，仰卧在地面上，两脚分开与肩同宽，两臂置于身体两侧，掌心朝上，双眼闭合，注意呼吸要保持平稳、舒缓。

俯卧放松功：俯卧地上，两臂伸直到头顶之前，闭上双眼，放松全身；意识集中在呼吸上。

坐式休息：屈膝坐立，大腿靠近腹部，双臂抱膝，脊柱可以伸直，如果脊柱很累，可以拱背，低头放松颈部。

大拜式放松、婴儿式放松：跪在垫子上，臀部坐向脚后跟，腹部靠近大腿，额头放在地板上，双臂伸向头前，这便是大拜式放松，双手放在身体两侧则为婴儿式放松。

瑜伽休息术：瑜伽休息术是让瑜伽练习者得到极好休息放松的技法。方法非常简单，任何人都可以做到。练习过程主要包括训练法和意境法，训练法是通过瑜伽的调整姿态（调身）、呼吸（调息）、意念（调心）而达到松、静、自然地放松状态。意境法是通过想象达到放松的目的，主要是想象大自然中美丽的景象，从而使心情放松，内心平和。

17.4 哈达瑜伽体式与欣赏

1. 体式

依据瑜伽对称、平衡、舒适、流畅、全面的编排原则，编排了两套体式：第一套体式较为简单，锻炼部位较为全面，主要活动身体的各个关节和部位，促进全身的血液循环；第二套体式动作难度稍大些，对于增强肌肉力量、强化内脏器官机能、增强脊柱的灵活性，塑造良好的身体姿态有较大帮助。

练习者还可以根据自己的身体条件和需求，注意避开针对自身的禁忌体式，依据瑜伽的编排原则，尝试编排适合自己的体式，在自己练习过程中要有较强的自我保护意识。

第一套

① 调息。

② 简易热身：直腿坐姿——脚趾、脚踝、膝关节、髋关节；简易坐姿——头颈部、肩部；四柱式——猫式热身脊柱。

③ 体式练习：腰躯转动式；直角式；三角伸展式；幻椅式——接直角坐地；蝴蝶式、束角式；脊柱扭动式；反台式；双腿背部伸展——屈膝成跪姿；虎式——大拜式休息；蛇击式；眼镜蛇式；顶峰式；侧板式——俯卧休息；蝗虫式——仰卧；半船式；蹬车式；摇滚式。

④ 休息术。

第二套

① 调息。

② 经典拜日十二式热身。

③ 体位练习：三角扭转式；战士一式；战士三式（反向①②③）；舞蹈式；鸟王式；下蹲式；鹤禅式——接坐地；坐角式；鸽子式；牛面式——接跪姿；骆驼式；叩首式；蜥蜴式；弓式；犁式；身腿结合式；拱背伸腿式；摇摆式。

④ 休息术。

2. 欣赏

瑜伽是非竞技性运动，无论是冥想、体式还是瑜伽放松术带给人的都是一种静态和谐之美。在柔和的音乐声中，呼吸和动作顺畅地配合，举手投足间展示的是优雅；步骤分明、逐步到位的缓慢练习更像是徐徐展开的一幅动人画卷；意识的专注，在放松中正确的体位控制，展现的不仅是身体姿态的美，更有气定神凝、平和宁静的神态美;资深瑜伽导师林晓海认为:“简言之，宁静即是瑜伽”，欣赏瑜伽，不在于欣赏体式有多高难或多完美，而应在于那种自我身心合一的和谐宁静之美。

第18章 武　　术

本章主要介绍武术的起源与发展、武术的特点与健身价值、武术基本技术等内容。

学习目标

1. 运用武术的基本理论、基本技术进行有效的健身锻炼，提高身心素质。
2. 运用武术与防卫运动技法进行实战搏击和防身自卫。
3. 以武术为载体体悟优秀的民族传统文化，激发爱国热情。
4. 养成坚忍不拔、勇敢顽强、吃苦耐劳、团结合作的良好品质。
5. 成为欣赏武术表演和比赛的内行。

18.1　武术的起源与发展

武术是以踢、打、摔、拿、击、刺等攻防技术动作为主要内容，按照攻防进退、动静疾徐、刚柔虚实等矛盾的对立统一规律编成徒手和器械的套路，以此来锻炼体质、培养意志、训练格斗技能为目的的一种民族形式的体育运动。

武术起源于中国，是人们在长期的生产劳动、与大自然的搏斗和冷兵器时代的战争中逐步形成与发展起来的体育项目。在石器时代人们用石制或木制的器具猎取食物，这一时期的武术可称为生产技术。到了氏族公社时代部落之间发生战争，武术发展成为军事技术。到了奴隶时代由于畜牧代替了狩猎,武术作为生产技术的作用就逐渐消失了。战国时代锻铸工艺飞速发展,盛行击剑,出现了剑客、剑士,武术开始步入宫廷并在民间盛行。秦汉时盛行的武术被称为“角抵、手搏、剑道”,宫廷中出现的剑舞、刀舞、双戟舞等虽然具有娱乐性，但从技术上更接近于今天的武术套路形式。唐朝推行“武举制”，用考试的办法选拔武艺出众的人才，这从政策上又促进了民间和官方的练武活动。两宋时期,内忧外患,战火频频,广大人民常结社习武以求自保,如“角抵社”“英略社”“弓箭社”都是影响比较大的民间习武组织。此时武技在农村及边远地区多侧重军事实用性，而在城市的街头巷尾多侧重套路,把武术作为表演内容,统称“百戏”。明代是我国武术全面大发展的时代,不同风格、不同流派的拳派林立,仅抗倭名将戚继光的《纪效新书》中就记载“宋太祖三十二势长拳,绵张短打，温家七十二行拳，三十六合锁，山东李半天之腿，鹰爪王之拿，千跌张之跌，张伯敬之打……”清朝统治时期由于贵族为维护自己的统治地位，一度限制练武，所以清代的武术活动不如明代。但由于武术在民间已有广泛群众基础，人民群众习武练功之风反而使各种流派的武术更加纷呈于世。民国时期，由于社会的发展，火器的普遍使用，武术的健身作用更为明确，主要是以体育运动的形式出现在社会生活之中。

18.2 武术的特点与健身价值

18.2.1 武术的特点

1. 寓技击于体育之中

武术最初作为军事训练手段,与古代军事斗争紧密相连,其技击的特性是显而易见的。在实用中，其目的在于杀伤、制服对方，它常常以最有效的技击方法，迫使对方失去反抗能力。这些技击至今仍在军队、公安中被采用。武术作为体育运动，技术上仍不失攻防技击的特性，还将技击寓于搏斗运动与套路运动之中。搏斗运动集中体现了武术攻防格斗的特点，在技术上与实用技击基本上是一致的，但是从体育的观念出发，它受到竞赛规则的制约，以不伤害对方为原则。如在散手中对传统武术中有些实用技击方法作了限制，而且严格规定了击打部位和保护护具，短兵中使用的器具也作了相应的变化，而推手则是在特殊的技术规定下进行竞技对抗的。

2. 具有内外合一、形神兼备的运动特点

武术的搏斗运动具有很强的攻防技击性，但又与实用技击有所区别。内外合一，形神兼备的民族风格及广泛的适应性，既求形体规范，又求精神传意、内外合一的整体观，是中国武术的一大特色。所谓内，是指心、神、意等心志活动和气息的运行；所谓外，即手眼身步等形体活动。内与外、形与神是相互联系统一的整体。武术内外合一、形神兼备的特点主要通过武术功法和技法来体现。

3. 内容丰富多彩，具有广泛的适应性

武术的练习形式、内容丰富多样，有竞技对抗性的散手、推手、短兵，有适合演练的各种拳术、器械和对练，还有与其相适应的各种练功方法。不同的拳种和器械有不同的动作结构、技术要求、运动风格和运动量，分别适应人们不同年龄、性别、体质的需求，人们可以根据自己的条件和兴趣爱好进行选择练习。同时，它对场地、器材的要求较低，俗称“拳打卧牛之地”，练习者可以根据场地的大小变化练习内容和方式，即使一时没有器械，也可以徒手练拳、练功。一般来说，受时间、季节限制也很小。较之不少体育运动项目，具有更为广泛的适应性。

18.2.2 武术的健身价值

武术作为一种健身手段，它和中国传统的导引养生术有着密切的关系。这不仅体现在武术的运动方法、动作与呼吸的配合方面，而且也体现在武术的理论与导引养生术理论有许多相同的地方。中国的导引术讲究吐故纳新，武术也同样讲究调息运气。武术的修养方法讲究内外兼修，既注重筋

骨的锻炼，又强调心神义气的结合。无论是“提、沉、聚、托”，还是气沉丹田、以气催力、心与意合等都说明呼吸与动作的结合，不仅使动作的完成更加合理，而且通过呼吸增强了对内脏器官的锻炼，同时对人的精神、情感以及心理健康又有特殊的调节作用。

18.3　武术基本技术

18.3.1　武术基本功

武术基本功是指以武术运动中具有共性的基础训练为内容，以获得和运用武术技法必备的各种能力为锻炼目的的一类运动形式。

1. 手型

（1）拳

四指合拢卷屈，拇指紧扣在食指和中指的第二节上（见图 18-1）。

（2）掌

四指合拢伸直，小指一侧微内扣，拇指弯曲紧扣于虎口上（见图 18-2）。

（3）勾

屈腕，五指尖互触（见图 18-3）。

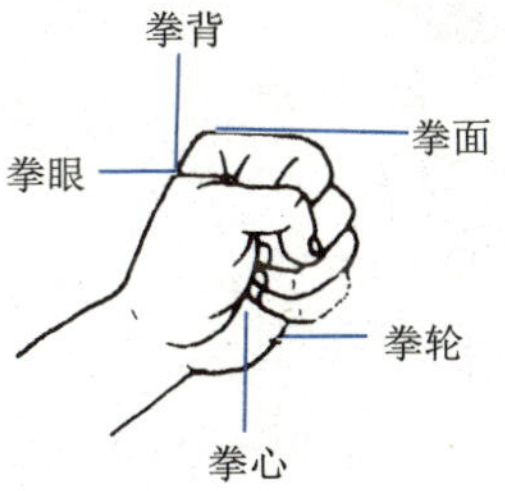

图18-1　拳

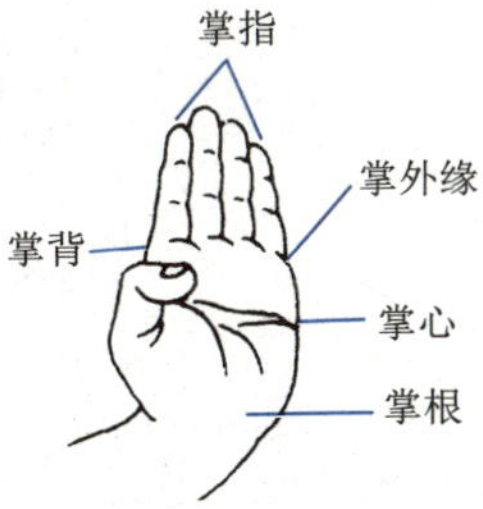

图18-2　掌

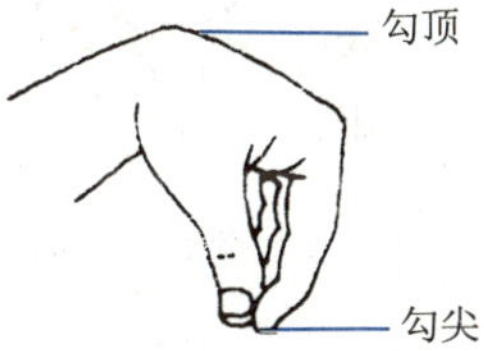

图18-3　勾

2. 步型

（1）弓步

前腿屈膝半蹲，大腿接近水平，膝盖向前与脚尖垂直，后腿挺膝伸直，脚尖内扣两脚全掌着地（见图 18-4）。

（2）马步

两脚平行开立大于肩宽，两腿屈膝半蹲，大腿伸平（见图 18-5）。

（3）仆步

一腿全蹲，脚尖稍外展，另一腿伸直平铺地面，脚尖内扣，两脚全掌着地（见图 18-6）。

图18-4 弓步

图18-5 马步

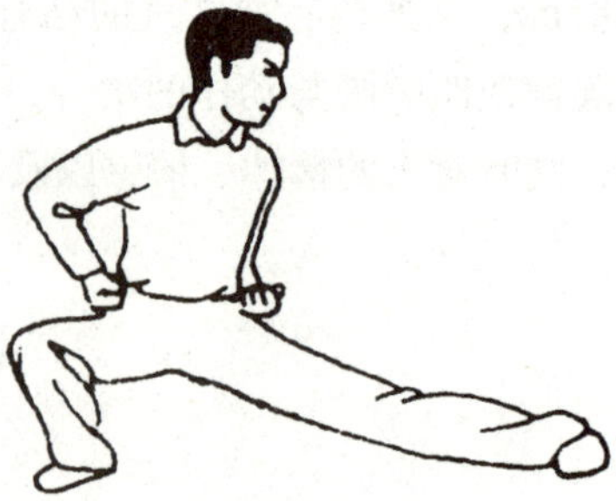
图18-6 仆步

（4）虚步

一腿屈膝半蹲，大腿近似水平，另一腿稍屈膝前伸，脚拇指虚点地面（见图 18-7）。

（5）歇步

两脚前后交叉站立，屈膝全蹲，后腿膝盖前插与前腿膝窝小腿外侧贴紧，臀部坐于后腿脚跟处。前脚全掌着地，后脚前脚掌着地（见图 18-8）。

图18-7 虚步

图18-8 歇步

3. 手法

（1）冲拳

预备姿势：两脚左右开立，两拳抱于腰间，拳心朝上（见图 18-9）。

动作说明：右拳从腰间旋臂向前猛力冲出，力达拳面，目视前方（见图 18-10）。

图18-9 预备姿势

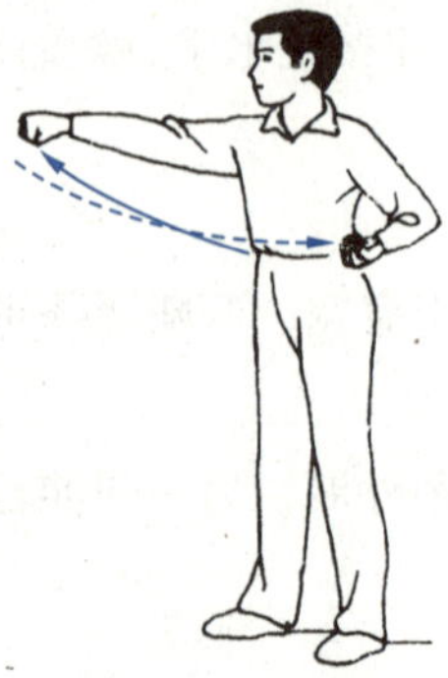
图18-10 冲拳

(2) 架拳

预备姿势：同冲拳。

动作说明：右拳向右上方架起，拳眼向下，目视左方（见图 18-11）。

图18-11　架拳

(3) 推掌

预备姿势：同冲拳。

动作说明：右拳变掌，以掌外沿为力点向前猛力推出，目视前方（见图 18-12）。

(4) 亮掌

预备姿势：同冲拳。

动作说明：抖腕亮掌，臂成弧形举于头上，目视左方（见图 18-13）。

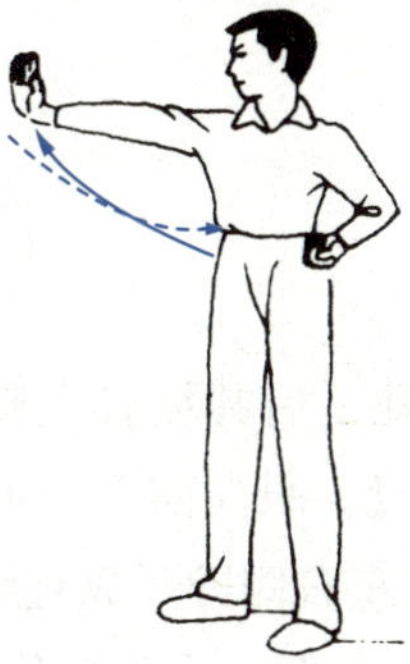

图18-12　推掌

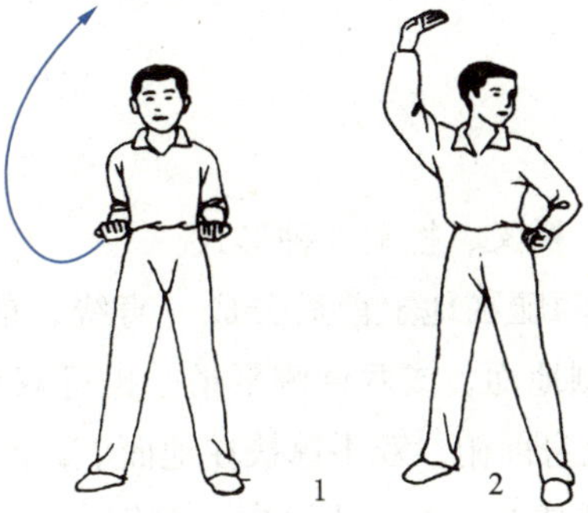

图18-13　亮掌

4. 腿功

(1) 压腿

分内正压腿、侧压腿、后压腿 3 种形式。

① 正压腿：一腿直立支撑身体；另一脚提起向前，脚跟搁在与腰等高的物体上，脚尖回勾。双手扶压在被压腿膝盖上，然后上体塌腰向前倾压，或双手抱握脚掌用力回拉，上身塌腰向前倾压，以头、鼻尖、下颌等部位碰触脚尖（见图 18-14）。

② 侧压腿：一脚直腿支撑，将另一脚跟侧向搁于物体上。上身以肩倾向被压腿内侧倒压（见图 18-15）。

图18-14　正压腿

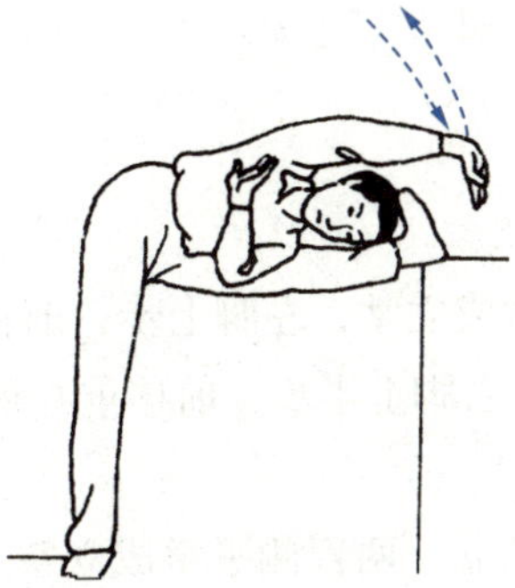

图18-15　侧压腿掌

③ 后压腿：背对搁脚物，一腿支撑身体，一腿向背后直腿后伸举起，脚面绷直，反搁于物体上，上身向正后仰屈，振压，头向后仰（见图 18-16）。

图18-16　后压腿

（2）劈腿

分为竖叉、横叉、控腿 3 种形式。

① 竖叉：两腿在地上前后分成一直线，前腿勾脚尖，腿后侧贴地；后腿绷脚尖腿前侧着地。双手侧撑扶体侧地面，或两臂侧平举。也可双手抱拉前脚掌，向前俯身。眼向前看（见图 18-17）。

② 横叉：上身前俯，双手撑扶在地面上，然后双脚以脚内侧贴地向左右侧劈开成直线贴于地上，双手撑扶地面或成侧平举。也可向一侧倒身，身体靠贴腿面。也可上体前俯，全身贴伏于地面，双臂伸直扳住脚掌（见图 18-18）。

③ 控腿：身正、塌腰，一腿挺直支撑，另一腿悬起绷直或勾紧脚尖；双手叉腰或扶住物体帮助稳定身体。根据抬腿的方向，分为前控腿、侧控腿和后控腿。根据抬腿的高度又分平控腿和高控腿两种。

图18-17　竖叉

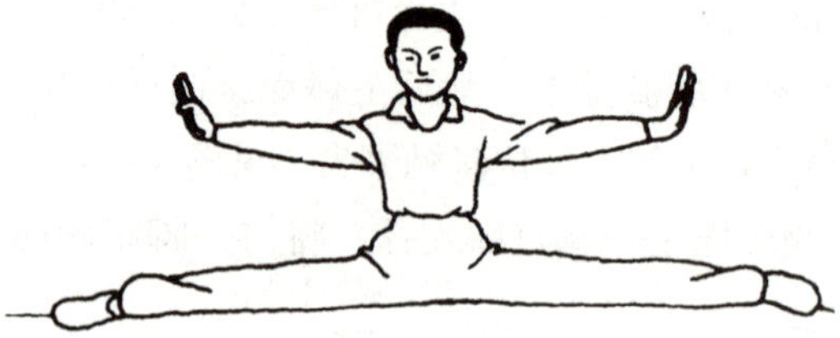

图18-18　横叉

5. 腿法

（1）正踢腿

双手侧平举成立掌，左脚上步，前移重心的同时右脚勾脚尖，直腿向正前上方摆踢，然后原路返回脚尖点地；右脚上半步，前移重心踢左腿。左右交替进行（见图 18-19）。

（2）侧踢腿

侧向直体站立，两臂侧平举成立掌，右脚经左腿前向左侧上步，左脚勾脚尖向左侧正上方踢，脚掌心向上，脚尖向右，同时左臂屈肘回摆于右胸前成立掌，右臂直臂向上撑于头上，掌心向上，掌指向左；左脚回落，脚尖点地，两臂回撑左右平举，右脚再上步踢左腿。踢右腿时动作相同方向相反（见图 18-20）。

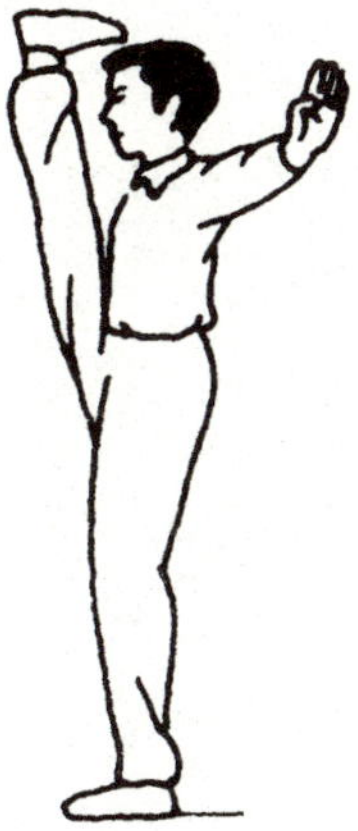

图18-19 正踢腿

图18-20 侧踢腿

（3）里合腿

左脚向前上半步，右脚脚尖勾起里扣并向右前上方踢起（约 45°），经面前向左侧上方直腿摆过，落于右脚外侧（下劈落腿）；接着上右腿，做左腿的里合。目向前平视，可用手掌在该侧依次迎击脚掌（击响），也可不做击响（见图 18-21）。

图18-21 里合腿

（4）外摆腿

左脚向前上半步；右脚尖勾紧，向左侧前上方踢起（约 45°），经面前向右侧上方摆动，直腿落在左脚旁（下劈而落），接着上右脚，做左脚的外摆；目向前平视，可用掌在该侧依次迎击脚面（击响），也可不做击响（见图 18-22）。

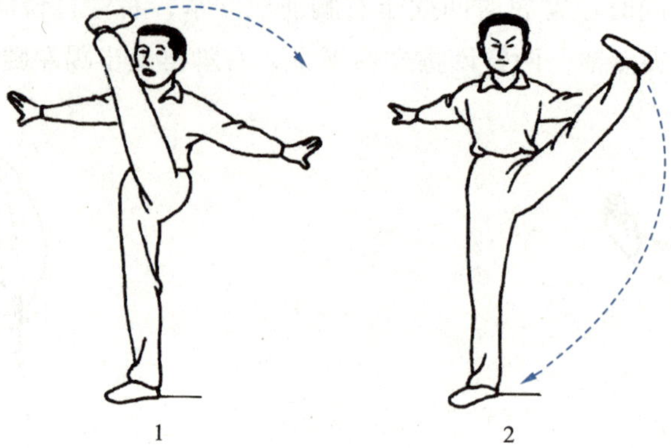

图18-22 外摆腿

6. 跳跃

（1）大跃步前穿

左脚上一步蹬地向前跃出，两臂依次向上划弧摆起右、左脚随即落地成仆步，右掌变拳抱于腰间，左掌下落停于胸前成立掌；目视左掌（见图 18-23）。

图18-23 大跃步前穿

（2）腾空飞踢脚（二起脚）

经助跑后，右脚上步起跳，左脚向前上直腿预摆后屈膝回收小腿，制动。右脚起跳后迅速向前上弹击，脚面绷直。起跳时双手头上击响，右脚弹击时左臂侧举成勾，右手掌拍击右脚面。可单脚下落，也可双脚同时下落（见图 18-24）。

图18-24 腾空飞踢脚（二起脚）

18.3.2 武术基本套路组合

套路是中国武术中的一种独特形式，也是区别于其他武术的一大技术特征。武术套路就是一连串含有技击和攻防含义的动作组合。中国武术各家各派都有表现自己门派特色的许多套路，而且套路多是循序渐进的，初学者和练习很长时间的人学习的套路是不同的。

1. 初级长拳一路

初级长拳是进行长拳基础训练的拳术。其特点是动作舒展、刚健飘洒、快速敏捷、节奏鲜明。一路长拳是武术一段位的考核内容，动作紧凑，简单，适合初学者练习。

第一段

预备势（见图 18-25）两脚并拢，眼看前方（预备势 1），两手握拳，屈肘抱于两腰侧，拳心朝上，头向左转（预备势 2）。

图18-25　预备势

(1) 马步双劈拳（见图 18-26）

① 左脚向左开步，同时两拳从腰侧经腹前交叉，左拳在里，右拳在外。

② 两腿屈膝成马步，同时两拳向左右抡臂侧劈，拳眼朝上，眼看左拳。

图18-26　马步双劈拳

（2）拗弓步冲拳（见图 18-27）

身体左转，成左弓步，同时，右拳收抱于右腰侧，拳心朝上，继而臂内旋，使拳眼朝上，用力向前冲出，左臂外旋使拳心朝上，屈肘收抱于左腰侧。

图18-27 拗弓步冲拳

（3）蹬腿冲拳（见图 18-28）

左脚不动，右脚屈膝提起，用脚跟向前平直蹬出，脚尖勾起。同时右拳外旋拳心朝上，屈肘收抱于右腰侧；左拳随之成直拳向前冲出，拳眼朝上，眼看左拳。

（4）马步冲拳（见图 18-29）

图18-28 蹬腿冲拳

图18-29 马步冲拳

右脚向前落步，脚尖内扣；左脚前脚掌碾地使脚跟里转，上身随之左转，两腿屈膝成马步。同时，左拳和左臂外旋，使拳心朝上，屈肘收抱于左腰侧；右拳随即向右侧方成立拳平直冲出，拳比肩高，拳眼朝上，眼看右拳。

（5）马步双劈拳（见图 18-30）

① 上动稍停，两脚不动，两腿直起。左拳从在腰侧向腹前下伸，拳背朝前；在左拳下伸的同时，右臂内旋从右侧方向下、向腹前内收，收至腹前时，两臂成右外左内错臂交叉，拳心对着腹部，眼向右平视。

② 两腿屈膝半蹲成马步，同时两拳向左右抡臂侧劈，拳眼朝上，眼看右拳。

（6）拗弓步冲拳（见图 18-31）

上体右转，成右弓步。同时，左拳先收抱于左腰侧（拳心朝上），继而臂内旋，使拳眼朝上，用力向前冲出，拳略比肩高；右拳和右臂外旋，使拳心朝上，屈肘收抱于右腰侧。

图18-30 马步双劈拳

（7）蹬腿冲拳（见图 18-32）

右脚不动，左脚屈膝提起，用脚跟向前蹬出，脚尖勾起。同时左拳外旋使拳心朝上，屈肘收抱于腰侧；右拳随之成直拳向前冲出，拳眼朝上，眼看右拳。

图18-31 拗弓步冲拳

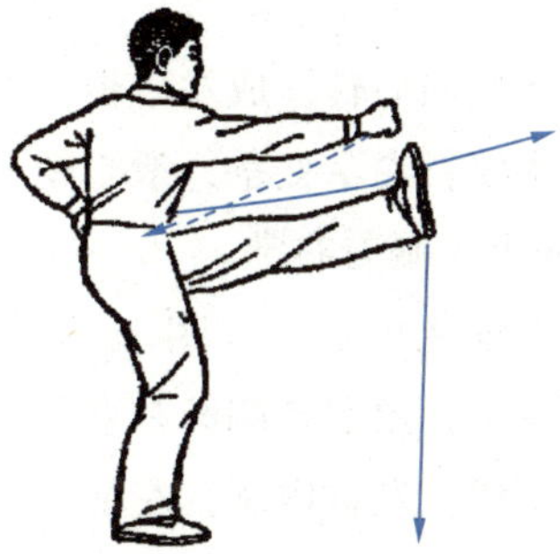

图18-32 蹬腿冲拳

（8）马步冲拳（见图 18-33）

左脚向前落步，脚尖里扣成马步。同时，右拳和右臂外旋使拳心朝上，屈肘收抱于右腰侧，左拳随即向左侧方成立拳冲出，略比肩高，拳眼朝上，眼看左拳。

第二段

（1）弓步推掌（见图 18-34）

上动稍停，上身左转，右脚前上步，成右弓步。同时，左拳拳心朝上，屈肘收抱于左腰侧；右拳随之变为侧上掌向前平直推出，掌指朝上，眼看右掌。

图18-33 马步冲拳

图18-34 弓步推掌

(2) 拗弓步推拿(见图 18-35)

两脚不动，步型不变，上身右转。右掌变拳屈肘收抱于右腰侧，拳心朝上；同时左掌变为侧立掌向前平直推出，掌指朝上，眼看左掌。

(3) 弓步搂手砍掌(见图 18-36)

图18-35 拗弓步推掌

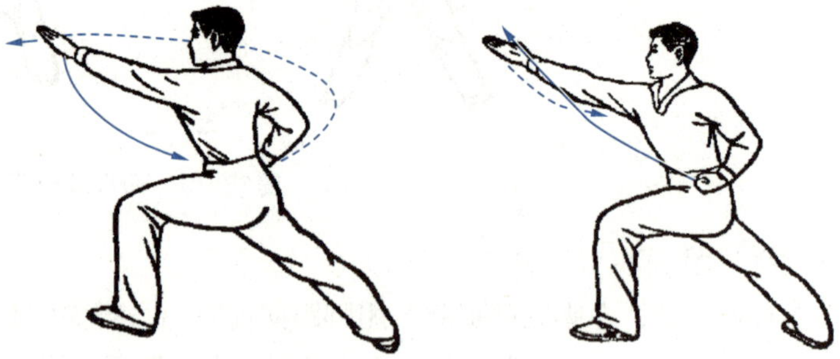

图18-36 弓步搂手砍掌

① 上身从左向后转，成左弓步，左掌从左向后横搂，眼随左掌。

② 上动不停，左掌变拳，拳心朝上，屈肘收抱于左腰侧；同时右拳变掌，直臂从后由外向身前横砍，掌心向上，眼看右掌。

(4) 弓步穿手推掌(见图 18-37)

① 左拳变掌，由左腰侧经右掌上面向前穿出，掌心朝上;同时，右掌内旋使掌心朝下收于胸前。

② 上动不停，左臂内旋，左掌五指捏拢成勾手，勾尖朝下；上身右转，成右弓步；同时右掌成侧立掌向前平直推出，掌指朝上，眼看右掌。

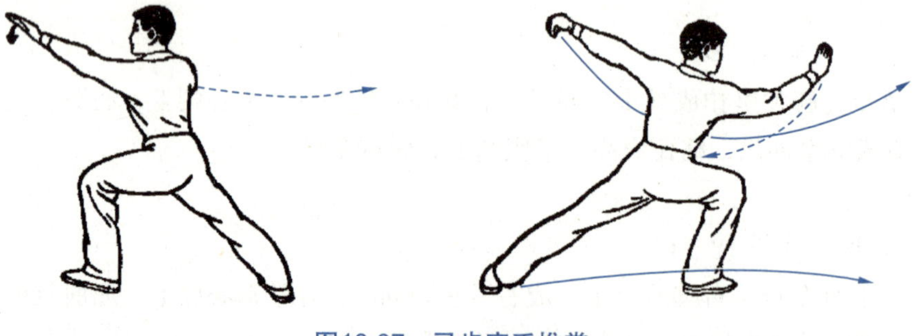

图18-37 弓步穿手推掌

(5) 弓步推掌(见图 18-38)

上动稍停，左勾手变掌屈肘收抱于左腰侧，掌指朝下，掌心朝前。左脚向前上步，成左弓步。同时右掌变拳，屈肘收抱于右腰侧，拳心朝上；左掌随之成立掌向前推出，掌指朝上，眼看左掌。

(6) 拗弓步推拿(见图 18-39)

两脚不动，上身左转。左掌变拳屈肘收于左膝侧，拳心朝上；同时右拳变为立掌向前推出，掌指朝上，眼看右掌。

(7) 弓步搂手砍掌(见图 18-40)

① 上身从右向后转，成右弓步，右掌从右向后横搂，眼随右掌。

② 上动不停，右掌变拳，拳心朝上，屈肘收抱于左腰侧；同时左拳变掌，直臂从后由外向身前横砍，掌心向上，眼看左掌。

图18-38 弓步推掌

图18-39 拗弓步推掌

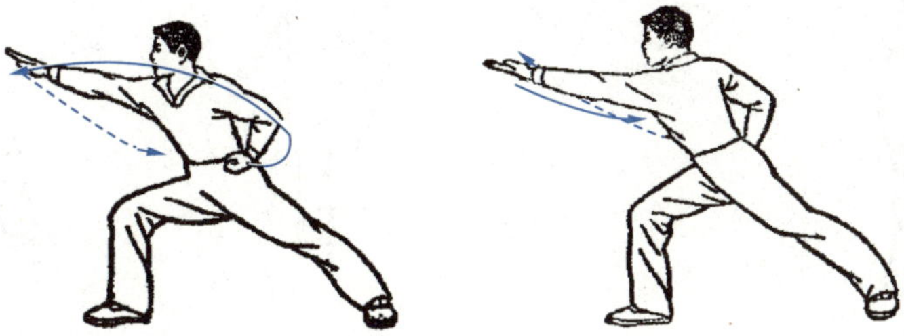

1 2

图18-40 弓步搂手砍掌

（8）弓步穿手推掌（见图 18-41）

① 右拳变掌，由右腰侧经左掌上面向前穿出，掌心朝上；同时，左掌内旋使掌心朝下收于胸前。

② 上动不停，右臂内旋，右掌五指捏拢成勾手，勾尖朝下；上身左转，成左弓步；同时左掌成侧立掌向前平直推出，掌指朝上，眼看右掌。

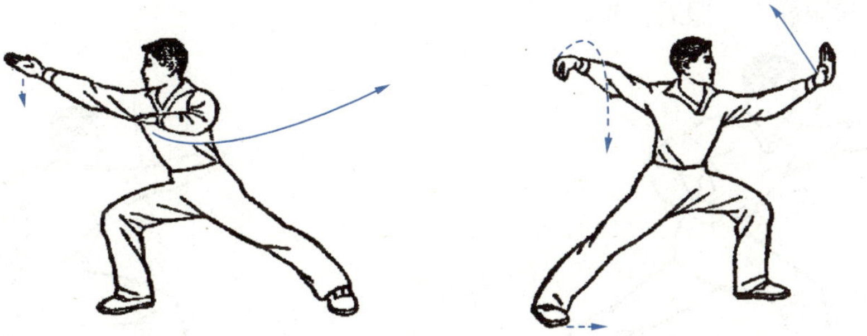

1 2

图18-41 弓步穿手推掌

第三段

（1）虚步上架（见图 18-42）

上动稍停，左脚尖里扣，上身右转，右脚撤回半步以前脚掌点地，成左虚步。左掌变拳，在上身右转成虚步的同时，向上架肘，拳心朝向前，拳眼朝下；右勾手变拳，臂内旋，屈肘附于右膝上面，拳心朝向后，拳面朝下，眼向右前方平视。

(2) 马步下压（见图 18-43）

① 左腿伸直立起，右腿屈膝提起。同时右拳由下经体前向外抡臂绕环，至右前方时成仰拳平举，左拳下降至背后。

② 上动不停，左脚蹬地纵起，同时上身从右向后转，右脚在转身后立即落于左脚的原位，成马步。右拳在右脚落地的同时，屈肘收抱于右腰侧，拳心朝上；左拳由后向上抡臂，在形成马步的同时，臂外旋，从上向身前下压，左臂屈肘成直角，拳心朝上，眼看左拳。

图18-42 虚步上架

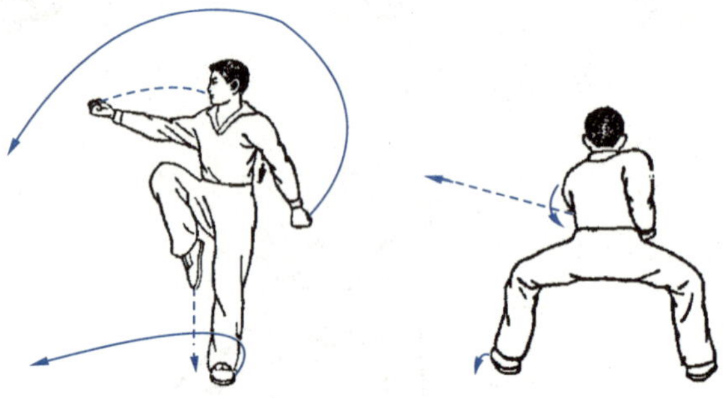

1 2

图18-43 马步下压

(3) 拗弓步冲拳（见图 18-44）

上身左转，成左弓步。同时左拳屈肘收抱于左腰侧，拳心仍朝上；右拳从右腰侧向前平直冲出，拳眼朝上，眼看右拳。

(4) 马步冲拳（见图 18-45）

上身右转，成马步。同时右拳和右臂外旋拳心朝上，屈肘收抱于右腰侧；左拳随即向左侧方成立拳平直冲出，拳眼朝上，眼看左拳。

图18-44 拗弓步冲拳

图18-45 马步冲拳

(5) 虚步上架（见图 18-46）

上动稍停，右脚尖里扣，上身左转，左脚撤回半步以前脚掌点地，成右虚步。右掌变拳，在上身左转成虚步的同时，向上架肘，拳心朝向前，拳眼朝下；左勾手变拳，臂内旋，屈肘附于左膝上面，拳心朝向后，拳面朝下，眼向左前方平视。

（6）马步下压（见图 18-47）

① 右腿伸直立起，左腿屈膝提起。同时左拳由下经体前向外抡臂绕环，至左前方时成仰拳平举，右拳下降至背后。

② 上动不停，右脚蹬地纵起，同时上身从左向后转，左脚在转身后立即落于右脚的原位，成马步。左拳在右脚落地的同时，屈肘收抱于左腰侧，拳心朝上；右拳由后向上抡臂，在形成马步的同时，臂外旋，从上向身前下压，右臂屈肘成直角，拳心朝上，眼看右拳。

图18-46 虚步上架

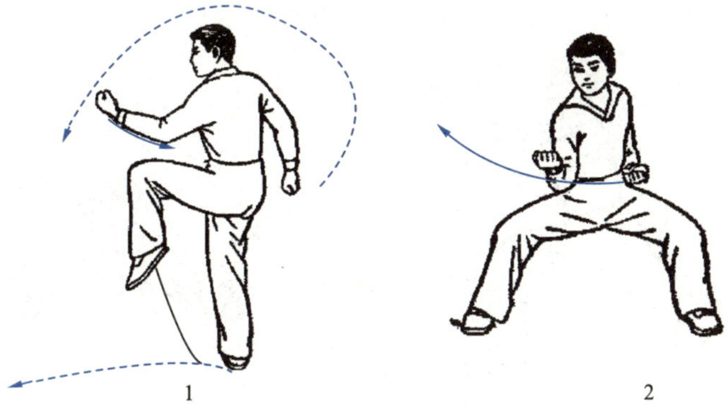

1 2

图18-47 马步下压

（7）拗弓步冲拳（见图 18-48）

上身左转，成右弓步。同时右拳屈肘收抱于右腰侧，拳心仍朝上；左拳从左腰侧向前平直冲出，拳眼朝上，眼看左拳。

（8）马步冲拳（见图 18-49）

上身左转，成马步。同时左拳和左臂外旋拳心朝上，屈肘收抱于左腰侧；右拳随即向右侧方成立拳平直冲出，拳眼朝上，眼看右拳。

图18-48 拗弓步冲拳

图18-49 马步冲拳

第四段

（1）弓步双摆掌（见图 18-50）

上体左转成左弓步。同时左拳在体前下伸，并与右拳一起变掌，两掌从右向上、向左弧形环绕，至左侧方时，成立掌，左掌直臂平举，右臂屈肘使掌心靠近左肘，掌指朝上，眼看左掌。

（2）弓步撩掌（见图 18-51）

① 左脚跟稍向外展，左腿全蹲，右腿伸直成仆步，上体右转，向右脚处前探。在转身的同时，左掌和左臂内旋，反臂上举成勾手，勾尖朝上；同时右掌，从身前向右脚处横搂，眼看右掌。

② 上动不停，右掌继续向身后按，至身后反臂成勾手，勾尖朝上；同时上体前移，成右弓步；左勾手变掌，臂外旋使掌心朝下，以掌心为力点，从后向下、向前撩起，掌高不过肩，眼看左掌。

图18-50 弓步双摆掌

图18-51 弓步撩掌

（3）弹踢推掌（见图 18-52）

右勾手变掌，屈肘收抱于右腰侧，屈腕使掌指朝下，掌心朝前；左掌变拳。上动不停，左掌变拳屈肘收抱于左腰侧，拳心朝上；同时右掌成立掌从腰向前推出，掌指朝上。右脚不动，左脚随之向前水平弹踢，脚面绷平，眼看右掌。

（4）弓步上架推掌（见图 18-53）

左脚向前落步，成左弓步。同时右掌和右臂内旋，屈肘横架于头顶，成横掌（掌指朝前，掌心向斜上方）；左拳随即变掌，向前成侧立掌平直推出，掌指朝上，眼看左掌。

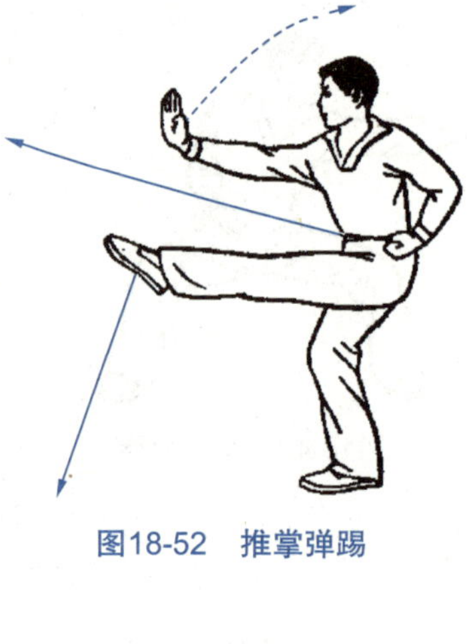

图18-52 推掌弹踢

图18-53 弓步上架推掌

（5）弓步双摆掌（见图 18-54）

上体左转成右弓步。同时右拳在体前下伸，并与左拳一起变掌，两掌从左向上、向右弧形环绕，至右侧方时，成立掌，右掌直臂平举，左臂屈肘使掌心靠近右肘，掌指朝上，眼看右掌。

（6）弓步撩掌（见图 18-55）

① 右脚跟稍向外展，右腿全蹲，左腿伸直成仆步，上体左转，向左脚处前探。在转身的同时，右掌和右臂内旋，反臂上举成勾手，勾尖朝上；同时左掌，从身前向左脚处横搂，眼看左掌。

② 上动不停，左掌继续向身后按，至身后反臂成勾手，勾尖朝上；同时上体前移，成左弓步；右勾手变掌，臂外旋使掌心朝下，以掌心为力点，从后向下、向前撩起，掌高不过肩，眼看右掌。

图18-54　弓步双摆掌

图18-55　弓步撩掌

（7）弹踢推掌（见图 18-56）

左勾手交掌，屈肘收抱于左膝侧，屈腕使掌指朝下，掌心朝前；右掌变拳，上动不停，右掌变拳之后，屈肘收抱于右腰侧，拳心朝上；同时左掌成立掌从腰侧向前平直推出，掌指朝上。左脚不动，右脚随之向前水平弹踢，脚面绷直，眼看左掌。

（8）弓步上架推掌（见图 18-57）

右脚向前落步，成右弓步。同时左掌和左臂内旋，屈肘横架于头顶上方，成横掌；右拳变掌，向前成立掌推出，掌指朝上，眼看右掌。

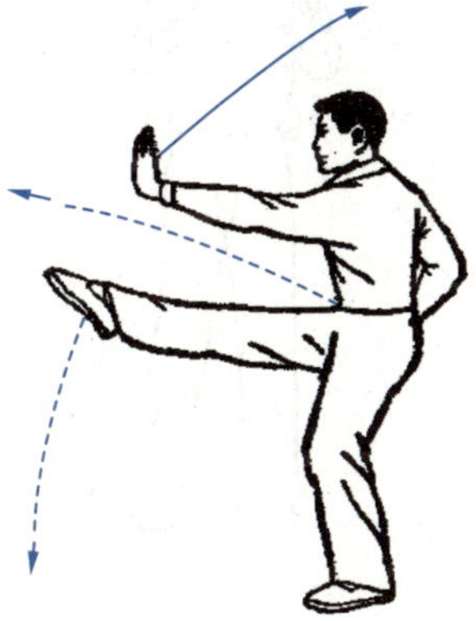

图18-56　弹踢推掌

图18-57　弓步上架推掌

(9) 收势（见图 18-58）

① 右脚跟稍向外展，右腿蹬直立起，上身稍向左转，左脚随之向右脚靠拢并步；同时两掌变拳，屈肘收抱于两腰侧，拳心向上，脸向左转，眼向左侧方平视。

② 脸转向正前方，两拳变掌，直臂下垂，仍作立正姿势。

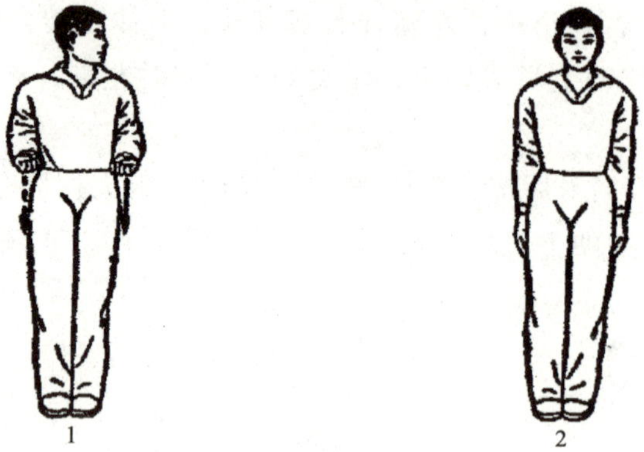

图18-58 收势

2. 二十四式太极拳

二十四式太极拳也叫简化太极拳，是国家体委（现为国家体育总局）于 1956 年组织太极拳专家汲取杨式太极拳之精华编串而成的。尽管它只有 24 个动作，但相比传统的太极拳套路来讲，其内容更显精练，动作更显规范，并且也能充分体现太极拳的运动特点。

动作名称：1. 起势；2. 左右野马分鬃；3. 白鹤亮翅；4. 搂膝拗步；5. 手挥琵琶；6. 倒卷肱；7. 左揽雀尾；8. 右揽雀尾；9. 单鞭；10. 云手；11. 单鞭；12. 高探马；13. 右蹬腿；14. 双峰贯耳；15. 转身右蹬脚；16. 左下势独立；17. 右下势独立；18. 左右穿梭；19. 海底针；20. 闪通背；21. 转身搬拦捶；22. 如封似闭；23. 十字手；24. 收势。

(1) 起势（见图 18-59）

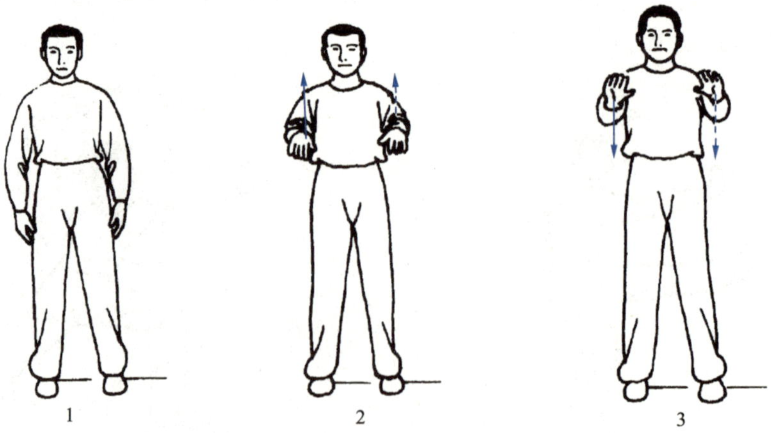

图18-59 起势

1—两脚开立；2—两臂前举；3—屈腿按掌

（2）野马分鬃（见图 18-60）

图18-60 野马分鬃

1—抱手收脚；2—转体上步；3—弓步分手

① 右野马分鬃（见图 18-61）。

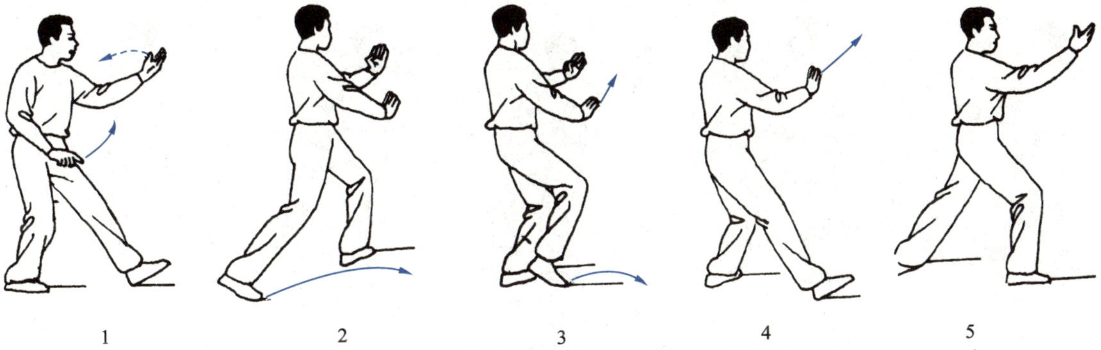

图18-61 右野马分鬃

1—转体；2—撇脚；3—抱手收脚；4—转体上步；5—弓步分手

② 左野马分鬃（见图 18-62）。

图18-62 左野马分鬃

1—转体；2—撇脚；3—抱手收脚；4—转体上步；5—弓步分手

（3）白鹤亮翅（见图 18-63）

（4）搂膝拗步

① 左搂膝拗步（见图 18-64）。

图18-63　白鹤亮翅

1—跟步抱手；2—后坐转体；3—虚步分手

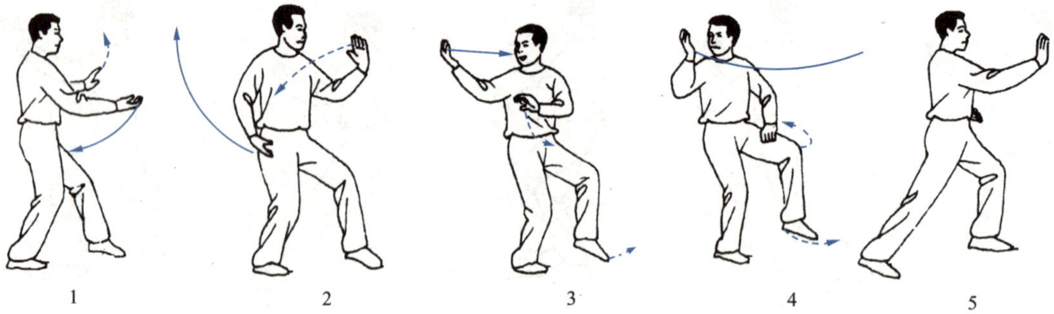

图18-64　左搂膝拗步

1—转体；2—摆臂；3—摆臂收脚；4—上步屈肘；5—弓步搂推

② 右搂膝拗步（见图 18-65）。

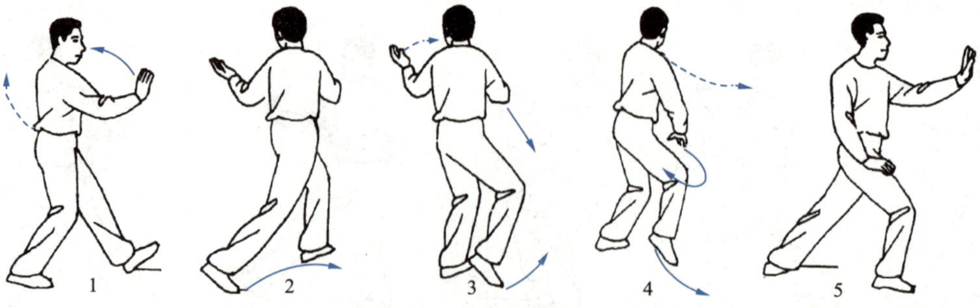

图18-65　右搂膝拗步

1—转体；2—撇脚；3—摆臂收脚；4—上步屈肘；5—弓步搂推

③ 左搂膝拗步（见图 18-66）。

图18-66 左搂膝拗步

1—转体摆臂；2—摆臂收脚；3—上步屈肘；4—弓步搂推

（5）手挥琵琶（见图 18-67）

图18-67 手挥琵琶

1—跟步展臂；2—后坐引手；3—虚步合手

（6）倒卷肱

① 左倒卷肱（见图 18-68）。

图18-68 左倒卷肱

1—转体；2—撤手；3—退步卷肱；4—虚步推掌

② 右倒卷肱（见图 18-69）。

图18-69 右倒卷肱

1—转体撤手；2—退步卷肱；3—虚步推掌

③ 左倒卷肱（见图 18-70）。

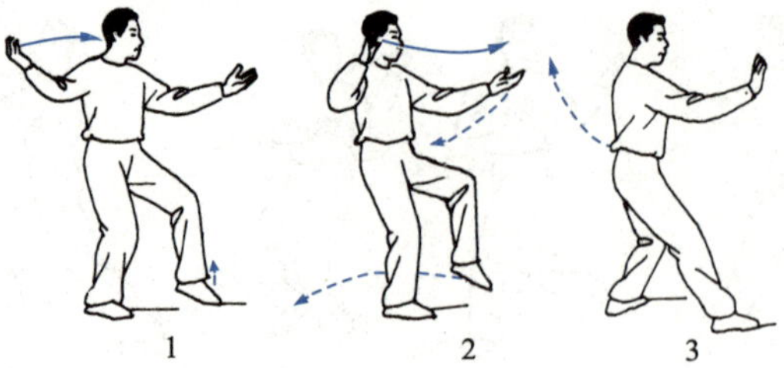

图18-70　左倒卷肱

1—转体撤手；2—退步卷肱；3—虚步推掌

④ 右倒卷肱（见图 18-71）。

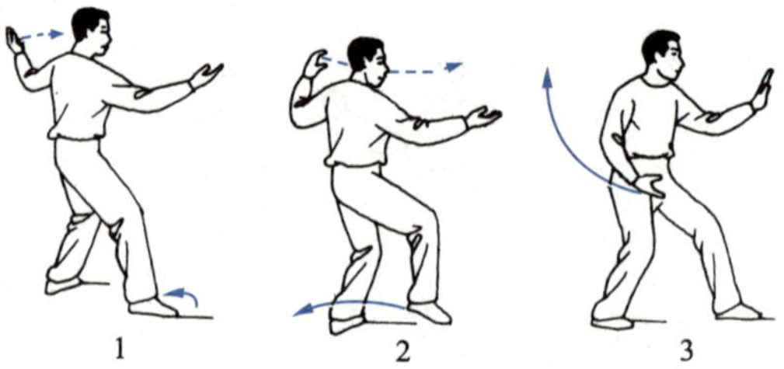

图18-71　右倒卷肱

1—转体撤手；2—退步卷肱；3—虚步推掌

（7）左揽雀尾（见图 18-72）

图18-72　左揽雀尾

1—转体撤手；2—抱手收脚；3—转体上步；4—弓步棚臂；5—转体摆臂；6—转体后捋；7—转体搭手；8—弓步前挤；9—后坐引手；10—弓步前按

（8）右揽雀尾（见图 18-73）

图18-73 右揽雀尾

1—转体分手；2—抱手收脚；3—转体上步；4—弓步棚臂；5—转体摆臂；6—转体后捋；

7—转体搭手；8—弓步前挤；9—后坐引手；10—弓步前按

（9）单鞭（见图 18-74）

图18-74 单鞭

1—转体运臂；2—勾手收脚；3—转体上步；4—弓步推掌

（10）云手（见图 18-75）

图18-75 云手

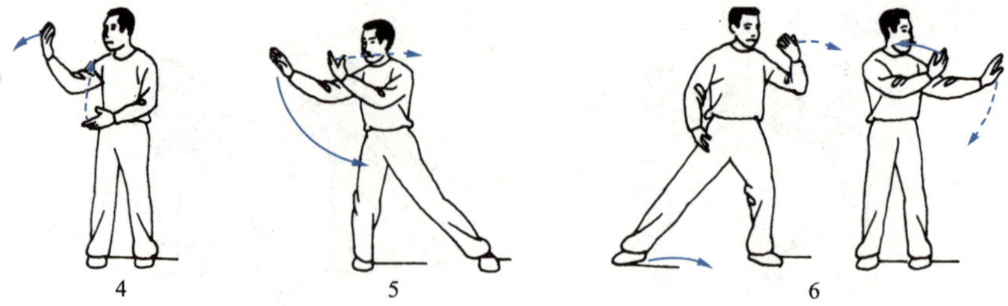

图18-75　云手（续）

1—转体松勾；2—云手收步；3—云手开步；4—云手收步；5—云手开步；6—云手收步

（11）单鞭（见图 18-76）

图18-76　单鞭

1—转体勾手；2—转体上步；3—弓步推掌

（12）高探马（见图 18-77）

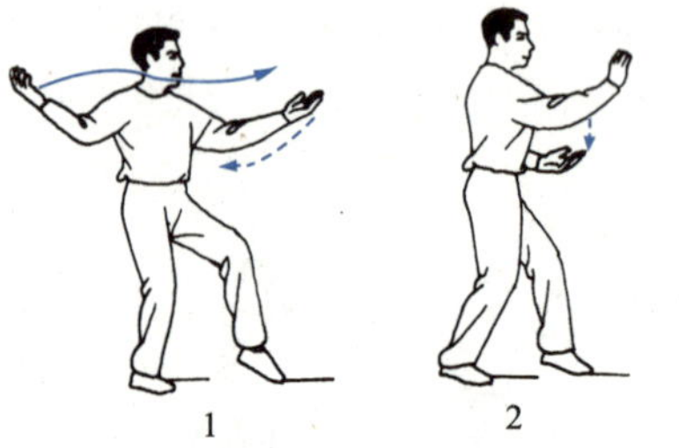

图18-77　高探马

1—后脚跟步；2—虚步推掌

（13）右蹬腿（见图 18-78）

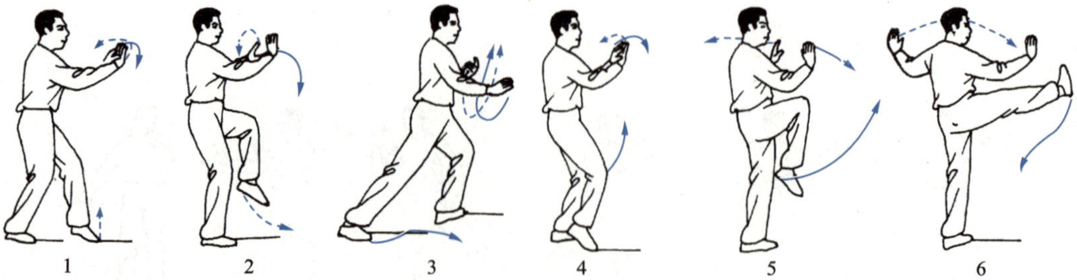

图18-78　右蹬腿

1—穿手提脚；2—上步翻手；3—分手弓腿；4—抱收手脚；5—翻手提腿；6—分手蹬脚

（14）双峰贯耳（见图 18-79）

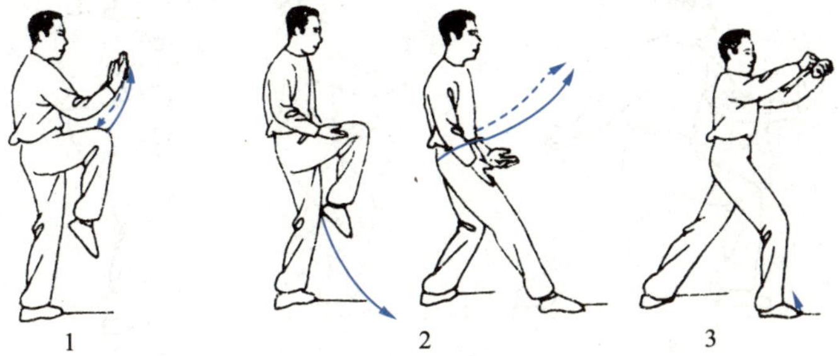

图18-79　双峰贯耳

1—屈膝并手；2—上步落手；3—弓步贯拳

（15）转身右蹬脚（见图 18-80）

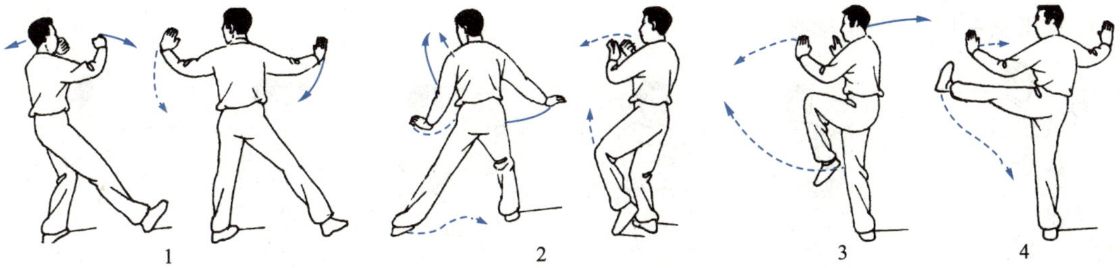

图18-80　转身右蹬脚

1—转体分手；2—收脚合抱；3—提膝翻手；4—分手蹬脚

（16）左下势独立（见图 18-81）

图18-81　左下势独立

1—收腿勾手；2—屈蹲开步；3—仆步穿掌；4—弓腿起身；5—独立挑掌

（17）右下势独立（见图 18-82）

图18-82　右下势独立

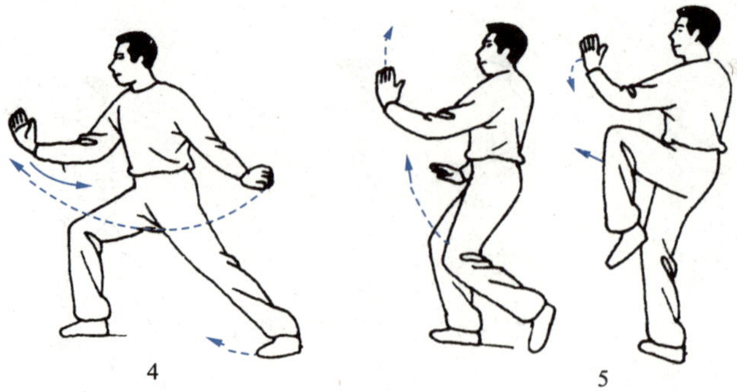

图18-82 右下势独立（续）

1—落脚勾手；2—屈蹲开步；3—仆步穿掌；4—弓腿起身；5—独立挑掌

（18）左右穿梭

① 左玉女穿梭（见图 18-83）。

图18-83 左玉女穿梭

1—落脚转体；2—抱手收脚；3—上步错手；4—弓步架推

② 右玉女穿梭（见图 18-84）。

图18-84 右玉女穿梭

1—转体撇脚；2—抱手收脚；3—上步错手；4—弓步架推

(19) 海底针(见图 18-85)

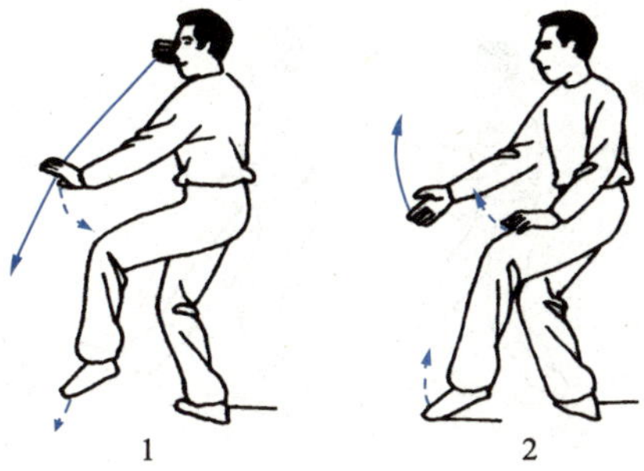

图18-85 海底针

1—后脚跟步;2—虚步插掌

(20) 闪通背(见图 18-86)

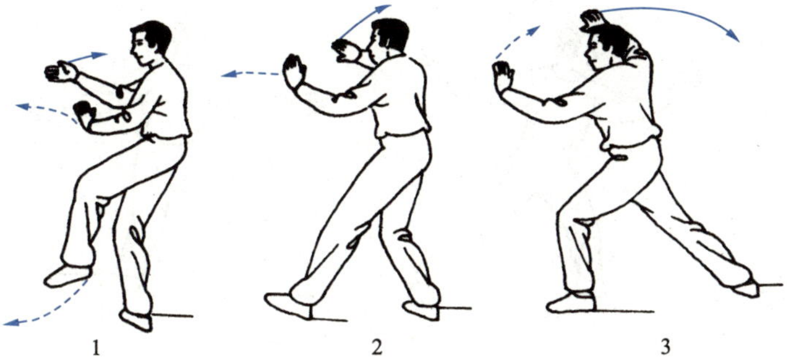

图18-86 闪通背

1—提手收脚;2—上步分手;3—弓步推掌

(21) 转身搬拦捶(见图 18-87)

图18-87 转身搬拦捶

1—转身扣脚;2—转体握拳;3—垫步搬拳;4—转体收拳;5—上步拦掌;6—弓步打拳

（22）如封似闭（见图 18-88）

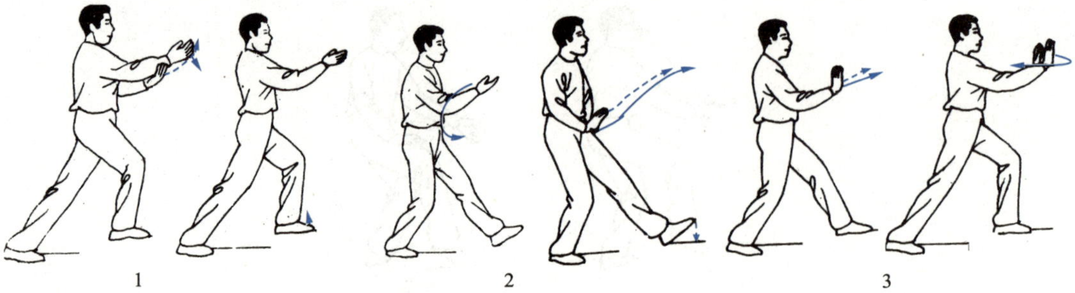

图18-88　如封似闭

1—穿手翻掌；2—后坐引收；3—弓步按掌

（23）十字手（见图 18-89）

图18-89　十字手

1—转体扣脚；2—弓腿分手；3—转体落手；4—收脚合抱

（24）收势（见图 18-90）

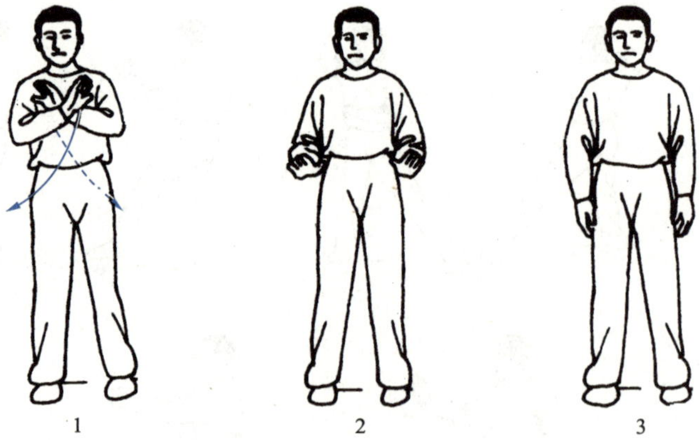

图18-90　收势

1—翻掌分手；2—垂臂落手；3—并脚还原

第19章 健美与健身

本章主要介绍健美与健身的区别、健美运动的特点、健美基本技术、健美运动介绍、自我健身等内容。

学习目标

1. 形成正确的身体姿态。
2. 改善和提高身体、心理素质，提高社会适应能力。
3. 提高团队意识、人际交往及管理的能力。
4. 培养良好的节奏感、韵律感和表现力。

19.1 健美与健身的区别

健美与健身的区别在于以下几方面。

健美运动（body building）：通过动作练习，使人体各部位的肌肉发达匀称，体格健壮，且赋予雕塑感的艺术美。健身运动（keep fitness）：通过动作练习，使人身体健康，体质增强，生活内容更加丰富。

健美与健身的特点和作用如下。

① 健美：运用各种器械和各种训练方法，达到发达肌肉、健美体型的目的。

② 健身：通过各种方式的体育锻炼，达到提高内脏器官，尤其是心血管系统的机能平衡，最终达到增强体质的目的。

总之，健美和健身是两个不同的概念，两者既有联系，又有区别。健身不用任何器械都可以健身，健美要有齐全的健身器械否则根本达不到目的，就是业余的效果都达不到。

19.2 健美运动的特点

健美是一项展示人体健壮、匀称和表现力很强的运动形式，是为人体的健美而进行的一项体育锻炼。有目的地进行肌肉群的有效锻炼，能使体格健壮、体形匀称、肌肉丰满、姿态端正、精神饱满，显示出当代大学生的青春活力，如图 19-1 所示。同时健美运动能增强体质、增进健康、陶冶情操、为促进身心和谐发展，起到重要作用。

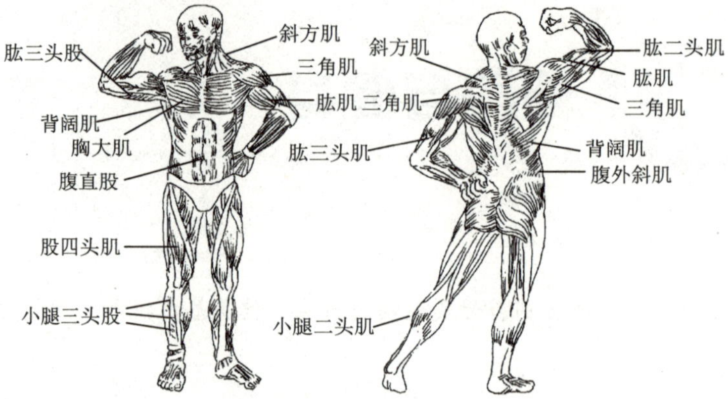

图19-1　人体主要肌肉

19.3　健美基本技术

1. 肱二头肌练习

（1）双臂杠铃屈举

动作：

两脚自然开立与肩同宽，身体正直、手腹、挺胸，两臂垂于体侧拳心向前握杠，两臂发力同时吸气屈肘上举，肘关节尽量保持原位，杠铃举至胸前位置，停 2 ～ 3 s，慢慢还原，重复进行（见图 19-2）。

图19-2　双臂杠铃屈举

要点：

① 身体保持正直、稳定。

② 动作时肘关节尽量保持原位置不变。

（2）哑铃屈举

动作：

基本动作可同双臂杠铃屈举（见图 19-3），但可变化以下几种练习方法和身体姿势：①单臂进行以上练习（见图 19-4）。②坐姿哑铃屈举：分腿坐在练习凳上，上体正直、挺胸、立腰稍微前倾，练习臂伸直垂于大腿内侧，拳心向前握哑铃；吸气后练习臂用力屈肘上举哑铃，尽量举之靠近肩部，停 1 ～ 2 s，呼气还原，重复进行（见图 19-5）。

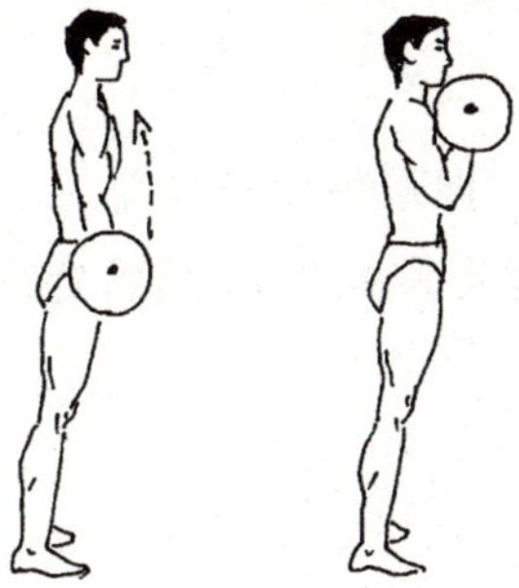

图19-3　双臂杠铃屈举

图19-4　单臂练习

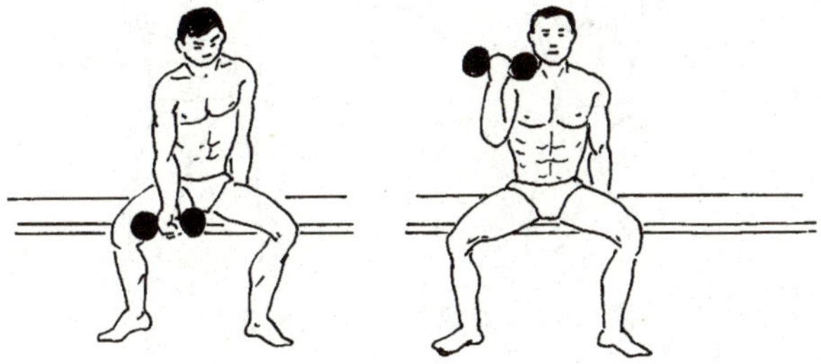

图19-5　坐姿哑铃屈举

要点：

① 上体保持预备姿势。

② 上臂要固定，肘关节位置要保持不变。

（3）双杠反握引体向上

动作：

高单杠跳上双手反握约与肩同宽，自然悬垂，吸气同时两臂发力屈肘，身体上引至下颌高于杠面，也可稍停 1 ～ 2 s 后放下，重复进行（见图 19-6）。

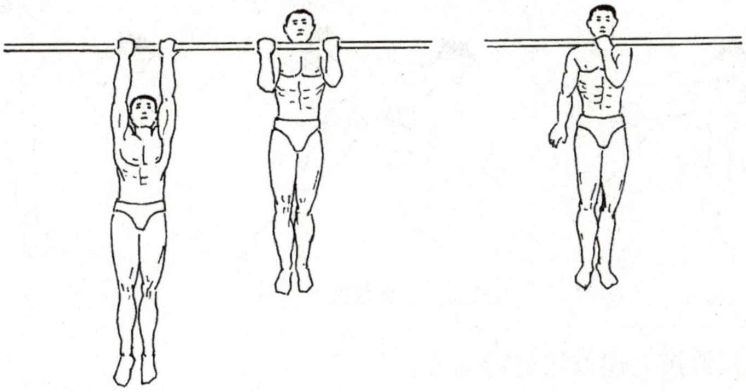

图19-6　双杠反握引体向上

要点：

双手后握，效果较好。

2. 肱三头肌练习

（1）双臂杠铃颈后屈伸举

动作：

身体正直、两脚自然开立同肩宽，双手正握杠铃于颈后，握距稍小于肩宽，上臂靠近耳部，肘关节始终朝上保持此部位不变，吸气同时双手用力将杠铃举起至手臂伸直，然后复原，重复进行（见图 19-7），此练习可用哑铃、杠铃等单、双进行。

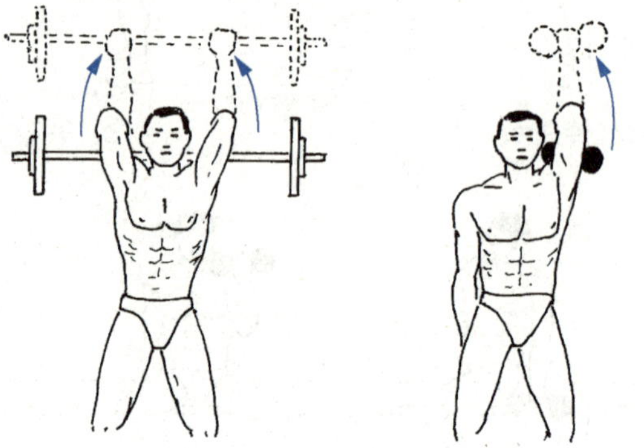

图19-7　双臂杠铃颈后屈伸举

要点：

① 身体正直，挺胸，立腰。

② 手臂上举时，肘关节位置保持不变。

（2）单臂哑铃屈伸

动作：

两脚前后开立成上半蹲弓步，上体前倾，背部似与地面平行，前腿异侧练习臂拳心向上屈肘持哑铃于腹侧，吸气同时用力练习臂向后上方伸直，肘关节始终保持位置不变，并尽量使哑铃高于背部，稍停 1 ～ 2 s 吸气还原，重复进行（见图 19-8）。

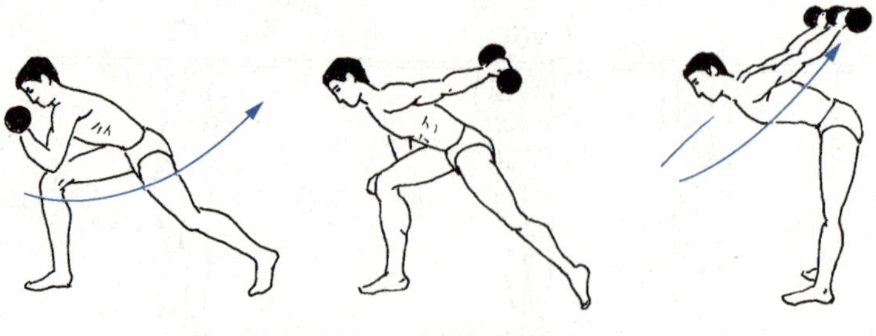

图19-8　单臂哑铃屈伸

此练习也可用小杠铃按上述方法进行练习。

要点：

① 上体前倾，保持不动。

② 练习臂靠近体侧，肘关节位置不动并以肘关节为轴做屈伸。

（3）双杠双臂屈伸

动作：

双臂支撑于同肩宽的杠面上，手臂慢慢弯曲，身体自然下落，手臂肘关节尽量弯曲，胸部接近杠面处，不能在下垂时稍停，呼气时用力伸直手臂至完全伸直，重复进行（见图 19-9）。

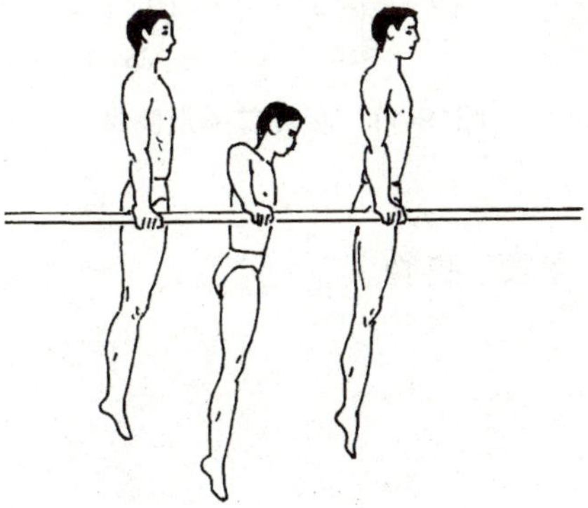

图19-9　双杠双臂屈伸

要点：

① 身体下落时，除手撑外都要悬空。

② 身体要尽量下落，屈肘，肘关节弯曲要大。

3. 三角肌练习

（1）坐姿杠铃上推

动作：

坐于练习凳上，将杠铃放于颈后肩上，两手拳心向前，大于肩宽握杠于肩上，用伸臂之力将杠铃上举两臂伸直（见图 19-10）。此练习也可用哑铃两臂肩上轮流做上推练习。

图19-10　坐姿杠铃上推

要点：

① 身体要保持正直、收腹、紧腰、挺胸。

② 用力上提至最高位时稍停 2 ～ 3 s。

（2）哑铃前举，侧举练习（见图 19-11）

图19-11　哑铃前举及侧举

要点：

① 身体要保持正立、收腹、紧腰、挺胸。

② 两臂可伸直也可弯曲。

③ 作用力点应在肩部。

4. 胸大肌练习

（1）宽握卧推

动作：

仰卧于练习凳上（一般都采用卧推组合器材），两手正握杠铃，宽与肩约 10 ～ 20 cm，由手臂伸直开始，屈肘，杠铃应慢慢下落至胸前，稍停 2 ～ 3 s 吸气时用力上推，稍停，重复进行（见图 19-12）。

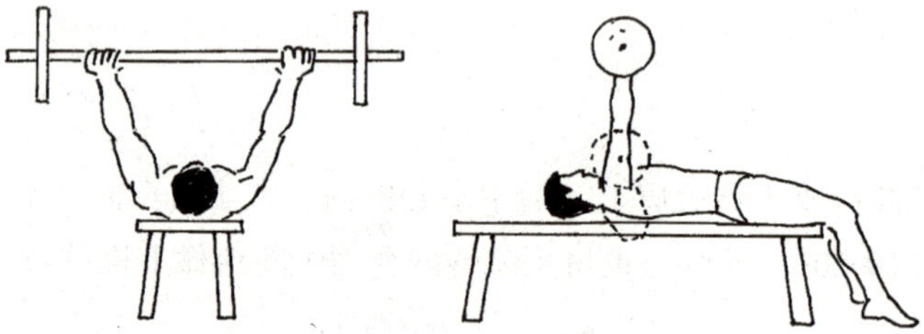

图19-12　宽握卧推

要点：

① 此练习一定要加强安全，注意器械及人员的保护。

② 下落动作要放慢些。

③ 上推时要垂直上推，先胸部发力。

（2）仰姿哑铃飞鸟

动作：

屈膝分腿仰卧于练习凳上，握铃时拳心相对，两臂伸直，向上垂直于身体；呼之向后外侧下分开化平举，然后吸气时胸大肌用力收缩，两臂向上内收至胸上伸直，稍停 1 ～ 2 s，重复进行（见图 19-13）。

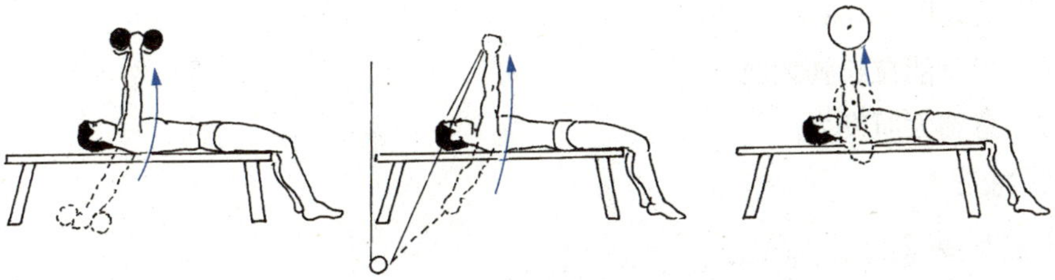

图19-13　仰姿哑铃飞鸟

要点：

① 两臂分开下落时，肘关节伸直。两臂尽量张开，下落时肘部要低于体侧。

② 飞鸟两臂收缩时，要以胸部发力为主，两臂伸直。

(3) 双杠支撑摆动双臂屈伸

动作：

两手分别伸直撑于杠面上握紧，先收腹腿前摆，以肩为轴，两脚自然下落，过垂直面后再用力向后摆动，在接近于肩水平面时屈肘，重心随之下降，脚由后向下，并摆过垂直面向上摆动时，两臂用力伸直，如此重复进行（见图 19-14）。也可前、后下落肘进行臂屈伸，但难度较大，尤其是协调上要求更高些。如果摆动且在宽双杠上做双臂屈伸，效果更好。

图19-14　双杠支撑摆动双臂屈伸

要点：

① 前后摆动时，幅度不宜太大，臂部移动尽量减小。

② 重心下落时幅度视各人的情况而定，但尽量低一点，对胸大肌锻炼更有效。

③ 不只是手臂用力，要拉长胸大肌，并使之先发力。

(4) 各种俯卧撑（见图 19-15）

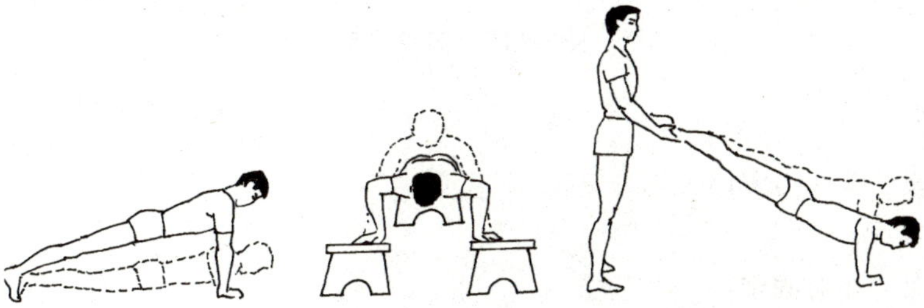

图19-15　各种俯卧撑

要点：

① 下落时，尽量能拉长胸大肌。

② 用力时注意胸大肌发力。

5. 背阔肌练习

（1）高单杠宽握颈后引体向上

动作：

高杠双手宽握，悬垂手宽约大于肩宽 20 ～ 30 cm，量力而行，吸气时两臂用力引体向上，使头部至杠前，颈后接近杠面稍停，然后慢慢下落，重复进行（见图 19-16）。

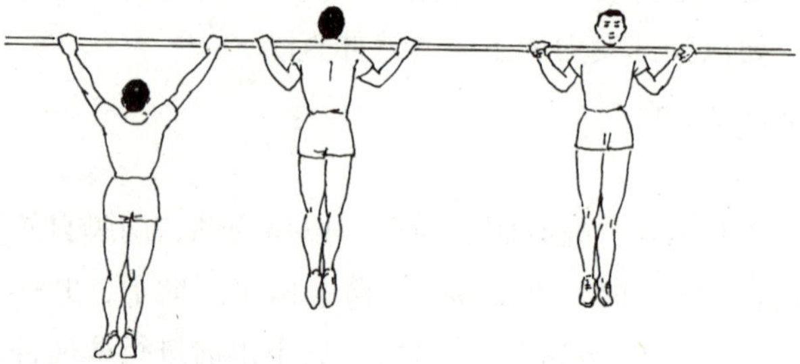

图19-16 高单杠宽握颈后引体向上

要点：

① 引体向上时身体保持稳定。

② 还原时动作要缓慢。

（2）俯身飞鸟

动作：

两脚自然开立约同肩宽，上体前屈与地面平行，抬头，两臂伸直或稍微屈，拳心相对握哑铃，吸气后或同时两臂用力向侧举起直到与肩齐平，稍停 1 ～ 2 s，慢慢下落还原，重复进行。也可俯卧于练习凳上侧平举（见图 19-17）。

（a） （b）

图19-17 俯身飞鸟

6. 腹肌练习

（1）仰卧起坐（见图 19-18）

要点：

① 腿部两脚保持相对固定。

② 起坐的方式及辅助器材因人或需要而定。

图19-18　仰卧起坐

(2) 仰卧举腿（见图 19-19）

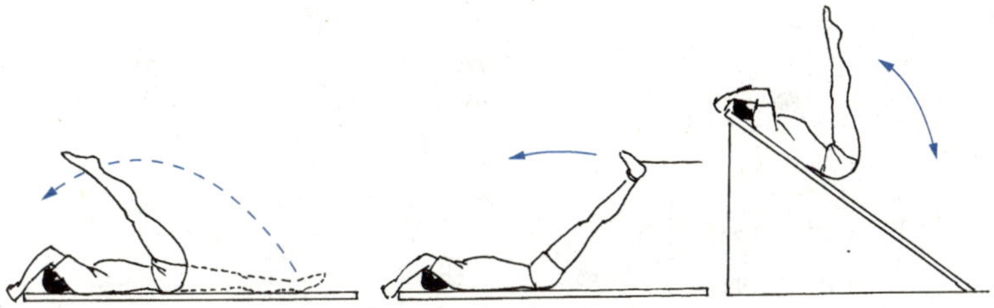

图19-19　仰卧举腿

要点：

① 两手，上体保持不动。

② 举腿时增加的重，以小重量为好。

7. 股四头肌练习

(1) 负重下蹲

动作：

以负杠铃为例：将杠铃放在颈后肩上做下蹲起立动作叫后蹲（见图 19-20）；将杠铃放在胸前做下蹲起立动作叫前蹲（见图 19-21）；屈膝下蹲大小腿夹角小于 90° 叫深蹲，大于 90° 叫半蹲（见图 19-22）；保持某一个角度叫静蹲。站姿两手屈肘正握，身体正直、收腹，立腰下蹲，均能完成前蹲、后蹲、半蹲和深蹲，用力时吸气，下蹲时呼气。上下蹲练习也可扛人下蹲（见图 19-23）。

图19-20　后蹲

图19-21　前蹲

图19-22　半蹲

图19-23　扛人下蹲

要点：

① 两脚要站稳，抬头挺胸，腰收紧。

② 思想集中，下蹲要慢，起来要快。

(2) 肩负杠铃跳弓步

动作：

两手屈时正握杠铃于颈后肩上，两脚前后开立成弓步；吸气后，两腿用力向上跳起的同时，两腿前后交换，可稍停 1～2 s，也可连续 4～5 个，换蹲弓步，重复进行（见图 19-24）。

要点：

① 上体正直，紧腰，两眼前视。

② 保持杠铃平稳，双手要握紧。

图19-24 肩负杠铃跳弓步

(3) 坐姿腿屈伸

动作：

坐于练习凳上，两手扶凳固定上体，两腿膝关节在凳端外，脚上可持一定的重物、沙袋、杠铃片等做腿的屈伸动作。为使股四头肌充分的收缩，随着膝关节伸直、小腿的伸屈，上体可稍向后倾，待腿伸直后坚持停 3～5 s 后慢慢还原，重复进行（见图 19-25）。

图19-25 坐姿腿屈伸

要点：

① 脚持重物从小重开始，要量力而行。

② 练习动作时，脚面要伸直。

8. 小腿肌练习

(1) 负重提踵

动作：

身体正直，两手正握杠铃于颈后肩上，两腿伸直，足趾正中垫约 2～3 cm 厚的木板，然后做直腿提踵动作，可练习进行（见图 19-26）。也可在肋木旁等做骑人提踵练习。

要点：

① 保持身体平衡，要以足部屈伸动作为主，提踵要充分。

② 可连续做 4 ～ 5 次，也可屈足到最高点时稍停 5 ～ 6 s，效果更好。

(2) 站姿直腿跳

动作：

身体直立，挺胸塌腰，可徒手，也可手持重物、哑铃等，膝关节伸直，小腿发力用脚掌蹬地向上纵跳（见图 19-27）。此练习也可持哑铃做直跳和蹲跳，大小腿肌群都能得到锻炼。

要点：

① 不要屈膝。

② 跳起要做到三伸：髋、膝、踝充分伸展，重点是踝关节一定要用力蹬伸。

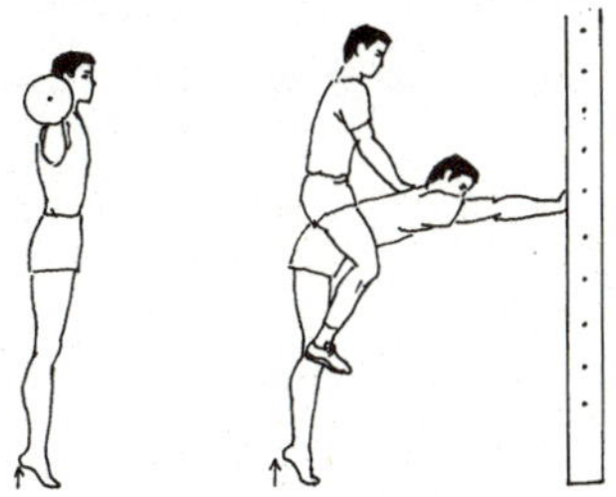

图19-26 负重提踵

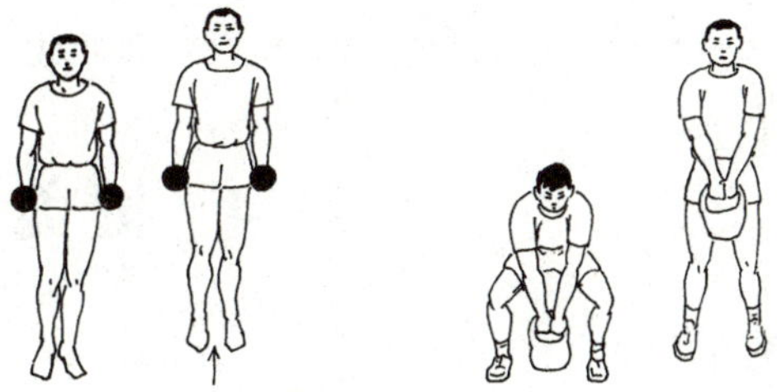

图19-27 站姿直腿跳

(3) 坐姿提踵

动作：

练习者坐于练习凳上，屈膝一般 90° 为好，两腿稍分开，两手将杠铃片或沙袋固定在膝关节上；可两腿同时做提踵动作，也可单腿做提踵动作，提起要充分，稍停 1 ～ 2 s 后还原，重复进行（见图 19-28）。

要点：

① 提踵时脚跟尽量提起。

② 杠铃可由轻到和重，并注意安全。

图19-28 坐姿提踵

知识拓展

中国健美协会

国际健美联合会现有 178 个会员，亚健联有 36 个会员，是最大的国际和亚洲单项体育组织之一，健美运动也是最为普及的运动项目之一。随着人类健康水平的不断提高，健美这一延缓人体肌肉衰老速度最为有效的运动项目越来越受到人们的青睐。随着全民健身计划的实施，中国的健美运动也以日新月异的面貌在各地蓬勃开展。

1986 年中国举重协会成立分支机构健美运动委员会，中国于 1985 年 11 月加入国际健美联合会（英文缩写 IFBB）健美项目已列入中国大学体育统编教材。自 1994 年以来，中国健美协会成功举办了多次国际重要健美赛事和会议。目前国内现有国际级健美裁判两人，国家级健美裁判22人。

为推动和发展中国大众健身健美运动水平，中国健美协会每年举办一届全国健美锦标赛、中国健身小姐大赛、全国健美俱乐部排位赛、沙滩健美暨健身风采大赛。根据健身市场发展的需要，协会还定期举办等级健身指导员培训班、健美教练员、裁判员培训班、对具有一定规模的健美组织实行等级评定

健 美 先 生

健美先生狭义特指从事健美运动的并取得相关健身比赛冠军的职业健美运动员，如人们熟知的阿诺德.施瓦辛格，和现任的奥林匹亚健美先生杰•卡特（Jay Cutler），广义上一般也泛称从事健美运动的人。

健美运动现在有两种发展趋势：一是健身健美，目的是练出匀称漂亮的身材，提高身体的健康水平。二是竞技健美，通过科学的训练、合理的营养和充分的恢复，最大限度地发达全身肌肉。

19.4 健美运动介绍

1. 健美运动简介

健美运动是一项很古老的运动项目。万物之灵，造化之极，人是自然界中美之大成。大学生还处在长身体的发育阶段，非常适合进行健美训练和练习，只要掌握健美活动的科学方法，是可以达到健美的理想效果的。现代奥林匹克之父顾拜旦指出的第一个体育文化，就是健美运动。四年一度的古代奥林匹克运动会就成了炫耀力量与人体健美的场所，古希腊雕塑艺术家米降的杰作“掷铁饼者”把雄健的身躯，发达的肌肉，节奏与力量融为一体，生动准确地表达了人体美、运动美。可谓人体健与美的精品。

健美运动起源于17世纪德国。1946年在加拿大人本•魏特和乔•魏特的努力下，创建了国际健美、健身联合会（IFBB）。至今已拥有188个会员。我国开展健美运动较晚，约于20世纪30年代，在1985年正式加入国际健美协会。随着社会的发展，健美运动得以迅速地发展，日益成为人们生活中一个行之有效的锻炼方法，健美训练不仅可以改变自己的体形，而且增强体质，陶冶情操，美化身心，真正把体育与美育，把外在美与内在美有机融合在一起，真正地展示当代大学生潇洒与优美，而且非常匀称与漂亮的形体给人一种美的享受。

健美体型的标准（男子）一般可认为肌肉发达匀称，双肩宽而对称，胸廓隆起，背面略成倒放的三角形，腹肌隐现垒起，大、小腿结实，有肌肉感。我国大学生健美体型指数标准见表19-1。

表19-1 我国大学生健美体型指数标准

指 标	上 等	中 等	下 等	指 标	上 等	中 等	下 等
坐高/身高×100	52.34	53.00	53.40	骨盆宽/身高×100	17.20	17.47	17.46
体重/身高×1000	385.45	368.08	357.36	体重/胸围×100	91.92	89.15	87.45
胸围/身高×100	54.47	53.06	52.17	骨盆宽/肩宽×100	76.76	74.54	73.17
肩高/身高×100	24.07	53.06	52.17				

2. 健美竞赛基本知识

健美竞赛是一项展示人体健壮，匀称和表演技艺很强的运动，它通过运动造型，表演技巧与音乐密切结合的体姿和神态显示出它的无穷魅力。

(1) 赛台

健美比赛在舞台衬有幕布的场上进行。幕布高 6 m，宽 15 m，呈深颜色。光线充足，表演时不出阴影。赛台高 0.6 m，长 9 m，宽 15 m。

(2) 服饰与组别

① 服饰：男、女运动员必须穿单色三角裤和三点式泳装。比赛时人体可用人工色剂，但不能用任何色画。

② 组别：健美比赛分青年组（21 周岁以下）、成年组（21 周岁以上）、元老组（45 周岁以上）。健美小姐分青年组（35 周岁以下）、成年组（35 周岁以上）。

注：健美小姐以身高 1.60 m 以上级与 1.60 m 以下级。

(3) 比赛项目与规定动作

① 项目：健美比赛有男子个人，女子个人，混合双人和集体造型表演赛。

② 规定动作：男子 7 个，女子与混双各 5 个。

男子：a. 前展肱二头肌；b. 前展背阔肌；c. 侧展胸部；d. 后展肱二头肌；e. 后展背阔肌；f. 侧展肱二头肌；g. 前展腹部和腿部。

女子：混合双人比男子少前、后展背阔肌。

③ 自由造型：应从前、后、左、右 4 个面展示体形和肌肉。

男子：60 s 不得少于 15 个动作。

女人：90 s 不得少于 20 个动作。

(4) 比赛程序和名次评分

① 预赛：

- 5 人 1 组做 4 个动作：前展肱二头肌、后展肱二头肌、侧展胸部、前展腹部和腿部。
- 裁判从所有运动员中选出 15 名运动员打 × 号，多者为胜，确定前 15 名参加半决赛。

② 半决赛：

- 3 人 1 组，做全部 7 个规定动作。
- 5 名或 7 名裁判打分，去掉 1 个最高分，再去掉 1 个最低分，中间分相加，排出 1 ~ 15 名。
- 9 名裁判打分，去掉 2 个最高分，再去掉 2 个最低分，中间分相加，排出 1 ~ 15 名。

③ 决赛：

- 计分方法同半决赛，但成绩只计算 1 ~ 6 名。
- 表演有运动员集体不定位的自由造型。

19.5 自我健身

1. 健康的心态

爱美之心人皆有之，但对“健美”应根据自己具体情况确定参加此项活动的目标，应以身体训练为内容，以艺术创造为手段，以健身体格为目标。观看健美表演与比赛，或从电视节目里看健美运动员肌肉几乎发达到极限，美极了，但那是职业健美运动员的标准，不是我们大学生练健美的目标，大学生练健美的目标应该是全面增强身体素质，愉悦身心。

2. 阶段性

科学的健美训练方法是可以有效地改变肌肉结构，使肌纤维在横断面上得以增大，使肌肉形体上粗壮有力，但应遵循事物发展的规律，肌肉的粗壮，骨骼的增长都需要一定的过程和时间，尤其是时间，一般锻炼可分为 3 个阶段。第一阶段发展自己的身体基本素质，以能适应健美练习的一般要求和基本运动量，这阶段视练习者不同而异，需 2 ～ 3 个月的练习。第二阶段可有选择地进行部分肌肉的练习和训练，这阶段可视见效果阶段，再需 4 ～ 6 个月以上。第三阶段可加大运动量、强度、组数和全面训练，一般我们大学生还不必进行第三阶段的训练。

第一阶段目的：①掌握健美锻炼的知识，全面增强体质，每周可进行 1 ～ 2 次基本活动能力的练习。如跑、跳、投等。②基本形体与韧带的练习，并可结合练习动作与要求，体会肌肉感觉，可先从部分上肢肌肉为起点。前两三个月每周练习两次，1 次中等量，1 次小运动量。肌部分可选 3 ～ 4 部位，每个部位可轮流进行 3 ～ 4 组，每组间隔时间可根据个人情况而定，尤其初练者可适当长些，如 3 ～ 5 min。后 3 个月每周可增加 1 次练习，仍以能适应健美练习强调为主，2 次中等量，1 次小运动量，肌肉部位可适当增加 1 ～ 2 个部位，如腰腹或大腿部，每个部位仍进行 3 ～ 4 组练习，轮流进行，间隔时间仍适当长些，2 ～ 4 min 为好。

第二阶段目的：是一个能明显效果阶段，在掌握和遵循初级阶段的练习准则的基础上，对肌肉部位应有重点、有选择地进行练习和训练，在原安排的基础上适当加大运动量，在饮食方面适当增加蛋白质丰富和脂肪类食物，以弥补消耗的增加和加速肌肉的增长，初步受到健美体形的效果。每周可练习 3 ～ 4 次，1 次稍大运动量，1 ～ 2 次中等量，1 次小运动量为好，顺序可大—中—小—中或中—大—中—小，肌肉部位可再增加 1 ～ 2 个，但总部位一般以每次 4 ～ 6 个部位效果较好，有的部位不一定每次练习，可轮流练进行。间隔时间以 2 ～ 3 min，根据个人情况酌定，一般应坚持 4 ～ 6 个月以上。

知识拓展

营养原则

营养对于每个人都是必不可少的，从事健美训练的人更需要充足的营养。初学者往往将全部精力投入训练而忽视了营养。其实，没有适宜的营养任何训练都是无效的，因此初学健美的人要注意以下五大健美营养原则。

① 补充足够的热能:肌肉生长是要消耗能量的,没有足够的热量,就不可能保证肌肉的正常生长。

② 补充足够的碳水化合物:健美训练时能量主要由糖原提供，摄入的碳水化合物可以补充糖原，供给能量，并防止训练造成的肌肉分解。

③ 补充优质蛋白原料：蛋白质是肌肉构成的基石，也是肌肉生长的基础，因此每天必须摄入优质蛋白质以构建肌肉。

④ 促进合成、减少分解：当肌肉的合成大于分解时，肌肉增长，反之则缩小。因此健美人群要注意抗肌肉分解，促进蛋白合成。

⑤ 保持适宜激素水平：人体内的生长激素、胰岛素等对肌肉蛋白的合成至关重要。通过饮食与营养补充品可调控激素水平，刺激肌肉的生长。

3. 渐进性

健美运动不同于一般的发展力量素质，更不同于发展灵敏，耐力素质，而是通过一定要求，练习达到发达肌肉、匀称、塑造健美形体，展示人体艺术为主的目的，因此在练习中只有掌握了达到这一目的练习原则和规律，才能事半功倍。如练习的运动量可分为大、中、小的话，则应采用中，小强度练习，即以个人肌肉最大力量的 40% ～ 60% 的负荷进行锻炼，效果为好，在组数上以 2 ～ 4 组为好，太多易产生肌肉疲劳，效果不好。在完成运动的速度上，不必求快，而应平稳稍慢，每个动作完成时间 3 ～ 6 s 为好,肌肉小的完成时间上可短些,肌肉大的可适当长些,在每次运动量的安排上,必须达到巩固——适应——提高的渐进原则，巩固指能完成此项运动量并隔天能恢复，感到轻松与愉快，时间上为此量坚持 3 周以上即巩固一段时间后再加量，切记不可能一口吃成胖子，往往欲速则不达，甚至造成损伤肌肉和韧带。

4. 选择性

人体骨骼肌是组成人体形态的重要组成部分，其重量为男子约占 40% ～ 50%，女子约占 35%，在数量上大小约有 600 余块。不是每块肌肉都需锻炼才健美，完全没有必要也不可能做到，而主要影响人体形态的肌肉只有几十块，而主要的只有 10 多余块，而这 10 多余块肌肉的训练和练习中，也自然会带动部分小肌肉群参与运动的，因此不必贪多而突不出重点，而应根据自己的情况，在以增强体质全面发展的基础上有选择性地对部分肌肉进行重点训练和练习，才能受到力量的效果。

练习法不是固定不变的，练习者可根据自己的情况选择采用。

(1) 初级训练法

① 单一练习法（校正法）: 对某一部位的肌肉或缺陷进行的重点的训练，运动量小，但对该部位的肌肉发达效果不错。

② 意动一致练习法：动作与意念相结合，即练什么肌肉想什么肌肉，肌肉在收神经支配，注意力高度集中下会产生更有力量的效果。

③ 慢速动力法：延长完成动作的时间，由于重量作用于肌肉的时间延长，从而使神经和肌肉达到更佳的锻炼效果。像完成肱二头肌收缩可用 4 ～ 5 s。

④ 静力练习法：是使肌肉维持在一定紧张度（姿势）上静止用力，像蹲马步。

⑤ 小循环练习法（小组合）：把 2～3 个部位或 1 个部位 2～3 个动作组成一组。有序地循环进行。利用运动量安排，效果较好。

⑥ 大循环练习法：先预先将训练的部位和动作有序编好，一般 5～6 个动作，或更多些，进行所有动作的一轮大循环练习，此练习运动量大，效果好，也适合减肥。

⑦ 塔式练习法：先小重量进行，逐步增大至预定最高点，再逐步下降，要求比以上练习高些。

⑧ 固定重量练习法：即固定某一重量，对某一动作。一组进行多次练习。

（2）中级训练法

① 集中练习法：相对单一训练法而言，对某一位肌肉在多种动作，不同重量、次数和不同用力角度的练习下，得到充分的锻炼，但难度大些。

② 递增练习法：在一组练习下，器械重量随之增加，而动作练习重复次数相应减少，是快速增加肌肉的有效方法，但应有一定的基础。

③ 递减练习法：全力以最大的力量完成第一次练习，然后逐次减轻重量，并适当增加练习次数。

学习和锻炼的自我评价见表 19-2。

表19-2　学习和锻炼的自我评价

请你自我评价	是	否
① 你喜欢健美运动吗？		
② 你经常观看和欣赏电视转播的健美比赛和表演吗？		
③ 你知道影响人体形态的主要肌肉名称吗？		
④ 你知道健美练习能增加肌肉的数量吗？		
⑤ 你知道肌肉怎么会能变得粗壮发达吗？		
⑥ 你掌握人体主要肌肉的练习方法吗？		
⑦ 你了解进行健美活动练习的基本原则吗？		
⑧ 在练习中，你能与同伴互相帮助吗？		
⑨ 今后你能经常自觉地进行健美练习吗？		
⑩ 你想买一对哑铃来练吗？		

第20章 健 美 操

本章主要介绍健美操运动特点和锻炼价值、健身健美操基本动作、第三套全国健美操大众锻炼标准三级规定动作、健身健美操的创编与实践，以及竞技场上的健美操等内容。

学习目标

1. 形成正确的身体姿态。
2. 改善和提高身体、心理素质，提高社会适应能力。
3. 培养良好的节奏感、韵律感和表现力。
4. 提高团队意识、人际交往及管理的能力。

20.1 健美操运动特点和锻炼价值

健美操源于英文原名“Aerobics”，意为“有氧运动”“有氧健美操”。健美操主要是肢体与眼耳高度协调进行运动的项目，对促进人体的功能能力方面主要表现在身体协调、增强观察能力以及充分展现自我等，因此其对身体协调、快速反应较高以及观察能力、创造能力较强的职业技能具有良好的促进作用，如运动型、艺术性、创造性。

健美操运动是将身体艺术、体育美学、时尚音乐三融一体的现代体育运动。其赏心悦目的音乐、充满现代活力的肢体语言以及科学的锻炼方法越来越受到广大学生的青睐。如果你了解并掌握了健美操运动，它将为你在终身体育的历程中增添更多的激情、自信与美的享受。

1. 运动特点

（1）鲜明时代气息

健美操把体操、舞蹈、音乐巧妙地熔于一炉，练就出来具有鲜明特色和强烈时代感的新型体育项目。吸引了无数学生加入锻炼的行列。

（2）高度艺术享受

健美操锻炼者在有节奏的音乐伴奏下，充分展示健美的体魄、表现高超的技术、舞动流畅的韵律、显露充沛的体力、宣泄满腔的激情。这种健与美结合的崭新的体育艺术形式，倍受青年的青睐。

（3）易于推广普及

健美操运动不受时间、地点、场地、天气的影响，也不受性别、年龄、体质状况和健康水平的限制，更不受参与人员的技术水平、运动能力的制约。其练习形式纷繁多样，运动量可大可小，动作有难有易，时间亦长亦短，易于推广。

（4）超强健身效果

健美操练习强度不大，所以可以坚持较长时间的有氧锻炼。持续一定时间的有氧健美操练习，可以消除体内多余的脂肪，维持人体吸收与消耗的平衡，降低体重，保持健美体型。同时健美操运动的无损伤性使大多数参与者更安全有效。

2. 锻炼价值

（1）改善生理机能，提高身体素质

健美操锻炼能使人具备健康所必需的身体素质：心肺耐力、肌肉力量，平衡性、灵敏性和柔韧性。

（2）塑造完美体形

通过长期的健美操练习能减掉多余的脂肪，有益于肌肉、骨骼、关节点匀称与和谐发展；有利于改善不良的身体姿态，形成优美的体态，给人以朝气蓬勃、健康向上的感觉。

（3）促进心理健康发展

在轻松优美、有活力的健美操锻炼中，练习者的注意力从烦恼的事情上转移开，忘掉失意与压抑，尽情享受健美操运动所带来的欢乐，得到内心的安宁，从而使人具有更强的活力和最佳的心态，是缓解精神压力的一剂良方。

（4）提高社会交往能力

健美操是一种群体运动，在集体场所进行练习，使练习者体验到个人与集体的关系，起到协调人与人之间关系的作用。有利于增进友谊，结交朋友，提高人际交往能力。

3. 分类

根据不同的目的，健美操可分为健身健美操和竞技健美操。其中健身健美操可分为徒手健美操、轻器械健美操和特殊场地健美操。竞技健美操可分为单人操（男单、女单）、混合双人操、三人操和六人操，如图 20-1 所示。

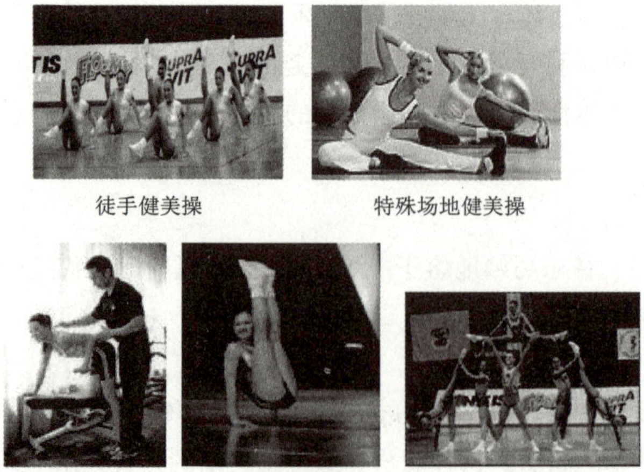

徒手健美操　特殊场地健美操

轻器械健美操　女单　六人操

图20-1　健美操分类

20.2 健美操基本动作

1. 基本手型（见表 20-1）

表20-1 基本手型

动 作	图 示	技术要领	要 求
手型	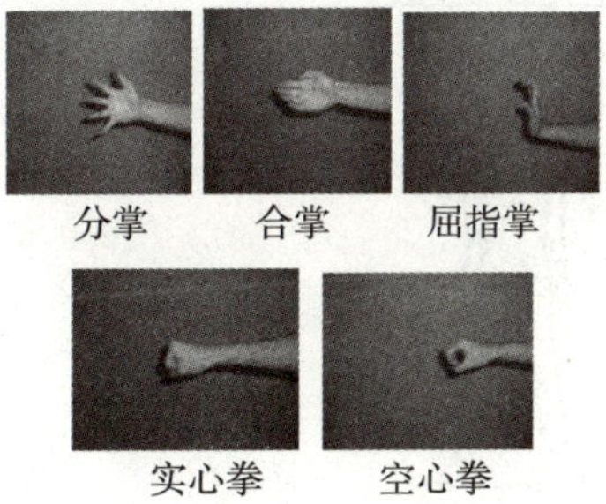	1. 掌 ① 分掌：五指用力分开并伸直。 ② 合掌：五指并拢伸直。 ③ 屈指掌：手掌用力上屈，五指用力弯曲。 2. 拳 ① 实心拳：五指弯曲紧握，大拇指压在食指弯曲部位。 ② 空心拳：拇指捏住四指，有空隙	① 合掌、分掌：手腕伸直使手臂成一条直线。腕关节与掌指关节适度紧张。 ② 实心拳手心中间无空隙，空心拳有空隙

2. 头、颈、肩部动作

（1）头、颈部动作技术要领（见图 20-2）

① 屈：指头颈关节角度的弯曲。包括向前、后、左、右的屈。

② 转：指头颈部绕身体垂直轴的转动。包括向左、右的转。

③ 绕和绕环：指头以颈为轴心的弧形和圆形运动。包括左、右绕和左、右绕环。

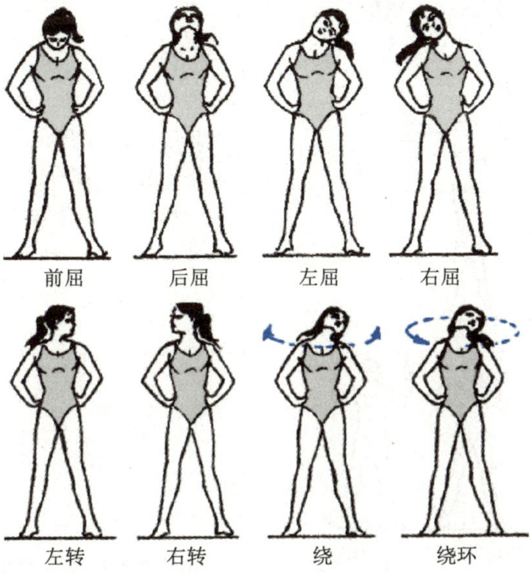

图20-2 头、颈部动作

（2）肩部动作技术要领（见图 20-3）

① 提肩、沉肩：肩关节沿垂直轴做上下运动。

② 绕肩：以肩关节为轴做向前、后大于 190° 小于 360° 的弧形运动。

③绕环：以肩关节为轴做向前、后等于 360° 或大于 360° 的运动。

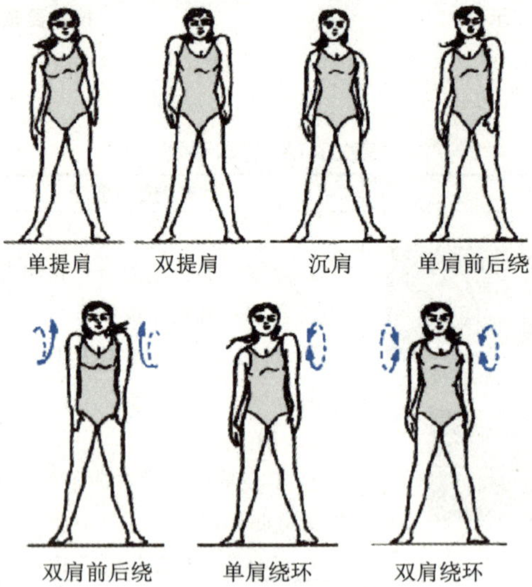

图20-3 肩部动作

3. 手臂主要动作（见表 20-2）

表20-2 手臂主要动作

动作	图示	技术要领	要求
举	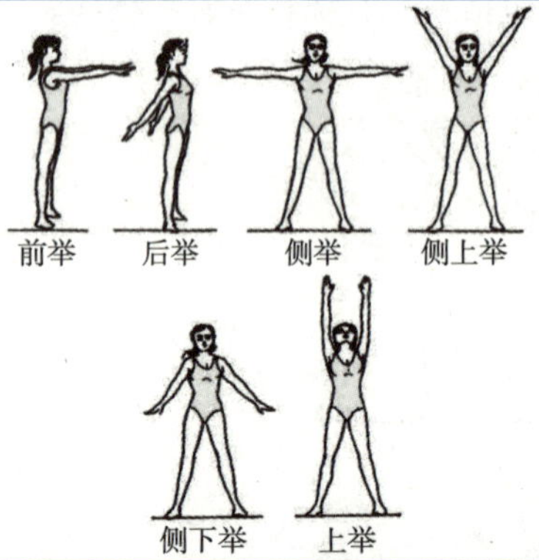	举指以肩为轴，肩的活动范围不超过180° 而停止在某一部位的动作，包括单臂的前举、后举、侧举、侧上举、侧下举、上举等	动作到位、路线清晰、有力度
屈伸	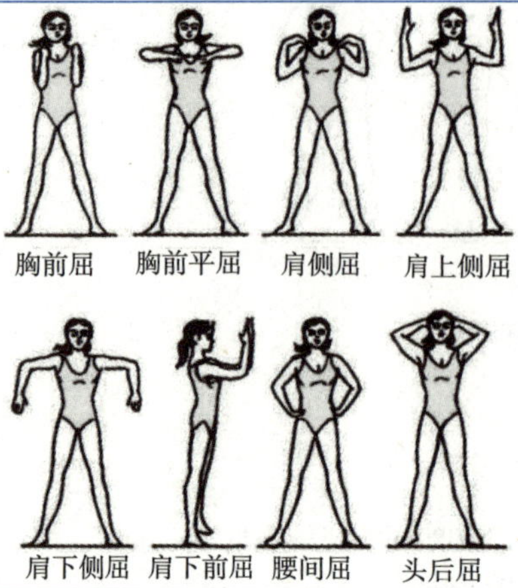	肘关节由弯到伸直或由伸直到弯曲的过程	关节做有弹性的屈伸

续表

动作	图　示	技术要领	要　求
绕和绕环	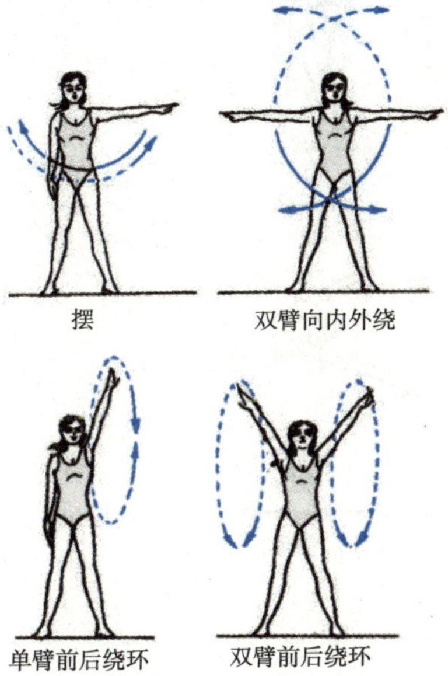	① 绕：指双臂或单臂向内、外、前、后做180° 以上360° 以下弧形运动。 ② 绕环：臂以肩为轴，单臂或双臂向不同方向做圆形运动	① 做臂的摆动时，起与落要保持弧形。 ② 上体保持正直，位置准确，幅度要大，力达身体最远端。 ③ 路线清晰，起始和结束动作位置明确

4. 胸、腰、髋部动作

（1）胸部主要动作技术要领（见图 20-4）

① 含胸：两肩内合，缩小胸腔。

② 展胸：两肩外展，扩大胸腕。

③ 移胸：髋部固定，做胸左、右的水平移动。

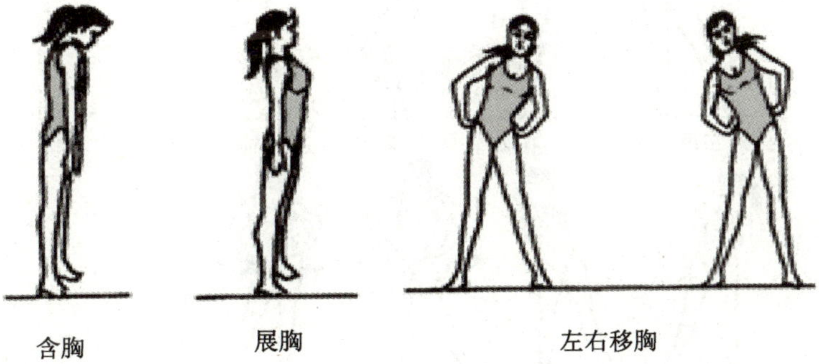

图20-4　胸部动作

（2）腰部动作技术要领（见图 20-5）

① 屈：腰部向前或向侧做拉伸运动。

② 转：腰部带动身体沿垂直轴左右转动。

③ 绕环：下肢不动，腰部做弧线或圆周运动。

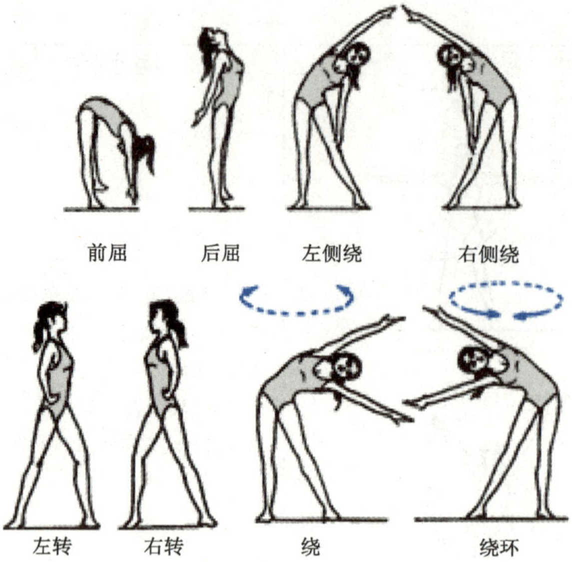

图20-5 腰部动作

(3) 髋部动作技术要领(见图 20-6)

① 顶髋:关节做急速的水平移动,包括左顶、右顶、前顶、后顶。

② 提髋:髋关节向一侧上提的动作,包括左提、右提。

③ 绕髋和髋环绕:髋关节做弧形、圆形移动,包括向左、右的绕和绕环。

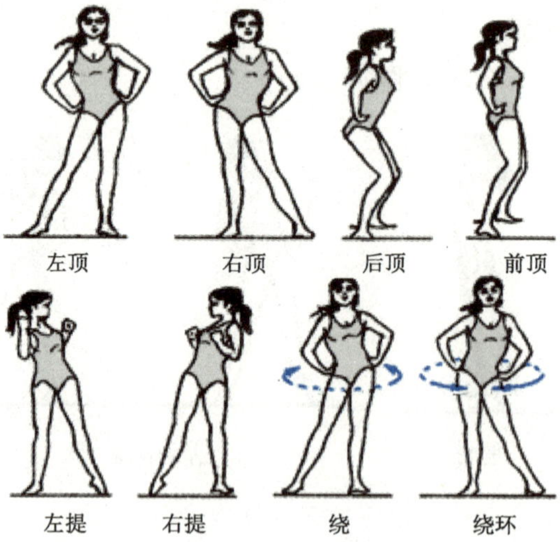

图20-6 髋部动作

5. 健美操基本步伐

① 无冲击步法。此类动作是指两腿始终接触地面的动作(见图 20-7)。

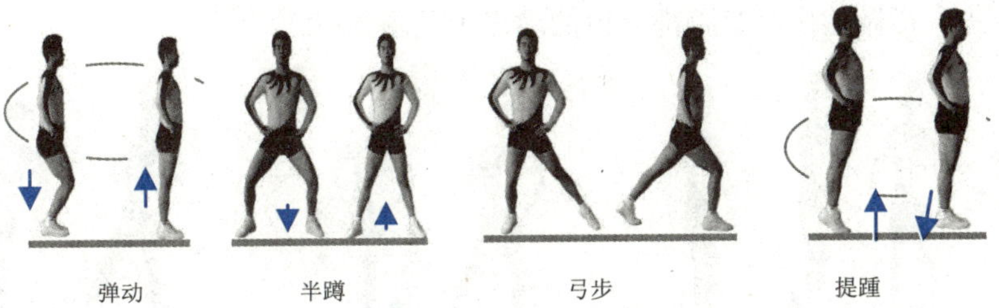

图20-7 无冲击步法

② 低冲击步法。指在做动作时一脚着地，另一脚离地的动作（见图 20-8）。

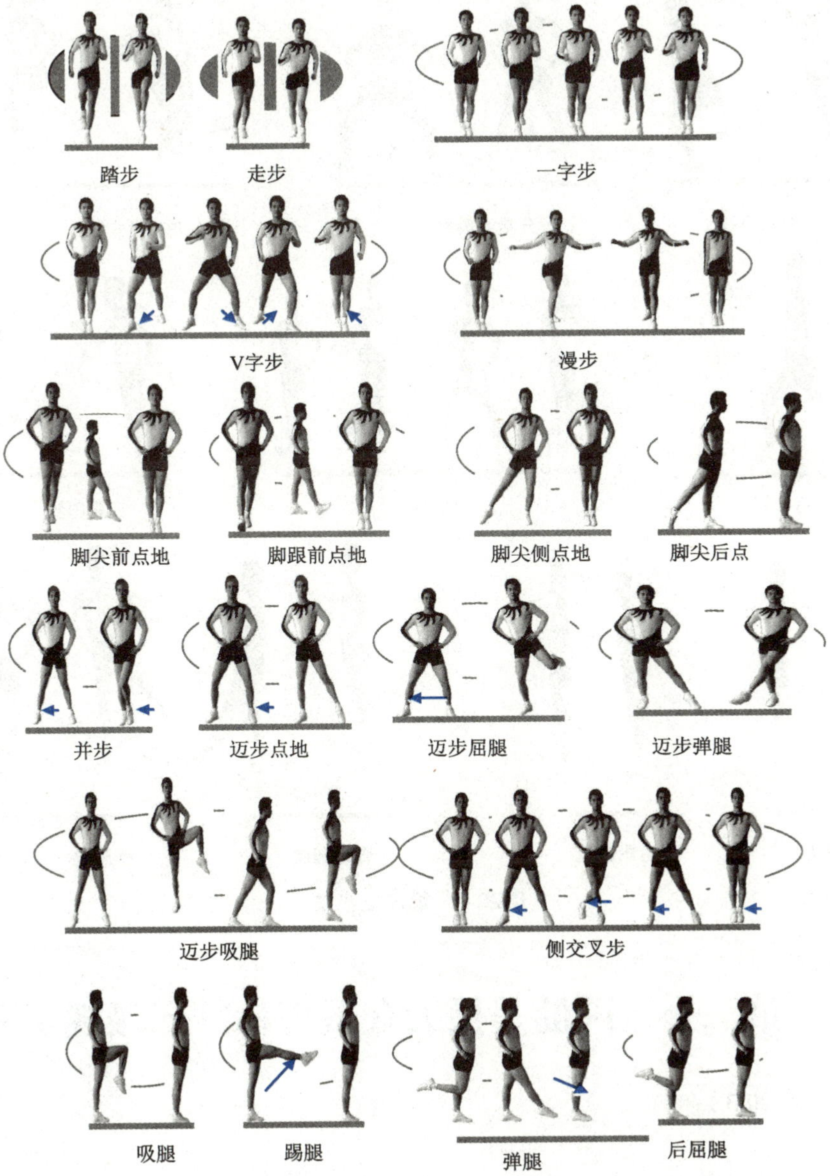

图20-8 低冲击步法

③ 高冲击步法。指做动作时双脚都离地的动作（见图 20-9）。

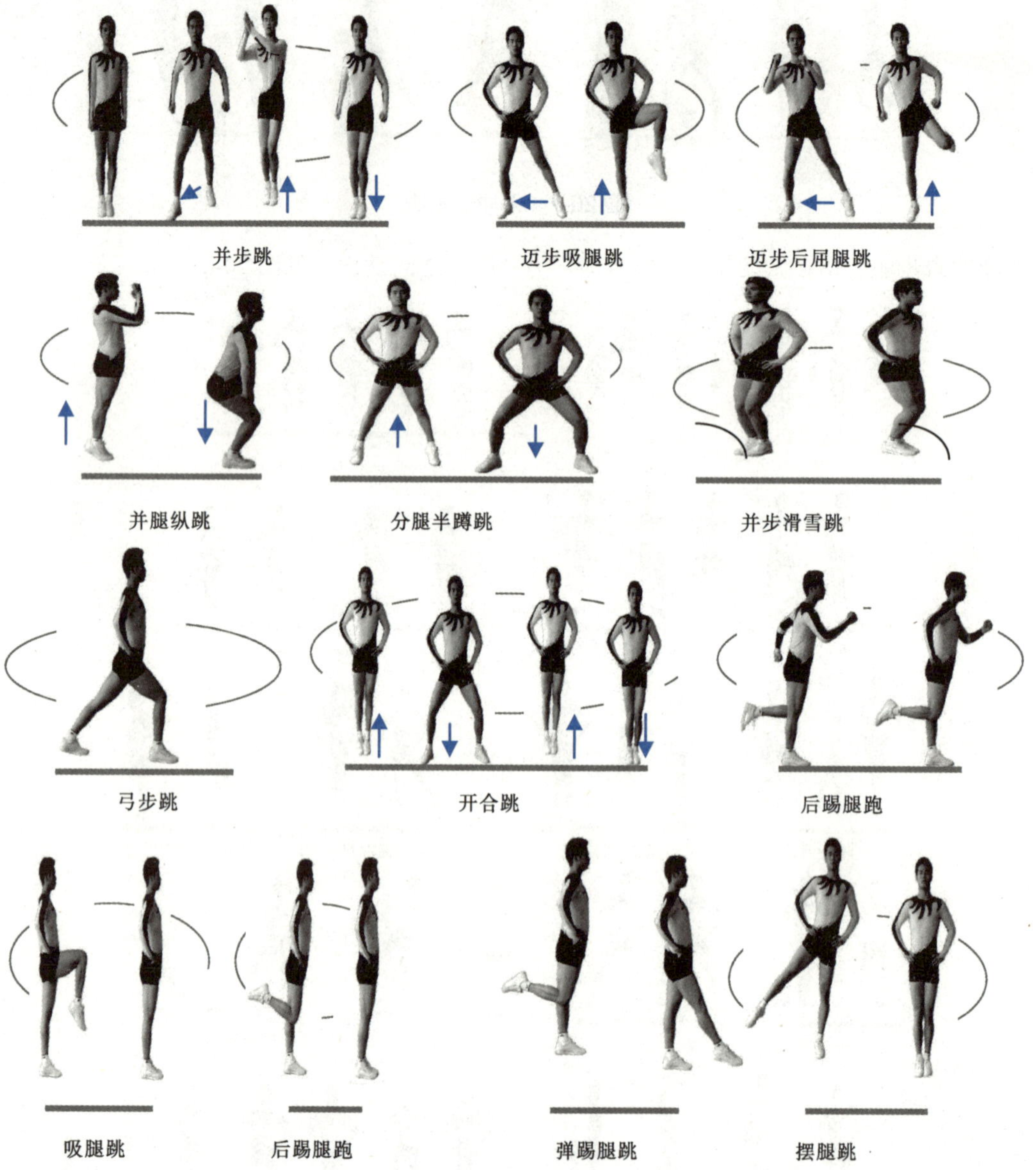

图20-9　高冲击步法

20.3　第三套全国健美操大众锻炼标准三级规定动作

组合一（见表 20-3）：

表20-3 组合一

1 2 3 4 5 6 7 8

节拍		下肢动作	上肢动作
一	1-4	右脚开始向侧迈步后屈腿2次，2时右转90°	1-2右臂摆至侧上举，左臂摆至胸前平屈，3-4同1-2，但方向相反
	5-8	向右迈步后屈腿2次，6时右转180°	双手叉腰

1 2 3-4 5 6-7 8

节拍		下肢动作	上肢动作
二	1-2	1/2V字步	1右臂侧上举，2左臂侧上举
	3-8	6拍漫步，8右转90°	随腿的动作自然前后摆动

1 2 3 4 5 6 7 8

节拍		下肢动作	上肢动作
三	1-8	右脚开始侧交叉2次，左转90° 呈L形	1双臂前举，2胸前平屈，3同1，4击掌。5-8同1-4动作

1 ---- 2 3-4 5-6 7-8

节拍		下肢动作	上肢动作
四	1-4	右脚侧并步跳，1/2后漫步	1-2双臂侧上举，3-4右臂摆至体后，左臂摆至体前
	5-8	左转90° 左脚开始小马跳2次	5-6右臂上举，7-8左臂上举

第五至八个八拍与第一至四个八拍，动作相同，但是方向相反。

组合二（见表 20-4）：

表20-4　组合二

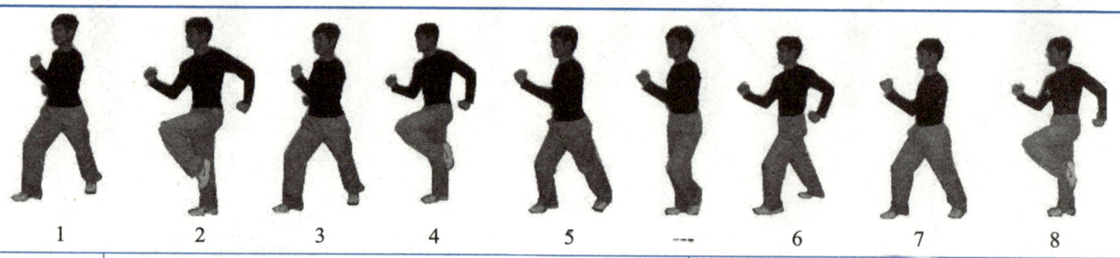

节拍		下肢动作	上肢动作
一	1-4	右脚向前上步吸腿2次	双臂自然摆动
	5-6	左脚向后交换步	双臂随下肢动作自然摆动
	7-8	右脚上步吸腿	双臂自然摆动

节拍		下肢动作	上肢动作
二	1-4	左脚开始向右侧交叉步	双臂随步伐向反方向摆臂屈伸
	5-8	右转45°，左脚做漫步	5-6双臂肩侧屈外展，7-8经体前交叉摆至侧下举

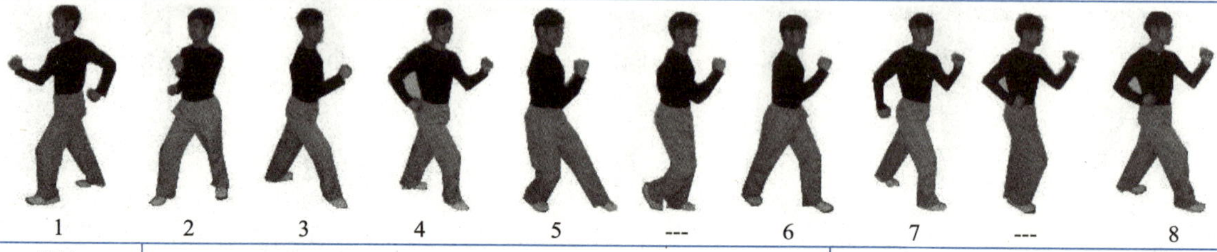

节拍		下肢动作	上肢动作
三	1-4	左脚开始十字步，同时左转90°	双臂自然摆动
	5-8	左脚开始向侧并步跳2次	

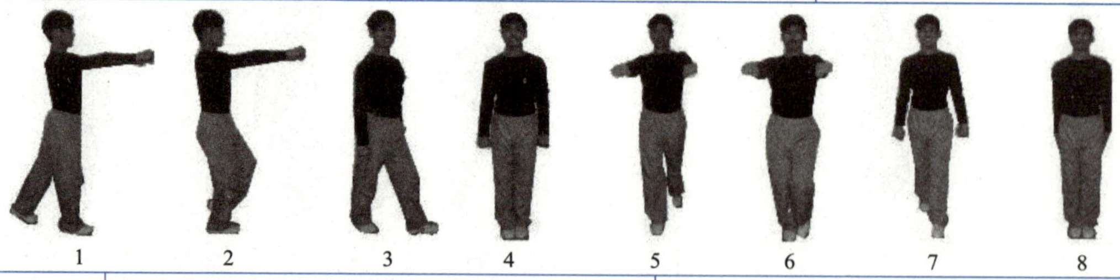

节拍		下肢动作	上肢动作
四	1-8	左脚一字步2次，右转90°	双臂自然摆动

第五至八个八拍与第一至四个八拍，动作相同，但是方向相反。

组合三（见表 20-5）：

表20-5　组合三

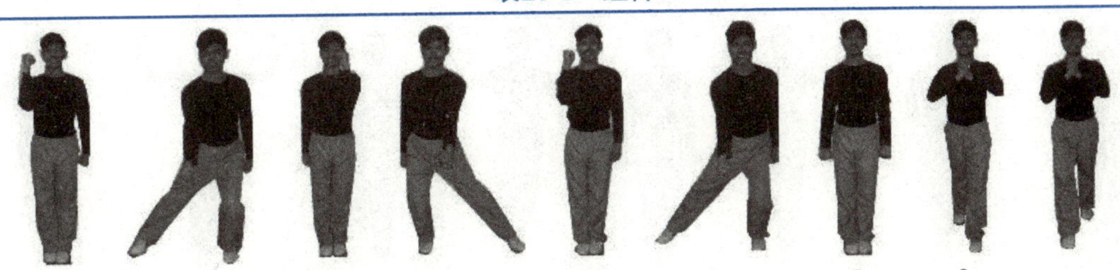

1　2　3　4　5　6　7　8

节拍		下肢动作	上肢动作
一	1-6	右脚开始做侧点地3次	1-2右臂向下臂屈伸，3-4左臂向下臂屈伸，5-6同1-2动作
	7-8	左脚开始向前走2步	击掌2次

1　2　3　4　5　6　7　8

节拍		下肢动作	上肢动作
二	1-4	左脚开始吸腿跳2次	1、3侧上举，2双臂胸前平屈，4叉腰
	5-8	吸右腿跳，向后落地，转体180°，吸右腿	双手叉腰

1　2　3　4　5　6　7　8

节拍		下肢动作	上肢动作
三	1-4	左脚开始向前走3步吸腿跳，同时左转180°	1-3叉腰，4击掌
	5-8	右脚开始向前走3步吸腿	5-6手臂同时经前向下摆，7-8经肩侧屈外展至体前击掌

1　2　3　4　5　6　7　8

节拍		下肢动作	上肢动作
四	1-8	左脚开始侧并步4次，呈L形	双臂做屈臂提拉4次

第五至八个八拍与第一至四个八拍，动作相同，但是方向相反。

组合四（见表 20-6）：

表20-6　组合四

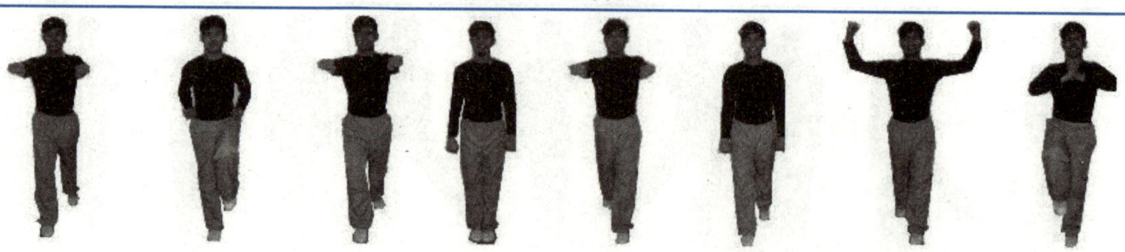

1　2　3　4　5　6　7　8

节拍		下肢动作	上肢动作
一	1–4	右脚上步吸腿	双臂做向前冲拳，后拉2次
	5–8	左脚向前走3步吸腿	手臂同时经前下摆，8击掌

1　2-3　4　5-6　7-8

节拍		下肢动作	上肢动作
二	1–4	1右脚向侧迈步，2–3向右前1/2前漫步，4左脚向侧迈步	1侧上举，2–3随腿的动作自然摆动，4同1动作
	5–8	右脚向左前做漫步	双臂自然摆动

1　2　3　4　5　6　7　8

节拍		下肢动作	上肢动作
三	1–6	右脚开始上步吸腿3次	1肩侧屈外展，2击掌，3–6同1–2动作
	7–8	左脚前1/2漫步	双臂自然摆动

1　2　3　4　5　6　7　8

节拍		下肢动作	上肢动作
四	1–8	左转90° 向左侧交叉转体180° 接侧交叉步	1–4双臂做外展、内收、外展、击掌，5–8同1–4动作

第五至八个八拍与第一至四个八拍，动作相同，但是方向相反。

20.4 健美操的创编与实践

1. 选择适合自己的方案

(1) 初级水平

① 进行中低或中等强度的有氧练习；一个组合中包括 4 ～ 5 个基本步伐；音乐速度一般在 132 ～ 135 拍 / 分钟。

② 配合简单手臂动作。

③ 90° ～ 180° 的方向变化及简单的图形和路线变化。

④ 低强度的力量练习。

(2) 中级水平

① 进行中等或中高等强度的有氧练习；一个组合中包括 4 ～ 5 个基本步伐；音乐速度在 143 ～ 150 拍 / 分钟。

② 复合动作增多、复杂多变，高低冲击力动作相间；手臂动作变化增多。

③ 进一步提高肌肉的协调性、灵活性和肌肉的控制能力。

④ 增加 180°、360° 的转体及跳跃动作。

⑤ 中等强度力量练习及柔韧练习。

(3) 高级水平

① 保持中高强度的有氧练习。

② 组合动作复杂，充分展现良好的协调性和表现力。

③ 全面提高健美操动作的能力。

④ 音乐速度 150 拍 / 分钟。

2. 健美操的创编

(1) 明确健美操基本动作的节拍

例如：1 个踏步 = 1 拍 = 1 × 8 拍可做 8 次；

1 个并步 = 2 拍 = 1 × 8 拍可做 4 次；

1 个交叉步 = 4 拍 = 1 × 8 拍可做 2 次。

(2) 组合动作（32 拍）

基本动作：A = 踏步、B = 一字步、C =V 字步、D = 交叉步、E = 点地、F= 漫步、G= 并步、H= 迈步后屈腿、I= 吸腿、J= 小马跳、K= 弹踢腿、L= 开合跳。

按表 20-7 练习基本动作。

表20-7 基本动作练习

节拍	初级	中级	高级
	BC D F G L	GD CD KL H	CE AIJ DF HAL
第1八拍	1一字步+1 V字步	2并步+1交叉步	1 V字步+2点地
第2八拍	2交叉步	1 V字步+1交叉步	3踏步+1吸腿+2小马跳
第3八拍	1漫步+2并步	2弹踢腿+2开合跳	1交叉步+2漫步
第4八拍	4开合跳	4迈步后屈腿	2迈步后屈腿+2踏步+1开合跳

20.5 竞技场上的健美操

1. 健身健美操比赛的评判标准

健身健美操比赛分规定动作比赛（强调动作的准确性、熟练性以及精神面貌、动作整齐一致性的团队精神）与自选动作比赛（除动作的完成之外，更注重成套编排突出艺术性以及编排的创意与安全性）。其中艺术性包括主题健康，充满活力，富有激情；编排新颖，有创意；动作的转换自然流畅；队形变化新颖；充分利用场地和空间。安全性指成套中没有对身体造成伤害的因素；不鼓励在成套动作中出现竞技健美操 0.3 以上的难度动作，如果出现，将不与加分，并对出现的错误进行扣分。

2. 竞技健美操规则

竞技健美操是健美操的“提高”，观看高水平的竞技健美操比赛是一种力与美的较量、欣赏与享受。

（1）比赛项目

国际体联正规的健美操比赛分为男子单人、女子单人、混合双人、三人、六人共计五个比赛项目，其中三人与六人没有性别的规定。

（2）比赛时间

竞技健美操 105 s，并有加减 5 s 的宽容度。

（3）比赛场地

竞技健美操比赛场地要求有高 80 ～ 140 cm 的赛台，赛台不得小于 14 m × 14 m，后面有背景遮挡。竞赛的地板必须是 12 m × 12 m，并清楚地标出 7 m × 7 m 的单人，以及 10 m × 10 m 的混双、三人、集体六人比赛场地。标记带必须是 5 cm 黑色带，标记带是场地的一部分。

（4）比赛音乐

音响设备达到专业水准，并拥有常规的播放设备；磁带卡座录音机或 CD 机。音乐要录在磁带或 CD 的 A 面开头，一碟一曲，并清楚标明运动员的姓名、项目、代表队名与出场顺序。

（5）比赛着装

参赛运动员必须穿白色健美操鞋和袜。女运动员着一件套带有肉色袜的比赛服，不允许穿两件套服装。头发必须固定在头上，允许化淡妆。男装不允许有长袖。服装上禁止使用松散或附加的饰物。禁止佩戴首饰。

（6）全套动作内容

成套动作必须表现出健美操动作类型（高和低动作的组合），风格和难度动作的均衡性。健美操动作的姿态要求是躯干直，呈一直线位置，臂腿动作有力、外形清晰。动作编排要合理利用全部空间、地面以及空中动作。按规则规定，每套比赛动作必须包括难度动作、操化组合与过渡连接动作三部分，每部分都有具体的规定。例如选择的难度必须含有四组难度类型，即动力性力量组（俯卧撑、旋腿等）、静力性力量组（支撑与水平）、跳与跃组、平衡与柔韧组，每缺一组动作就要扣去 1 分。

第21章 体育舞蹈

本章主要介绍体育舞蹈的运动特点和锻炼价值、恰恰舞基本舞步及套路训练、华尔兹基本舞步及套路训练、体育舞蹈的比赛规则，以及体育舞蹈的比赛欣赏。

学习目标

1. 运用体育舞蹈基本技术进行健身锻炼。
2. 改善和提高身体、心理素质，提高社会适应能力。
3. 成为欣赏体育舞蹈比赛的内行。

体育舞蹈又称“国际标准交谊舞”，是一项具有很高审美价值和健身娱乐价值的综合性艺术，是融舞蹈、音乐、服装、风度和形体美于一体的高雅体育项目。它横跨体育、艺术、教育三大领域，具有强烈的时代气息和良好的锻炼价值，是一种能促进国标交流的不可忽视的运动。

知识拓展

体育舞蹈的起源与发展

体育舞蹈的前身是交际舞，起源于欧洲、拉丁美洲，由圈舞、对舞、集体舞等民间舞蹈演变而来，成为流传广泛的社交舞蹈。

1924 年，由英国皇家舞蹈教师协会在广泛研究传统宫廷舞、交谊舞和拉美国家各式土风舞的基础上，对此进行了规范和美化加工，于 1925 年正式颁布了华尔兹（慢三步）、探戈、狐步、快步等舞种的步伐，总称摩登舞。1950 年，英国摩登舞国际理事会（ICBD）主办了首届世界性的大赛——黑池舞蹈节，并把规范后的舞蹈命名为国际标准交谊舞，我国简称“国标”。1960 年又整理了拉丁舞蹈，将它纳入国际标准交谊舞范畴，形成了具有统一舞步的两大系列十个舞种的国际标准交谊舞。

目前国际上有世界舞蹈及体育舞蹈理事会（WDDSC）和国际体育舞蹈联合会（IDSF）两个国际体育舞蹈组织。两个组织拟将合并成立世界舞蹈运动联合会（WDSF）。国际标准交谊舞于 20 世纪 30 年代传入中国。

21.1 运动特点和锻炼价值

1. 运动特点

(1) 律动性与规范性

在特定节奏风格的舞曲音乐引导下，人们翩翩起舞。时而端庄典雅，时而顿挫磊落，时而婀娜柔媚，时而奔放激越……，这种用合着音乐节律的舞动来表现各舞种风格特性是体育舞蹈的基本特点。另外，体育舞蹈是一个完整的经过数百年历史锤炼和几代人的加工而成的舞蹈系统，技术动作清晰规范，严格到多一分则嫌过，少一点则欠火。

(2) 观赏性与艺术性

体育舞蹈融音乐、舞蹈、服装、风度、体态美于一体，既有很高的艺术观赏价值，又有参与的可能。舞蹈者可在优美动听的音乐伴奏下，自由地发挥想象力、创造力和表现力，使其动作能够表现出音乐的情感和意境，从而表现出更大的艺术感染力。因此，体育舞蹈被认为是一种“真正的艺术”，并以它相对稳定的高雅文明形态步入世界舞坛。

(3) 社交性与国际性

体育舞蹈仍然继承交谊舞“舞会舞蹈形式”的特征，从而成为很好的社会交际活动工具。同时，舞蹈都具有民族性，而愈是民族化的舞蹈，愈能步入国际舞坛，体育舞蹈是一种国际上通用的“形体语言”，是全世界统一标准的舞蹈。

(4) 娱乐性与群众性

体育舞蹈的本质属性就是娱乐。它使舞者愉悦身心，使观者赏心悦目。它是人们娱乐生活的产物，并在娱乐活动中得到丰富和发展。同时，体育舞蹈具有广泛的群众性，它时而以娱乐运动形式出现在娱乐厅，时而以锻炼形式出现在广场、公园、运动场等。是群众性体育舞蹈运动辐射到每一个生活角落的真实写照。

2. 锻炼价值

(1) 发展身体素质，培养良好身体姿态

长期坚持体育舞蹈锻炼的人，无论在身体的平衡能力、柔韧性、力量还是灵敏性、反应速度方面，均能得到有效的改善和提高。在体育舞蹈训练中，要求参加者保持抬头、挺胸、收腹、立腰、沉肩、膝放松、大腿和臀部夹紧上提，使整个身体呈舒展、挺拔、优雅、大方的姿态。

(2) 发展心理素质，提高情绪调节能力

学习体育舞蹈是一个对技术掌握从不会到会，对理论从不理解到理解，男、女同学动作配合从不协调到协调的过程。练习者享受到成功喜悦的同时，在学习过程中也会出现技术掌握不好、男女同学动作配合失调完不成动作要求、互相责难甚至弃对方而去的现象。这一切都会使学生在情绪上承受压力。因而可以培养和提高学生面对压力的能力，并提高情绪的调节能力。

知识拓展

体育舞蹈中应摒弃的不良现象

体育舞蹈是一项表现欲很强的运动，这也是舞蹈的本身特点。但是这一特点运用得好，对人的社会交往会大有裨益，若运用得不好，则会出现“过分表现自己”、心理浮躁“锋芒毕露”的现象，从而招来非议，对自身发展不利。另外，在体育舞蹈练习过程中，还应摒弃那些不礼貌、不道德、不文明的行为。

体育舞蹈对思维的影响

体育舞蹈的学习需要全身心投入，它可使注意力稳定在辨别音乐的节奏、领悟音乐的意境上。舞动过程既要男士女士的配合，又要反应准确、敏捷；它调动了大脑对音乐的记忆和视觉的提前预测等能力。整个过程始终体现了大脑对各种感官的支配和对机体的精细调节能力，可培养专注、敏捷、协调等能力，而这些也正是高层次人才所需的能力。

(3) 增强协作意识，提高人际交往能力

在优美的舞姿和轻快的乐曲相伴下，舞场中的融洽、和谐、高雅的气氛能增强人们的沟通和交往意识，改变一个人孤独少言、消极离群的性情，使心胸变得更宽阔，形成平易近人、与人为善的性格，提高参加者的人际交往能力。

(4) 增强美学意识，提高审美情趣

体育舞蹈的美产生在舞姿和舞曲节奏的配合之中，它是动作和舞曲相互协调的美，舞中能表现出男性的阳刚之美，也能体现出女性的娇柔之美。审美情感，可在体育舞蹈中得到升华，从而提升审美情趣，同时提高大学生对美的欣赏水平和审美修养，陶冶情操。

21.2 拉丁舞之——恰恰舞基本舞步及套路训练

恰恰舞，用C表示，拉丁舞项目之一。节奏为4/4拍，每分钟30～32小节。每小节四拍，强拍落在第一拍。四拍走五步，包括两个慢步和三个快步。第一步踏在第二拍，时间值占一拍；第二步占一拍；第三、四两步各占半拍；第五步占一拍，踏在舞曲的第一拍上。胯部每小节向两侧摆动六次。舞曲热情奔放，舞步花哨利落，步频较快，诙谐风趣。源于非洲，后传入拉丁美洲，在古巴得到发展。

知识拓展

体育舞蹈对职业技能的促进作用

体育舞蹈是两人合作项目，对促进人体的综合能力方面主要体现在手脚协调、思维敏捷、善于表现自我等，因此它对身体协调性和思维敏捷及表现力要求较高的专业的职业技能具有良好的促进作用。如管理型、社交型。

1. 舞姿训练

舞姿训练见表21-1。

表21-1 舞姿训练

动　作	练习内容	技术要领
舞姿训练	主要是闭式舞姿、开式舞姿和扇式舞姿的训练	闭式舞姿男女相对站立约20 cm，重心可在任一只脚上。男士的右手放在女士的左肩胛骨上，女士的左臂轻轻放在男士的右臂上，男士的左臂稍抬起，与眼睛齐平，女士的右手轻轻放在男士的左手中。 开式舞姿男女相距一臂长、面对面站立，重心可落在任一只脚上。二人相握的手平举于胸骨略下的位置，微微弯曲；另一只手臂自然弯曲。 扇形舞姿女士在男士左侧约一臂距离处；女士的身体重心落于左脚，男士的身体重心落于右脚；男士的左手轻握在女士的右手手背上

2. 基本舞步训练

基本舞步训练见表 21-2。

表21-2 基本舞步训练

动　作	练习内容	技术要领
恰恰舞步动作训练	基本步	（1）男士左脚前进，女士右脚后退； （2）男士重心移回右脚，女士重心移回左脚； （3）男士左脚横步，女士右脚横步； （4）男士右脚向左并步，女士左脚向右并步，踮脚跟，双膝弯曲； （5）男士左脚横步，直膝，女士右脚横步，直膝； （6）男士右脚后退，女士左脚前进； （7）男士左脚原地踏一步，女士右脚原地踏一步； （8）男士右脚横步，女士左脚横步； （9）男士左脚向右脚并步，女士右脚向左脚并步，踮脚跟，双膝弯曲； （10）男士右脚横步，女士左脚横步，均直膝
	纽约步	闭式舞姿开始： （1）男士右转1/4周，左脚前进，左肩并肩位，女士左转1/4周，右脚前进，左肩并肩位； （2）男士右脚原地踏一步，后半拍准备左转，女士左脚原地踏一步，后半拍准备右转； （3）男士左转1/4周，左脚横步；女士右转1/4周右脚横步； （4）男士右脚并左脚，女士左脚并右脚； （5）男士左脚横步，准备左转；女士右脚横步，准备右转； （6）男士左转1/4周，右脚前进；女士动作方向性反，右肩并肩位； （7）男士左脚原地踏一步，后半拍准备右转，女士右脚原地踏一步，后半拍准备左转； （8）男士右转1/4周，右脚横步，女士左转1/4周，左脚横步； （9）男士左脚并右脚，女士右脚并左脚； （10）男士右脚横步，女士左脚横步
	臂下右转	从纽约步（5）结束后开始，节奏为慢、慢、快、快、慢。 （1）男士右脚后退，女士左脚进右脚交叉，脚跟离地； （2）男士左脚原地踏一步，左手上举带女士右转，女士双脚掌为轴，右转时，重心先偏向左脚，然后重心在右脚； （3）男士右脚横步，女士右转1周后与男士相对，左脚横步； （4）男士左脚并右脚，女士右脚并左脚； （5）男士右脚横步，女士左脚横步

续表

动作	练习内容	技术要领
恰恰舞步动作训练	手对手	（1）男士左转1/4周，左脚后退，左手向旁打开与女士成右肩并肩位； （2）男士右脚原地踏一步，在后半拍时准备右转； （3）男士右转，女士与男士动作方向相反；左脚横步，左手与女士右手相拉或指尖向上，掌心相贴； （4）男士右脚并左脚，女士左脚并右脚； （5）男士左脚小横步，女士右脚小横步； （6）男士右转1/4周，右脚后退，左手与女士相拉，右手向旁打开成左肩并肩位； （7）男士左脚原地踏一步，后半拍准备左转； （8）男士左转1/4周，右脚横步，双手与女士相拉； （9）男士左脚并右脚； （10）男士右脚横步，然后再重复左脚后退； 所有动作女士均与男士相同，方向相反
	原地左转	原地左转从手对手（10）结束后开始，步伐节奏：慢、慢、快、快、慢。 （1）男士左脚后退，右手上举，引领女士左转；女士右脚前交叉于左脚，左转1/4周； （2）男士右脚原地踏1步，女士以右脚为轴左转1/2周，然后重心移至左脚； （3）男士左脚横步稍前，女士右脚横步，左转1/4周与男士相对； （4）男士右脚向左并步，踮脚跟双膝稍弯，女士左脚向右脚并步，踮脚跟两膝稍弯； （5）男士左脚横步，直膝，女士方向反
	开式扭胯转	（1）男士左脚前进，女士右脚后退； （2）男士重心移回右脚，女士重心移回左脚； （3）男士左脚后退，女士右脚前进； （4）男士右脚向左并步，踮脚跟双膝稍弯，女士左脚前进交叉于右脚后，踮脚跟两膝稍弯； （5）男士左脚横步，右转1/8周直膝，女士右脚前进，直膝拧胯，右转1/4周； （6）男士右脚后退，带女士转身；女士左脚前进，左转1/8周； （7）男士右脚原地踏1步，左转1/8周；女士右脚横步稍后，继续左转1/4周

3. 恰恰舞套路训练

恰恰舞套路训练见表21-3。

表21-3 恰恰舞套路训练

舞步顺序	舞步名称	舞步英文名称	节奏（小节）
1	基本动作	Close Basic Movement	2
2	纽约步	New York	3
3	臂下右转	Underarm Turn to Right	1
4	手对手	Hand to Hand	3
5	原地左转	Spot Turn to Left	1
6	开式基本步（前进后退各加2次锁步）	Open Basic Moment (Bwd +2Locks,Fwd + 2Locks)	4

21.3 摩登舞之——华尔兹的基本舞步及套路训练

华尔兹舞（waltz）用w表示，又称“慢三步”，摩登舞项目之一。舞曲旋律优美抒情，节奏为

3/4 的中慢板，每分钟 28 ～ 30 小节。每小节三拍为一组舞步，每拍一步，第一拍为重拍，三步起伏循环。其动作如流水般顺畅、像云霞般光辉，潇洒自如、典雅大方，波浪起伏接连不断地潇洒旋转，享有“舞中皇后”的美称。

1. 舞姿训练

舞姿训练见表 21-4。

表21-4 舞姿训练

动 作	练习内容	技术要领
舞姿训练	主要是闭式舞姿和开式舞姿的握姿训练	闭式舞姿 （1）男士、女士均直立，沉肩，立腰，两脚并拢松膝，女士上体稍后屈25°。 （2）男士左手与女士右手掌相对互握，虎口朝上，前臂与上臂的夹角约130°，高度置于男士眼睛左侧方向的延长线上。 （3）男士右手五指并拢，置于女士左肩胛骨下端，右前臂与女士的左前臂轻轻接触。女士左手放于男士右肩三角肌线处。 （4）男士头部自然挺直，目光从女士的右耳方向看出。身体向女士右侧移动约半个身位，右髋部与女士左髋部相对。女士头部略向右倾斜。 开式舞姿 在闭式舞姿的基础上，男女舞伴的上身均向外闪开大半部分，面向前方，目光通过相握的手，髋部动作同闭式舞姿一样，仍轻轻接触

2. 身体动作训练

身体动作训练见表 21-5。

表21-5 身体动作训练

动 作	练习内容	技术要领
升降练习	可进行单人或双人的练习，首先在站立位置上做升降动作；再结合前进、后退、侧向运步做升降动作	升降技术掌握膝盖的屈伸和脚跟的提起与下落的关系。身体上升时，先脚跟提起，然后再直膝上顶。躯干不要主动上升，要保持向下的压力。在下降时，先屈膝再过渡到脚跟落下，而躯干不要主动下落，要保持向下的感觉
反身练习	在并腿直立或半蹲站立位上做反身动作；在前、后弓步下做反身动作；结合向前、向后出步后做反身动作；结合舞步组合做反身练习	做反身动作时肩部和髋部保持水平，收腹立腰，夹臀立躯干保持挺身姿势。拧转时要求以身体中心为轴，并且使头、肩、髋与两腿在同一垂直面上
摆荡和倾斜练习	在并立位做向侧摆荡的倾斜练习；在增加向右、向左转动下的向侧摆荡倾斜练习；结合舞步组合进行练习	摆荡时要求髋部与身体形成一个整体向侧直线摆动。完成倾斜动作时要控制好身体，避免躯干前倾、后仰或左右侧屈

3. 舞步动作训练

舞步动作训练见表 21-6。

表21-6 舞步动作训练

动 作	练习内容	技术要领
华尔兹舞步动作训练	左脚并换步	（1）男士左脚前进，女士右脚后退。 （2）男士右脚经左脚横步稍前，女士左脚经右脚横步稍后。 （3）男士左脚并右脚，女士右脚并左脚
	右转步	（1）男士右脚前进开始右转，女士左脚后退开始右转。 （2）男士左脚经右脚横步，1～2转1/4周，女士右脚经左脚横步，1～2转3/8周，身体稍转。 （3）男士右脚并与左脚，2～3转1/8周，女士左脚并与右脚，身体稍转。 （4）男士左脚后退，4～5转3/8周，女士右脚前进继续右转。 （5）男士右脚经左脚横步，身体稍转，女士左脚经右脚横步稍前，4～5转1/4周。 （6）男士左脚并与右脚，女士右脚并与左脚，5～6转1/8周
	扫步	（1）男士左脚前进着地时先脚跟后脚掌，女士右脚后退，着地时用掌跟。 （2）男士左脚横步稍前着地时用脚掌，女士左脚斜后退，着地时用脚掌。 （3）男士左脚在右脚后交叉，着地时先脚掌后脚跟，结束时成开式舞姿，女士动作要领与男士同，方向相反
	侧行追步	（1）男士右脚前进并交叉于反身位置，着地时先脚跟后脚掌，女士左脚前进并交叉于翻身动作位置，着地时先脚跟后脚掌，开始左转。 （2）男士左脚横步，着地时用脚跟，女士左脚并与右脚，着地时用脚掌，1～2转1/8周。 （3）男士左脚并与右脚，着地时用脚掌，女士左脚并与右脚，着地时用脚掌，2～3转1/8周，身体稍转。 （4）男士右脚横步稍后，着地时先脚掌后脚跟，女士右脚横步稍后，着地时先脚掌后脚跟
	右旋转步	（1）男士右脚前进开始右转，女士左脚后退开始右转。 （2）男士左脚经右脚横步，1～2转1/4周，女士右脚经左脚横步，1～2转3/8周，身体稍转。 （3）男士右脚并与左脚，2～3转1/8周，女士左脚并与右脚，身体稍转。 （4）男士左腿后退保持在反身动作位置中右转1/2周，过渡到跟、掌转，女士右脚前进（轴转）右转1/2周。 （5）男士右脚前进继续右转跟、掌，女士左脚后退，并向左侧继续右转跟、掌。 （6）男士左脚横步，稍后5～6转3/8周，女士右脚经左脚斜进，5～6转3/8周，均掌、跟
	迂回步	（1）男士右脚前进并交叉于反身动作及侧行位置，着地时先脚跟后脚掌；女士动作要领与男士同，方向相反。 （2）男士左脚经右脚横步，稍前左转1/8周；女士右脚经左脚横步，稍前1～2转3/8周，着地时均用脚掌。 （3）男士右脚横步，着地时先脚掌后脚跟；女士左脚横步，着地时先脚掌后脚跟。 （4）男士左脚后退，沿后肩转1/8周，着地时掌、跟；女士右脚外侧前进，3～4转1/8周，着地时跟、掌。 （5）男士右脚横步，稍后左转1/8周；女士左脚横步，稍前左转1/4周，着地时用脚掌。 （6）男士左脚横步成开式舞姿，着地时先脚掌后脚跟；女士右脚经左脚横步成开始舞姿，着地时用脚掌
	踌躇步	（1）男士左脚前进开始左转；女士右脚后退开始左转，着地时均先脚掌后脚跟。 （2）男士右脚横步，1～2转1/4周，着地时用脚掌；女士左脚横步，1～2转1/4周，着地时用脚掌。 （3）男士左脚并与右脚，2～3转1/8周（掌跟重心在右脚）；女士右脚并与左脚，2～3转1/8周（掌跟重心在左脚）

续表

动作	练习内容	技术要领
华尔兹舞步动作训练	后退锁步	（1）男士在反身动作位置中左脚后退，着地时先脚掌后脚跟；女士在反身动作及外侧舞伴位置中，右脚前进，着地时先脚跟后脚掌。 （2）男士右腿后退，着地时用脚掌；女士左脚稍向左，着地时用脚掌。 （3）男士左脚交叉于右脚后，着地时用脚掌；女士交叉于左脚后侧，着地时用脚掌。 （4）男士右脚后退稍向右；女士左脚前进稍向左；着地时均先脚掌后脚跟
	右脚并换步	动作要领与左脚并换步同，方向相反
	左转步	动作要领与左转步同，方向相反

4. 华尔兹套路训练

华尔兹套路训练见表 21-7。

表21-7 华尔兹套路训练

舞步顺序	舞步名称	舞步英文名称	节奏
1	左脚并换步	L.F Closed Change	123
2	右转步	Natural Turn	123 123
3	右脚并换步	R.F Closed Change	123
4	左转步	Reverse turn	123 123
5	叉形步	Whisk	123
6	追步自并进位	Chasse From P.P	12&3
7	右旋转步	U/T Natural Spin Turn	123 123
	左转步（456）	456 Reverse turn	123

21.4 体育舞蹈的比赛规则

1. 竞赛种类

体育舞蹈比赛主要分为锦标赛、公开赛和邀请赛等。比赛分为预赛、复赛、半决赛和决赛，半决赛为淘汰赛，决赛为名次赛。根据参赛人数录取名次，通常录取前 6 名。

2. 竞赛场地

体育舞蹈的比赛场地一般为 23 m × 15 m，运行方向原则上必须按照逆时针方向运行，交换舞程线时必须过中线。

3. 竞赛服装

摩登舞，男选手穿燕尾服，女选手着不过脚踝的长裙；拉丁舞服装应有拉美风格，男女选手服装必须相协调，男选手穿下身紧身裤或“萝卜”裤、上身穿宽松式长袖衣，女子穿露背、露腿的短裙。男、女舞鞋应与服装颜色保持一致。摩登舞男选手一般穿黑色舞鞋，女选手穿 5 ～ 8 cm 高的高跟船鞋，且鞋面可加镶嵌亮饰。男选手的拉丁舞鞋同摩登舞鞋，女选手穿高跟有襻凉鞋，鞋亦可加亮饰。

4. 竞赛装饰

男选手可留分头，头发前不遮耳，后不过领，不能留长发、长须；女选手可留短发或长发盘髻，可加头饰，不可披长发。

5. 竞赛评分

体育舞蹈主要按照以下几个方面来评分：选手的基本技术为40%（脚步动作、姿态、手臂稳定和移动各占10%）；对音乐的表现为20%；对体育舞蹈风格的表现为15%；体育舞蹈编排为10%；临场表现为10%；现场效果为5%。

知识拓展

体育舞蹈运动中易出现的运动损伤与预防

①踝关节扭伤。原因：准备活动不充分，鞋、场地不符合要求。预防：做好准备活动，穿适宜于体育舞蹈运动的鞋，在符合标准的场地进行练习。

②慢性疲劳损伤。由于过度用脚踝、膝关节和小腿的胫、腓骨，极易引发踝部腱鞘炎、髌骨劳损、疲劳性骨膜炎等。预防：根据个人特点和自身水平制订合理的训练计划，合理安排运动量，切忌急于求成，贪多求全。

21.5 体育舞蹈的比赛欣赏

1. 观赏形体美

在比赛中，选手不仅技艺超群，而且其优美的形体外貌使裁判和观众为之倾倒。优美的身体造型与音乐的协调配合极大地满足人类的审美心理要求。因此，在这样一个较量美的运动项目中，优美的身体形态也就成为获得好成绩的必要条件。

2. 欣赏音乐美

音乐是体育舞蹈的重要组成部分。它以声音来表达创造者和表演者的内心世界。因此，在观赏时，可以随着音乐的旋律产生联想与想象，进而在自己头脑中形成富有一定情感的臆想，在情绪中受到感染和陶冶。我们观看体育舞蹈比赛时要欣赏音乐与动作的有机结合，欣赏编者如何根据音乐的特点，巧妙地把技术动作、乐曲的旋律、节奏以及个人的风格和谐地组织起来。

3. 观赏动作美

由动作、技术和战术综合表现的动作美是观赏体育竞赛的核心内容。当代体育舞蹈的发展，要求运动员在不同的舞种表演中寻求和表现不同的风格。体育舞蹈比赛中，运动员利用自己的身体条件和表演风格，把具有特色的动作表演得娴熟、把难度动作组合表演得精彩，做到动中有静，静中有动，舒展流畅，连绵不断，使外表的动作与内在的情感融为一体，令您陶醉在美的艺术之中，充分得到美的享受。

4. 观赏服饰美

体育舞蹈的摩登舞与拉丁舞由于舞蹈风格不同，需要不同款式的服饰来衬托。摩登舞男士服装多为V形设计，男士身着深沉高雅的燕尾服，颈系白领结，脚穿平跟系带皮鞋，发型整齐，处处保持着绅士风度；女士服装则为A形设计，女士穿露背式晚礼长裙，使得女士们的身材更加优雅、迷人，旋转起来像盛开的莲花。而拉丁舞则追求人体运动中的曲线美，男士着紧身衣裤，显示男士外在美的阳刚之气；女士身穿露背、露腿的草裙式短裙，以便展示背、腰、臀、胯、腿部动作的优美线条，身体凹凸有致的曲线。这些恰到好处的设计将服饰之美推到了最高境界。

知识拓展

想知道自己的体重是否标准吗？用体质指数（body mass index,BMI）测测看吧：BMI= 体重（kg）÷ 身高（m^2）

中国标准		WHO 标准	
BMI < 18.5，	体重过轻；	BMI < 18.5	
18.5 ≤ BMI < 24.0，	体重正常；	18.5 ≤ BMI < 25.0，	正常；
24.0 ≤ BMI < 28.0，	超重；	25.0 ≤ BMI < 30.0，	超重；
BMI ≥ 28.0，	肥胖。	30.0 ≤ BMI < 35.0，	肥胖Ⅰ；
		35.0 ≤ BMI < 40.0，	肥胖Ⅱ；
		BMI ≥ 40.0，	肥胖Ⅲ。

第22章 冰雪运动

本章主要介绍滑冰和滑雪两项冰雪运动。

学习目标

1. 运用滑冰和滑雪的基本知识、技能进行有效的健身锻炼。
2. 增强身体素质，提高适应环境的能力。
3. 培养自觉体育锻炼的意识和习惯，提高对冰雪运动的兴趣和参与的积极性。
4. 养成坚毅、勇敢、战胜寒冷和克服困难的意志品质。
5. 成为欣赏冰雪运动的内行。

22.1 滑　冰

滑冰是我国北方独有的运动项目，它利用独有的北方的天然冰雪，不仅作为一项竞技项目，更是作为一项有益于身心健康的深受人们喜爱的运动，普及程度相当广泛，不仅有室内滑冰馆，还有室外的天然冰场，夏季还有冬冰夏滑的轮滑场地，这些给北方人带来无限的快乐。

22.1.1 起源与发展

在寒冷的冬季，冰天雪地给人们的生活和交通带来许多不便。在古代人们就利用滑冰或滑雪作为交通运输的手段。随着社会的不断发展，逐步发展成为滑冰、滑雪游戏。如早在我国宋代就出现了由滑雪发展来的“冰嬉”。元代以后“冰嬉”盛行，并在清代把滑冰作为一种训练士兵的手段，设有“技勇冰鞋营”。

现代冰上运动起源于荷兰。滑冰运动发展的标志是滑冰工具的改进。从 10 世纪开始出现用骨制的冰刀滑冰，到 1250 年左右，荷兰出现铁制冰刀，因为这种冰刀比骨制冰刀滑行快很多，所以很快盛行于荷兰和欧洲的其他国家。随着社会的发展和人们文化生活水平的不断提高，冰上运动从娱乐到竞技不断发展而形成了项目繁多的现代冰上运动，而且各项目的规则日趋完善，技术也愈加完美。

22.1.2 运动特点与锻炼价值

1. 运动特点

（1）季节性与反季节性

在寒冷地带，一到冬季就会“千里冰封，万里雪飘”，是人们从事滑冰运动的好时节。特别是在晴朗的天气里，快速滑行在表面晶莹剔透、暗里却藏着裂纹的冰面上，耳边听着、全身感受着从湖底深处传来嘎嘎的冰裂的声音，那种速度中掺杂着有点儿恐惧的快感是人们特别喜爱的。如果这时再有冰糖葫芦的叫卖声，那就可以达到最佳境界了。随着社会的进步，对于那些以往从未敢踏上冰冻湖面的人们，室内冰场提供了一种实现梦想的可能。

（2）健身性与娱乐性

滑冰有很强的娱乐性和趣味性，通过这项运动，可使人们从平时紧张、压力繁重的学习和工作中解脱出来，达到身心放松的目的。让年轻人学到了勇敢，老年人感觉到了年轻，找回了自信。挑战严寒、克服困难、摔跟头等，能够锻炼坚强的意志；不怕冷、不怕摔，还带来快乐的业余生活感受。滑冰是一项全身性运动，它能促进心脑血管系统和呼吸系统机能的改善和加强代谢作用，能增强臂、腿、腰、腹等肌肉的力量和身体各个关节的灵活性，特别是对其掌握平衡能力上有很大作用。它还能够有效地锻炼下肢力量，十分适合开车族。同时，还有很好的减肥效果。

（3）广泛参与性

滑冰不论男女老幼都可以参与。小孩子体重轻，摔倒了不容易受伤，适合玩滑冰；敢于去寻找刺激的人，也很适合玩滑冰；老年人只要喜欢，也可以玩，只要戴好头盔、护肘、护膝、穿得厚点儿也没问题。有些孩子不想滑冰，感到害怕，那么滑冰也可以用来练他们的胆量。很多男士都喜欢滑冰的高速快感。

2. 锻炼价值

（1）发展速度耐力，促进全面发展

滑冰是在半蹲状态下进行运动，它对人的胫骨前肌、踝关节、臀大肌、腰的锻炼价值较高。滑冰可以较好地提高心肺机能和速度耐力素质，对于滑冰爱好者，慢滑 1 ～ 2 个小时，就会达到非常好的健身效果。初学者刚开始学的时候，身体重心放得高一点，等熟练后，要有意识地把重心放低一点，锻炼效果更佳。

（2）勇于挑战自我，发展心理素质

滑冰是一项勇敢者的运动，不只因为人们要在如镜面般光滑的冰上、在冰刀舞动的人流中穿行，更主要是来自心理上对于严寒及摔碰的承受力。对于很多人来说，初次接触滑冰时，心理上会产生一种畏惧感——担心摔跤，但是，只要简单地掌握一些滑冰的方法和技巧，不断克服胆怯心理，经过一次次地摔倒，又一次次地爬起来的磨炼后胆子就会变大，以勇敢、无畏的精神去战胜困难，越过障碍，最终就会感受接近自然，在冰天雪地里与大自然融为一体，达到一种物我两忘的境地；产生的速度感和控制感就像开车，让你自如地驾驭速度，是一种很好的享受。

（3）增强互助意识，提高社交能力

冰场是个大家庭，可以让每个人都感觉到安全和温馨。总会有很多热心的朋友耐心地告诉每一位刚上冰面的人：身体尽量前倾，重心下降，背着手，这样摔倒也只是趴下，不会摔伤头部。在练习的过程中，大家也会互相帮助，纠正彼此不对的动作，谁摔倒了，人群中就会有人上前扶一把，有的还会指点几下。通过滑冰可以认识很多陌生的朋友，大家一起练习，不仅滑冰的技术一天比一天增强，更能体会到运动是快乐的。

知识拓展

冰上运动的分类

冰上运动可分为速度滑冰、短道速度滑冰、花样滑冰和冰球运动等。

速度滑冰：是滑冰历史中最为悠久，开展最为广泛的运动项目。1924 年被列为冬奥会项目。

短道速度滑冰：是在长度较短的跑道上进行的一种冰上竞速运动，1992 年列为冬奥会项目。

花样滑冰：是在音乐的伴奏下，运动员在通过表演一系列的规定和自选动作而进行的一种冰上竞赛项目，它由男子单人滑、女子单人滑、双人滑以及冰上舞蹈 4 个独立的小项组成，比赛按规定舞、创编舞和自由舞的顺序进行。

冰球：从第 8 届奥运会开始，有了冬季奥运会的冰球比赛项目。

22.1.3　滑冰的基本技术

冰上运动包括了很多项目，但基本的滑冰技术是相通的。我们针对青少年滑冰初学者，在这里介绍一些滑冰的主要基本技术与方法。

1. 初学者需掌握的基本技术（见表 22-1）

表22-1　初学者需要掌握的基本技术

<table>
<tr><th>动　作</th><th>图　示</th><th>技术要领与用途</th><th>注意事项</th></tr>
<tr><td>滑冰
基本
姿势</td><td></td><td>① 两脚两腿并扰，两手在背后互握，成蹲屈姿势；
② 大小腿的夹角成110°，上体与地面的夹角为15°，小腿尽力前弓，头微抬起，眼视前方5 m处</td><td>上体不能后仰</td></tr>
<tr><td rowspan="2">蹬冰
收腿</td><td>
</td><td>① 在蹲屈姿势的基础上，脚侧出时脚内沿擦地，两脚平行，两脚尖在一条线上；
② 侧出腿向后收到后位，大腿小腿与脚各成90°；
③ 接着收回后位腿，至两脚并扰，换另一条腿重复上述动作</td><td>① 应该用些力气，用冰刀的内刃向侧后方向蹬冰；
② 尽可能地用整个冰刀的内刃，而不要只用刀尖；
③ 要蹬得实在，要有撑冰的感觉</td></tr>
<tr><td></td><td>① 蹬冰后收拢中的脚不要抬离冰面过高，同时要充分放松、刀尖朝下，在滑行脚近旁着冰时先用刀尖；
② 然后迅速把整个冰刀放落在冰上，这样就不会出现向前迈步的动作</td><td>在做收拢动作时，不允许有任何向前的迈步动作，也就是不要把浮脚收到滑行脚前面去，而是并排在一起</td></tr>
</table>

续表

动　作	图　示	技术要领与用途	注意事项
移动重心		① 身体呈速滑基本姿势，双手背于体后，重心右移，落在半蹲的右支撑腿上； ② 用平刃着冰支撑，左腿向体侧伸直，两刀平行，左右交替进行	① 移动身体动作要快些，不能落后于蹬冰动作； ② 避免出现以臀部为轴心的左右摆动和上下起伏摇动上身的现象； ③ 上体不允许有任何形式的扭曲，要始终保持与滑跑方向一致
滑行		① 身体呈冰上基本姿势，重心放在左腿上，右脚用内刃蹬冰，将体重推送到向前滑行的左腿上，右脚蹬冰后迅速与左脚拢成两脚平刃滑进，借助惯性使身体向前滑行； ② 当速度下降时，接着用左脚内刃蹬冰，之后与右腿并拢成两平刃滑进	① 身体的重量要全落在滑行脚的冰刀上，其位置是在冰刀的中部； ② 要注意着冰时的位置，要紧挨在滑行脚旁边，使两脚接近平行地排放在一起，而不要两脚叉得很开，滑行时也不要左右乱窜，避免影响滑跑的直线性

2. 直道与弯道滑跑主要技术

（1）直道滑跑主要技术（见表22-2）

表22-2　直道滑跑主要技术

动　作	图　示	技术要领与用途	注意事项
蹬冰		① 滑跑时蹬冰的方向是身体的侧方偏后一点，与冰刀刀刃相垂直的方向； ② 蹬冰时，随着身体重心向另一侧移动，先伸展髋关节，然后再伸展膝关节，最后伸展踝关节	① 蹬冰的大部分时间里身体重量仍压在蹬冰腿上；要利用体重来蹬冰才能有力； ② 蹬冰时的方向和角度是根据滑冰速度的快慢而有所变化的，滑行速度越快，蹬冰方向越偏向身体正侧方，速度慢时则偏后稍多一些
收摆腿		① 收摆腿动作是蹬冰结束后到再次下刀前的放松阶段； ② 蹬冰结束后，由另一腿支撑滑行并准备开始蹬冰，此时腿位于身体侧后方，由大腿带动小腿放松地从侧后摆向身体正后方，小腿和踝关节充分放松，刀刃直立下垂； ③ 然后再让大腿带动小腿由后向前收，最后小腿积极摆向前侧方准备下刀	由另一腿支撑滑行并准备开始蹬冰时，刚刚结束蹬冰的腿要放松抬起，使冰刀抬离冰面

续表

动　作	图　示	技术要领与用途	注意事项
下刀		下刀时先用刀尖或平刃着冰，之后过渡到全刀刃着冰，然后随着另一腿蹬冰到最后阶段而担负起支撑滑行的任务	① 下刀时要注意正确的着冰点和合理的出刀角，即冰刀着冰的方向； ② 速度越快时出刀方向越向正前方，速度慢时则向外开角大些
自由滑进		冰刀着冰后，利用另一腿蹬冰后产生的惯性支撑身体自由向前滑行一定时间，直到重心回移开始蹬冰时止	支撑身体自由向前滑行一定的时间，直到重心回移开始蹬冰时止

（2）弯道滑跑主要技术（见表22-3）

表22-3　弯道滑跑主要技术

动　作	图　示	技术要领与用途	注意事项
蹬冰		① 右腿用外刃向身体的右侧蹬冰，也是依次伸展髋、膝、踝关节； ② 左腿蹬冰时是在右腿的下后方，两腿成较大的交叉姿势	蹬冰时右腿动作和直道蹬冰动作相似，而左腿蹬冰动作与直道蹬冰动作完全相反
收腿	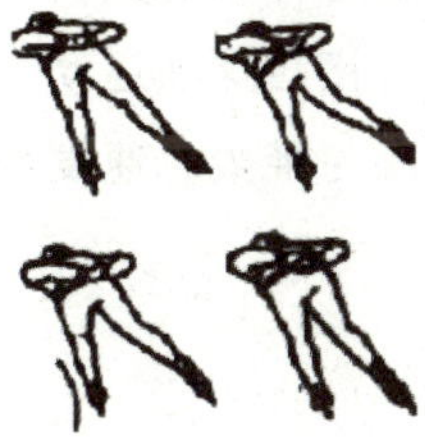	① 右腿蹬冰结束后，冰刀自然抬离冰面，大腿带动小腿向左腿收靠，并从左腿前超越过去，到左腿的左前方； ② 左腿蹬冰结束时是在右腿的右后侧，收腿也是大腿带动小腿，放松地拉回到右腿的内侧，随着重心的左移继续向左前准备下刀	收腿过程中小腿和踝关节要放松
下刀		① 右脚超越到左脚的左前方后，随着左腿蹬冰的进行，右刀尖内刃开始着冰，然后滚动到全刃着冰； ② 右脚着冰时，小腿不要向前摆跨，保持右刀跟和左刀尖的最近距离，右腿与身体成一个倾斜面，左腿以“拉收”的方法收回； ③ 左脚下刀时要尽量贴近右脚内侧着冰，开始时是左刀尖外刃触冰，然后很快过渡到全外刃着冰； ④ 刀尖偏离雪线向右，保持左小腿与冰面成向左倾斜的姿势，并与整个身体倾斜度相吻合	① 合理的出刀角度和着冰点对能否保持正确的滑跑姿势、能否获得连续侧蹬冰的条件非常重要，同时也是保持高速滑行的基本条件； ② 右脚着冰时，注意膝盖前弓，使下刀的右腿与身体成一个倾斜面
自由滑进		① 左腿支撑自由滑进动作是从右腿结束蹬冰起，到右腿收到与左腿靠近时止； ② 右腿惯性滑进动作是从左腿收腿开始，到左脚冰刀收到右脚的冰刀后方为止	① 在自由滑进动作中，应保证身体横向倾斜的相对稳定； ② 身体重心在自由滑进时先从支撑脚的冰刀后部移到冰刀的中部，当进入蹬冰阶段时，重心从冰刀中部移到前部

22.1.4 初学滑冰应注意的问题

① 选择大小合适的鞋，太大或太小的冰鞋都不好。一般应比自己平时穿的鞋小一号。然后检查冰刀是否松动，鞋带是否完好，否则应及时调换或修理。

② 穿鞋前应把鞋带全部松开，使脚很顺利地穿进去，然后将鞋带逐次勒紧系好，滑累休息时，应把鞋带松开，使脚放松一下。

③ 练习滑冰时要戴好手套，不要穿太好的衣服，因为初学者要经常摔跤。

④ 在公共冰场练习时，为避免彼此相撞，一定要按逆时针方向滑行，并滑里圈。

⑤ 滑冰摔倒时应注意以下几点。

a. 顺势倒不挣扎。当重心已失去要摔倒时，不要想挣扎着站住，因为越挣扎最后摔倒得越狠。因此，要顺势倒下，一般不会出什么问题。

b. 不挺身，不抬头。挺身容易使重心后移，失去重心，易摔倒；当摔倒时，不要抬头，否则易摔后脑。

c. 不拉人。由于冰场上人较多，当自己摔倒时，不要去拉别人，以维持平衡。因为这样可能两人同时摔倒，而两人同时摔倒时又可能有一人摔在冰刀上，易出伤害事故。

d. 不叫喊。对于初学者，由于掌握不好重心的平衡，因此注意力比较集中，若有人摔倒后大声一叫，可能会分散其他人的注意力，当这些人回头看时也会摔倒。

22.2 滑　　雪

有滑雪发烧友在自己的 QQ 签名档里写道：“如果不滑雪，生命还有什么意义？”可见，滑雪在其爱好者心中的地位。有人把滑雪运动称作“白色鸦片”，说是一旦接触这项运动，便会被它深深吸引，从此“高烧不退”。满眼白色，却不觉得苍凉，有的却是浪漫与唯美，速度与刺激，这就是滑雪带给我们的奇妙感受。

22.2.1 起源与发展

滑雪最早起源并发展于寒冷多雪的北欧国家。早期为适应环境及求生避险，居民们发明了雪上交通工具——滑雪板、雪橇及滑雪鞋等。13 世纪，滑雪成为挪威的国技；14 到 18 世纪，北欧诸国芬兰、挪威、瑞典以及俄国都曾利用滑雪作战；1880 年，挪威人努尔哈木利用软条制成两侧内弯的滑雪板，形成现代竞技滑雪板的雏形，拉开了竞技滑雪序幕。1877 年，在奥斯陆成立了世界上第一个滑雪俱乐部。1896 年，奥地利人札斯基发明了一种将一双雪橇以某种倾斜角度推入雪坡，以控制滑降速度的方法。20 世纪初期，奥地利人施乃德根据札斯基的发明，发展出崭新的转弯和刹车技巧。自此以后，滑雪运动日渐风行。

22.2.2 运动特点与锻炼价值

1. 运动特点

(1) 回归大自然

每当冬季来临，在银色的世界中，在深绿色松柏的映衬下，呼吸着清新的空气，自由自在地在山谷坡地快速滑降，无论是谁都会产生一种回归大自然的感觉，使人心胸开阔，净化人的心灵。

（2）挑战性和娱乐性

由于在雪上运动，摩擦阻力小，又借助一定的工具，因此滑雪运动使人可以体验到平时无法达到的高速度，充满了刺激和惊险，娱乐性很强。这也是滑雪运动的魅力所在。每次运动，人们都感到是在向大自然挑战，向自我极限挑战。

（3）广泛适应性

滑雪运动的项目种类多，难度选择范围较大。因此，参加滑雪运动不受年龄、体力、性别的影响，可以根据自身情况选择不同的项目,不同的难度。可以将滑雪运动作为终生运动项目,具有极高的锻炼价值。

（4）地域、季节、场地受限

滑雪运动是借助工具在雪上运动，因此它的开展和普及很大程度上受地域、季节和场地等的限制。随着社会的发展，科技的进步，人们在人工降雪、室内滑雪场建造方面取得了较大的发展，滑雪运动受地域、季节和场地的制约有了较大的改善。可以相信，在不久的将来，会有越来越多的人可以在夏天，在祖国的南方，依然享受到滑雪运动的乐趣。

2. 锻炼价值

（1）激活僵硬的身体，锻炼全身神经系统

滑雪是一项全身的运动，在给你带来速度上享受的同时，也在无形中锻炼了身体的平衡能力、协调能力和柔韧性。滑雪的实质就是掌握平衡的过程，在重心的不断切换中找到平衡点，这样才能做出漂亮的动作。一位滑雪爱好者说："刚开始学习滑雪的时候，总感觉有一股力量硬把我往地上拽，滑雪板如同一匹烈马一样不好驾驭。等摸出门道时，我发现在雪地上掌握平衡是一件如此美妙的、无法言表的独特感受。这种平衡能力的增强是无法从跑步、有氧操中得到的。"与平衡能力密切相关的就是协调能力。只有在充分协调好全身的每个部位，才能在滑行中取得最好的平衡效果，做出最漂亮的动作。当然，这也是对全身神经系统一次全方位的锻炼和提高。

（2）振奋低落的情绪，增进心理健康

有的人一到冬天，就会变得忧郁、沮丧、易疲劳、注意力分散、工作效率下降等，专家把这种季节病称为"冬季抑郁症"。而且有关资料显示，常年在室内工作的人，特别是那些体质较差或极少参加体育锻炼的脑力劳动者，以及平时对寒冷较敏感者，比一般人更容易产生冬季抑郁症。改变低落情绪最基本的方法就是活动，尤其是室外活动，当然室外滑雪自然也不例外。当你驾驭着雪板徜徉在雪白的冰雪世界里，自然纯洁的美与游客们滑雪服的亮丽色彩相映成趣。当你急速下滑时，每天生活中的烦恼和学习的压力早就随着飞起的雪花抛在身后，取而代之的是速度带来的快感。当你在转弯时，雪道上那些大S形的滑雪轨迹是多么的美丽和动人，犹如大自然快意的笑纹，不经意间，也悄然跃上了你的笑脸。

（3）结交益友，促进与人交往的能力

滑雪运动都是从互相扶持到结伴滑行的，滑雪技术掌握也是从不会到会，从生疏到娴熟的过程，在这个过程中，总会有一些朋友在你身边，与你切磋，共同进步，可以说在无形中锻炼身体、带来运动享受的同时，也结交到很多志同道合的朋友。扩大你的人际关系网，让你学会如何与人相处，如何去关心人，帮助人。

22.2.3 滑雪的基本技术

滑雪不仅能从高山之巅闪电般滑下，而且能在广阔的原野上自如地前进。实际上除了竞技高山滑雪外，大部分雪上运动是在平坦的雪原和起伏不大的丘陵地带进行的。这里主要介绍平地滑雪的技术与方法。

1. 初学者需掌握的基本技术

青少年滑雪爱好者在第一次上雪时，必须先适应穿滑雪板在雪地上行动的条件与要求（见表22-4）。

表22-4　初学者需掌握的基本技术

动　作	图　示	技术要领与用途	注意事项
向前直线移动		① 青少年滑雪爱好者在第一次上雪时，必须先适应穿滑雪板在雪地上行动的条件与要求； ② 首先要练习按照陆上走步的习惯，穿板向前移动的问题。 ③ 练习者可双手不持杖，两板间距15 cm，像陆上一样，两板交替向前行走，两手也同样摆动配合	开始时步幅要小些，然后逐渐增大，一直到身体重心落在一只走板上后，能向前滑动一定距离时即可两脚两腿并拢，两手在背后互握成蹲屈姿势
跌倒后的起立方法	 ① ② ③	① 初学者在上雪后，肯定要遇到跌倒和跌倒后再起立的问题； ② 起立时，首先上体坐起，尽量屈膝并使双板平行与上体正面约成直角，靠近臀部； ③ 其次，用单手或双手将上体推起至下蹲位，如果用手不方便，也可用双杖支撑上体至下蹲位，最后站起	如果是在山坡地段跌倒，第一步必须将下肢移至山坡的下方，并将双板与下滑方向成直角平行放至地面，用双板刃部蹬住雪地，再按平地起立的要领进行
变换方向		① 要注意雪杖的位置，板尖展开变向时雪杖支撑位置应在体后，而板尾展开变向时雪杖支撑位置应在体前； ② 雪板展开距离不易过大，随着对雪板的适应再逐渐加大展开的距离； ③ 在展开雪板时，重心要明显地放在支撑腿上，重心的移动要快	练习者穿着雪板，在原地转向某一角度时，可用跨步转向法，即将双板按着“正V”或“倒V”的方法，陆续跨步转向某个方向
	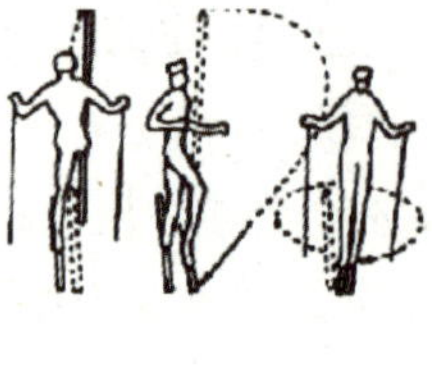	① 双板平行站立，两杖在体前支撑； ② 右腿支撑体重，左板向前抬起直立，双杖在体侧支撑； ③ 上体左转的同时直立的左板以板尾为中心向左侧下方转并着地； ④ 在放左板的同时，左雪杖移至右板外侧支撑； ⑤ 重心移至左腿，右板和右雪杖抬起移向与左板平行同一方向； ⑥ 两雪杖支撑在体前侧	如已通过反复练习，基本上掌握了雪板性能后，无论在平地或坡地，要转向180° 时，都可用踢板转向法变换方向

续表

动　作	图　示	技术要领与用途	注意事项
推进滑行	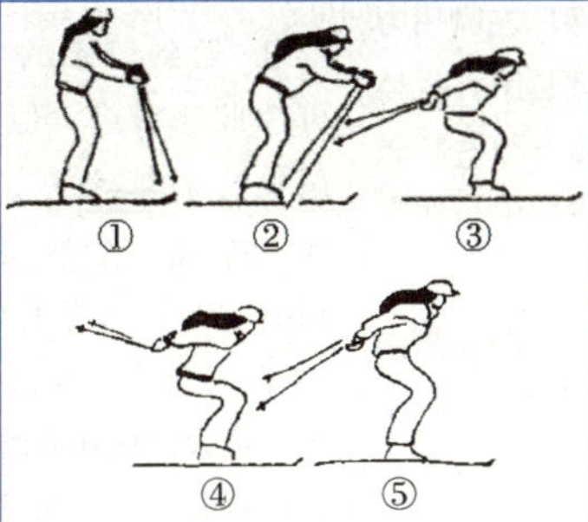	① 保持微屈膝，上体前倾，双雪杖同时向前摆动，雪杖尖在体前方着雪； ② 膝与上体加大前倾，双臂用力向后用杖支撑； ③ 雪杖充分后撑，肘臂伸直，重心下降，保持滑行姿势滑进； ④ 收雪杖时重心升起，准备第二次撑杖	注意上体前倾及重心的上升与下降
停止法	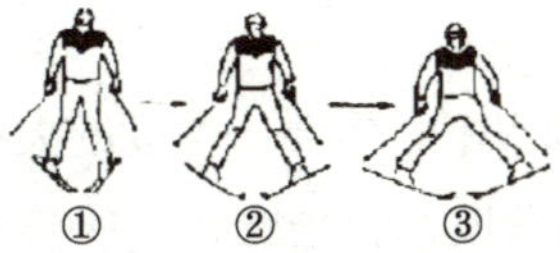	停止的方法很多，下面介绍一种非常简单的犁式停止法： ① 在滑降中使雪板成犁式状态； ② 重心稍后移，形成稍后坐姿势的同时两板尾蹬开，加大立刃，两板内刃逐渐加大刮雪力量； ③ 逐渐加大板尾向外侧的立刃和蹬出力量直至停止	初学者从坡上滑下时一般都可能是越滑越快，若坡下是平地或是上坡，对初学者都是最理想的场地。即使是较理想的场地有时也会发生突发事件，此时则要求滑雪者必须立即停止滑行
安全摔倒姿势		① 在失去重心情况下，尽量不挣扎，迅速屈膝降低重心，两臂自然伸展，臀部向上侧坐，两雪板稍举起，防止滚动状态产生，因为摔倒后的滚动是最容易造成损伤的； ② 在完全停止前勿伸腿使雪板某一部分着雪，保持稍团身姿势	在山坡上摔倒要站起来时： ① 首先要弄清自己的头朝什么方向，然后再移动身体使头朝山上，雪板朝山下方向，形成侧卧状态； ② 抬起上体形成侧坐。收双板时使双板横对山下侧并尽量使双板靠近臀部并用山上侧板刃刻住雪面，再用手或雪杖支撑站起
危险的摔倒姿势		① 正对山下方向或前方，以膝触地，易造成膝部的扭伤； ② 摔倒后雪板交叉，稍有滚动即会造成扭伤或骨折； ③ 虽然摔倒了，但在山坡上并不会停止滑行，有时会产生撞伤； ④ 以较快的速度下滑，要摔倒时用雪杖在前方支撑，力图停止，也是非常危险的动作	摔倒后滚动是最危险的动作，必须坚决避免

2. 平地滑雪的基本技术

在平地上滑行的方法很多，主要有2步交替滑行、4步交替滑行、同时推进滑行、1步同时推进滑行、2步同时推进滑行、3步同时推进滑行和联合滑行等。在这里主要介绍2步交替滑行（见表22-5）。

表22-5　平地滑雪的基本技术（2步交替滑行）

动　　作	图　　示	技术要领与用途	注意事项
向前直线移动	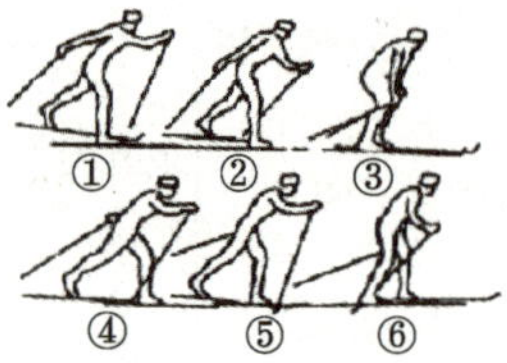	① 在滑行时要求上体前倾，左脚用力向下后方蹬动（最后板尾抬起），身体重心已落在右脚上，向前滑行时右膝微屈，左臂尽量向前摆出，使杖尖落在右脚尖一带； ② 左手用力向下后撑杖，同时左脚向前跟出，身体重心快速移向左脚； ③ 两膝进一步蹲屈，身体重心完全移至左脚上，右脚开始蹬动，手继续前摆，蹬动幅度约为70～75 cm	① 遇到较缓的坡地时，仍可用此法滑进，但要防止向后滑脱，需加快频率，步幅缩小至40～50 cm，摆杖向前的幅度也应稍小，可落在前脚的脚跟一带； ② 在进行2步交替滑行练习时，常会出现在单脚滑行时由于膝部弯曲不够，而使身体重心落后，影响滑进距离的错误

3. 滑雪的登坡技术

登坡是指滑雪者穿着雪板登上山坡的技术动作。登坡因技术水平、雪质、坡度的大小和滑雪者自身情况的不同而采用不同的登坡方法。登坡从雪痕上可以分为直登坡、斜登坡和 Z 字形登坡。登坡从雪板的形状上又可分为双板平行（阶梯式登坡）和雪板呈 V 字形登坡（开脚登坡）（见表 22-6）。

表22-6　滑雪的登坡技术

动　　作	图　　示	技术要领与用途	注意事项
双板 平行登坡 （阶梯式登坡）		双板平行登坡可适用于各种坡面，登坡者侧对垂直落下线，一边用雪杖协助登坡。双板平行登坡可直登坡，也可用于斜登坡； ① 迈动时保持双板平行，重心随之向上移动，可用雪杖协助支撑； ② 用上面的侧板外刃刻住雪面后重心全部移到上侧的腿上，接着下侧腿向上侧腿靠拢，并用内刃刻住雪面； ③ 当下侧的板内刃刻住雪面后，再进行第二步的登行	① 向上迈出的板步幅不要太大 ② 注意重心的移动
V字形登坡		V字形登坡一般用于中、缓坡，登坡者面对登坡方向，垂直向上登行： ① 面对山坡，用两板内刃刻住雪面，身体前倾，向前上方依次迈出雪板，步子不宜过大，防止板尾交叉，迈出侧雪板的雪杖协助支撑，雪杖可用手握住握把的头，手脚及重心配合一致； ② 在向上登坡时重要的是板内刃刻住雪面和重心的移动	① 注意手脚的重心配合一致； ② 注意移动

22.2.4　初学滑雪应注意的问题

① 量力而行。当滑雪者的技术水平达到能安全地停住，并能避开滑雪道上的障碍物和其他滑雪

者时，才能去较高级别的相应雪道滑雪。

② 靠边歇停。若停留休息时，要停在滑雪道边上，并要充分注意避开从上面滑下来的人，重新进入雪道时也是如此。

③ 严防相撞。滑雪有句俗话："不怕摔，就怕撞。"就是说宁可摔倒，也不要发生碰撞，碰撞是很危险的，不是撞在别人身上，就是撞到树上、拦网上，轻则挫伤，重则骨折。

④ 不要冒险。不要单独在树林、陡坡和深谷滑雪。一般说来 3 个以上的人在一起滑雪最安全。

⑤ 安全摔倒。摔倒时不要随意挣扎，尽量迅速降低重心向后坐。一般情况下，可以举手和双臂，屈身，任其向下滑动，要避免头部朝下，更要避免翻滚。

⑥ 防止冻伤。冻伤是指人长时间处于低温环境中产生的伤害事故。人体产生冻伤主要发生在手部、脚部、耳朵等部位，所以应选用保温效果较好的羊绒制品或化纤制品对上述部位进行保温。

⑦ 保护皮肤。滑雪时速度很快，冷风对皮肤的刺激以及雪面上强烈紫外线对皮肤的灼伤是皮肤伤害的主要原因。为防止水分的散失和紫外线对皮肤的灼伤，可选用一些油性的有阻止水分散失功能的护肤品，然后再用防紫外线效果较好的具有抗水性的防晒霜涂在皮肤上。如果滑行中感觉冷风对脸部的刺激太厉害，可选择一个只露出双眼的头套，再加一个全封闭型滑雪镜，将面部完全罩住，这样能有效阻止冷风对面部的侵入。

附录A 国家学生体质健康标准

一、说明

1.《国家学生体质健康标准》（以下简称《标准》）是国家学校教育工作的基础性指导文件和教育质量基本标准，是评价学生综合素质、评估学校工作和衡量各地教育发展的重要依据，是《国家体育锻炼标准》在学校的具体实施，适用于全日制普通小学、初中、普通高中、中等职业学校、普通高等学校的学生。

2. 本标准的修订坚持健康第一，落实《国家中长期教育改革和发展规划纲要（2010—2020年）》、《国务院办公厅转发教育部等部门关于进一步加强学校体育工作若干意见的通知》和《教育部关于印发〈学生体质健康监测评价办法〉等三个文件的通知》有关要求，着重提高《标准》应用的信度、效度和区分度，着重强化其教育激励、反馈调整和引导锻炼的功能，着重提高其教育监测和绩效评价的支撑能力。

3. 本标准从身体形态、身体机能和身体素质等方面综合评定学生的体质健康水平，是促进学生体质健康发展、激励学生积极进行身体锻炼的教育手段，是国家学生发展核心素养体系和学业质量标准的重要组成部分，是学生体质健康的个体评价标准。

4. 本标准将适用对象划分为以下组别：小学、初中、高中按每个年级为一组，其中小学为6组、初中为3组、高中为3组。大学一二年级为一组，三四年级为一组。

5. 小学、初中、高中、大学各组别的测试指标均为必测指标。其中，身体形态类中的身高、体重，身体机能类中的肺活量，以及身体素质类中的50 m跑、坐位体前屈为各年级学生共性指标。

6. 本标准的学年总分由标准分与附加分之和构成，满分为120分。标准分由各单项指标得分与权重乘积之和组成，满分为100分。附加分根据实测成绩确定，即对成绩超过100分的加分指标进行加分，满分为20分；小学的加分指标为1 min跳绳，加分幅度为20分；初中、高中和大学的加分指标为男生引体向上和1 000 m跑，女生1 min仰卧起坐和800 m跑，各指标加分幅度均为10分。

7. 根据学生学年总分评定等级：90.0分及以上为优秀，80.0～89.9分为良好，60.0～79.9分为及格，59.9分及以下为不及格。

8. 每个学生每学年评定一次，记入《〈国家学生体质健康标准〉登记卡》（附表1～6）。特殊学制的学校，在填写登记卡时可以按规定和需求相应地增减栏目。学生毕业时的成绩和等级，按毕业当年学年总分的50%与其他学年总分平均得分的50%之和进行评定。

9．学生测试成绩评定达到良好及以上者，方可参加评优与评奖；成绩达到优秀者，方可获体育奖学分。测试成绩评定不及格者，在本学年度准予补测一次，补测仍不及格，则学年成绩评定为不及格。普通高中、中等职业学校和普通高等学校学生毕业时，《标准》测试的成绩达不到50分者按结业或肄业处理。

10．学生因病或残疾可向学校提交暂缓或免予执行《标准》的申请，经医疗单位证明，体育教学部门核准，可暂缓或免予执行《标准》，并填写《免予执行〈国家学生体质健康标准〉申请表》，存入学生档案。确实丧失运动能力、被免予执行《标准》的残疾学生，仍可参加评优与评奖，毕业时《标准》成绩需注明免测。

11．各学校每学年开展覆盖本校各年级学生的《标准》测试工作，《标准》测试数据经当地教育行政部门按要求审核后，通过“中国学生体质健康网”上传至“国家学生体质健康标准数据管理系统”。测试和数据上传时间由教育行政部门确定。

12．本标准由教育部负责解释。

二、大学生国家体质测试单项指标与权重

测试对象	单项指标	权重（%）
大学	体重指数（BMI）	15
	肺活量	15
	50 m跑	20
	坐位体前屈	10
	立定跳远	10
	引体向上（男）/1 min仰卧起坐（女）	10
	1 000 m跑（男）/800 m跑（女）	20

三、《国家学生体质健康标准》单项指标评分表

体重指数（BMI）单项评分表（单位：kg/m^2）

体重指数=体重/身高^2

等　级	单项得分	男	女
正常	100	17.9～23.9	17.2～23.9
低体重	80	≤17.8	≤17.1
超重		24.0～27.9	24.0～27.9
肥胖	60	≥28.0	≥28.0

肺活量单项评分表（单位：mL）

等　级	单项得分	男		女	
		大一大二	大三大四	大一大二	大三大四
优秀	100	5 040	5 140	3 400	3 450
	95	4 920	5 020	3 350	3 400
	90	4 800	4 900	3 300	3 350
良好	85	4 550	4 650	3 150	3 200
	80	4 300	4 400	3 000	3 050

续表

等级	单项得分	男		女	
		大一大二	大三大四	大一大二	大三大四
及格	78	4 180	4 280	2 900	2 950
	76	4 060	4 160	2 800	2 850
	74	3 940	4 040	2 700	2 750
	72	3 820	3 920	2 600	2 650
	70	3 700	3 800	2 500	2 550
	68	3 580	3 680	2 400	2 450
	66	3 460	3 560	2 300	2 350
	64	3 340	3 440	2 200	2 250
	62	3 220	3 320	2 100	2 150
	60	3 100	3 200	2 000	2 050
不及格	50	2 940	3 030	1 960	2 010
	40	2 780	2 860	1 920	1 970
	30	2 620	2 690	1 880	1 930
	20	2 460	2 520	1 840	1 890
	10	2 300	2 350	1 800	1 850

50 m跑单项评分表（单位：秒）

等级	单项得分	男		女	
		大一大二	大三大四	大一大二	大三大四
优秀	100	6.7	6.6	7.5	7.4
	95	6.8	6.7	7.6	7.5
	90	6.9	6.8	7.7	7.6
良好	85	7.0	6.9	8.0	7.9
	80	7.1	7.0	8.3	8.2
及格	78	7.3	7.2	8.5	8.4
	76	7.5	7.4	8.7	8.6
	74	7.7	7.6	8.9	8.8
	72	7.9	7.8	9.1	9.0
	70	8.1	8.0	9.3	9.2
	68	8.3	8.2	9.5	9.4
	66	8.5	8.4	9.7	9.6
	64	8.7	8.6	9.9	9.8
	62	8.9	8.8	10.1	10.0
	60	9.1	9.0	10.3	10.2
不及格	50	9.3	9.2	10.5	10.4
	40	9.5	9.4	10.7	10.6
	30	9.7	9.6	10.9	10.8
	20	9.9	9.8	11.1	11.0
	10	10.1	10.0	11.3	11.2

坐位体前屈单项评分表（单位：cm）

等 级	单项得分	男		女	
		大一大二	大三大四	大一大二	大三大四
优秀	100	24.9	25.1	25.8	26.3
	95	23.1	23.3	24.0	24.4
	90	21.3	21.5	22.2	22.4
良好	85	19.5	19.9	20.6	21.0
	80	17.7	18.2	19.0	19.5
及格	78	16.3	16.8	17.7	18.2
	76	14.9	15.4	16.4	16.9
	74	13.5	14.0	15.1	15.6
	72	12.1	12.6	13.8	14.3
	70	10.7	11.2	12.5	13.0
	68	9.3	9.8	11.2	11.7
	66	7.9	8.4	9.9	10.4
	64	6.5	7.0	8.6	9.1
	62	5.1	5.6	7.3	7.8
	60	3.7	4.2	6.0	6.5
不及格	50	2.7	3.2	5.2	5.7
	40	1.7	2.2	4.4	4.9
	30	0.7	1.2	3.6	4.1
	20	−0.3	0.2	2.8	3.3
	10	−1.3	−0.8	2.0	2.5

立定跳远单项评分表（单位：cm）

等级	单项得分	男		女	
		大一大二	大三大四	大一大二	大三大四
优秀	100	273	275	207	208
	95	268	270	201	202
	90	263	265	195	196
良好	85	256	258	188	189
	80	248	250	181	182
及格	78	244	246	178	179
	76	240	242	175	176
	74	236	238	172	173
	72	232	234	169	170
	70	228	230	166	167
	68	224	226	163	164
	66	220	222	160	161
	64	216	218	157	158
	62	212	214	154	155
	60	208	210	151	152
不及格	50	203	205	146	147
	40	198	200	141	142
	30	193	195	136	137
	20	188	190	131	132
	10	183	185	126	127

男生引体向上单项评分表（单位：次）

等　级	单项得分	大一大二	大三大四
优秀	100	19	20
	95	18	19
	90	17	18
良好	85	16	17
	80	15	16
及格	78		
	76	14	15
	74		
	72	13	14
	70		
	68	12	13
	66		
	64	11	12
	62		
	60	10	11
不及格	50	9	10
	40	8	9
	30	7	8
	20	6	7
	10	5	6

女生1分钟仰卧起坐单项评分表（单位：次）

等　级	单项得分	大一大二	大三大四
优秀	100	56	57
	95	54	55
	90	52	53
良好	85	49	50
	80	46	47
及格	78	44	45
	76	42	43
	74	40	41
	72	38	39
	70	36	37
	68	34	35
	66	32	33
	64	30	31
	62	28	29
	60	26	27
不及格	50	24	25
	40	22	23
	30	20	21
	20	18	19
	10	16	17

男生1 000 m、女子800 m跑单项评分表（单位：分·秒）

等级	单项得分	男		女	
		大一大二	大三大四	大一大二	大三大四
优秀	100	3'17"	3'15"	3'18"	3'16"
	95	3'22"	3'20"	3'24"	3'22"
	90	3'27"	3'25"	3'30"	3'28"
良好	85	3'34"	3'32"	3'37"	3'35"
	80	3'42"	3'40"	3'44"	3'42"
及格	78	3'47"	3'45"	3'49"	3'47"
	76	3'52"	3'50"	3'54"	3'52"
	74	3'57"	3'55"	3'59"	3'57"
	72	4'02"	4'00"	4'04"	4'02"
	70	4'07"	4'05"	4'09"	4'07"
	68	4'12"	4'10"	4'14"	4'12"
	66	4'17"	4'15"	4'19"	4'17"
	64	4'22"	4'20"	4'24"	4'22"
	62	4'27"	4'25"	4'29"	4'27"
	60	4'32"	4'30"	4'34"	4'32"
不及格	50	4'52"	4'50"	4'44"	4'42"
	40	5'12"	5'10"	4'54"	4'52"
	30	5'32"	5'30"	5'04"	5'02"
	20	5'52"	5'50"	5'14"	5'12"
	10	6'12"	6'10"	5'24"	5'22"

四、《国家学生体质健康标准》单项指标评分表

男生引体向上评分表（单位：次）

加　分	大一大二	大三大四	加　分	大一大二	大三大四
10	10	10	5	5	5
9	9	9	4	4	4
8	8	8	3	3	3
7	7	7	2	2	2
6	6	6	1	1	1

女生1分钟仰卧起坐评分表（单位：次）

加　分	大一大二	大三大四	加　分	大一大二	大三大四
10	13	13	5	8	8
9	12	12	4	7	7
8	11	11	3	6	6
7	10	10	2	4	4
6	9	9	1	2	2

注:引体向上、一分钟仰卧起坐均为高优指标，学生成绩超过单项评分100分后，以超过的次数所对应的分数进行加分。

男生1 000 m跑评分表（单位：分·秒）

加　分	大一大二	大三大四	加　分	大一大二	大三大四
10	-35"	-35"	5	-20"	-20"
9	-32"	-32"	4	-16"	-16"
8	-29"	-29"	3	-12"	-12"
7	-26"	-26"	2	-8"	-8"
6	-23"	-23"	1	-4"	-4"

女生800 m跑评分表（单位：分·秒）

加　分	大一大二	大三大四	加　分	大一大二	大三大四
10	-50"	-50"	5	-25"	-25"
9	-45"	-45"	4	-20"	-20"
8	-40"	-40"	3	-15"	-15"
7	-35"	-35"	2	-10"	-10"
6	-30"	-30"	1	-5"	-5"

注：1 000 m 跑、800 m 跑均为低优指标，学生成绩低于单项评分 100 分后，以减少的秒数所对应的分数进行加分。

五、《国家学生体质健康标准》登记卡（样表）

学　校

<table>
<tr><td>姓　名</td><td colspan="3"></td><td colspan="2">性　别</td><td colspan="3"></td><td colspan="2">学　号</td><td colspan="4"></td></tr>
<tr><td>院（系）</td><td colspan="3"></td><td colspan="2">民　族</td><td colspan="3"></td><td colspan="2">出生日期</td><td colspan="4"></td></tr>
<tr><td rowspan="2">单项指标</td><td colspan="3">大一</td><td colspan="3">大二</td><td colspan="3">大三</td><td colspan="3">大四</td><td colspan="2">毕业成绩</td></tr>
<tr><td>成绩</td><td>得分</td><td>等级</td><td>成绩</td><td>得分</td><td>等级</td><td>成绩</td><td>得分</td><td>等级</td><td>成绩</td><td>得分</td><td>等级</td><td>得分</td><td>等级</td></tr>
<tr><td>体重指数（BMI）（千克/米²）</td><td></td><td></td><td></td><td></td><td></td><td></td><td></td><td></td><td></td><td></td><td></td><td></td><td colspan="2" rowspan="5"></td></tr>
<tr><td>肺活量（毫升）</td><td></td><td></td><td></td><td></td><td></td><td></td><td></td><td></td><td></td><td></td><td></td><td></td></tr>
<tr><td>50 m跑（秒）</td><td></td><td></td><td></td><td></td><td></td><td></td><td></td><td></td><td></td><td></td><td></td><td></td></tr>
<tr><td>坐位体前驱（厘米）</td><td></td><td></td><td></td><td></td><td></td><td></td><td></td><td></td><td></td><td></td><td></td><td></td></tr>
<tr><td>立定跳远（厘米）</td><td></td><td></td><td></td><td></td><td></td><td></td><td></td><td></td><td></td><td></td><td></td><td></td></tr>
<tr><td>引体向上（男）/1 min仰卧起坐（女）（次）</td><td></td><td></td><td></td><td></td><td></td><td></td><td></td><td></td><td></td><td></td><td></td><td></td><td colspan="2" rowspan="8"></td></tr>
<tr><td>1 000 m跑（男）/800 m跑（女）（分·秒）</td><td></td><td></td><td></td><td></td><td></td><td></td><td></td><td></td><td></td><td></td><td></td><td></td></tr>
<tr><td>标准分</td><td colspan="3"></td><td colspan="3"></td><td colspan="3"></td><td colspan="3"></td></tr>
<tr><td>加分指标</td><td colspan="2">成绩</td><td>附加分</td><td colspan="2">成绩</td><td>附加分</td><td colspan="2">成绩</td><td>附加分</td><td colspan="2">成绩</td><td>附加分</td></tr>
<tr><td>引体向上（男）/1 min仰卧起坐（女）（次）</td><td colspan="2"></td><td></td><td colspan="2"></td><td></td><td colspan="2"></td><td></td><td colspan="2"></td><td></td></tr>
<tr><td>1 000 m跑（男）/800 m跑（女）（分·秒）</td><td colspan="2"></td><td></td><td colspan="2"></td><td></td><td colspan="2"></td><td></td><td colspan="2"></td><td></td></tr>
<tr><td>学年总分</td><td colspan="3"></td><td colspan="3"></td><td colspan="3"></td><td colspan="3"></td></tr>
<tr><td>等级评定</td><td colspan="3"></td><td colspan="3"></td><td colspan="3"></td><td colspan="3"></td></tr>
<tr><td>体育教师签字</td><td colspan="3"></td><td colspan="3"></td><td colspan="3"></td><td colspan="3"></td><td colspan="2"></td></tr>
<tr><td>辅导员签字</td><td colspan="3"></td><td colspan="3"></td><td colspan="3"></td><td colspan="3"></td><td colspan="2"></td></tr>
</table>

注：高等职业学校、高等专科学校参照本样表执行。

学校盖章：　　　　　　　　年　　月　　日

六、免予执行《国家学生体质健康标准》申请表（样表）

<table>
<tr><td>姓 名</td><td></td><td>性 别</td><td></td><td>学 号</td><td></td></tr>
<tr><td>班级/院（系）</td><td></td><td>民 族</td><td></td><td>出生日期</td><td></td></tr>
<tr><td>原因</td><td colspan="5">申请人：
年 月 日</td></tr>
<tr><td colspan="2">体育教师签字</td><td colspan="2"></td><td>家长签字</td><td></td></tr>
<tr><td>学校体育部门意见</td><td colspan="5">学校签章：
年 月 日</td></tr>
</table>

参 考 文 献

[1] 许万林，梦泽，王庆波．体育教程 [M]．西安：西北大学出版社，2003．

[2] 吕高飞．体育与健康基础理论教程 [M]．北京：清华大学出版社，2005．

[3] 李安格，吴中量．排球 [M]．北京：人民体育出版社，1991．

[4] 何志林．现代足球 [M]．北京：人民体育出版社，2000．

[5] 崔秀馥．乒乓球 [M]．北京：北京体育大学出版社，2006．

[6] 彭美丽．羽毛球技巧图解 [M]．北京：北京体育大学出版社，2001．

[7] 王崇喜．球类运动：高等学校教材 [M]．北京：高等教育出版社，2005．

[8] 全国体育院校通用教材编写组．游泳 [M]．北京：人民教育出版社，1991．

[9] 蔡仲林．武术 [M]．北京：高等教育出版社，1996．